构建现代产业体系

从战略性新兴产业到未来产业

中国科学院科技战略咨询研究院◎著

Building a Modern Industrial System
From Strategic Emerging Industry
to Future Industry

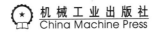

机械工业出版社
China Machine Press

图书在版编目（CIP）数据

构建现代产业体系：从战略性新兴产业到未来产业 / 中国科学院科技战略咨询研究院著. -- 北京：机械工业出版社，2022.8（2024.6重印）
ISBN 978-7-111-71303-6

Ⅰ. ①构⋯　Ⅱ. ①中⋯　Ⅲ. ①新兴产业 - 产业发展 - 研究 - 中国　Ⅳ. ① F269.2

中国版本图书馆 CIP 数据核字（2022）第 132756 号

　　本书主要内容分为总论、战略篇、产业篇、未来篇、模式篇、地方篇，共 24 章。战略篇概述了战略性新兴产业的发展情况，系统分析了战略性新兴产业的成长规律、规划研究和重点思路；产业篇针对 7 个有代表性的战略性新兴产业的现状、问题、未来发展目标及保障措施进行了综合分析；未来篇对未来产业的发展趋势进行了战略判断；模式篇对战略性新兴产业发展的集群化、生态化、国际化和协同化进行了系统研究；地方篇对代表性区域中心的战略性新兴产业发展进行了实证分析。

构建现代产业体系：从战略性新兴产业到未来产业

出版发行：机械工业出版社（北京市西城区百万庄大街 22 号　邮政编码：100037）
责任编辑：冯秀泳　　　　　　　　　　　　责任校对：付方敏
印　　刷：三河市宏达印刷有限公司
版　　次：2024 年 6 月第 1 版第 6 次印刷
开　　本：178mm×233mm　1/16
印　　张：22.25
书　　号：ISBN 978-7-111-71303-6
定　　价：129.00 元

客服电话：(010) 88361066　68326294

版权所有·侵权必究
封底无防伪标均为盗版

"构建现代产业体系：从战略性新兴产业到未来产业"研究组

组　　长：潘教峰
副 组 长：张　凤　王晓明
统　　稿：薛俊波
主要成员：（按姓氏拼音排序）
　　　　　陈　芳　丁禹民　韩　辉　洪志生　侯云仙　黄　健　姜　山
　　　　　冷伏海　李书舒　刘慧晖　刘嘉琪　刘明熹　隆云滔　鹿文亮
　　　　　裴瑞敏　乔为国　沈　华　沈源圆　宋大伟　万劲波　万　勇
　　　　　王海名　王志标　肖　冰　薛　薇　杨国梁　张　聪　张　越
　　　　　赵　璐　周　波　周城雄　朱永彬

顾问组及指导专家名单
（按姓氏拼音排序）

安　晖	白东亭	鲍淑君	蔡圣华	蔡雄山	曹泽军	常纪文	陈宝明
陈清泰	陈新文	陈　宇	邓　瑶	丁华杰	杜明芳	樊建平	范晓东
方海峰	方宪法	付立鼎	甘　泉	高　峰	高　鹏	葛雨明	顾　强
顾学明	管晓静	郭　禾	郭　涛	郭剑锋	国　辉	韩　坤	韩　祺
韩凤芹	洪学海	胡　毅	胡志坚	黄荣怀	贾　坤	姜　江	蒋　震
金勤献	冷伏海	李　灿	李　牧	李　强	李　燕	李宝娟	李建玲
李小娟	李晓华	李欣欣	梁　正	林　琳	刘　强	刘　庆	刘　云
刘春光	刘宏伟	刘世锦	刘伟平	刘亚威	刘艳秋	刘应杰	刘媛媛
柳卸林	罗　晖	雒建斌	吕永龙	马　宇	马　玥	马超英	马名杰
蒲慕明	秦　曦	山文鹏	申　兵	沈仲军	盛朝迅	石　光	石　磊
石书德	石文辉	史　丹	宋大伟	宋紫峰	孙凝晖	孙启超	孙守迁
孙永明	孙占峰	唐玉国	陶　冶	田建东	脱立恒	王　飚	王　磊
王　微	王　洋	王　政	王福清	王文静	王学胜	王雪莉	王耀华
魏　翔	翁　端	相建海	向　东	肖伟春	谢国辉	谢天成	辛勇飞
邢婉丽	徐　坚	徐洪杰	燕　兴	杨丹辉	叶盛基	叶潇轶	余　倩
曾　昆	张　程	张　立	张　龙	张　铮	张成斌	张冬敏	张庆分
张树武	张振翼	赵　路	赵作权	郑亚莉	周　欣	周　阳	周　源
周明全	周志勇	朱　璇	朱之光				

序一

21世纪以来,全球科技创新进入空前密集活跃期,新一轮科技革命和产业变革正在重构全球创新版图,重塑全球经济结构。我国在《中华人民共和国国民经济和社会发展第十四个五年规划和2035年远景目标纲要》中,明确提出要"着眼于抢占未来产业发展先机,培育先导性和支柱性产业,推动战略性新兴产业融合化、集群化、生态化发展,战略性新兴产业增加值占GDP比重超过17%"。同时,提出"在类脑智能、量子信息、基因技术、未来网络、深海空天开发、氢能与储能等前沿科技和产业变革领域,组织实施未来产业孵化与加速计划,谋划布局一批未来产业"。北京、上海、广东、安徽等多个省市在其"十四五"规划中已提前谋划未来产业或先导产业,超前布局区块链、太赫兹、量子通信等未来产业链,前瞻布局量子信息、人工智能、工业互联网、卫星互联网、机器人等未来产业,实施未来产业培育工程等。可见,发展壮大战略性新兴产业并前瞻布局未来产业是建设现代产业体系、培育发展新动能、促进经济高质量发展的重要举措,是面对新型国际关系、把握产业发展主动权的战略举措,也是谋求"十四五"时期竞争新优势的关键所在——这些已成为共识。

中国科学院作为国家战略科技力量主力军,肩负实现"创新科技、服务国家、造福人民"宗旨的重要使命。早在2011年,中国科学院就提出了支撑服务国家战略性新兴产业科技行动计划,围绕战略性新兴产业的七大领域,调动全院科技力量,加强与区域创新体系和技术创新体系的深度融合,开展产业关键技术和前沿技术研究,开展技术集成创新、工程化示范,探索科技成果转移、转化的体制和机制,为战略性新兴产业培育和发展提供科技支撑与服务。近年来,中国科学院在系统梳理"率先行动"计划众多科技成果的基础上,凝练归纳出数百项重大科技成果及标志性进展,其中部分科技成果,如北斗导航卫星全球导航组网关键技术、港珠澳大桥防腐涂层、无烟煤原料循环流化床气化装置等已成功应用，从不同角度为经济发展带来新动能，推动战略性新兴产业的高质量发展，也为孕育和孵化未来产业提供了先机。

2020年9月，习近平总书记在科学家座谈会上提出："对能够快速突破、及时解决问题的技术，要抓紧推进；对属于战略性、需要久久为功的技术，要提前部署。"2021年5月，习近平总书记在中国科学院第二十次院士大会、中国工程院第十五次院士大会和中国科协第十次全国代表大会上的重要讲话中进一步指出，科技攻关要坚持问题导向，奔着最紧急、最紧迫的问题去，从国家急迫需要和长远需求出发。中国科学院作为"国家队""国家人"，必须心系"国家事"，肩扛"国家责"，站在全球前沿和国家经济发展视角，进一步凝练产业技术需求，围绕高水平科技自立自强这个战略基点，一方面通过加快突破战略性新兴产业技术瓶颈，打通堵点、补齐短板，加速"国产替代"，为"畅通国内大循环"提供科技支撑，另一方面通过抢占科技创新制高点，勇于开展原创性、引领性创新，突破颠覆性技术创新，加快推进关键核心技术和装备"国产化"，为提升国家在全球竞争合作中的综合国力塑造更多新优势。

当前，我国正处于新一轮中长期规划和"十四五"规划的关键起步阶段，《构建现代产业体系：从战略性新兴产业到未来产业》的出版恰逢其时。该书从战略前瞻、产业发展、未来布局、体系构建、地方实践等视角，深入分析了新时期我国战略性新兴产业和未来产业的发展，并提出了相应的政策建议，是中国科学院作为国家高端科技智库产出的一项有价值的研究成果。全书内容丰富、案例翔实、论证充分，既对科研院所、高校有一定的理论参考价值，又为产业部门和政府一线实践工作者提供了参考，可以成为全面了解我国战略性新兴产业发展现状和未来的重要参考书。

中国科学院副院长，中国科学院院士

序二

发展战略性新兴产业,是我国构建现代产业新体系,推动经济社会持续健康发展的重要举措。长期以来,我国战略性新兴产业持续保持较快增长态势,新业态、新模式不断涌现,创新能力稳步提升。2011年3月,《中华人民共和国国民经济和社会发展第十二个五年规划纲要》提出要培育发展战略性新兴产业。国务院2012年印发了《"十二五"国家战略性新兴产业发展规划》,2016年印发了《"十三五"国家战略性新兴产业发展规划》,明确指出:"要把战略性新兴产业摆在经济社会发展更加突出的位置,大力构建现代产业新体系,推动经济社会持续健康发展。""十三五"期间,我国战略性新兴产业持续发展,发展规模和速度创新高,在凝聚创新资源、优化产业结构及提升国家总体创新能力等方面发挥了重要作用,为"十四五"及中长期发展奠定了良好基础。

我国战略性新兴产业发展成效显著,创新驱动活力持续迸发,研发人员、发明专利申请量稳步上升,国家工程研究中心、国家技术创新中心、国家产业创新中心、国家制造业创新中心等成为新兴技术和产业的助推器。国际领军企业和独角兽、瞪羚等新兴企业主体实力逐步增强,战略性新兴产业的产业规模和增速持续提升,对国民经济的支撑和引领作用进一步增强。战略性新兴产业增加值占GDP的比重由"十二五"初期的不足5%增长至2020年的近15%;2020年规模以上工业战略性新兴产业增加值比上年增长6.8%,比规模以上工业增加值增速高4.0个百分点。与此同时,战略性新兴产业对于推动地区经济结构优化转型、提高全要素生产率、实现经济高质量发展正发挥越来越大的作用,有效支撑着我国新旧动能接续转换,成为深化供给侧结构性改革、构建现代产业体系、落实创新型国家建设的有力抓手。我国战略性新兴产业重点领域产业正在不断发展壮大,新一代信息技术产业延续快速发展态势,健康消费带动生物产业实现稳步发展,绿色低碳产业维持快速增长,新能源汽车由示范阶段进入快速普及阶段,移动互联网与数字技术的快速发展驱动数字创意产业爆发式增长，高端制造产业实现平稳较快增长，新材料领域在上游原材料需求的带动下实现较快发展。

战略性新兴产业是新时期引领国家未来发展的重要力量，是构建现代产业体系的主方向、主阵地和主力军，代表未来科技革命和产业变革的方向，是培育发展新动能、引领未来经济社会发展的重要力量。2020年全国"两会"期间，习近平总书记强调："大力推进科技创新及其他各方面创新，加快推进数字经济、智能制造、生命健康、新材料等战略性新兴产业发展，形成更多新的增长点、增长极"。战略性新兴产业以重大技术突破、重大发展需求为基础，对推进产业结构升级和经济发展方式转变、提升我国自主发展能力、实现高质量发展具有战略意义。

在加快构建"双循环"新发展格局下，我国迫切需要从发展阶段变化的角度深刻认识新形势下我国战略性新兴产业的发展模式。当前国际环境日趋复杂，不稳定性不确定性明显增加，经济全球化遭遇逆流，大国博弈竞争加剧，我国与国际创新体系发生一定程度割裂，迫切需要变革创新模式和路径，主动谋划和布局科学技术突破与产业化。打好战略性新兴产业关键技术攻坚战是我国实现高水平科技自立自强的必然要求。相关领域关键技术的突破与大规模产业化是我国构建现代产业体系的重要基础。当前要推进产业基础高级化、产业链现代化，必须推动制造业优化升级，向高端化、绿色化、智能化、服务化方向发展。发展壮大战略性新兴产业，要推动战略性新兴产业融合化、集群化和生态化发展，打造数字经济新优势，做大做强生物经济，根据国家"双碳"目标发展新能源、新能源汽车及绿色低碳相关产业。为此，既要加大基础研究的力度，也要强化企业技术创新主体地位，同时要面向未来进行谋划。在做好国内工作的同时，要建设高水平、开放型经济新体制，继续融入国际科技合作及新兴产业发展大局，实现优势互补、合作共赢。

当前，我国战略性新兴产业发展面临关键核心技术存在短板、产业整体统筹协调能力不足、产业人才缺乏等新挑战。一是核心技术创新能力有待加强。一方面，基础理论领域的原始创新能力不足，核心基础零部件、先进基础工艺、关键基础材料等产业基础能力薄弱。另一方面，能影响国际技术与产业标准、原创技术突破能力强、产业高端人才汇聚的领军企业仍较少。二是各地盲目扩张、重复建设等问题仍然存在。政策之间缺少统筹协调，产业同质化严重。三是创新人才供给缺口明显，主要表现在高端领军人才数量有限，前沿技术领域人才储备不足，复合型人才供给不足，尚未形成有效的人才引进、人才培养、人才使用、人才评价的体制和机制。针对上述问题，要分类施策，积极作为。

在核心技术创新能力方面，推进"补短板"，针对"卡脖子"的高端芯片、高端仪器装备、高端功能材料等关键产品，加大创新投入力度，集中攻关实现突破；强化"促长板"，加强对第五代移动通信、人工智能、新能源等的创新体系建设；持续"强基础"，对新材料、量子信息等重点领域与重点技术长期持续投入。在产业统筹与布局方面，应根据各区域要素的禀赋优势与产业基础，进一步完善集群体系建设，形成差异化的战略性新兴产业集群。在创新人才方面，要明确各战略性新兴产业领域创新人才需求总量，加强国内创新人才队伍建设，充分吸纳海外人才；要引导高校面向实际，创新教育模式和方法，培育本土创新型人才与复合型人才，并应用数字技术和智能工具，加强人才教育培训。

由潘教峰院长牵头组织中国科学院科技战略咨询研究院的研究力量完成的《构建现代产业体系：从战略性新兴产业到未来产业》一书是系统深入研究我国现代产业体系的重要成果。本书从宏观战略、政策环境、未来发展、地方实践等多方面对我国战略性新兴产业各领域及未来产业的发展做了全面、深入、系统的研究，为读者深入理解国家战略性新兴产业发展规划提供了重要的参考，为科研机构开展战略性新兴产业研究，创新企业进行战略性新兴产业关键方向布局，以及各级政府制定战略性新兴产业相关政策提供了有益的借鉴，发挥了中国科学院科技战略咨询研究院作为国家高端智库在国家经济社会发展重大决策中的关键作用。

中国国际经济交流中心常务副理事长

张晓强

前言

习近平总书记指出,要加快改造提升传统产业,深入推进信息化与工业化深度融合,着力培育战略性新兴产业,大力发展服务业特别是现代服务业,积极培育新业态和新商业模式,构建现代产业发展新体系。可见,发展战略性新兴产业是构建现代产业体系的重中之重,是建设现代产业体系、培育发展新动能、促进经济高质量发展的重要举措,是面对新型国际关系、把握产业发展主动权的战略举措,也是谋求"十四五"及中长期竞争新优势的关键所在。而作为战略性新兴产业"先导"的未来产业,则是要解决前沿科技与产业发展的衔接问题,推动科技更好地服务于国民经济主战场、国家重大需求和人民生命健康。

作为中国科学院开展国家高端智库建设试点的专业化智库机构和中国科学院率先建成国家高水平科技智库的综合集成平台,中国科学院科技战略咨询研究院(以下简称"战略咨询院")一直致力于国家战略性新兴产业发展方向、路径及政策等方面的研究。本书是由战略咨询院课题组(以下简称"课题组")历时两年多完成的成果。

2019 年 6 月,根据中国科学院发展规划局的部署,战略咨询院承担了国家发改委高技术司委托的"十四五战略性新兴产业重点问题研究"任务,成立了由我牵头,多学科、跨专业、跨部门研究人员组成的课题组,开展前期预研工作。2020 年,在前期研究的基础上,战略咨询院承担了"十四五战略性新兴产业规划研究"任务,全面开展规划研究工作。

课题组以智库"DIIS-MIPS 双螺旋法"为指导,坚持"立足现实、数据说话、事实支撑",通过资料研究、实地调研、各方专家代表座谈会、集中研讨和专家咨询等方式,深入开展战略性新兴产业重大问题研究,形成研究报告。2019 年 11 月,组织召开了重点省市地方发改委专家座谈会、战略性新兴产业行业协会专家座谈会、战略性新兴产业代表性企业专家座谈会、智库和科研院所专家座谈会，分别就"十三五"时期战略性新兴产业规划落实中存在的问题、"十四五"及中长期战略性新兴产业的国内外发展环境和机遇、未来规划整体布局、发展重点及政策支持等进行了深入讨论，并先后赴河南、湖北、重庆等地进行了实地调研。2020年7月至9月，在前期工作基础上，先后召开了共12场战略和领域专家研讨会，针对规划研究初稿各部分结构和内容进行了细致分析和深入研讨。同时，对北京、上海、四川、广东和湖北等五个省市开展实地调研，与各级政府发改委及相关部门、行业协会、企业、科研院所专家代表召开座谈会，并实地走访各类战略性新兴产业集群和领域代表性企业，分别就"十四五"及中长期战略性新兴产业的国内外发展环境和机遇、未来规划整体布局、发展重点及政策支持等进行了充分调研。

战略性新兴产业规划研究是一个体系化的系统布局问题。本书遵循智库研究"DIIS-MIPS双螺旋法"的内在逻辑机理，从谋篇布局上将战略性新兴产业规划研究分为总论、战略篇、产业篇、未来篇、模式篇和地方篇。各篇之间贯穿"DIIS-MIPS双螺旋法"的机理分析、影响分析、政策分析与方案设计四个阶段，每个环节又渗透着DIIS的收集数据、揭示信息、综合研判与形成方案四个环节。

一是总论。概述了应用"双螺旋法"研究战略性新兴产业规划研究的十个步骤，阐述了战略性新兴产业规划研究实施需要重点把握的七个问题，提出了战略性新兴产业规划研究实施应当重点抓好的七个产业和四大发展模式，介绍了全国六个重点地区战略性新兴产业发展现状和展望。

二是战略篇，共分为三章。包括我国战略性新兴产业发展的总体回顾、战略性新兴产业从科技创新到产业发展的成长规律，战略性新兴产业发展的总体情况。

三是产业篇，共分为七章。围绕七个代表性战略性新兴产业，即新一代信息技术产业、生物产业、新材料产业、高端装备制造业、新能源和智能汽车产业、绿色低碳产业和新型高技术服务业，分别论述各战略性新兴产业的发展现状与问题、面临的新形势、发展目标、主要任务及政策保障等，系统阐述我国战略性新兴产业的现状与未来。

四是未来篇，共分为四章。阐述了未来产业的概念与特征，从全球新技术革命趋势的视角，分析了未来支撑产业革命的新兴技术发展，梳理了全球主要国家对未来前沿技术部署的计划和方向，分析了我国未来产业发展的条件与机遇，研究了"十四五"及中长期我国未来产业的发展目标、主要任务，并提出了我国发展未来产业的政策建议和保障措施。

五是模式篇，共分为四章。从集群化、生态化、国际化与协同化四个层面论述战略性新兴产业的发展。

六是地方篇，共分为六章。选择我国战略性新兴产业发展较突出的北京、上海、深圳、广州、武汉与四川等六个重要地区，从战略性新兴产业发展现状、存在的问题与面临的挑战、主要思路与任务以及政策保障进行了全链条分析，并结合各地的发展特点提出了有针对性的发展思路与建议。

本书由我总体策划,张凤、王晓明具体指导并统编撰写各部分章节。需要说明的是,不同于关注战略性新兴产业发展方向和政策动态类的报告,也不仅仅是对战略性新兴产业发展背景和重要意义的解读,本书更关注从产业发展的战略高度和"连续光谱"来"解码"战略性新兴产业和未来产业,并通过地方实践来观察地方政府对产业发展的理解,立体式、多角度理解新时期"现代产业体系"的构建路径和方式。

本书在研究和成稿过程中凝聚了战略咨询院多个研究部门和众多领域专家的集体力量。同时,要感谢国家发改委创新和高技术发展司给予我们的大力支持和指导,感谢北京、上海、四川、深圳、广州、武汉等地发改委在地方调研过程中给予的鼎力支持。本书的出版还要特别感谢机械工业出版社华章分社的相关编辑,他们对内容审核的严谨性、对书稿编辑的责任心令人敬佩。

本书出版是对所有参与成员两年多来所做工作的肯定。目前,这些团队成员都在从事与科技前沿、科技战略与政策、战略性新兴产业和未来产业政策等相关的科研工作,相信他们将不断产出新成果,为我国战略性新兴产业和未来产业的发展做出更多贡献。

潘教峰

2022 年 8 月

目录

序一
序二
前言

总论　用智库双螺旋法深化战略性新兴产业规划研究 ……………………… 1

一、战略性新兴产业规划研究中的"双螺旋法"应用 ……………………… 2

  （一）第1步　制定工作方案：统筹规划研究全过程指导 ……………… 4
  （二）第2步　收集数据资料：建立规划研究知识层基础 ……………… 4
  （三）第3步　总体情况分析：践行规划研究时空域理念 ……………… 5
  （四）第4步　实地调查研究：掌握规划研究第一手情况 ……………… 5
  （五）第5步　产业发展预测：加强规划研究前瞻性思考 ……………… 6
  （六）第6步　测定发展目标：突显规划研究引领性作用 ……………… 6
  （七）第7步　明确主要任务：注重规划研究方向性路径 ……………… 7
  （八）第8步　循证重点问题：遵循规划研究科学性原则 ……………… 8
  （九）第9步　体制政策创新：关注规划研究保障性措施 ……………… 8
  （十）第10步　提交研究报告：完成规划研究高质量成果 ……………… 9

二、战略性新兴产业发展中需要重视的关键问题 ……………………… 9

  （一）关于战略性新兴产业发展定位问题 ……………………… 10
  （二）关于战略性新兴产业创新发展问题 ……………………… 11
  （三）关于战略性新兴产业数字化转型问题 ……………………… 12
  （四）关于战略性新兴产业基础能力问题 ……………………… 13
  （五）关于战略性新兴产业服务体系问题 ……………………… 14
  （六）关于战略性新兴产业政策研究问题 ……………………… 15

（七）关于战略性新兴产业国际竞争问题 ·················· 16
三、战略性新兴产业发展的重点产业和模式 ························ 17
　　（一）从数字经济看战略性新兴产业发展：新一代信息技术产业 ············· 17
　　（二）从生物经济看战略性新兴产业发展：生物产业 ·················· 18
　　（三）从产业基础看战略性新兴产业发展：新材料产业 ················· 18
　　（四）从制造强国战略看战略性新兴产业发展：高端装备制造产业 ············ 19
　　（五）从交通强国战略看战略性新兴产业发展：新能源和智能汽车产业 ·········· 20
　　（六）从"双碳"战略看战略性新兴产业发展：绿色低碳产业 ·············· 20
　　（七）从数字技术和科技赋能看战略性新兴产业发展：新型高技术服务产业 ········ 21
　　（八）从战略科技融合创新看战略性新兴产业发展：未来产业 ·············· 22
　　（九）从区域创新体系看战略性新兴产业发展：集群化 ················· 22
　　（十）从新经济形态演进趋势看战略性新兴产业发展：生态化 ·············· 23
　　（十一）从国内国外双循环看战略性新兴产业发展：国际化 ··············· 23
　　（十二）从系统完善政策支撑体系看战略性新兴产业发展：协同化 ············ 24
四、重点区域的战略性新兴产业发展综述 ························· 24
　　（一）北京市：与时俱进，聚焦"高精尖"产业平稳快速发展 ·············· 25
　　（二）上海市：提升质量，打造战略性新兴产业发展高地 ················ 26
　　（三）深圳市：先行示范，全面营造一流的创新生态系统 ················ 27
　　（四）四川省：聚焦重点，推动战略性新兴产业全面发展 ················ 28
　　（五）广州市：多点支撑，打造新发展格局下战略新支点 ················ 29
　　（六）武汉市：夯实基础，打造中部特色现代化产业体系 ················ 29
参考文献 ·· 30

战　略　篇

第一章　我国战略性新兴产业发展的总体回顾 ·················· 34
一、我国战略性新兴产业发展的主要成就 ························· 34
　　（一）产业规模和增速持续提升 ···························· 35
　　（二）企业盈利能力稳步增长 ····························· 35
　　（三）重点领域产业不断发展壮大 ··························· 35
　　（四）未来产业发展进入初始孕育和加快形成期 ····················· 36
　　（五）产业能级高、带动能力强、辐射范围广的产业集群逐渐凸显 ············ 36

（六）融入全球创新网络的开放发展新局面正在逐步形成 ……………… 37
二、我国战略性新兴产业发展的主要问题 ……………………………………… 37
　　（一）产业发展规划缺乏统筹协调，各地产业同质化现象严重 ……… 37
　　（二）产业发展引领能力不足，关键核心技术受制于人 ……………… 37
　　（三）配套支持政策体系性不强，尚未形成政策合力 ………………… 38
　　（四）资本市场成熟度不高，金融支持体系仍需完善 ………………… 38
　　（五）产业发展所需人才总量不足，存在结构性错位 ………………… 38
　　（六）国际贸易话语权不大，缺乏国际知识产权保护环境 …………… 39
参考文献 ……………………………………………………………………………… 39

第二章　我国战略性新兴产业发展的规律特征 ……………………………… 40
一、把握战略性新兴产业发展规律的重要性 …………………………………… 40
　　（一）战略性新兴产业是推动经济体系优化和升级的重要抓手 ……… 40
　　（二）战略性新兴产业是国际竞争长期且重要的焦点 ………………… 41
　　（三）战略性新兴产业成长有自身特定的规律 ………………………… 41
二、战略性新兴产业成长的重要标志 …………………………………………… 41
　　（一）将重大技术突破转化为产品 ……………………………………… 41
　　（二）将重大发展需求转变为现实市场需求 …………………………… 41
　　（三）形成新的技术标准体系 …………………………………………… 42
三、战略性新兴产业成长过程的特点 …………………………………………… 42
　　（一）战略性新兴产业启动发展分阶段 ………………………………… 42
　　（二）战略性新兴产业成长需要较长的时间 …………………………… 43
　　（三）战略性新兴产业成长常伴随着新生企业的发展 ………………… 44
四、地区发展战略性新兴产业的经验 …………………………………………… 45
　　（一）建立成果转化平台，加速科技创新到产业发展 ………………… 45
　　（二）发展风险投资，完善新创科技企业成长环境 …………………… 45
　　（三）建立科技产业园区，促进集群化发展 …………………………… 46
　　（四）扶持应用示范项目，发挥带动作用 ……………………………… 46
　　（五）集聚人才队伍，支撑产业发展 …………………………………… 46
参考文献 ……………………………………………………………………………… 47

第三章　新时期我国战略性新兴产业发展的总体情况 ……………………… 49
一、把握战略性新兴产业发展中的几个关系 …………………………………… 49

（一）明确战略性新兴产业发展中科技创新和产业发展的关系 …………… 49
（二）明确战略性新兴产业发展中政府、市场和社会的分工 ……………… 50
（三）明确战略性新兴产业发展中传统产业与新兴产业的关系 …………… 52
（四）明确战略性新兴产业发展中整体布局和重点推进的关系 …………… 54
二、推进战略性新兴产业发展的体系调整 ……………………………………… 55
（一）战略性新兴产业动态调整的推进思路 ………………………………… 55
（二）现有战略性新兴产业体系的调整 ……………………………………… 55
（三）新增战略性新兴产业体系的构建 ……………………………………… 57
（四）战略性新兴产业技术能力的建设 ……………………………………… 57
三、优化战略性新兴产业发展的整体布局 ……………………………………… 58
（一）战略性新兴产业布局优化的推进思路 ………………………………… 58
（二）面向国家战略性任务，优化战略性新兴产业区域中心在七大区域间的合理布局 …… 59
（三）面向国际科技产业竞争，优化战略性新兴产业集群在区域内的合理布局 …… 59
（四）面向地区产业结构升级，优化战略性新兴产业创新生态在产业集群内部的合理布局 …………………………………………………………………… 60
四、创新战略性新兴产业发展的体制机制 ……………………………………… 61
（一）战略性新兴产业发展机制的推进思路 ………………………………… 61
（二）加快布局面向"十大战略性新兴产业区域"的区域融合机制 ……… 61
（三）加快完善面向"百个战略性新兴产业集群"的产业集群机制 ……… 63
（四）加快构建面向"千个战略性新兴产业生态"的创新生态机制 ……… 64

参考文献 ……………………………………………………………………………… 65

产 业 篇

第四章 从数字经济看战略性新兴产业发展：新一代信息技术产业 …………… 68
一、新一代信息技术产业发展现状与存在的问题 ……………………………… 68
（一）发展现状 ………………………………………………………………… 68
（二）存在的问题 ……………………………………………………………… 69
二、新一代信息技术产业面临的新形势与发展目标 …………………………… 70
（一）我国新一代信息技术产业面临的新形势 ……………………………… 70
（二）我国新一代信息技术产业发展目标 …………………………………… 71
三、新时期新一代信息技术产业发展的主要任务 ……………………………… 72

（一）夯实核心基础产业支撑能力 ································· 72
　　（二）强化新一代信息技术产业关键核心环节 ······················ 74
　　（三）推动前沿赋能技术突破，强化产业带动能力 ·················· 75
　　（四）支撑数字经济与实体经济融合发展 ·························· 77
　四、新一代信息技术产业发展的政策保障措施 ······················· 78
　　（一）完善中央整体统筹、全面协调并进的政策体系 ················ 78
　　（二）加大提升新型基础设施建设水平，强化底层支撑能力 ·········· 79
　　（三）支持形成关键信息技术成果转化与产业化创新平台 ············ 79
　　（四）探索数据资源开放共享新模式 ······························ 80
　参考文献 ·· 80

第五章　从生物经济看战略性新兴产业发展：生物产业 ············ 82
　一、生物产业发展现状与问题 ····································· 82
　　（一）发展现状 ·· 83
　　（二）存在的问题 ·· 84
　二、新时期生物产业面临的新形势与新要求 ························· 85
　　（一）老年健康服务产业将成为未来产业发展的热点领域 ············ 86
　　（二）国内市场需求增长和结构调整 ······························ 86
　　（三）产业格局面临重塑 ······································ 86
　三、新时期生物产业的发展目标、任务与措施 ······················· 87
　　（一）发展目标 ·· 87
　　（二）主要任务 ·· 87
　　（三）保障措施 ·· 91
　参考文献 ·· 93

第六章　从产业基础看战略性新兴产业发展：新材料产业 ············ 94
　一、新材料产业发展现状与问题 ··································· 94
　　（一）现状 ·· 95
　　（二）问题 ·· 96
　二、新时期新材料产业面临的新形势与新要求 ······················· 97
　　（一）国内外经济形势严峻复杂，新材料产业发展面临诸多挑战 ······ 98
　　（二）关键领域和重大工程对材料的自主保障提出了战略需求 ········ 98
　三、新时期新材料产业的发展目标、任务与保障措施 ················ 100

（一）发展目标 …… 100
（二）主要任务 …… 101
（三）保障措施 …… 103

参考文献 …… 104

第七章　从制造强国战略看战略性新兴产业发展：高端装备制造业 …… 105

一、高端装备制造业发展现状与问题 …… 105
　　（一）智能制造装备业发展现状与问题 …… 105
　　（二）航空装备业发展现状与问题 …… 106
　　（三）航天装备业发展现状与问题 …… 107
　　（四）轨道交通装备业发展现状与问题 …… 108
　　（五）海洋装备业发展现状与问题 …… 109
　　（六）其他高端装备制造业发展现状与问题 …… 109

二、新时期高端装备制造业面临的新形势与新要求 …… 110
　　（一）数字化与智能制造 …… 110
　　（二）服务化与服务型制造 …… 111
　　（三）绿色化与绿色制造 …… 111
　　（四）技术与产业链安全 …… 111

三、新时期高端装备制造业的发展目标、任务与措施 …… 112
　　（一）发展目标 …… 112
　　（二）主要任务 …… 112
　　（三）保障措施 …… 116

参考文献 …… 117

第八章　从交通强国战略看战略性新兴产业发展：新能源和智能汽车产业 …… 118

一、汽车产业发展现状与问题 …… 118
　　（一）汽车产业进入转型初期，新能源汽车和智能汽车产业探索式发展 …… 118
　　（二）产品竞争力和基础设施建设不足成为产业面临的主要问题 …… 120

二、新时期新能源和智能汽车产业面临的新形势与新要求 …… 122
　　（一）汽车产业扩大开放，面对激烈的外部竞争，应重视技术研发与品牌的高端化 …… 122
　　（二）快速推进减排进程，应对激增的环保压力，应加快节能与新能源汽车推广应用 …… 123
　　（三）智能网联全面渗透，为保持产业竞争力，应突破电子电气核心技术，构建产业生态 …… 124

（四）产业之间加速融合，为适应产业变革趋势，应推动汽车与能源、交通、通信的融合 ········· 124

三、新时期新能源和智能汽车产业的发展目标、任务与保障措施 ············· 125
 （一）发展目标 ········· 125
 （二）主要任务 ········· 127
 （三）保障措施 ········· 128

参考文献 ········· 130

第九章　从"双碳"战略看战略性新兴产业发展：绿色低碳产业 ········· 131

一、绿色低碳产业发展现状与问题 ········· 132
 （一）绿色低碳产业发展的现状 ········· 132
 （二）绿色低碳产业发展的主要问题 ········· 133

二、新时期绿色低碳产业面临的新形势与新要求 ········· 133
 （一）绿色低碳产业面临的国内外新形势 ········· 133
 （二）绿色低碳产业壮大发展，提出了新要求 ········· 134

三、新时期绿色低碳产业的发展目标、任务与措施 ········· 135
 （一）发展目标 ········· 135
 （二）主要任务 ········· 136
 （三）保障措施 ········· 139

参考文献 ········· 141

第十章　从数字技术和科技赋能看战略性新兴产业发展：新型高技术服务业 ········· 142

一、发展新型高技术服务业的必要性和迫切性 ········· 142
 （一）新一轮科技革命提升新型高技术服务业对产业创新的价值 ········· 142
 （二）数字化的全面渗透正重新定义高技术服务的业态模式 ········· 143
 （三）双循环发展新格局下新型高技术服务业战略价值凸显 ········· 143

二、新型高技术服务业的内涵和类别 ········· 144
 （一）基本内涵 ········· 144
 （二）主要类别 ········· 144

三、新时期新型高技术服务业发展的重点领域 ········· 146
 （一）发展新型研发及转移转化服务业 ········· 146
 （二）培育新型专业技术服务的典型业态 ········· 146
 （三）加强数字赋能产业体系的发展 ········· 148

四、新时期发展新型高技术服务业的主要举措 ………………………………… 149
 （一）加强新型高技术服务的主体建设 ………………………………………… 149
 （二）推进新型基础设施和传统基础设施融合 ………………………………… 149
 （三）完善新型高技术服务业发展相关机制 …………………………………… 150
 （四）发展新型高技术跨境服务 ………………………………………………… 150
 （五）探索建立新型高技术服务业发展示范区 ………………………………… 150
参考文献 ……………………………………………………………………………… 151

未 来 篇

第十一章　未来产业：概念与特征 …………………………………………… 154
一、未来产业的概念界定 …………………………………………………………… 155
二、未来产业的主要特征 …………………………………………………………… 155
 （一）未来产业是依托新科技突破带来的应用而衍生形成的 ………………… 155
 （二）"技术突破＋愿景假设"的未来产业将满足人类和社会发展的新需求 … 155
 （三）未来产业发展将融合各种产业类型形成新业态 ………………………… 156
 （四）未来产业发展将为经济发展孕育新组织 ………………………………… 156
 （五）未来产业发展需要凝练新政策 …………………………………………… 156
三、未来产业与战略性新兴产业的关系 …………………………………………… 156
参考文献 ……………………………………………………………………………… 157

第十二章　从全球新科技革命看未来产业：趋势和领域 ………………… 158
一、全球新科技革命与产业变革的五大趋势 ……………………………………… 158
 （一）新一轮科技革命呼之欲出 ………………………………………………… 158
 （二）新技术革命的突破口愈加清晰 …………………………………………… 159
 （三）新产业革命深刻改变产业形态、生产方式 ……………………………… 161
 （四）新科技革命推动形成人、机、物三元融合社会 ………………………… 161
 （五）科技创新驱动经济社会发展、保障国家安全和应对全球挑战已成为世界主要
   国家共同的战略选择 ……………………………………………………… 161
二、孕育重大科技突破的八个重点领域 …………………………………………… 162
 （一）信息网络 …………………………………………………………………… 162
 （二）能源领域 …………………………………………………………………… 163

（三）材料与制造 ··· 163
　　（四）生命健康 ··· 164
　　（五）现代农业 ··· 164
　　（六）生态与环境 ··· 165
　　（七）空间领域 ··· 165
　　（八）海洋领域 ··· 165
  参考文献 ·· 166

第十三章　主要国家未来产业布局：经验与借鉴 ······························ 167
  一、主要国家未来产业前沿技术的布局 ··································· 167
　　（一）美国发展未来产业前沿技术的布局 ······························ 167
　　（二）日本发展未来产业前沿技术的布局 ······························ 168
　　（三）法国发展未来产业前沿技术的布局 ······························ 170
　　（四）韩国发展未来产业前沿技术的布局 ······························ 172
　　（五）英国发展未来产业前沿技术的布局 ······························ 173
　　（六）俄罗斯发展未来产业前沿技术的布局 ···························· 174
　　（七）德国发展未来产业前沿技术的布局 ······························ 175
  二、主要国家发展未来产业前沿技术的特点 ······························· 176
　　（一）未来产业前沿技术研发聚焦智能、低碳、健康三大方向 ············ 176
　　（二）通过加速新兴技术、前沿技术与传统产业的融合来发展未来产业 ···· 176
　　（三）从只重视技术创新到同时还重视研发模式和组织结构的革新 ········ 177
  三、主要国家发展未来产业前沿技术的经验 ······························· 177
　　（一）加强创新环境和创新生态建设 ·································· 177
　　（二）加强未来产业前沿技术人才培养和引进 ·························· 178
　　（三）建立灵活多元的投入资助机制 ·································· 179
  参考文献 ·· 179

第十四章　我国未来产业的发展思路：基础条件与任务布局 ···················· 183
  一、我国未来产业的现状与问题 ··· 183
  二、我国发展未来产业的条件与机遇 ····································· 184
　　（一）我国发展未来产业的基础条件 ·································· 184
　　（二）我国发展未来产业的机遇 ······································ 185
　　（三）各地未来产业布局典型做法 ···································· 186

三、未来产业的发展目标、任务与措施 ································· 188
　　（一）发展目标 ·· 188
　　（二）主要任务 ·· 189
　　（三）保障措施 ·· 193
参考文献 ·· 194

模 式 篇

第十五章　从区域创新体系看战略性新兴产业发展：集群化 ······· 198
一、发达国家创新发展战略与集群发展战略 ····························· 199
　　（一）德国 ··· 199
　　（二）美国 ··· 200
　　（三）日本 ··· 201
二、发达国家产业集群网络化发展的经验启示 ·························· 202
　　（一）顶层战略多方式推进 ·· 202
　　（二）多维网络化发展模式 ·· 203
　　（三）集群组织的体制保障 ·· 203
　　（四）重视创新网络的建设 ·· 204
三、构建我国战略性新兴产业集群高质量发展的"四梁八柱" ······· 205
　　（一）加快建立评选、认定、监测、评估的体系 ···················· 205
　　（二）建立精准长效机制，激发动态发展效能 ······················· 206
　　（三）政府市场共同作用，分类施策支持引导 ······················· 207
　　（四）建立网络化合作机制，构建集群创新网络 ···················· 208
　　（五）激励形成集群创新文化，加强国际合作 ······················· 208
参考文献 ·· 209

第十六章　从新经济看战略性新兴产业发展：生态化 ················ 212
一、新经济是战略性新兴产业生态化发展的主要形态 ················ 212
　　（一）从"四新"看战略性新兴产业生态建设的重点 ············· 212
　　（二）本轮新技术、新业态、新模式和新产业发展的主要特征 ··· 213
二、战略性新兴产业"四新"发展的现状和问题 ······················· 217
　　（一）整体现状 ·· 217
　　（二）主要问题 ·· 219

三、战略性新兴产业生态化发展的总体思路和主要任务 220
　（一）总体思路 220
　（二）主要任务 221
四、保障措施 226
　（一）设立高层次统领性的"四新"发展战略规划，加强体系化设计 227
　（二）完善供给侧政策，推进新技术、新业态、新模式的有效供给 227
　（三）完善需求侧政策，加快新消费、新需求的导向和引导作用 228
　（四）夯实"四新"主体力量，完善企业培育和平台建设政策 228
　（五）统筹优化"四新"发展布局，提供空间载体支撑 229
　（六）利用新基建机遇，尽快完善"四新"发展的基础设施体系 229
　（七）完善"四新"的知识产权、人才、资金和服务支撑政策 230
参考文献 231

第十七章　从国内国外双循环看战略性新兴产业发展：国际化 232

一、战略性新兴产业国际化发展现状与问题 232
　（一）战略性新兴产业国际化发展现状 232
　（二）战略性新兴产业国际化的主要问题 233
二、新时期战略性新兴产业国际化面临的新形势与新要求 234
　（一）复杂多变的国际环境形成新挑战 234
　（二）国内经济发展步入转型新阶段 235
　（三）新一轮科技革命带来发展新动力 236
　（四）对美好生活的向往催生发展新需求 237
三、新时期战略性新兴产业国际化的发展目标、任务与措施 239
　（一）发展目标 239
　（二）主要任务 240
　（三）保障措施 240
参考文献 243

第十八章　从政策支撑看战略性新兴产业发展：协同化 244

一、战略性新兴产业发展模式的理论分析与政策思路 244
　（一）战略性新兴产业集聚区的形成机制 245
　（二）战略性新兴产业集聚区的协同创新 245
　（三）战略性新兴产业集聚区的其他问题分析 246

(四)战略性新兴产业的空间布局 247
(五)体制和政策创新推进思路 248
二、发挥新型举国体制优势,创新发展机制 248
(一)加强推进战略性新兴产业发展的组织领导 248
(二)统筹推进战略性新兴产业改革与支持方式 249
三、完善战略性新兴产业发展政策体系 250
(一)完善知识产权制度 250
(二)完善技术创新和产业创新政策 251
(三)完善新兴产业基础设施建设 252
(四)完善市场环境建设 253
(五)保障人力资源供给 254
参考文献 255

地 方 篇

第十九章 北京市战略性新兴产业发展现状与思路 258

一、北京市战略性新兴产业发展现状 258
(一)注重与时俱进,以"高精尖"产业牵引战略性新兴产业发展 258
(二)发挥牵引作用,战略性新兴产业增加值增速显著高于工业增加值增速 259
(三)加大研发投入,战略性新兴产业技术基础不断夯实 259
(四)培养创新精神,战略性新兴产业集群初具规模 260
(五)全面规划布局,围绕"三城一区"制定"高精尖"产业发展规划 260
(六)夯实政策支撑,设立"高精尖"基金等以扶植战略性新兴产业发展 262
二、北京市战略性新兴产业发展存在的问题与面临的挑战 262
(一)解决"高精尖"产业体系分布不均衡问题的政策支撑力度不够 262
(二)战略性新兴产业关键性技术突破仍存在难度 263
(三)科研成果转化存在政策法规和制度创新两方面的问题 263
(四)企业创新创业生存环境有待完善 264
三、新时期北京市战略性新兴产业发展的主要思路与任务 264
(一)北京市战略性新兴产业发展的主要思路 264
(二)北京市战略性新兴产业发展的主要任务 265
参考文献 268

第二十章　上海市战略性新兴产业发展现状与思路 ······ 269

一、上海市战略性新兴产业发展现状 ······ 269
（一）多措并举，战略性新兴产业发展速度不断加快 ······ 269
（二）聚焦三大核心产业，以战略眼光推进战略性新兴产业发展 ······ 271
（三）聚焦关键核心技术，突破产业发展瓶颈 ······ 272
（四）加大企业研发投入，培育参与全球竞争的创新型企业 ······ 272

二、上海市战略性新兴产业发展存在的问题与面临的挑战 ······ 272
（一）科技创新能力有待提升 ······ 272
（二）产业链受制于人的情况仍然存在，部分关键技术缺乏应用市场 ······ 273
（三）与制造业相配套的高端生产性服务业发展滞后 ······ 273
（四）新兴企业跨区域、跨国经营能力不足 ······ 273

三、新时期上海市战略性新兴产业发展的主要思路与任务 ······ 274
（一）上海市战略性新兴产业发展的主要思路 ······ 274
（二）上海市战略性新兴产业发展的主要任务 ······ 274

四、上海市战略性新兴产业的政策保障 ······ 275
（一）加强体制机制创新突破 ······ 276
（二）强化科技创新策源能力 ······ 276
（三）完善科技成果转化渠道 ······ 276
（四）实施人才引领战略 ······ 276
（五）构建一流创新生态体系 ······ 276
（六）全面激发企业创新活力 ······ 277

参考文献 ······ 277

第二十一章　深圳市战略性新兴产业发展现状与思路 ······ 278

一、深圳市战略性新兴产业发展现状 ······ 279
（一）战略性新兴产业蓬勃发展，逐步形成产业集群 ······ 279
（二）推进传统产业转型，集中力量扶持战略性新兴产业 ······ 279
（三）集聚全球创新资源，营造良好创新生态 ······ 281

二、新时期深圳市战略性新兴产业发展形势、机遇和挑战 ······ 281
（一）贸易摩擦给产业高端发展带来巨大压力 ······ 281
（二）新冠肺炎疫情带来发展形势变化 ······ 281
（三）高端人才集聚明显不足 ······ 282

（四）政府扶持计划存在缺陷 282
（五）生产要素成本快速上升 282
（六）产业土地空间制约明显 282

三、新时期深圳市战略性新兴产业发展的主要任务 283
（一）建设数字经济先行示范区 283
（二）定制"重大技术清单"攻关计划 283
（三）精准化定制补链行动 283
（四）实施新技术梯次化发展策略 284
（五）培育谋划新产业、新业态发展 284
（六）积极争取重大产业项目布局 284
（七）引导企业专、精发展 284
（八）加强公共技术服务平台体系建设 285
（九）加速建立多元化资金支持体系 285
（十）实施精准有效的人才引进政策 285
（十一）加快打造专业化园区 286
（十二）促进形成各区产业差异化发展格局 286
（十三）加强大湾区产业分工与合作 286
（十四）促进全球战略性新兴产业交流 287

参考文献 287

第二十二章 广州市战略性新兴产业发展现状与思路 288

一、广州市战略性新兴产业发展现状 288
（一）经济增长引擎作用突出 288
（二）创新引领能力不断提高 289
（三）产业集聚发展成效显著 289
（四）产业主体创新实力不断增强 289
（五）产业要素和环境持续优化 290

二、新时期广州市战略性新兴产业发展形势、机遇和挑战 290
（一）国内外形势变化 290
（二）数字经济、生物经济和绿色经济迈入新阶段，广州市科创和战略性新兴产业发展迎来更多机遇 291
（三）粤港澳大湾区、广东省发展新格局和"四新"建设为广州市协同发展带来更多空间 292

三、新时期广州市战略性新兴产业发展的主要任务 ··················· 293
　　　　（一）构建"3+5+5"战略性新兴产业新体系 ··················· 293
　　　　（二）构筑"123+N"战略性新兴产业空间新格局 ················ 295
　　　　（三）集群生态梯次发展，区域、国际协同发展 ················· 297
　　四、广州市战略性新兴产业发展的保障措施 ······················· 300
　　　　（一）搭建科技创新平台体系 ······························· 301
　　　　（二）优化科技服务支撑体系 ······························· 301
　　　　（三）完善产业人才供给体系 ······························· 302
　　　　（四）创新科技金融支持体系 ······························· 303
　　　　（五）建立创新创业生态体系 ······························· 304
　　　　（六）完善产业环境支撑体系 ······························· 304
　　参考文献 ··· 305

第二十三章　武汉市战略性新兴产业发展现状与思路 ··················· 307

　　一、武汉市战略性新兴产业发展现状 ······························· 307
　　　　（一）产业整体态势发展良好，创新引领能力持续增强 ··········· 307
　　　　（二）产业集群不断发展壮大，高端创新平台加快建设 ··········· 308
　　　　（三）创新能力持续增强，"卡脖子"技术取得突破 ·············· 308
　　二、武汉市战略性新兴产业发展存在的问题与面临的挑战 ············· 309
　　　　（一）关键产业环节亟须向高端升级 ························· 309
　　　　（二）经济增长方式亟须转型 ······························· 309
　　　　（三）产业集群规模亟须提升 ······························· 309
　　　　（四）创新能力建设亟须深化 ······························· 310
　　　　（五）国产化关键材料与设备缺乏试验验证平台 ················ 310
　　三、新时期武汉市战略性新兴产业发展的主要思路与任务 ············· 310
　　　　（一）围绕产业链部署创新链，全面提升创新链 ················ 311
　　　　（二）围绕创新链布局产业链，全面补强产业链 ················ 311
　　四、武汉市发展战略性新兴产业的保障措施 ······················· 312
　　　　（一）加强国家在重大产业布局中的顶层设计与整体统筹 ········· 312
　　　　（二）建立面向集成电路与液晶面板等关键材料和设备的公共服务与验证平台，
　　　　　　　加速关键"卡脖子"环节的国产替代 ····················· 312
　　　　（三）统筹推进战略性新兴产业集群建设，建设产业集群公共服务综合体 ··· 313

（四）加强产学研融合相关政策的规划和投入，培养适应和引领区域高质量发展的新型工程科技人才 ………………………………………………………… 314
  （五）加强在生物、集成电路及未来产业等领域的重大支撑性平台建设 …………… 314
 参考文献 ……………………………………………………………………………………… 315

第二十四章 四川省战略性新兴产业发展现状与思路 …………………………………… 316
 一、四川省战略性新兴产业发展基本情况 ………………………………………………… 316
  （一）新一代信息技术产业迅猛发展，新兴领域迅速成长 ………………………… 317
  （二）高端装备制造产业创新发展，部分领域形成龙头企业 ……………………… 317
  （三）新材料产业加速发展，一批技术达到国际或国内领先水平 ………………… 317
  （四）新能源产业蓄势发展，核电发展成优势 ……………………………………… 317
  （五）生物产业创新能力不断提升，培育新的增长点 ……………………………… 317
  （六）节能环保产业亮点频现，装备领域表现突出 ………………………………… 318
 二、四川省战略性新兴产业的发展形势 …………………………………………………… 318
  （一）推进体制机制改革，加强宏观协调和服务能力 ……………………………… 319
  （二）重点领域改革全面深化 ………………………………………………………… 320
  （三）加大金融财政支持力度 ………………………………………………………… 320
  （四）创新创业活力持续迸发 ………………………………………………………… 321
  （五）加快产业高端人才引进、培育和集聚 ………………………………………… 321
  （六）加强开放合作，促进成果转化 ………………………………………………… 322
 三、四川省战略性新兴产业发展存在的问题 ……………………………………………… 322
  （一）产业总体规模较小 ……………………………………………………………… 322
  （二）区域协同不够，产业空间布局有待进一步优化 ……………………………… 322
  （三）集聚程度不高，特色产业集群有待强化培育 ………………………………… 322
  （四）财政资金对社会资金的撬动作用不足，对中小企业投资支持不够 ………… 323
  （五）中小企业发展存在一定障碍 …………………………………………………… 323
 四、新时期四川省战略性新兴产业发展的保障措施 ……………………………………… 323
  （一）加强区域协同发展，优化产业空间布局 ……………………………………… 324
  （二）聚焦产业集群特色，提升产业发展水平 ……………………………………… 324
  （三）发挥基础优势，打造产业创新生态 …………………………………………… 324
  （四）探索四川省国有投资基金混改，建立市场投资机制、投资人激励机制和中小企业技术创新基金 ………………………………………………………… 325
 参考文献 ……………………………………………………………………………………… 325

总　论
用智库双螺旋法深化战略性新兴产业规划研究

当今世界正处于大发展、大变革、大调整时期，当代中国正处在大改革、大开放、大转型时代，新一轮科技革命和产业变革必将深刻影响和改变世界与中国。全球制造业正在向数字化、网络化、智能化、服务化转型，新技术、新动能、新业态、新模式层出不穷，已成为推动世界各国经济和社会发展的重要引擎。同时，中美战略博弈加剧，全球新冠肺炎疫情蔓延，全球化与逆全球化斗争越来越激烈，正在重塑世界政治经济格局与影响未来发展走向。在这样的大环境和大背景下，我国改革开放和社会主义现代化建设进入高质量发展的新阶段，逐步形成以国内大循环为主体、国内国际双循环相互促进的新发展格局。面对国内外环境的深刻变化带来的新形势、新机遇、新挑战，必须坚定不移地贯彻落实以习近平同志为核心的党中央的战略部署，切实把加快发展和培育战略性新兴产业作为一项战略使命抓紧抓实抓好。这是抢抓新工业革命机遇、应对大国科技竞争、构建国际合作竞争新优势的重要选择，是建设现代化经济体系、推动经济高质量发展、保障改善民生的重要引擎，是深化改革开放、探索新型产业政策、完善产业治理体系的重要任务。

我国在战略性新兴产业培育和发展中始终高度重视发挥高端智库的作用。2009年，我国改革开放和现代化建设受到了国际金融危机冲击的严峻挑战，同时也迎来推进经济战略转型和转变增长方式的有利契机。党中央、国务院综观国内外大势提出增强创新驱动、内生增长动力，谋划培育和发展战略性新兴产业。时任中科院规划战略局局长潘教峰配合国务院研究室组织研究写作小组，起草了国务院主要领导同志于当年11月3日在首都科技界发表的"让科技引领中国可持续发展"的演讲稿，首次向国内外宣布我国战略性新兴产业的选择标准和主要特征，提出了新能源、新材料、生物医药、信息网络等七个发展领域，在国内外引起强烈反响。之后在2010年上半年，潘教峰同志配合时任发改委副主任张晓强落实国务院主要领导指示，共同参与了我国战略性新兴产业重点方向的遴选与凝练工作，在多位干部、专家学者通力合作与深入调研的基础上，明确了拟重点发展的7个产业领域的24个重点方向，此后又直接参与了《国务院关于加快培育和发展战略性新兴产业的决定（代拟稿）》的起草及"十二五"国家战略性新兴产业发展规划制定工作。这一期间，潘教峰同志与时任规划战略局规划处处长张凤具体组织的《中国至2050年重要领域科技发展路线图战略研究》恰逢其时出版，对于国务院有关部门着眼全局和面向未来研究战略性新兴产业起到了科技支撑作用。

转眼间十多年过去了，我国战略性新兴产业在国民经济战略布局和国际贸易战略竞争中发挥了举足轻重的作用。2019年，我国在世界百年变局和全球疫情交织叠加影响下即将进入"十四五"时期。战略咨询院受国家发改委委托开展"十四五"时期战略性新兴产业发展规划研究，潘教峰院长和张凤副院长组织专业化、高素质的优秀团队，运用"双螺旋法"确立了这次规划研究的基本原则、基本要素、基本流程、基本标准、基本方向，历时一年多时间取得了积极成果并如期完成规划研究工作。总体上看，当前和今后时期我国处在创新驱动发展活跃期、新旧动能转换交汇期、结构优化升级攻关期、数字经济增长关键期、能源战略转型机遇期，推动战略性新兴产业高质量发展、集群式发展、可持续发展至关重要。为了使各行各界、广大群众和国际社会深入了解中国战略性新兴产业规划研究过程和实施重点，战略咨询院又组织力量编辑出版《构建现代产业体系：从战略性新兴产业到未来产业》一书。这篇总论概述了应用"双螺旋法"研究战略性新兴产业规划研究的十个步骤，阐述了战略性新兴产业规划实施需要重点把握的七个问题，提出了战略性新兴产业规划实施应当重点抓好的七大产业和四大发展模式，以及介绍了全国六个重点地区战略性新兴产业发展现状和展望。

一、战略性新兴产业规划研究中的"双螺旋法"应用

当前，新科技革命和产业变革推动全球进入以创新为主题的发展新时代，美欧日在促进"再工业化"进程中加快布局战略性新兴产业，科技大国间争夺关键核心技术与产业控制权的"明战"或"暗战"愈加频繁激烈，国际格局风云变幻以及分工体系调整将重塑全球技术链、产业链、供应链和价值链。必须看到，尽管世界政治经济形势充满不确定性、不可预测性和特殊复杂性，但和平与发展的时代主题没有改变，经济全球化的历史发展趋势没有改变，世界经济科技重心向亚太地区转移的趋势没有改变，中国经济稳中向好、长期向好的趋势没有改变。中国科学院作为我国科学技术最高学术机构和国家高端科技智库，始终坚持把思想认识和实际行动统一到中央的决策部署上来，准确把握全球战略性新兴产业发展呈现的新特征和新趋势，深入研判我国战略性新兴产业发展

面临的新机遇和新挑战，充分认识新发展阶段我国战略性新兴产业发展肩负的新使命和新要求，以科学的方法和务实的态度认真谋划"十四五"及中长期战略性新兴产业规划研究工作。这项工作是典型的跨学科、跨领域的综合复杂智库研究问题，具有鲜明的战略性、全局性、前瞻性、科学性和引领性特征，因此课题组采用智库双螺旋法为规划研究提供可操作、可组织、可执行的系统解决方案。智库双螺旋法[1]是潘教峰研究员在国家高端智库试点中科学方法和实践应用相结合的重大理论创造，是近年来学界关于智库理论、智库方法和智库范式的重要研究成果，充分体现了智库研究跨学科、跨领域研究的特点，为实现以高水平的学术研究支撑高质量的智库决策、咨询、研究提供了科学保障。智库双螺旋法在"十四五"时期战略性新兴产业规划研究中发挥了思维指导、过程指导和操作指导的作用。

智库双螺旋法是智库研究的"总开关"，包含"解析问题—融合研究—还原问题"的外循环过程，以及 DIIS（Data-Information-Intelligence-Solution，收集数据—揭示信息—综合研判—形成方案）过程融合法和 MIPS（Mechanism analysis-Impact analysis-Policy analysis-Solution，机理分析—影响分析—政策分析—形成方案）逻辑层次法两个相互嵌合、循环迭代的内循环过程，共同建构一个系统完整的双螺旋智库研究科学范式[2]。**智库双螺旋法有三个特色：一是智库双螺旋法坚持问题导向、证据导向、科学导向，始于研究问题，终于解决方案，形成外循环和内循环相互融合的体系。** 双螺旋法强调智库研究从问题出发，以循证为根本依据，采用科学的研究方法和工具。从研究过程来看，DIIS 过程融合法以收集具有科学范式的数据为基础，重视数据信息揭示和专家智慧相结合，强调不断循证迭代的科学研究过程。从研究逻辑来看，MIPS 逻辑层次法强调机理、影响、政策和方案四个关键要素，其中机理的揭示本身就是科学性的集中体现，基于机理分析的影响分析和政策分析为形成方案奠定了科学基础。**二是智库双螺旋法坚持从认识论到方法论再到实践论的深入研究，充分彰显系统科学思想的精髓。** 从认识论出发，基于哲学角度为整体认识和把握智库研究的问题提供了"解析—融合—还原"这一源头性的研究思路。从方法论出发，基于科学角度总结智库研究的规律，从研究环节和研究逻辑角度凝练归纳智库问题研究所需遵循的规则。从实践论出发，基于实践角度为开展智库问题研究提供相应的方法和工具，为智库研究提出解决问题的方案提供支撑。**三是智库双螺旋法坚持历史域、现实域、未来域的融会贯通，首创提出智库研究时空域的概念。** 智库研究问题的提出是基于回顾历史、把握现实、预测未来，从而实现围绕中心、服务大局的目标。智库研究与学术研究的区别之一在于学术研究是基于现象和规律的探索，而智库研究是为了提供科学民主决策、解决实际问题的咨询意见和建议。这就需要将汇聚历史、现实和未来的时空域理念贯穿于智库的研究导向、研究哲学、研究过程和研究逻辑。课题组在历时一年的战略性新兴产业规划研究中，在智库双螺旋法指导下历经制定工作方案、收集数据资料、总体情况分析、实地调查研究、产业发展预测、测定发展目标、明确主要任务、循证重点问题、提交研究报告等 10 个研究步骤，取得了运用科学方法、规范研究体系、统筹组织协调和保证成果质量的预期成效。

（一）第1步　制定工作方案：统筹规划研究全过程指导

科学有效的研究工作方案，是高质量完成本次规划研究工作的基石和保障。在智库研究双螺旋法指导下，课题组根据国家发改委的任务委托书，坚持"问题导向、证据导向和科学导向"，应用"解析问题—融合研究—还原问题"的研究逻辑，制定了规划研究的详细工作方案。

1. 提出规划研究的总体要求。课题组研究确定本次战略性新兴产业规划研究的宗旨是：为国家统筹研判战略性新兴产业发展提供决策依据，为制定"十四五"战略性新兴产业发展规划提供科学支撑，为科研机构、创新企业和地方政府研究战略性新兴产业发展方向和相关政策提供有益借鉴。

2. 明确规划研究的目标任务。课题组从宏观战略、政策环境、未来发展、地方实践等方面，对我国战略性新兴产业的发展做了全面、深入、系统的研究，阐明我国"十四五"期间战略性新兴产业发展面临的新形势、新机遇和新挑战，凝练发展目标、总体布局、主要任务、重大举措和政策体系。

3. 保障规划研究的组织落实。课题研究的具体组织分为总体组和工作组，按照各自职责有效组织和统筹开展研究，具体包括：制定科学合理的工作安排，重点抓好审议工作方案、具体研究部署、组织调查研究、征求专家意见、报告撰写修改等关键环节和时间节点。

（二）第2步　收集数据资料：建立规划研究知识层基础

课题组运用智库双螺旋法中解析问题的逻辑，结合学科领域划分、专家经验等对战略性新兴产业规划研究进行解析，将战略性新兴产业规划问题分解为一组清晰、可操作的子问题，全面收集这些问题相关的科学知识、实践经验、数据资料等，构成研究工作的知识层基础。

1. 全球科技创新与产业变革相关数据资料。人类文明进步和现代化历程上每一次重大变革都与科技的革命性突破密切相关。课题组围绕科学、技术、产业一体化发展的未来趋势谋划应对之策，从拓展全球视野、借鉴历史经验、服务国家需求的角度出发，广泛收集全球科技创新与产业变革等方面的相关数据资料。

2. 国外战略性新兴产业发展相关数据资料。课题组依据新技术革命、产业变革和数字化转型及全球产业链、价值链布局，揭示战略性新兴产业发展的智能化、数字化、绿色化特征，分析国际分工体系和产业经济结构深度调整引发的日趋激烈的国际竞争，研讨主要发达国家对未来前沿技术的部署，以及创新发展战略与产业集群发展趋势等信息。

3. 我国战略性新兴产业发展相关数据资料。课题组总结"十三五"期间我国战略性新兴产业发展成就、成长规律和存在的问题，展望"十四五"时期及今后主导产业和未来产业的走向、重点布局及优先顺序，重点研究新一代信息技术、生物、新材料、高端装备制造、新能源汽车和智能汽车、绿色低碳、新型高技术服务业等产业数据资料。

（三）第3步 总体情况分析：践行规划研究时空域理念

遵循智库双螺旋法提出的历史域、现实域和未来域的时空域概念，课题组在战略性新兴产业规划研究中综合研判历史域、现实域和未来域，着重分析需求不确定性、结构不确定性、增长不确定性、发展不确定性，对我国战略性新兴产业的整体发展态势有一个全面深入的总体认识和把握。

1. 国外战略性新兴产业发展态势分析。深入梳理和分析主要国家战略性新兴产业的发展态势，对总结战略性新兴产业的发展规律和发展经验，对我国战略性新兴产业的未来发展具有重要的参考和借鉴意义。特别是在研究未来产业时，课题组梳理了主要国家的未来产业前沿技术研发计划和方向，总结了未来产业前沿技术研发特点和经验，研判了战略科技相关技术融合创新发展未来产业的模式和路径。

2. 我国战略性新兴产业发展态势分析。深入梳理和分析我国战略性新兴产业的发展态势，从产业规模增长、企业盈利能力、重点产业发展、产业集群布局及融入全球创新发展网络等方面，分析十八大以来我国战略性新兴产业取得的成就，结合对主要国家战略性新兴产业的发展态势分析得出的结论，以此作为确定"十四五"时期我国战略性新兴产业发展方向、重点任务和主要目标的重要基础。

3. 我国战略性新兴产业急需解决的问题。在深入梳理和分析我国战略性新兴产业发展取得的成绩的前提下，着力研究诸如国家层面产业发展统筹缺乏、产业发展引领能力不足、配套支持政策体系性不强、金融支持力度不大、产业发展所需人才总量不够、国际贸易话语权不大等问题，以及我国战略性新兴产业发展和未来产业培育的战略布局动向、技术创新动向和国际竞争动向。

（四）第4步 实地调查研究：掌握规划研究第一手情况

运用智库双螺旋法开展实地调查研究，了解真实发展现状，是做好"十四五"战略性新兴产业规划研究的关键环节。课题组深入实际、扎根基层，采用现场访谈、实地考察和交流研讨等方法获得第一手材料，在此基础上运用数字化工具进行再分析、再研究和再创造。

1. 综合遴选有代表性的区域。在战略性新兴产业规划研究过程中，在综合考虑国家区域发展战略、产业布局分布、经济发展水平、科技创新能力、人才集聚程度等因素的基础上，课题组选择了北京、上海、广东（深圳、广州）、四川（成都、德阳、绵阳）、湖北（武汉）等省市作为开展实地调研的重点区域。

2. 召开部门和领域专家研讨会。为了保证意见表达的真实性、客观性和独立性，课题组分别召开了部门专家研讨会和领域专家研讨会。其中部门专家主要包括各政府层级与战略性新兴产业发展相关的职能部门管理者，如省级科技厅、财政厅、经信委等；领域专家包括主要科研机构、高等院校及典型企业的科研专家、技术专家、产业专家和管理专家等。

3. 开展对各类机构的实地调研。课题组对有代表性的区域政府机构、各类企业、高新区、科学城、科研机构、高校等开展实地调研，充分了解各个层面战略性新兴产业发展的现状、问题和需求，形成对战略性新兴产业未来发展的重点方向、技术领域、政策保障的系统性认识，为战略性新兴产业规划研究提供依据。

（五）第 5 步　产业发展预测：加强规划研究前瞻性思考

在智库双螺旋法指导下，课题组根据战略性新兴产业规划研究总体要求，从研究目标、研究理念、研究内容、研究过程及各个研究环节，前瞻性思考和预测当前和长远、国内和国外、中央和地方的战略性新兴产业成长规律、增长趋势、影响因素及发展需求。

1. 总结提炼战略性新兴产业发展规律。深入总结提炼战略性新兴产业的成长规律，包括在战略性新兴产业成长中如何将重大技术成果转化为产业化生产的产品，战略性新兴产业成长中需要同时具备哪些条件、环境和政策，地方政府在培育战略性新兴产业发展中有哪些经验和成功做法等。

2. 预测战略性新兴产业关键影响因素。以我国新一代信息技术产业为例，在新冠肺炎疫情影响下全球经济增速放缓，数字经济发展挑战与机遇并存，大国间科技与产业竞争更加激烈，高端芯片等产业链关键环节瓶颈制约加剧。但是，在全球第四次工业革命和我国"双循环"新发展格局影响下，将突显数字技术的驱动作用和数字经济超大规模市场优势。

3. 重点分析战略性新兴产业发展需求。以我国高技术服务业为例，经过深入分析和预测，"十四五"时期新型高技术服务业的发展应立足高质量发展和强链补链，重点培育数字与前沿科技赋能的新型研发及成果转移转化服务、新型专业技术服务、数字内容与创意服务和数字赋能服务，特别是数字转型和绿色转型服务。

（六）第 6 步　测定发展目标：突显规划研究引领性作用

应用智库双螺旋法的科学范式确定发展目标，是战略性新兴产业发展规划研究的重中之重。课题组根据大规模智库问题研究流程解构目标体系，经过问题凝练、数据收集、信息揭示、分析比较和深化迭代，综合研判"十四五"战略性新兴产业发展规划目标的可行性，突显引领性作用。

1. 开展重点产业发展需求分析。深刻领会中央关于战略性新兴产业的总体部署、基本原则、政策取向和发展思路，充分考虑我国所处发展阶段、产业门类、地域分布、比较优势和国际地位，切实把握资源密集型、劳动密集型与资金密集型、技术密集型产业发展层级与方向，实现对经济、科技、社会等产生的关联带动效应。

  2. **开展重点产业发展潜力研究**。综合评价战略性新兴产业的经营发展能力、技术创新能力、投资收益能力、风险防控能力、资本增值能力和社会责任能力，基于规律机理、生产要素、产业链环、因果分析，提出实现新旧动能转换、产业优化升级的发展定位，分类研究东中西部和东北地区等老工业基地经济结构调整、产业战略转型问题。

  3. **开展重点产业发展目标测定**。全面考量"十四五"时期数字化和绿色化发展、产业链和供应链安全、创新链和产业链融合的趋势，通盘研究国内外产业价值体系、产业分工格局、产业布局调整、产业集群发展、产业竞争规则的转变，科学合理地测定产业总量目标、产业增长目标、产业结构目标、产业质量目标和产业调整目标。

（七）第7步　明确主要任务：注重规划研究方向性路径

  课题组应用智库双螺旋法确定战略性新兴产业发展主要任务，将其置于质态、量态、空间、时间四维系统中，立足包括国力基础、技术水平、现有结构、需求强度等基本国情，遵循经济周期规律、产业顺序规律、技术进步规律、优先发展规律、宏观调控规律开展研究。

  1. **坚持贯彻落实新发展理念**。始终在新发展阶段构建新发展格局的大局下，研究战略性新兴产业发展主要任务，着力实施国内市场和国际市场双循环，着力打造数字转型和绿色转型双引擎，着力促进创新驱动和产业升级双融合，着力增强存量经济与增量经济双优化，着力实现有效投资和激活消费双拉动，着力做到稳定就业和保障民生双加强，依托我国超大规模市场和完备产业体系建设制造强国。

  2. **推进产业结构战略性调整**。按照客观性和递进性的原则排列生产力结构的类别清单，比较研究国内外产业结构、科研结构、企业结构、技术结构、人才结构、产品结构的成长阶段和动态变化，分门别类制定合理的赶超目标、发展路径、调整重点和具体措施，全面提升产业链现代化水平和产业链自主可控能力，打造以技术、质量、品牌、标准、服务为核心竞争力的新优势。

  3. **推进产业链和创新链相融合**。围绕"四个面向"完善产研合作、开源开放、自主可控、集成创新的现代产业科技创新体系。要把数字化、网络化、智能化、绿色化作为转型升级和创新发展方向，培育一批拥有核心技术、具有集成创新能力、引领重要产业发展的世界一流科技领军企业、独角兽企业和世界"灯塔工厂"，加快科学发现、技术发明、工程建设与经济增长、产业升级、民生保障一体化发展。

  4. **落实激励企业技术创新政策**。我国战略性新兴产业的总体研发强度、研发能力及科技产出与全球最具创新力的科技企业存在很大差距。"十四五"时期，要把全面落实鼓励企业技术创新政策作为重要任务，落实加计扣除政策，落实科技金融政策，落实技术转移政策，落实推进产学研合作政策，落实科技服务政策，落实国产替代政策，落实鼓励技术出口政策，全面提升企业技术创新主体地位。

（八）第 8 步　循证重点问题：遵循规划研究科学性原则

课题组在智库双螺旋法指导下充分听取不同类型专家在机理分析、影响分析和政策分析等方面的意见，先后邀请了来自政府部门、研究单位、高等院校、科研机构和产业界的 141 位战略专家、产业专家和技术专家召开 12 场研讨会，为战略性新兴产业规划研究工作提供智力支撑。

1. **战略专家主要对战略性新兴产业发展的国内外总体形势、国际竞争格局及演变趋势、我国战略性新兴产业未来发展方向做战略性研判和政策分析**。战略专家是具备扎实的专业知识，同时具有丰富实践经验的高层次人才，主要来自政府部门的战略和政策研究人员及高端智库的高级学者。听取他们对解决产业发展问题提出的具有科学理论依据、符合客观发展规律、起到决策参考价值的真知灼见。

2. **产业专家主要对未来产业发展的前景和趋势、产业发展中的问题和困难、产业组织的模式、支持产业发展的政策等方面进行影响分析**。产业专家主要分为在产业一线的专家和从事产业研究的专家两类，他们围绕产业发展定位与目标、发展方向与重点领域、发展路径与关键举措，以及区域布局优化、空间结构优化、资源配置优化、投入产出优化等方面建言献策，特别是要防止结构趋同、盲目投资、重复建设、生态破坏问题。

3. **技术专家主要是在国家竞争中的未来技术发展趋势、关键核心技术、未来前沿技术和颠覆性技术的前瞻分析，以及技术难点和可能的突破点、产业应用前景等方面展开机理分析**。技术专家是指战略性新兴产业涉及的各个领域中具有深厚的技术积累和相关知识的专家，他们着重提出在关键共性技术、前沿引领技术、现代工程技术、颠覆性技术创新上取得的突破性成就，统筹推进知识创新、技术创新、区域创新、国防创新和军民融合创新协调发展。

（九）第 9 步　体制政策创新：关注规划研究保障性措施

课题组应用智库双螺旋法中环节层和逻辑层的汇聚点，聚焦在战略性新兴产业发展的体制政策创新上。世界主要国家在战略性新兴产业发展中，一方面改革科技管理体制以提高国家创新体系运行效能，另一方面扶持全球领先高端制造业以期占据新的产业制高点。这些做法引起课题组高度重视并研究因应之策。

1. **重点关注体制创新**。在体制创新上课题组重点研究以下方面：营造更加良好的科技创新生态，打造科技成果转化"项目策源地 + 要素平台 + 创新载体"垂直图谱；建立多元风险投资机制，构建财政资金直接支持、风险投资、产业基金、银行信贷、证券融资、投资担保、信用保险等多渠道、多层次资金支撑体系；构建"科学研究、工程应用、评估检测、标准制定"一体化的公共科技平台；健全中小企业服务体系；加强产业安全预警机制建设。

2. **重点关注人才创新**。课题组认为全球战略性新兴产业竞争的关键是人才竞争，构建有利人才成长的保障体系至关重要。要营造更加开放包容的人才友好型社会环境，坚持以规划引才、以产业引才、以政策引才和以市场引才的导向。改革人才培养理念和模式，大力培养青年科技创新人才和企业家，建立有效的权责利激励机制，完善科学分类考核评价体系，加强数字经济人才培养。

3. 重点关注政策创新。课题组综合分析了近些年实施促进战略性新兴产业发展的政策措施落实情况，提出在"十四五"时期继续保持这些行之有效的经济政策和产业政策的连续性和稳定性，在提高财税金融政策、科技创新政策、资本市场政策、技术转移政策、装备技术政策、产权保护政策和政府采购政策实施效果的同时，统筹并加强实施进一步提高科技创造力、产业竞争力和社会生产力的产业政策。

（十）第10步 提交研究报告：完成规划研究高质量成果

智库双螺旋法为实现以高水平的学术研究来支撑高质量的智库决策研究提供了科学保障，实现了智库研究的客观性、专业性、独立性和科学性。课题组在战略性新兴产业规划研究全过程中增强敏锐度、预见性和鉴别力，提交的研究报告体现了较高的思想理论深度、逻辑判断深度、战略研究深度和政策研究深度。

1. 从智库双螺旋法外循环来看，本次战略性新兴产业规划研究"始于研究问题、终于解决方案"，从战略性新兴产业规划研究这一智库问题的六性特征出发，秉承"解析问题—融合研究—还原问题"的研究思路，将大规模的复杂研究问题分解成一组清晰、可操作的子问题集，并逐一进行深入研究和思考，最终形成高质量的智库研究报告。

2. 从智库双螺旋法内循环来看，本次战略性新兴产业规划研究既遵循"收集数据—揭示信息—综合研判—形成方案"的研究过程（即DIIS过程融合法），又遵循"机理分析—影响分析—政策分析—形成方案"的研究逻辑（即MIPS逻辑层次法）。DIIS过程融合法和MIPS逻辑层次法紧密耦合，体现了多学科、多领域的融通式研究特征，从研究过程和研究逻辑两个维度保证研究结果的创新价值。

3. 从智库双螺旋法时空域来看，本次战略性新兴产业规划研究立足历史、把握现实、预测未来，全面梳理相关历史资料和回溯战略性新兴产业发展历程（历史域视角），深刻揭示战略性新兴产业发展现实和发展规律（现实域视角），准确预测战略性新兴产业未来发展（未来域视角），从而有效提升本次战略性新兴产业规划研究的专业性和科学性[3]。

二、战略性新兴产业发展中需要重视的关键问题㊀

党的十九届五中全会对"加快发展现代产业体系，推动经济体系优化升级"做出重

㊀ 本部分内容主要根据执笔人宋大伟的文章：新阶段我国战略性新兴产业发展思考［J］. 中国科学院院刊，2021，36（3）：328-335 整理补充。

要部署,并对战略性新兴产业发展提出明确要求,这对于振兴实体经济和建设制造强国具有重大而深远的意义。我们通过 DIIS 和 MIPS 内外循环的紧密耦合、相互叠加、融会贯通,对战略性新兴产业发展的国际分工与国内趋势、历史演进与成长规律、当前布局与未来产业、传统结构与现代经济进行深入分析和研判,基于双螺旋法提供的认识论、方法论、实践论的智库研究视角,深刻认识到在构建双循环新发展格局使命下发展战略性新兴产业,必须始终坚持有利于经济转型升级、资源优化配置、满足市场需求、扩大就业创业、统筹城乡发展和深化国际合作的指导方针,需要从全局和战略的高度认真把握和切实处理好以下七个关键问题[4]。

(一) 关于战略性新兴产业发展定位问题

在新阶段、新征程、新起点上发展战略性新兴产业,要立足服务国家战略需求、产业变革需求、企业转型需求、民生改善需求,充分发挥对经济社会进步的支撑性和保障性作用,对创新驱动发展的先导性和引领性作用,对扩大就业创业的关联性和带动性作用,从而全面提高我国科技供给能力、产业竞争水平、综合经济实力和国际分工地位。

1. 面向世界科技前沿,在战略科技融合和创新推动未来产业发展上取得突破。国家战略科技力量要在全球已经发生和即将发生重大科技事件的领域和方向上,统筹布局、前瞻研究、系统突破一批基础前沿领域的战略性科技问题,优先组织实施半导体技术、脑科学、量子计算与量子通信、纳米科学、基因组学、关键材料技术等重点研发计划,在全球进入以创新为主题和主导、竞争和博弈更加激烈的环境下获得先机。要汇聚众多战略技术、商业模式创新和产业投资机遇,发展面向未来的高科技产业经济、高技术制造业和知识密集型服务业。

2. 面向经济主战场,在关键核心技术和重大技术装备自主创新上取得突破。要坚持自主创新的问题导向、证据导向、科学导向和产业化导向,围绕组织"卡脖子"专项攻关建设新型基础科学与应用科学融通发展的卓越创新研究机构,培育一批世界一流科技领军企业、独角兽企业和世界"灯塔工厂"。要在战略必争领域逐步实现用中国制造装备中国,大力推进智能制造装备、节能环保装备、清洁能源装备、绿色交通装备、通用航空装备、卫星应用装备、海洋工程装备和现代农业装备的国产化,形成推动科技革命、促进产业变革、建设制造强国的战略布局。

3. 面向国家重大需求,在新发展格局下保障创新链和产业链的安全上取得突破。要围绕产业链部署创新链,围绕创新链布局产业链,激活与之协同的供应链、人才链、资金链和服务链,大力加强"补链""延链""强链""提链"等系统措施,着力解决"缺芯""少核""弱基""断供"等突出问题,重点部署深地、深海、深空和集成电路、信息网络、生物工程、新型材料、精密制造等涉及国家科技与产业安全的领域,推动创新链和产业链整体构建、精准对接、双向融合和互动发展,促进传统的劳动密集型、要素驱动型制造业加快转向技术密集型、创新引领型制造业。

4. 面向人民生命健康，在创新药物研发与产业化、医疗器械国产化、中医药现代化上取得突破。 要重点发展新型疫苗、组学技术、干细胞与再生医学、生物治疗等医学前沿技术，部署肿瘤、心脑血管疾病、糖尿病、神经退行性疾病、精神性疾病、高发性免疫疾病、重大传染性疾病、罕见病等领域创新药物研发与产业化，开发数字化探测器、超导磁体、高热容量 X 射线管等关键部件，以及手术精准定位与导航、生物三维（3D）打印等国产化医疗器械和技术，推进中药材良种繁育和现代种植（养殖）、生产技术推广、中药生产流通现代化管理，加强重大公共传染病防控、重大疑难疾病治疗和健康产业发展。

（二）关于战略性新兴产业创新发展问题

战略性新兴产业创新发展的重要路径是推进智能制造、绿色制造和服务制造，完善产研合作、开源开放、自主可控、集成创新和具有国际竞争力的现代产业科技创新体系，构建以多学科、多技术、多领域的跨界、交叉、融合、协同为特征的创新生态系统，大幅提升科技创造力、科技支撑力、科技影响力。

1. 创新发展智能制造。 智能制造已被主要工业化国家视为未来制造业的主导方向，对于提高制造业供给结构适应性、培育经济增长新动能十分重要。第五代移动通信技术（5G）、人工智能（AI）、物联网、云计算、区块链、数字孪生等智能技术群，可以提供高科学性、高经济性、高操作性、高可靠性的技术服务，"智能工厂""智能物流""智能网络"深刻改变着产业边界、制造方式、组织结构和管理模式，"数据＋算力＋算法"助力实现智能化决策、智能化生产、智能化运行，传统制造业将在智能机器人、智能机床、智能传感器、智能仪器仪表、智能生产线、3D/4D 打印等带动下不断创新发展，建立由智能机器和人类专家共同组成的人机交互的先进制造系统。

2. 创新发展绿色制造。 绿色制造是资源节约、环境优化、生态良好的闭环生产系统和现代制造模式，可以更加清洁、高效、安全地助推经济社会转型和高质量发展。绿色制造伴随绿色经济、绿色文明、绿色革命已经形成席卷全球的绿色浪潮。要牢固树立绿色经济、低碳经济、循环经济发展理念，把绿色技术广泛应用在企业发展计划、研发设计、物资采购、生产制造、销售服务和回收利用全流程，全面打造低碳产业链、静脉产业链和绿色供应链。这就需要大力推广和应用绿色开发技术、清洁生产技术、节能环保技术、循环利用技术、再生制造技术、净化治污技术等，在绿色制造和绿色产业发展中实现企业经济效益、社会效益和生态效益的统一。

3. 创新发展服务制造。 服务制造是先进制造业与现代服务业融合发展的新型产业形态，使传统制造企业的业务重心从生产型制造转向服务型制造。通过革新生产组织形式、资源配置方式和商业发展模式，推动技术驱动型创新与用户需求型创新相结合，不断增加服务要素在投入和产出中的比重，促进企业相互提供生产性服务和服务性生产，实现"以生产为中心"向"以服务为中心"的转变，在传统制造上、下游两端挖掘和释放"制造价值链＋服务价值链"的增值潜力。这种增值潜力主要体现在基于产品设计优化的增值服务、基于产品效能提升的增值服务、基于产品交易便利的增值服务和基于产品集成整合的增值服务,持续提高全要素生产率、产品附加值和市场覆盖率。

当今世界,新一轮科技革命和产业变革方兴未艾,必须坚持把创新作为战略性新兴产业发展的第一动力,不断创立和拓展新业态、新市场、新消费和新动能。当前和今后时期,既要着力发展先进制造产业、信息网络产业、数字内容产业、绿色低碳产业和节能环保产业,也要大力发展科技服务产业、老年消费产业、医疗健康产业、旅游休闲产业和文化体育产业,加速新经济时代、信息化社会的现代化建设和可持续发展进程。

(三) 关于战略性新兴产业数字化转型问题

从数据强、科技强、产业强到国家强,已经成为当前和今后一个时期世界主要国家战略竞争的焦点。数字技术在国民经济各领域广泛渗透、跨界融合、创新迭代和叠加发展,数字转型深刻改变了制造模式、生产方式、产业组织和分工格局,数字化创新驱动产业技术变革、生产变革、管理变革和体制变革加速到来,必将成为"十四五"时期战略性新兴产业发展的内生增长动力。

1. 推进产品设计数字化。 通过应用虚拟设计技术、并行工程技术、资源重组技术、快速成型技术等,更好地将数据、知识、技术和创意转化为产品、工艺、装备和服务,推动产品设计形态的虚拟化、网络化、界面化、平台化和服务化,发挥产品设计作为产业链、价值链和创新链的源头作用,实现个性化产品设计、差异化市场竞争和规模化定制生产,从而使企业在复杂多变的商业环境中保生存、求发展、谋转型,以数字化思维、数字化技术和数字化设计在更深层次打造核心竞争优势,提升研制效率,缩短研制周期,降低研制成本。

2. 推进生产流程数字化。 应采用数控编程、模拟仿真、精确建模、实时决策等数字制造技术改进生产工艺,建设自学习、自感知、自适应和自控制的智能产线、智能车间和智能工厂,使各类制造装备具有互联互通的预测、感知、分析、诊断和控制功能,及时处置加工环境、加工对象、加工要求、加工过程、加工装备等随机变化因素,适应制造过程复杂性、多样化及工艺技术的实时性和可靠性要求。经过数字化赋能的精益生产流程再造,从信息化系统到自动化系统构成全新的制造流程网络,并能够协同解决各类问题,全面提升企业生产质量、精度、效率、动能和安全水平。

3. 推进市场开发数字化。 坚持用户至上的战略和产品全生命周期管理,引入互联网、云计算和物联网技术分析消费者和用户现实的、未来的和潜在的需求,通盘研究市场开拓、品牌打造、营销策略和推广方案;动态调控产品流、物资流、信息流和资金流的合理运行,进而衍生出远程监控、远程诊断、远程运维等专业性服务,实时向用户提供"研发—设计—制造—建置—维修"的全面解决方案;扩展制造企业、市场与用户的协同程度和互动范围,实现供应链、产业链及企业间信息互通、无缝衔接和集约生产,使生产者和消费者在数字化环境下成为相互融合的价值共创者。

4. 推进经营决策数字化。要从多层级、多模态和多领域深刻理解经营决策数字化转型价值,集成并优化企业战略管理、资源管理、运行管理、投资管理和财务管理。在数字经济迅速发展的今天,数据是体现价值和财富的战略资产,计算是产生、获取、分析、利用数据的重要工具,综合运用数据采集、机器学习、量化分析将会形成企业竞争新优势。"十四五"时期,会有越来越多的企业应用 ERP(企业资源计划)、SCM(供应链管理系统)、MES(制造执行系统)等数字化管理方法,这就迫切需要提高企业领导者、管理者和劳动者的数据思维、数据分析、数据操纵和数据处理能力。

战略性新兴产业数字化转型是一项循序渐进的系统工程,营造产业数字化和数字产业化的生态环境势在必行。要因地制宜推进数字经济规划研究、数字基础设施建设、数字技术推广应用、数字资源开放保护、数字资产规范管理和数字产业集群发展,重塑现代市场经济微观基础和创建数字经济产业体系。

(四) 关于战略性新兴产业基础能力问题

产业基础能力是衡量一个国家工业化程度和现代化水平的重要方面。我国已成为世界第二大经济体和制造业第一大国,但是产业基础能力薄弱阻碍了制造业高质量发展和迈向中高端的步伐。新一代制造业核心软件是连接数字制造、智能制造和网络制造的基石,被发达国家视为保证本国制造业"持续掌握全球产业布局主导权"的必要条件。近些年来,我国已培育成长起一批国产制造业核心软件制造商,围绕创建高端价值链攻克一批关键技术,并打破国外软件的市场垄断局面,但外资企业在研发设计、生产控制、信息管理、运维服务等高端软件领域仍占据市场和技术优势。我国是全球唯一拥有联合国产业分类中所有工业门类的国家,提高产业基础能力必须改变部分元器件、零部件、高端仪器和主要原材料严重依赖进口的格局。2021 年,我国芯片自给率仅 26.6%,进口集成电路金额 4400 亿美元,同比增长 25.6%;中高端传感器进口占比 80%,90% 的高端仪器来自国外公司;原油进口量 5.13 亿吨,对外依存度达到 72%;铁矿石进口量 11.24 亿吨,对外依存度达到 76.2%。仅这 5 种进口产品就已严重制约我国基础工业、加工工业、装备工业和战略高技术产业的发展。数控机床是加快推动我国高端装备制造业发展的"工作母机"。数控机床产业链上游包括主要原材料(如钢铁铸件)、主机制造(如基础件和配套件)、数控系统制造(如控制系统和驱动系统)和外围制造(如铸造、锻造、焊接、模具加工等)四大类;数控机床产业链下游主要是汽车行业、机械行业、军工行业(如航空航天、造船、兵器、核工业等)和以电子信息技术为代表的高新技术产业这四大应用行业。可见数控机床发展对国家制造业竞争力具有基础性、全局性和战略性意义。我国是全球高端数控机床第一消费大国,也是中低端数控机床第一生产大国;但德国、日本、美国在世界数控机床设计、制造和基础科研方面处在绝对领先地位,全球前 10 位数控机床制造商全部来自这 3 个国家。凡此种种,不一而足。

当前和今后时期要抓好五件事:一要坚持不懈地把提高产业基础能力作为战略重

点，坚定不移地把锻造长板、补齐短板、解决"卡脖子"问题作为战略目标；二要围绕核心基础零部件和元器件、关键基础材料、先进基础工艺、产业技术基础，分门别类制定和落实科学研究、技术创新、产业发展的路线图和时间表；三要突破重点领域关键共性技术、前沿引领技术、现代工程技术和颠覆性技术，加大科研投入、风险投资、联合攻关、国产替代、标准制定、推广应用和国际合作力度；四要不断提升中国品牌的技术成熟度、制造成熟度、产品成熟度、市场成熟度和产业成熟度，培育一批核心技术能力突出、科技创新要素集聚、引领重要产业发展的世界一流创新型企业；五要推进"工业大国"走向"工业强国"、"中国制造"走向"中国智造"、"世界制造业中心"走向"全球产业链枢纽"。

（五）关于战略性新兴产业服务体系问题

中小企业是战略性新兴产业的生力军，是我国国内生产总值（GDP）的主要创造者、税收的主要上缴者、技术创新的主要实践者和就业岗位的主要提供者。必须进一步健全功能完备、特色突出、规范运作和快捷便利的中小企业服务体系，使中小企业在推动市场竞争、加快技术进步、促进经济发展和维护社会稳定等方面做出更大贡献。

1. 完善科技金融和技术转移服务。 完善科技金融服务的市场制度安排包括风险投资、贷款支持、信用担保、科技债券、创业板市场等，非市场制度安排则是政府补贴、税收优惠、设立园区等相应的资金保障和政策。完善技术转移服务主要有技术评估、技术交易、技术转让、技术代理、技术拍卖和技术集成等，实现由零散、线下的技术转移服务向平台化、市场化和互联网化的技术转移服务发展。德国史太白技术转移中心（STC）、英国技术集团（BTG）、以色列产业研发促进中心（MATIMOP）的做法可资借鉴。

2. 完善信息技术和数据交易服务。 云计算与大数据已成为信息技术服务业的热点领域。要推动基础设施即服务（IaaS）、平台即服务（PaaS）、软件即服务（SaaS）等云计算主要服务模式的广泛应用，同时发展业务流程即服务（BPaaS）、存储即服务（STaaS）、安全即服务（SECaaS）、数据即服务（DaaS）、网络即服务（NaaS），并向机器学习即服务（MLaaS）、人工智能即服务（AIaaS）等升级，统筹部署和开拓为中小企业服务的公有云、私有云、社区云和混合云市场，健全由基础层、分析层、应用层构成的大数据生态圈，充分发挥大数据产业链在中小企业科技创新、结构调整、资源共享中的作用。

3. 完善电子商务和权益保障服务。 电子商务发展已由平台时代进入整体转型期，开放、共享、包容、协同的新理念正在塑造电子商务品牌化竞争的新模式，战略方向是营造面向企业特别是中小企业服务的综合平台。要发展在线内容付费电商、会员制电商、区块链电商、跨境电商、移动电商、社交电商、分享电商、众包电商、工业电商、物流电商、农村电商等，全面创新产业组织方式、商品流通方式和生产生活方式。同时加大网络安全、数据隐私和消费者权益保护力度。

4. 完善管理咨询和综合评价服务。 要把提高中小企业管理素质作为战略性新兴产业发展的当务之急。要深刻认识做好管理咨询和综合评价是企业的"软实力"和"硬任务",坚持宏观监测和微观监测、外部诊断和自我诊断、定量分析和定性分析、动态管理和静态管理相结合,科学、全面、综合咨询和评价企业的经营发展能力、技术创新能力、投资收益能力、风险防控能力、资本增值能力和社会责任能力,使中小企业在及时发现问题和解决问题中实现持续、快速和健康发展。

(六) 关于战略性新兴产业政策研究问题

10多年来,从中央到地方实施促进战略性新兴产业发展的一系列政策取得显著成效,主要包括财税金融政策、科技创新政策、资本市场政策、产业基金政策、技术转移政策、装备技术政策、产权保护政策、人力资源政策、政府采购政策等,保持这些行之有效的经济政策和产业政策的连续性、稳定性和可持续性至关重要。应该看到,我国工业化进程已进入重化工业化、高加工度化、技术集约化并行发展阶段,不断迈向产业基础高级化、产业结构合理化和产业发展现代化。我国具有超大规模的市场需求、超大体量的制造能力、超大预期的增长动力,需要深入研判战略性新兴产业的质态、量态、时间、空间分布和演进规律,统筹实施进一步提高企业生产力和发展社会生产力的产业政策。

1. 注重研究实施产业布局政策。 战略性新兴产业布局要充分考虑产业门类、产业要素、产业分工、产业链环的地域分布与区位优势,认真了解资源密集型、劳动密集型与资金密集型、技术密集型产业的发展层次与关联效应;实事求是地确定产业发展定位与目标、发展方向与重点、发展路径与举措,优化区域布局、优化空间结构、优化资源配置和优化投入产出,特别是要防止结构趋同、盲目投资、重复建设和生态破坏问题。

2. 注重研究实施结构调整政策。 要把推进经济结构战略性调整作为重大而紧迫的任务,有效改变有些地方需求结构失衡、供给结构失衡、市场结构失衡和增长结构失衡现象,有序度过结构调整阵痛期,进入产业经济转型期,走向创新驱动发展期。要比较研究国内外产业结构、科研结构、企业结构、技术结构、人才结构、产品结构、就业结构的调整变化和发展趋势,围绕战略目标、研发设计、制造工艺、管理技术、集成创新、增长动能、商业模式等方面进行对标并实现达标。

3. 注重研究实施规模经济政策。 战略性新兴产业发展要坚定走好"内涵扩大再生产"的新路,主要依靠科技进步、转变发展方式和提高劳动者素质来实现规模经济效益。要科学合理地制定产业总量目标、产业增长目标、产业结构目标、产业质量目标和产业调整目标,高标准规划、高水平建设、高质量发展产业园区、产业基地、产业集群,立足发展数字经济,激活存量经济、消费经济、平台经济、共享经济、乡村经济和小微经济。

4. 注重研究实施建设时序政策。 战略性新兴产业发展的时序安排要兼顾当前和长远、需要和可能、投资和负债、局部和全局。要始终坚持一切从实际出发，全面把握本地发展基础、资源禀赋、技术水平、现有结构、需求强度和财力状况，既要瞻前顾后、统筹安排，又要量力而行、尽力而为，防止过度投资、过度建设和过度负债。要始终坚持按科学规律办事，深入践行经济周期规律、产业顺序规律、技术进步规律、优先发展规律、宏观调控规律，既要抓住机遇、防范风险，又要迎头赶上、跨越发展，切实做到有所为有所不为。

（七）关于战略性新兴产业国际竞争问题

目前，新一轮科技革命和产业变革进入爆发式增长期，世界经济体系和全球产业分工进入深度调整期，各国经济社会数字转型和绿色转型进入交汇发展期，国际经济、科技、文化、安全和政治格局都在发生重大变化与深刻调整，但我国仍然是世界经济复苏的重要动力和全球外商直接投资的主要市场。中国加入区域全面经济伙伴关系协定（RCEP）将积极推动全球贸易投资便利化，战略性新兴产业从中发挥着越来越深入、越来越广泛、越来越重要的作用。

1. 提升货物贸易档次。我国在货物贸易领域已是世界第一大国，作为30多个国家的最大出口国和60多个国家的最大进口国，在全球产业链和供应链中占有举足轻重的地位。要进一步形成货物贸易国际竞争新优势，着力打造以技术、质量、标准、品牌和服务为核心的综合竞争力，着力应对贸易保护主义和发达国家制造业回流带来的挑战，着力防范境外投资、期货交易、上市融资、汇率变动、国际结算风险，着力健全保障产业链、供应链安全的预警体系和应急处置机制。

2. 优化服务贸易结构。"十三五"以来，我国服务贸易平均增速高于全球平均水平并连续5年位居世界第2位。我国发展服务经济、拓宽服务消费和扩大服务出口带来了国际贸易结构的根本性变化，技术密集型、知识密集型和高附加值服务出口持续增长，标志着我国服务贸易进入黄金发展期。要继续完善服务贸易管理体制，优化服务贸易出口结构，壮大服务贸易领军企业，发展服务贸易新型平台，扩大服务贸易开放合作，做大、做强、做优运输服务贸易、旅游服务贸易、信息技术服务贸易、金融服务贸易等。

3. 推动知识产权贸易发展。知识产权贸易与货物贸易、服务贸易并列为世界贸易组织的三大支柱，而专利使用费和技术交易费是衡量知识产权贸易的两项主要指标。美、欧、日专利使用费和技术转让费出口额占全球80%以上，我国"两费"出口额在全球占比很小但呈现逐年增长态势。要向全球价值链的中高端攀升，布局技术创新链、产业升级链、贸易供应链，健全防止滥用知识产权的反垄断审查制度和海外知识产权维权援助机制，推动完善知识产权及相关国际贸易、国际投资等国际规则和标准，逐步缩小专利使用费和技术转让费进出口贸易逆差并迈向知识产权强国。

4. 抢抓数字贸易机遇。新一代数字技术推动全球加快进入数字贸易时代，但对全球价值链贸易的未来影响程度难以预测。我国数字贸易发展步入高速增长、总体向好的轨道，战略性新兴产业又面临"双循环"发展中的新契机。目前，主要发达国家纷纷出台数字贸易战略，数字贸易规则制定出现许多新动向。要在世界贸易组织（WTO）框架下研究数字贸易测度问题、标准问题、产权问题、安全问题、利益问题、公共问题、技术问题和商业问题，在积极参与国际数字贸易全球标准制定中提升中国话语权。

三、战略性新兴产业发展的重点产业和模式

当前和今后时期发展战略性新兴产业，是建设现代产业体系、培育发展新动能、促进经济高质量发展的重要任务，也是面对新型国际关系、把握产业发展主动权、谋求竞争新优势的关键所在。这就需要采用科学、合理、有效的智库方法做好战略性新兴产业的发展规划研究。课题组应用双螺旋法的基本逻辑体系和方法论，着眼于解决中长期战略性新兴产业"怎么做"这一基本问题，在问题导向、证据导向和科学导向指引下，遵循"解析—融合—还原"的过程，从技术趋势、产业方向、区域布局、体制机制、政策保障等多个角度将其分解为一系列子问题，然后结合各类知识对子问题进行融合研究，最后进行综合还原形成体系化解决方案，从而保证规划研究的客观性、专业性、独立性和科学性。基于双螺旋法提供的认识论、方法论、实践论的智库研究视角，在构建双循环新发展格局使命下发展战略性新兴产业，必须要把战略性新兴产业摆在经济社会发展全局的更加突出的战略地位，大力构建现代产业新体系并重点发展以下七大产业和四大模式。

（一）从数字经济看战略性新兴产业发展：新一代信息技术产业

新一代信息技术产业作为数字经济的主导产业，在战略性新兴产业中处于先导性产业的地位，可以为其他产业提供技术支撑，高效促进新旧动能转换，引导经济社会高质量发展。当前，全球范围内新一代信息技术产业每年以惊人的发展速度攀升，快速改变产业模式和运营模式。"数字经济""人工智能""跨界融合"等已成为新一代信息技术产业发展的新趋势，深刻影响着城市、地区及国家的发展进程。"十三五"期间，我国新一代信息技术产业在多方面取得了长足进步，国家信息化发展水平显著提升，成为经济高质量发展的重要推动力。我国新一代信息技术领域围绕核心基础硬件、基础软件和高端信息服务，以及高端整机产品实现了突破性发展，建成了全球规模最大的信息通信网络，网络通信水平世界领先。产业数字化转型深入推进，制造业数字化转型加快。智能化制造、网络化协同、个性化定制、服务化延伸、数字化管理等新业态和新模式快速成长壮大。新一代信息技术产业将肩负起引领创新的使命，成为我国形成新发展格局的重要力量[5]。

面向未来，国际竞争格局的不断重构迫切需要我国解决高端芯片、软件等产业链关键技术环节存在的问题，利用好"双循环"发展格局下我国超大规模市场的优势，推动

数字经济的快速发展。这就需要我们重视产业发展中的基础研究和关键共性技术、前瞻技术、战略性技术研究，围绕高端核心器件、新型光子材料、制备工艺和基础软件，构建全面布局、自主可控、合理分工的高端核心产业集群。在夯实基础产业支撑能力的基础上，强化传感传输网络、数字存储及计算能力、数据资源体系等产业关键核心环节的建设，提升以云计算、边缘计算、量子计算、类脑计算等为代表的新型基础设施的建设水平，打造互联互通、经济适用、自主可控的分布式与智能化信息基础设施体系，推动人工智能、区块链等前沿赋能技术的突破，强化产业带动能力，支撑数字经济与实体经济融合发展。

（二）从生物经济看战略性新兴产业发展：生物产业

人类社会进入 21 世纪以来，生物经济时代已经成为人类继信息经济时代后正在迈入的下一个革命性产业经济时代。生物产业以生命科学理论和生物技术为基础，结合信息学、系统科学、工程控制等理论和技术手段，通过对生物体及其细胞、亚细胞和分子的组分、结构、功能与作用机理开展研究并制造产品，或改造动物、植物、微生物等并使其具有所期望的品质特性。全球生命科学的发展使生物技术与医药领域相结合，计算机技术的突飞猛进将加速生物技术在制药领域的应用和新药的研发。我国已经将生物技术产业作为一项战略性新兴产业予以重点培育，并在政策、研发投入、人才等多方面给予重要支持[6]。我国生物产业的开发领域及产品线已经从传统的基因工程药物逐渐延伸至诊断技术、生物农药、组织工程等诸多产业，形成较大规模、技术全面以及品种较多的生物技术产业链。以医药工业为例，2016～2020 年，年均增加值增速 9.04%，增速居工业各行业前列。然而，我国与生物技术强国相比仍有较大差距。据估计，生物产业的基础研究与发达国家的差距在 5 年左右，产业化差距在 15 年以上，且有进一步扩大的趋势。

面向未来，我国要大力发展生物和生命健康技术，加强生物产业基础和应用研究，聚焦关键共性技术突破，提升创新要素配置效率，引导生物医药、生物医学工程、生命健康、生物安全、生物农业、生物能源和生物制造的高质量发展，提升我国生物产业自主创新能力，强化产业组织管理模式，多元融合产业发展资金渠道，积极提高科技成果产业转化率，不断完善市场环境，逐步优化相关体制机制，加快开发新型生物和生命健康产品和服务，提升全民生命健康的保障水平。

（三）从产业基础看战略性新兴产业发展：新材料产业

新材料是现代材料工业的先导，是人类赖以生存并得以发展的物质基础，是人类认识自然和改造自然的工具。作为我国七大战略性新兴产业之一和《中国制造 2025》重点发展的十大领域之一，新材料产业被认为是 21 世纪最具发展潜力，并且对未来发展有着重大影响的高技术产业。作为全球"工业 4.0"高新技术的先导，近年来各国纷纷推进新材料技术研发，全球新材料技术不断突破。目前，美、日、欧新材料技术处于全球领先地位，OLED显示材料、锂电池材料、光固化材料、碳纤维、特种塑料等新材料技术突破迅速。面向未来，新材料技术将会与信息技术融合，轻量化、智能化也将成为新材料技术发展潮流。近些年来，我国新材料产业规模不断扩大，年均复合增速达到20%以上，新材料产业基地分布初步呈现出集群化特征，形成"东部沿海聚集、中西部特色发展"的空间布局。通过产学研用相结合，我国新材料领域一批核心关键技术取得了实质性突破，许多重要技术指标得到大幅提升，部分研究成果在相关领域得到推广应用[7]。

面向未来，我们要准确把握新材料产业发展趋势与态势，主动探索具有未知性、先驱性、挑战性的材料科技领域，凝练国民经济和社会发展重大战略需求的材料领域核心关键技术和重点发展任务，加快新材料领域关键核心技术应用，增强要素保障能力，培育壮大新材料产业发展新动能。同时，深入推进国家战略性新兴产业集群发展工程，健全新材料产业集群组织管理和专业化推进机制。此外，还需提升新材料产业链和供应链现代化水平，坚持经济性和安全性相结合，补齐短板、锻造长板；通过多种高端新材料的研发及应用突破，助力提升制造业核心竞争力，着力加强我国材料科技自主创新能力，切实推动制造业优化和升级，支撑和引领高新技术发展和国防安全建设。

（四）从制造强国战略看战略性新兴产业发展：高端装备制造产业

装备制造产业承担着为国民经济各行各业提供装备的重任，高端装备制造产业作为提升装备制造水平的抓手，具有核心技术水平高、市场前景广阔、带动系数大和综合效益好等诸多特征，对提升装备制造产业整体规模和技术水平、增强各产业竞争力和促进经济高质量发展具有重要作用。从全球来看，主要发达国家纷纷将高端装备制造作为着力点，加大战略布局力度，抢占全球科技和产业竞争的制高点，重塑国家竞争优势。美国的先进制造战略、德国的工业4.0、日本的机器人新战略等，都致力于促进先进制造技术与信息技术融合，聚焦发展高端装备制造。近些年来，国家高度重视高端制造装备产业，出台了一系列鼓励政策，产业得到快速发展。我国已转向高质量发展阶段，制造业数字化、服务化、绿色化发展趋势愈加显著。虽然我国已经成为制造业大国，但"大而不强"依然是我国制造业发展的主要矛盾。中国机械工业联合会的数据显示，在高端装备领域，我国80%的集成电路芯片制造装备、40%的大型石化装备、70%的汽车制造关键设备及先进集约化农业装备仍然依靠进口。中国高端装备自给率虽然达到了85%，但主要集中在中低端领域，与国外差距仍较大。

面向未来，我国高端装备制造产业的发展需要依靠创新驱动突破高端装备制造的重点领域和关键核心技术，提升核心技术自主可控能力；加强技术产业化应用和标准制定，促进创新链与产业链深度融合，优化创新链与产业链布局，加快"引链""补链""强链""铸链"提升产业链控制能力。同时，顺应制造业数字化转型趋势，加强新一代信息技术在高端装备制造领域的融合应用，促进我国高端装备制造产业数字化、智能化发展；加快突破智能制造装备硬件和软件系统瓶颈，加强智能制造装备在航空航天、轨道交通等高端装备制造产业和其他战略性新兴产业的推广应用。加强高端装备制造产业服务模式创新探索，深化信息技术服务应用，提升装备制造效能，拓展装备制造服务能力，推动高端装备制造产业向价值链高端延伸，提升对国民经济各行业的支撑作用。构建高效、清洁、低碳、循环的绿色制造体系，加快高端装备制造产业绿色改造升级，发展循环经济和再制造产业，构建绿色制造标准体系，强化全生命周期绿色管理，提高资源回收利用效率。

（五）从交通强国战略看战略性新兴产业发展：新能源和智能汽车产业

新能源和智能汽车产业以新能源汽车为基础，不断发展和丰富智能网联功能，形成以新能源汽车和智能汽车为代表的下一代汽车产业。从产业范围来看，新能源和智能汽车产业主要包括新能源汽车和智能汽车两个重要组成部分。智能汽车将人工智能、互联网、通信信息等多种高新技术集于一身，形成全新的智能空间，具备自动驾驶功能，是新时代下汽车产业转型的关键和发展趋势，这也是全球各国汽车产业的战略方向。新能源汽车与能源、交通、信息通信等领域有关技术加速融合，电动化、网联化、智能化成为汽车产业的发展潮流和趋势。我国新能源汽车产业经历了十多年的培育与发展，技术水平显著提升，产业体系日趋完善，企业竞争力大幅增强，"十三五"以来，产销量和保有量连续五年居世界首位，产业进入叠加交汇、融合发展新阶段；而智能汽车产业仍处于起步阶段，产业规模较小，功能渗透率较低，技术标准法规有待进一步发展。

面向未来，我国新能源和智能汽车产业的发展，必须坚持企业为发展主体，充分发挥市场竞争作用，鼓励企业兼并重组，优化新能源和智能汽车产业布局，提升产业链水平，推动产品和品牌向高端化发展；加大技术研发投入，在保障安全的基础上提升动力电池性能，并建立动力电池数据监控平台，补全动力电池梯次利用与回收产业发展的不足；以"适度超前"的原则布局充、换电基础设施，扫清消费端障碍，推动新能源汽车的规模化应用。同时，鼓励优势区域和企业率先建立和试行标准法规，完善国家标准法规，推进智能网联技术应用，加快推动汽车产业与通信、交通、能源产业的融合发展；推进车联网先导区建设，以测试应用带动产业化落地，以场景化试运营探索智能网联汽车的商业模式。

（六）从"双碳"战略看战略性新兴产业发展：绿色低碳产业

绿色低碳产业包括新能源产业和绿色环保产业，前者主要包括太阳能、风能、核能、氢能、海洋能和生物质能等产业，后者主要包括节能环保产业、资源循环利用产业、绿色低碳产业等；产业涉及改进资源开发和使用方式，提高资源能源利用效率，实现废弃物的减量化、资源化和无害化等方面的经济活动。当前，各国为实现碳中和的目标，纷纷进入应对气候变化和发展低碳经济的快车道，但对新兴绿色低碳产业的行业认定，包括减排在内的各类低碳标准制定，包括碳交易在内的各款绿色规则约定，包括绿色金融在内的各种市场准入门槛等，都面临着新一轮的国际博弈和谈判进程。"十三五"以来，我国绿色低碳产业发展规模不断扩大，发展质量不断提升，发展结构不断优化，装机需求持续增长，助力我国节能减排事业和能源结构改善。截至 2021 年 6 月底，全国可再生能源发电装机达到 9.71 亿千瓦。其中，水电装机 3.78 亿千瓦（其中抽水蓄能 3214 万千瓦），风电装机 2.92 亿千瓦，光伏发电装机 2.68 亿千瓦，生物质发电装机 3319 万千瓦。

面向未来，我国绿色低碳产业的发展需要继续加快太阳能、风能、核能、氢能等新能源产业发展，优化太阳能和风能发展结构，推动核能稳健安全发展，大力培育氢能发展，推进海洋能、生物质能因地制宜发展，促进新能源协同发展。大力加强核电、氢能、风电、太阳能、储能技术等的产业链发展，加快破除制约新能源发展的技术瓶颈。实施智慧新能源全球引领发展计划，促进新能源数字化转型，建设多能互补的分布式能源示范工程，实现对多种能源的协调统筹、综合规范的数字化管理。加快推进适合新能源产业孵化发展的政策制定与引导机制的建立，促进新能源产业全面快速发展。同时，继续加快绿色环保产业转型升级，推进能源的资源创新和环境创新，强化制造业与服务业、数字技术与产业、科技与产业的融合发展，提高技术与产品标准，保护与改善环境质量，形成更加节约能源资源和保护环境的空间格局、产业结构、生产方式和生活方式。以需求为导向，推进节能环保产业的关键技术创新，加快探索节能环保产业模式创新，摸准短板，精准突破技术瓶颈，推进节能环保技术的系统集成和节能环保服务的建设。大力推广先进节能环保产业应用，提升产业整体能力。进一步完善环境管理体系、环境监管机制和行政执法体制等生态环保制度法规体系，实现生态系统稳定性显著增强，进一步改善人居环境。

（七）从数字技术和科技赋能看战略性新兴产业发展：新型高技术服务产业

新型高技术服务产业是提供新型高技术服务的新兴业态，是双循环新发展格局下为现代化经济体系建设提供科技创新服务、专业技术服务、数字创意服务和数字赋能服务的新兴产业，是战略性新兴产业的重要组成部分，具有引领性、高成长性、知识密集等特征[8]。由数字技术和前沿科技赋能并具有典型知识密集特征的新型高技术服务产业，在我国建设现代化经济体系、推进供给侧结构性改革、实现高质量发展中具有重要的战略意义。全球高技术服务产业已经成为具有独立特征并实现高增长的产业，持续呈现发展速度快于高技术制造业的势头。近年来，党中央、国务院大力实施创新驱动发展战略，出台了一系列政策来有力推动我国高技术服务产业的快速发展，高技术服务产业企业法人单位数和从业人员的增幅分别高出服务产业企业法人单位数和从业人员增幅 1 倍和 25.0 个百分点。

面向未来，我国应将新型高技术服务产业作为战略性新兴产业的重要领域加以发展和培育。立足高质量发展和强链、补链，重点培育数字技术与前沿科技赋能的新型研发及其成果的转移转化服务、新型专业技术服务、数字内容与创意服务、数字赋能服务。顺应研发创新服务的产业化和数字化趋势，着力发展研发创新服务新业态，发挥基础科研数据的服务功能，扶持研发创新服务主体。抓住基于高新技术的服务新业态、新模式不断涌现的发展机遇，加快技术含量和附加值高、创新性强、发展潜力大的新型专业技术服务业的发展，充分释放新兴技术对产业创新的服务价值。加快推动数字技术和智能技术广泛融合渗透，加快将知识产权、数据等打造为未来发展的核心价值要素。推进传统资源与数字技术融合，激发文化创意，加大设计创新，构建数字内容与创意服务产业新体系。借助持续创新的数字技术和云服务，改造、变革传统服务业，发展服务新业态，提升公共服务水平，推进服务产业的数字化转型，助力提升产业链的现代化水平。

（八）从战略科技融合创新看战略性新兴产业发展：未来产业

未来产业是以颠覆性技术创新和技术融合为驱动力，引领创造未来社会发展新需求，拓展人类社会进步和发展空间，深刻改变人类生产和生活方式的产业。未来产业虽然尚处于孕育阶段或成长初期，但未来最具活力与发展潜力，是对生产和生活影响巨大、对经济社会具有全局带动和重大引领作用的产业，是面向未来并决定未来产业竞争力和区域经济实力的前瞻性产业，是影响未来发展方向的先导产业，是支撑未来经济发展的主导产业。当前，全球未来产业前沿技术研发正朝着智能、低碳、健康的方向发展。各国通过加速新型技术、前沿技术与传统产业的融合以发展未来产业，更加注重从技术创新到研发模式和组织结构创新的全链条转变。"十三五"时期，我国未来产业发展迅速，技术创新加快，规模不断扩大，涌现出一大批发展潜力大的优质企业和产业集群，成为引领经济高质量发展的重要引擎。我国在新型计算、生物技术、新型材料等基础研究领域取得了进展，光子、合成生物学、人工智能、量子计算等部分科学技术已经具备了产业转化的基础。但也应看到，虽然我国在未来产业的某些技术领域发展较快，但与国外相比仍存在一定的差距。

我国未来产业的发展一方面要加强顶层谋划，强化新型基础设施建设，另一方面要发挥好我国超大市场规模、制造业基础及人力资源优势，加强与产业界的合作，更深入地理解未来产业发展对技术监管模式、风险管理方法等的新需求，形成适合未来产业发展的弹性监管模式。同时，要深刻认识到未来产业的发展，尤其是前沿技术的发展依赖于科技创新人才，需要进一步强化基础教育，加快人才引进和培养，建立灵活多元的投入资助机制，助力从基础研究、应用基础到未来产业的快速孵化和成长。

（九）从区域创新体系看战略性新兴产业发展：集群化

区域创新集群为全球经济时代的创新提供了绝佳载体，是提升国家竞争力和创新能力的区域根基，是建设国家创新体系的重要途径，也是一种新的区域治理模式。德国、美国、日本等各国均将产业集群和创新集群作为提升自身国际竞争力和创新能力的主要手段，网络化是发达国家产业集群发展的最显著特征。当前，国际产业格局和世界经济秩序调整、重塑，全球化竞争转化为产业链与产业链、产业集群与产业集群的竞争，战略性新兴产业融合体系、集群创新网络、产业创新生态的综合竞争成为国际竞争的焦点。从当前看，我国战略性新兴产业集群仍处于以政府为主导、以园区为依托的初中期发展阶段，缺乏体系化的顶层设计，难以适应和满足战略性新兴产业创新要素高度聚集、创新主体高度互动、创新网络高度复杂的发展要求，亟待全面启动卓越提升工作[9]。面向未来，我国战略性新兴产业集群的发展，要从加快建立监测评估体系，建立精准长效机制以激发动态发展效能，建立网络化合作机制以构建集群创新网络，政府市场共同作用分类施策引导，激励形成集群文化加强国际创新合作。加强我国战略性新兴产业集群发展战略的顶层设计，搭建新时期我国战略性新兴产业集群高质量发展的"四梁八柱"。

（十）从新经济形态演进趋势看战略性新兴产业发展：生态化

各国在战略性新兴产业领域的竞争很大程度上就是生态系统的竞争，率先推进生态化发展并建立完整高效的产业创新生态系统，将有助于占据产业发展的先机。我国战略性新兴产业发展阶段已从线性创新发展到生态化发展，重点围绕科技产业融合、数字实体融合、制造服务融合和军民融合，聚焦新技术、新模式、新业态和新产业，以创新生态机制为主线，建立以创新发展为牵引，以技术促产业和平台化发展为两翼，以龙头企业和应用场景为支撑，以金融、人才、科技服务和新型基础设施为保障的战略性新兴产业创新生态体系。面向未来，我国战略性新兴产业生态的发展主要针对关键共性技术、产业链、应用场景、平台、产业联盟和服务这六类核心要素，培育核心竞争力，实现战略性新兴产业的生态化建设。培育四新经济，建设战略性新兴产业生态不是单一的技术路径或者业态创新路径，而是一项涵盖新型基础设施、空间载体布局、要素资源支撑、供给侧拉动、需求侧驱动、企业和平台等主体融合发展的体系化工程，需要分层次、体系化、系统化地进行统筹和推进。构建四新经济"2+2+3"的发展体系，要实现新技术、新业态、新模式和新产业引领未来产业发展，推动战略性新兴产业生态化建设，需要从"基础底座—供需互动—主体发力"等视角提供体系性的支撑。

（十一）从国内国外双循环看战略性新兴产业发展：国际化

世界处于百年未遇之大变局时代，我国战略性新兴产业将面临更加严峻的内外环境，提升国际化发展水平是提高战略性新兴产业发展质量的必由之路。我国战略性新兴产业起步和进入国际市场的时间均较晚，总体上仍是国际市场上的"新兵"，尚处于国际化探索阶段，自主创新能力不足，国际竞争力弱，在发展经验、自身能力、公共服务等方面均存在明显欠缺，国际化发展能力亟待增强。面向未来，面对国际化发展的大局势，我国战略性新兴产业发展需要进一步优化国际布局，提升产业竞争力。保障我国产业在国内和国际市场平稳、全面、协调、健康、有序地发展，保证我国在国际的经济地位和政治地位稳定不动摇。贯彻国家双循环发展战略，深度融入全球创新发展网络，推动全球创新资源与我国战略性新兴产业双向流动，积极参与全球新兴产业分工合作，发展新型国际合作伙伴关系，拓展战略性新兴产业开放发展新路径，对接新兴产业发展国际规则，营造公平竞争环境，形成战略性新兴产业开放合作发展新格局。主要任务包括：融入全球创新发展网络，构建创新合作平台；参与全球新兴产业分工合作，建设国际产业合作园区；发展新型国际合作伙伴关系，拓展开放合作新路径；对接新兴产业发展国际规则，营造开放公平的竞争环境。

（十二）从系统完善政策支撑体系看战略性新兴产业发展：协同化

战略性新兴产业是引导我国未来经济社会高质量发展的重要力量，是产业结构升级和经济发展方式转变的关键，要通过统筹协调、相互支撑、集聚式发展战略性新兴产业实现这一转变。面向未来，我国战略性新兴产业发展要坚持"全国一盘棋，调动各方面积极性，集中力量办大事"的显著优势，强化深入实施创新驱动发展战略的顶层设计，厘清政府和市场、政府和社会在战略性新兴产业发展中的作用和关系，理顺中央和地方权责关系，协调好战略性新兴产业内部体系及与外部各类产业体系的关系，营造有利于创新、创业、创造的良好营商环境、市场环境和发展环境。要健全以国家战略性新兴产业发展规划为战略导向，以财政政策、税收政策和金融货币政策为主要手段，产业、就业和投资、消费等政策协同发力的产业调控体系。以区域和地方战略性新兴产业发展规划为支撑，创新中央和地方合作组织实施重大项目方式，实行决策、执行、评价、监督相对分开的项目组织模式和管理机制。向改革开放要动力，进一步深化科技创新体制机制改革，最大限度地释放全社会创新、创业和创造动能，不断增强我国在世界大变局中的影响力和竞争力。

四、重点区域的战略性新兴产业发展综述

重点区域战略性新兴产业的发展是制定和实施国家规划的现实基础。在综合考虑省份区域分布、经济发展水平、行业代表性及科技综合实力等因素的基础上，课题组选择了北京、上海、广东（深圳、广州）、四川（成都、德阳、绵阳）、湖北（武汉）等重点区域，运用"双螺旋法"开展智库分析研究工作。这项工作是对研究问题进行系统认知和预见、预判的分析过程。从研究内容和逻辑角度来看，既需要认知现象及其规律，又需要对具体现象的影响进行分析和测度；既需要对于已有政策进行研究，又需要提出未来可使用的政策建议和解决方案。基于这一思路，该研究首先系统回顾了各地战略性新兴产业发展现状，分析了战略性新兴产业发展存在的问题与面临的挑战，形成了未来战略性新兴产业发展的主要思路与任务。在此基础上，按照"机理分析—影响分析—政策分

析—形成方案（MIPS）"的逻辑层次法，深入分析重点区域战略性新兴产业的政策现状，参考对相关政策落实的评估工作，结合各地的发展特点提出了进一步优化相关政策体系的举措。

（一）北京市：与时俱进，聚焦"高精尖"产业平稳快速发展

近年来，北京不断夯实战略性新兴产业的发展基础，着力提升优势产业发展水平和国际竞争力，已形成高端引领、创新驱动、绿色低碳产业的发展模式，在带动产业升级、实现产业高质量发展方面发挥了重要作用。2020年，北京市"高精尖"产业实现增加值9885.8亿元，占地区生产总值比重达到27.4%，较2018年提高2.3个百分点；培育形成2个万亿级新一代信息技术、科技服务业产业集群及4个千亿级智能装备、医药健康、节能环保、人工智能产业集群，创建3个国家级制造业创新中心、92个企业技术中心和8个工业设计中心，布局人工智能、量子技术、脑科学等一批新型研发机构，涌现出柔性显示屏、国内首款通用CPU（中央处理器）、新冠灭活疫苗、5G+8K（第五代移动通信技术+8K超高清分辨率）超高清制作传输设备等具有全球影响力的创新成果[10]。

当前，北京市发展"高精尖"产业在技术基础和企业基础均存在薄弱环节。**一是战略性新兴产业关键技术突破仍存在难度**。2018年，北京市高技术制造业占制造业的比重为31.6%，高于上海的20.9%，但低于深圳的66.6%。2017年，同类数据占比低于美国的47.0%、日本的56.8%、德国的61.7%。2018年，北京市制造业R&D（研究与试验发展）经费占主营业务收入比重为1.7%，低于国际2%～3%的平均占比，部分产业链存在严重的"卡脖子"问题。**二是科技成果转化在政策法规和制度创新两方面存在问题**。目前保障科研人员各项权益、调动科研人员积极性方面仍处于尝试阶段，离促进科研成果高效转化并实现规模化经济效益还有一定距离，比如高等院校、科研院所仅有有限的科研成果能够转化为应用技术和产品。**三是企业创新创业生存环境有待完善**。各地方以"企业收入高、研发投入高、产出效率高、技术水平高"等为标准筛选入围企业，将资金、设备等资源过多地配置给大型企业集团，对从事"高精尖"领域创新创业的广大科技型中小企业的支持有限。

面向未来，北京市战略性新兴产业的发展需要关注并开展以下工作。**一是打造产业发展引擎**。坚持智能制造、高端制造方向，推动先进制造业和现代服务业深度融合，打造新一代信息技术、医药健康两大发展引擎，发展壮大智能制造与装备、智能网联汽车、航空航天等先进智造业，培育发展产业互联网、信息内容消费、区块链与先进计算、网络安全和信创等融合的创新服务业，前瞻布局前沿新材料、卫星互联网、绿色能源等未来产业，推动首都经济高质量发展[11]。**二是优化区域空间布局**。推进构建"一区两带专业组团"的产业布局。深入推进北京市经济技术开发区和顺义创新产业集群示范区建设，承接三大科学城创新效应外溢，打造技术创新和成果转化示范区。北部依托三大科学城，推动海淀、昌平、顺义、朝阳等区域打造研发创新与信息产业带，南部依

托亦庄新城、房山、大兴、丰台等区域打造先进智造产业带[12]。**三是落实政策推进举措**。稳步实施智能生产力提升工程、万亿级产业集群培育工程、产业基础再造工程、产业链现代化提升工程、推进服务型制造示范工程、企业梯度培育工程、高水平对外开放合作工程、京津冀产业协同发展示范工程。

（二）上海市：提升质量，打造战略性新兴产业发展高地

上海市围绕全球科技创新中心建设的总体部署，加快建设集成电路、智能网联汽车、大飞机等引领性强、成长性好、带动性大的产业，把人工智能、量子通信、虚拟现实、精准医疗等新兴技术及产业体系的发展作为重点，提出新一代信息技术、智能制造装备、生物医药与高端医疗器械、高端能源装备、节能环保等战略性新兴产业。近年来，上海市聚焦战略性新兴产业关键环节，培育一批新增长引擎，打好提高产业链和供应链自主可控能力的基础性工作。2020年，上海市战略性新兴产业虽受到各种不利因素冲击，但产值同比增长8.9%，超过规模以上工业7个百分点，完成投资同比增长27.8%，比全市工业投资增速高11.9个百分点，在整个经济中发挥了中流砥柱的作用[13]。数字经济蓬勃发展，软件和信息服务业营业收入增长12%以上，新一代信息技术产值增长6.2%。日均新设企业1665户，增长12.8%。2020年上海市工业战略性新兴产业总产值13 930.66亿元，比上年增长8.9%，增速比前三季度提高1.0个百分点。

从发展上看，上海市战略性新兴产业发展仍存在待提升的地方。**一是科技创新能力有待提升**。从总量看，上海R&D投入总量与投入强度仍落后于北京和深圳。从结构看，R&D经费主要投入试验发展领域，基础领域比重偏低。**二是产业链受制于人的情况仍然存在**。部分关键技术缺乏应用市场，生物制药、新材料等部分战略性新兴产业的产业链仍然存在两头在外的情况。**三是与制造业相配套的高端生产性服务业发展滞后**。目前上海的金融业在生产性服务业中占绝对主导地位，而具有高技术含量、直接嵌入生产过程中的服务，如信息技术服务、科技研发服务、高端商务服务等占比相对较小[14]。

面向未来，上海市战略性新兴产业的发展需要关注以下方面。**一是发挥三大产业引领作用**。聚焦集成电路、生物医药、人工智能等关键领域，以国家战略为引领，推动创新链和产业链融合布局，培育壮大骨干企业，努力实现产业规模倍增，着力打造具有国际竞争力的三大产业创新发展高地。**二是布局一批面向未来的先导产业**。上海市需要在第六代通信、下一代光子器件、脑机融合、氢能源、干细胞与再生医学、合成生物学、新型海洋经济等方面，加强科技攻关与前瞻谋划，为未来产业发展奠定基础。**三是围绕重点领域打造高端产业园区**。加快推动产业集聚，提升主导产业的集聚度和显示度。如在集成电路领域重点建设张江集成电路设计园，依托张江集成电路装备材料园，加快推动基础装备和半导体材料关键核心技术突破。**四是促进六大重点产业集群发展**。瞄准产业发展前沿，突出集群发展理念，打响"上海制造"品牌，在传承、创新和提升既有优势产业的同时，重点打造具备产业比较优势、制造服务交互融合、未来发展潜力巨大的

六大重点产业集群。

(三) 深圳市：先行示范，全面营造一流的创新生态系统

深圳市不断推动战略性新兴产业发展，支持新一代信息技术、高端装备制造、绿色低碳、生物医药、数字经济、新材料、海洋经济等战略性新兴产业发展。2020年，深圳市地区生产总值27 670.24亿元，同比增速从一季度的-6.6%、上半年的0.1%、前三季度的2.6%，提高到全年的3.1%，呈现稳步回升态势。其中，深圳市战略性新兴产业增加值进一步增至10 272.72亿元，占地区生产总值的比重达37.1%，成为深圳市2020年经济保持正增长的主要引擎。

总体上看，深圳市战略性新兴产业发展面临几大挑战。**一是贸易摩擦给产业高端发展带来巨大压力**。深圳市多数高新技术企业规模偏小、研发投入不足，大量技术为引进后二次开发或直接引进，自主研发的关键技术和创新产品比例与发达国家比相对偏低，核心技术积累不足，关键原材料和核心零部件依赖进口等问题暴露无遗，未来技术创新与产业转型面临巨大压力。**二是新冠肺炎疫情带来发展形势的变化**。2020年，全市固定资产投资和企业商业订单下降较多，深圳市战略性新兴产业企业面临营收下降、资金链紧张等方面问题。**三是高端人才集聚明显不足**。与北京市、上海市等领先地区相比，深圳市人才储备仍处于落后地位，无论是招商引资对中高端人才的吸引力，还是对现有人才的培育能力，都存在明显不足，高端领军人才缺乏。**四是生产要素成本快速上升**。深圳市工业用地价格、厂房租金价格等成本位居全国前列，越来越多的高新技术企业通过异地建立研发机构、生产机构等方式逐步将企业发展重点向内地城市转移，产业空心化日益严重。

面向未来，深圳市要深入落实中国特色社会主义先行示范区和粤港澳大湾区等重大国家战略的工作部署，在技术、资金、人才、监管等方面系统谋划，围绕产业发展面临的新形势与新特点多措并举、不断改革、持续创新，全面营造一流的战略性新兴产业创新发展生态系统，加快战略性新兴产业发展壮大。**一是建设数字经济先行示范区**。推动互联网、大数据、人工智能和实体经济深度融合，发展先进制造业，支持数字经济赋能传统产业，全面推进深圳市产业跨越式转型。**二是制定"重大技术清单"攻关计划**。明确各阶段关键技术攻关路线图、时间表和相应的技术和经济支持措施，重点关注欧美国家对我国进行管制的技术领域，支持龙头企业联合高等院校、研究机构攻克一批能够大幅提升我国整体产业竞争力的关键核心技术。**三是实施新技术梯次发展策略**。把握新技术发展规律，围绕新技术构建梯次化发展策略，缩短科学发现与技术发明、科技成果转化与产生经济效益的周期。加强攻关技术服务平台体系建设。**四是培育谋划新产业和新业态发展**。聚焦人工智能、生物医药等重点领域，及时破除体制机制政策障碍，通过"靶向"进行精准政策扶持和引导，培育一批自主创新能力强、成长周期短、产业带动能力强的行业领军企业。**五是打造专业化园区，促进区域产业差异化发展**。形成市级层面统筹、各区特色发展的战略性新兴产业空间格局，综合考虑各区产业基础、功能定位

和资源禀赋，推动各区产业的差异化布局与协同发展。

（四）四川省：聚焦重点，推动战略性新兴产业全面发展

近年来，四川省战略性新兴产业发展整体呈现蓬勃发展的态势，不断优化优势产业的产业链，快速扶持重点企业发展，初步形成了产业集聚和集约发展态势，拥有全国重要的新一代信息技术、高端装备制造、新材料、节能环保领域的装备基地。2021年，工业和信息化部组织开展先进制造业集群竞赛，四川省成都市软件和信息服务集群、四川省成都市和德阳市高端能源装备集群入围决赛优胜者。2019年，全省战略性新兴产业工业增加值同比增长5.5%，高于全国战略性新兴产业工业增加值增速7.1个百分点，高于全省规模以上工业增加值增速7.5个百分点。

从长远看，四川省战略性新兴产业的发展仍然存在一些亟待解决的问题。**一是产业总体规模较小**。生物、节能环保、新能源装备等产业规模和优势企业数量仍然偏小，企业"大"而不"强"。**二是区域协同不够，产业空间布局有待进一步优化**。四川省战略性新兴产业集聚地主要分布于成都、绵阳、德阳等中心城市。2021年四川省大企业大集团百强名单显示，成都独占70家。**三是集聚程度不高，特色产业集群有待强化培育**。战略性新兴产业分散布局于各市（州），具有全国影响力或显著比较优势的战略性新兴产业园区和产业基地相对缺乏，辐射带动全省战略性新兴产业发展能力不足。**四是财政资金对社会资金的撬动作用不足，对中小企业的投资支持不够**。财政出资对社会资金的撬动率仅在2倍左右，远低于发达地区的5倍平均水平。

面向未来，四川省战略性新兴产业的发展应紧跟新一轮技术变革和产业发展趋势，有机衔接国家战略性新兴产业发展重点，密切结合省长远目标及经济结构调整、转型升级发展实际，着力弥补战略性新兴产业发展的短板。**一是加强区域协同发展，优化产业空间布局**。把成都、德阳、绵阳作为四川省战略性新兴产业核心区，着力培育生物产业、三医产业、电子信息产业、电力高端装备产业等具有领先优势的战略性新兴产业；其余市、州围绕成都、德阳、绵阳核心区主导产业的需求，着力发展某一细分领域的配套产业，形成不同产业错位发展，互为关联和互为配套的区域布局新蓝图。**二是聚焦产业集群特色，提升产业发展水平**。重点聚焦生物产业、三医产业、检验检测高技术服务产业、电子信息产业、电力高端装备产业，培育全国乃至全球有影响力的特色产业集群。**三是发挥产业基础优势，打造产业创新生态**。利用四川省的重工业基础，遴选部分企业进一步培育为龙头企业或区域型平台企业；发挥四川省军工产业的技术优势和院校优势，开放科技资源，打造若干关键共性技术的新型研发机构。**四是探索国有投资基金混改，建立市场投资机制、投资人激励机制和中小企业鼓励基金**。设立专门支持中小企业技术创新的政府基金，对中小企业科技创新项目提供有条件的无偿资助；同时增加创业投资或社会募集规模，引导基金的财政资金注资。

(五) 广州市：多点支撑，打造新发展格局下战略新支点

广州市全面落实国家战略部署，大力培育发展战略性新兴产业，推进经济结构战略性调整取得实质性突破，为实现有质量的稳定增长和可持续的全面发展提供了强劲动力，成为我国战略性新兴产业规模最大、集聚性最强的城市之一[15]。"十三五"时期，广州市战略性新兴产业规模持续扩大，2020年战略性新兴产业增加值占地区生产总值比重达30%，远高于全国20%的平均水平。其中新一代信息技术产业实现跨越式发展，已处于全国领先水平；生物产业规模不断扩大，成功跻身国内第一梯队；新材料与高端装备产业突破一批关键技术和核心部件，引领广州市制造转型升级；新能源汽车产业和新能源与节能环保产业实现高速增长，产业竞争力明显增强；时尚创意产业的品牌影响力逐渐提升，广州市"文化创意之都"地位进一步增强；未来产业发展蹄疾步稳，新技术、新产业、新业态、新模式不断涌现。

面向未来，广州市要聚焦打造国内大循环中心节点城市和国内国际双循环战略链接城市，沿着供给侧结构性改革这一主线，注重需求侧管理，深化改革，扩大开放，推动科技创新和产业结构升级，以创新驱动、高质量供给引领和创造更多新需求，成为广东省新发展格局的战略支点。把发展壮大战略性新兴产业作为经济工作的"首要工程"，推动战略性新兴产业跨越式发展，成为经济高质量发展的重要支撑。**一是构建"3+5+5"战略性新兴产业新体系**。稳步发展新一代信息技术、智能与新能源汽车产业、生物医药与健康产业，推动智能装备与机器人、轨道交通、新能源与节能环保、新材料与精细化工、数字创意等新兴优势产业加快发展，大力发展量子科技、区块链、太赫兹、天然气水合物、纳米科技等未来产业[16]。**二是构筑"123+N"战略性新兴产业空间新格局**。以集群发展为要点，以产业链协同发展为方向，围绕实现老城市新活力和"四个出新出彩"，把城市发展战略布局和生产力布局结合起来，依托重大交通枢纽、重大科技基础设施和重大产业园区，对接广州市城市空间战略布局和"广深港澳"科技创新走廊，构建"一核策源、双区转化、三港辐射、多点支撑"的战略性新兴产业空间新格局，培育壮大战略性新兴产业发展的动力源、增长极和载体平台。**三是集群生态梯次发展，区域、国际协同发展**。面向形成新一代信息技术、智能与新能源汽车产业、生物医药与健康产业三大新兴支柱产业，智能装备与机器人、轨道交通、新能源与节能环保、新材料与精细化工、数字创意新兴优势产业，量子科技、区块链、太赫兹、天然气水合物、纳米科技等未来产业，抓创新、强主体、拓开放、促融合，壮大一批战略性新兴产业集群，培育一批战略性新兴产业生态，形成分工明确、布局合理、有序联动的战略性新兴产业多层次、体系化发展格局。

(六) 武汉市：夯实基础，打造中部特色现代化产业体系

武汉市聚焦新一代信息技术、生命健康、智能制造等优势领域，建设国家存储器基

地、国家航天产业基地、国家网络安全人才与创新基地和国家新能源及智能网联汽车基地等，正在形成一批规模大、实力强、体系全的产业集群。"十三五"期间，武汉市战略性新兴产业年均增长10%以上。2019年，武汉市新一代信息技术产业、生命健康、智能制造三大战略性新兴产业营业收入（产值）分别增长了12.2%、18.3%和16.9%，"光芯屏端网"产业规模不断壮大，五大产业基地建设全面提速。

当前，武汉市战略性新兴产业发展还存在一些亟待解决的问题。**一是关键产业环节亟须向高端升级**。战略性新兴产业仍然面临开放水平不够、产业链环节不完整、多数产业处于中低端、缺乏后续竞争力等诸多问题。**二是经济增长方式亟须转型**。产业结构优化和融合创新发展有待提升，整体带动产业链发展的重大产业项目还不够，创新能力不强，2019年规模以上工业企业研发投入占比1.15%。**三是产业集群规模亟须提升**。武汉市四个国家级战略性新兴产业集群总体规模偏小，龙头企业产值规模有待提升，关键材料、关键设备和零部件仍依赖进口。**四是创新能力建设亟须深化**。高新技术企业占比低、研发中心数量少、以企业为主体的创新能力不强，缺乏具有完全自主知识产权的原始创新成果，许多产业核心技术及产品受国外知识产权的制约。

面向未来，武汉市要以培育打造"151"（万亿级、五千亿级、千亿级）产业集群为中长期发展目标，重点发展"光芯屏端网"、汽车制造和服务、生命健康等万亿级产业集群。**一是加快推进全域自主创新**。加快东湖实验室等国家重点实验室布局和建设，争取在光电、北斗导航等领域落户更多大科学装置，在商业航天、激光应用、高速轨道交通、智能船舶制造、电磁制造、生物医学成像等领域，统筹建设一批高水平创新平台。**二是建立共性公共服务域验证平台，加快关键"卡脖子"环节国产替代**。建设可承载OLED新技术开发和国产化材料验证的适合少量、多样、灵活高效的平台。支持国家病毒性疾病防治产业创新中心的推进工作，建设健康医疗大数据中心、国家中部医疗中心、国家生物样本库等产业发展重大科研支撑平台，创建一批新的国家企业技术中心和重点实验室。**三是统筹推进战略性新兴产业集群建设，建设产业集群公共服务综合体**。围绕新一代信息技术、绿色经济、空天地经济、生物经济、数字经济，重点培育16条有龙头企业牵引、有较强产业基础能力的产业链。推动"光芯屏端网"及生物医药等产业集群快速壮大，打造航空航天、新能源汽车、人工智能、数字创意、新材料、高端医疗器械等在全国有重要影响力的战略性新兴产业集群。

（执笔人：宋大伟，杨国梁，沈华，刘慧晖，裴瑞敏，李书舒，隆云滔，中国科学院科技战略咨询研究院）

（审稿人：潘教峰）

参考文献

[1] 潘教峰. 智库研究的双螺旋结构［J］. 中国科学院院刊，2020，35（7）：907-916.

［2］潘教峰，张凤，鲁晓. 促进智库研究的"六个转变"［J］. 中国科学院院刊，2021，36（10）：1226-1234.

［3］潘教峰，鲁晓，刘慧晖. 智库双螺旋法的"十个关键问题"［J］. 中国科学院院刊，2022，37（2）：141-152.

［4］宋大伟. 新阶段我国战略性新兴产业发展思考［J］. 中国科学院院刊，2021，36（3）：328-335.

［5］余江，张越. 加快关键核心技术攻关 增强产业链供应链自主可控能力［N］. 科技日报，2021-03-29（8）.

［6］李何. 中国生物技术产业的现状与发展趋势探微［J］. 农村经济与科技，2018：112-113.

［7］屠海令，张世荣，李腾飞. 我国新材料产业发展战略研究［J］. 中国工程科学，2016，18（4）：90-100.

［8］洪志生，王晓明. 重构新型高技术服务业内涵助力现代产业体系高质量发展［N］. 科技日报，2021-05-10（8）.

［9］赵璐，王晓明. 培育未来竞争新优势推动战略性新兴产业集群高质量发展［N］. 科技日报，2020-10-16.

［10］王漪. 北京科创发展"新"担当［J］. 投资北京，2021（2）：65-67.

［11］宋龙艳. 做好"白菜心"产业［J］. 投资北京，2021（6）：36-38.

［12］张璐. 北京连续三年蝉联全球科研城市首位［N］. 新京报，2020-12-25（6）.

［13］张懿. 补链强链，上海为"双链"畅通注入韧性［N］. 文汇报，2021-01-28（6）.

［14］芮明杰. 高端服务与先进制造融合发展 推动上海经济新增长［N］. 第一财经日报，2020-05-20（A11）.

［15］黄文辉. 深圳市新材料产业政策研究［D］. 南昌：南昌大学，2017.

［16］周甫琦，吴雨伦，谭超. 广州GDP破2.5万亿背后的发展密码［N］. 南方日报，2021-01-30（GC02）.

［17］国家信息中心. 战略性新兴产业形势判断及"十四五"发展建议（上）［EB/OL］.（2021-01-04）［2021-12-30］. https://www.ndrc.gov.cn/xxgk/jd/wsdwhfz/202101/t20210104_1264124.html?code=&state=123.

［18］国家信息中心. 战略性新兴产业形势判断及"十四五"发展建议（下）［EB/OL］.（2021-01-04）［2021-12-30］. https://www.ndrc.gov.cn/xxgk/jd/wsdwhfz/202101/t20210112_1264810.html?code=&state=123.

［19］中国共产党中央委员会. 中共中央关于制定国民经济和社会发展第十四个五年规划和二〇三五年远景目标的建议［N］. 人民日报，2020-11-04（1）.

［20］国务院. 国务院关于印发《中国制造2025》的通知［N］. 人民日报，2015-05-20（1）.

［21］中国工程科技发展战略研究院. 2021中国战略性新兴产业发展报告［M］. 北京：科学出版社，2020.

［22］世界知识产权组织. 世界知识产权报告（2019版）［R/OL］.（2019-11-12）［2021-01-30］.

https://www.wipo.int/edocs/pubdocs/en/wipo_pub_944_2019.pdf.

[23] 中国科学院创新发展研究中心. 2019中国制造业创新发展报告[R]. 北京：科学出版社，2020.

[24] 王换，徐琪琪. 2019世界制造业大会发布《全球制造业创新指数白皮书》：合肥制造业专利申请量位居全国第四[N]. 新安晚报，201-09-22（4）.

[25] 中国工程院项目组. 中国工程科技2035发展战略综合报告[R]. 北京：科学出版社，2019.

[26] 航天科工集团编研组. 产业成熟度评价方法与应用[M]. 北京：中国宇航出版社，2017.

[27] 上海市经济和信息化委员会，上海科技情报研究所. 2019世界制造业重点行业发展动态[M]. 上海：上海科学技术文献出版社，2019.

[28] 上海市商务委员会，上海科技情报研究所. 2018—2019世界商务发展动态[M]. 上海：上海科学技术文献出版社，2019.

[29] 国海证券，未来智库. 工业软件行业深度报告：国产工业软件的机遇和挑战[R/OL]. （2021-01-16）[2021-01-27]. https://new.qq.com/omn/20210116/20210116A00NRH00.html.

[30] 赛迪智库·2021年中国工业和信息化发展趋势展望系列研究报告[R/OL]. （2021-01-27）[2021-01-27]. https://mp.weixin.qq.com/s/TuvU-xsf33IlWN1l--vNtw.

战 略 篇

　　战略性新兴产业的发展,首先需要对其发展战略和成长规律进行整体把握和认识,需要对其发展脉络和趋势进行系统的总结。本篇共三章,从战略视角,对我国战略性新兴产业发展的历史现状和未来,以及成长规律和总体情况进行了研究。

　　第一章,回顾十八大以来我国战略性新兴产业发展的主要成绩和存在的问题。

　　第二章,分析战略性新兴产业的成长规律,包括战略性新兴产业成长标志、成长过程的特点及地方培育经验和规律。

　　第三章,分析战略性新兴产业需要处理的几个关系,即技术创新和产业发展,政府、市场和社会,传统产业和新兴产业,以及整体布局和重点推进的关系,并提出十四五及中长期体系调整的思路、布局优化的策略及"个十百千"的发展机制。

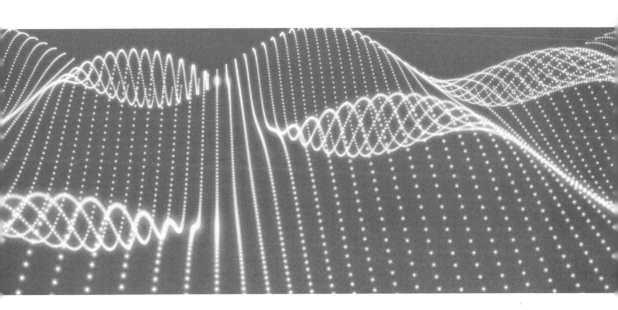

第一章 Chapter 1
我国战略性新兴产业发展的总体回顾

一、我国战略性新兴产业发展的主要成就

2008年全球经济危机后,各国大力发展新兴产业,以抢占未来产业发展制高点,提升国际竞争力。2010年4月,国家发展和改革委员会(以下简称国家发改委)确定七大战略性新兴产业,同年10月10日,国务院发布《国务院关于加快培育和发展战略性新兴产业的决定》,明确指出我国战略性新兴产业包括节能环保、新一代信息技术、生物、高端装备制造、新能源、新材料及新能源汽车七大产业,并对每个产业进行了详细界定,确立了23个重点方向,形成了7个一级产业和23个二级产业的体系架构。10月18日,《中共中央关于制定国民经济和社会发展第十二个五年规划的建议》提出要培育发展战略性新兴产业,进一步明确发展战略性新兴产业的必要性和重要性。

2012年,国务院印发《"十二五"国家战略性新兴产业发展规划》,明确加快培育和发展节能环保、新一代信息技术、生物、高端装备制造、新能源、新材料、新能源汽车等战略性新兴产业。各地也积极行动,制定并部署相应的发展规划,其中25个省级行政区布局了6~7类战略性新兴产业[1]。2016年,国务院发布《"十三五"国家战略性新兴产业发展规划》,明确指出:"要把战略性新兴产业摆在经济社会发展更加突出的位置,大力构建现代产业新体系,推动经济社会持续健康发展。"同时,在七大产业基础上增加数字创意产业。

十八大以来,我国战略性新兴产业持续发展,其规模和速度创新高,在凝聚创新资源、优化产业结构及提升国家总体创新能力等方面发挥了重要作用,为"十四五"发展奠定了良好基础。

(一) 产业规模和增速持续提升

十八大以来,我国新一代信息技术、生物、高端装备制造、新材料、新能源、节能环保、数字创意等战略性新兴产业发展迅速,增速持续高于总体经济增长水平,产业增加值占 GDP 比重由"十二五"初期的不足 5% 快速增长到"十三五"末的近 15%,有效支撑了我国新旧动能接续转换,成为深化供给侧结构性改革、完善现代产业体系建设、落实创新型国家建设的有力抓手。在工业方面,2016~2020 年上半年,我国战略性新兴产业规模以上工业增加值增速始终高于全国工业总体增速。2020 年上半年,我国战略性新兴产业规模以上工业增加值同比增长 2.9%,高出全国总体增速 4.2%。在相关服务业方面,2018 年以来,我国战略性新兴服务业的营收增速也始终高于全国规模以上服务企业营收增速。2020 年 1~11 月,全国战略性新兴服务业的营收增速达 8.6%,而全国规模以上服务企业营收增速为 1.6%①。

(二) 企业盈利能力稳步增长

战略性新兴产业实现规模扩张的同时,产业盈利能力也逐步提升,实现持续健康发展。上市公司数据显示,2015~2019 年,战略性新兴产业上市公司平均利润率达到 7.2%,高于上市公司总体(非金融类)近 1%。2019 年在总体经济利润状况不佳的背景下,战略性新兴产业上市公司利润率达到 5.9%,仍处于较高水平。战略性新兴产业龙头企业规模及实力均实现质的提升,有效发挥了对重点产业领域的带动、示范和引领作用。2019 年我国战略性新兴产业企业在世界 500 强榜单中占有 29 个席位,数量较 2015 年增加 11 个。国家信息中心对上市公司的数据分析显示,截至 2019 年底,A 股上市公司中共有 1634 家战略性新兴产业企业,占上市公司总体的 43.4%,其中,营收规模达到百亿元以上的战略性新兴产业上市企业达 151 家,较 2015 年增加 80 家,占战略性新兴产业上市企业总数的比重由 2015 的 6.2% 提升到 2019 年的 11.1%,头部企业规模及质量持续提升的同时,引领和带动作用进一步凸显。2020 年,战略性新兴产业增加值占国内生产总值比重达到 11.7% 左右,产业规模不断扩大,创新能力和盈利能力显著提升[2]。

(三) 重点领域产业不断发展壮大

新一代信息技术产业延续快速发展态势。2015~2019 年,规模以上电子信息制造业增加值年均增长 11.5%,增速快于全部规模以上工业 5.4%。2019 年,规模以上电子信息制造业增加值同比增长 9.3%,高于工业总体 3.6%[3]。**健康消费带动生物产业实现稳步发展**。2016~2019 年,医药制造业营业收入年均增速达 10.7%,高于同期工业企

---

① https://www.sohu.com/a/448633879_473133。

业整体营业收入 3.0%。2019 年，医疗器械市场规模超 6000 亿元，规模较"十二五"期末增长近一倍。**绿色低碳产业维持快速增长。** 2019 年，节能服务产业总产值达 5222.4 亿元，增长 9.4%，产值规模较"十二五"期末增长 67%。**新能源汽车由示范阶段进入快速普及阶段。** 2019 年新能源汽车销量达到 120.6 万辆，销量较"十二五"期末增长 2.6 倍，销量规模居世界第一，行业景气度持续保持高位。**移动互联网与数字技术的快速发展驱动数字创意产业爆发式增长。** 2019 年我国数字音乐市场规模达到 664 亿元，较"十二五"期末增长 33.3%；到 2019 年，中国网络文学用户规模已达到 4.54 亿，占网民总体的 53.2%，规模较"十二五"期末增长 31.5%；2019 年国内游戏市场规模达到 2308.8 亿元，2015～2019 年的年均增长为 13.2%；截至 2019 年 6 月，我国网络直播用户（含主播和直播观众）规模达 4.33 亿，占整体网民的 50.7%。**高端制造产业实现平稳较快增长。** 2019 年高端制造（含高端装备制造及新材料产业）上市公司营收总额达 8261.6 亿元，2015～2019 年的年均增长为 8.6%。智能制造、航空装备、卫星及其应用等重点子行业均表现良好，2015～2019 年各行业上市公司营收规模年均增长分别为 19.6%、9.7% 和 9.2%。**新材料领域在上游原材料需求的带动下实现较快发展，**"十三五"以来年均增长达 17.9%。

（四）未来产业发展进入初始孕育和加快形成期

数字经济、人工智能、工业互联网、物联网等领域新业态、新模式不断涌现，战略性新兴产业跨界融合特点愈加明显。2019 年我国数字经济规模占 GDP 比重 34.8%，已达 31.3 万亿元，成为拉动经济增长的新引擎。随着人工智能、新基建等政策不断落地，商汤、寒武纪、旷视等一批新兴企业快速成长，实力不断增强。在空天海洋、信息网络、生命科学、核技术等领域，新技术带来的新产业逐渐迸发活力。通过大力发展新型飞行器及航行器、新一代作业平台和空天一体化观测系统，着力构建量子通信和泛在安全物联网，加快发展合成生物和再生医学技术，加速开发新一代核电装备和小型核动力系统、民用核分析与成像技术，积极布局完整的氢能产业链，打造形成了未来新兴产业发展的新优势。

（五）产业能级高、带动能力强、辐射范围广的产业集群逐渐凸显

新一代信息技术、生物产业、高端装备、节能环保等产值规模达到 10 万亿元级，形成一批特色优势产业集群，有效带动区域经济高质量发展。"十三五"期间，我国创新驱动活力持续迸发，研发人员、发明专利申请量呈现稳步上升趋势，国家工程研究中心、国家技术创新中心、国家产业创新中心等成为新兴技术和产业的助推器。国际领军企业和独角兽、瞪羚等新兴企业主体实力逐步增强。大众创业、万众创新持续深入，战略性新兴产业不断孵化、创造和衍生新技术、新产品、新业态和新模式，不断产生大量新型就业岗位，有效推动了产业转型升级和经济高质量发展。

（六）融入全球创新网络的开放发展新局面正在逐步形成

在二十国集团（G20）、金砖国家、APEC 等多边框架下，不断发展新型国际伙伴关系。科学技术部、国家发改委、外交部、商务部联合印发《推进"一带一路"建设科技创新合作专项规划》，围绕科技人文交流、共建联合实验室、科技园区合作、技术转移等制定具体实施方案。积极参与制定和推广国际技术标准，手机（移动终端）动漫标准成为中国科技和中国标准走向世界的重要标志[2]。积极落实与发达国家政府间的新兴产业合作协议，如按照中英新兴产业合作协议建立中英创新中心，推动项目联合孵化；通过举办第八届中德经济技术论坛，围绕新兴产业领域达成 96 项相关合作。积极与发展中国家开展创新合作，大力推动战略性新兴产业国际合作园区建设，如落实与智利签署的《关于开展信息通信领域合作谅解备忘录》，推进中智电信合作及跨境海缆项目。积极引入全球要素资源，注重与跨国公司的创新合作。

二、我国战略性新兴产业发展的主要问题

近年来，我国战略性新兴产业发展取得了长足进步，大众创业、万众创新示范基地建设和战略性新兴产业集群发展为创新发展提供了良好空间，近期获重点支持的 5G、工业互联网、集成电路、工业机器人、增材制造、智能制造、新型显示、新能源汽车、节能环保等战略性新兴产业也将不断孕育新的创新生态[4]。北京、上海、山东等多个省市加快布局新兴产业，聚焦 5G、物联网、人工智能、大数据、区块链、创新平台等新业态方面，建设了一批引领性、带动性、根植性强的重大项目。然而，我们也要看到，随着高技术孕育的新动力、新模式和新产业的不断创新发展，现有战略性新兴产业面临着缺乏统筹协调、产业引领不够、关键核心技术缺失、资本市场不成熟、产业人才缺乏、国际化程度不高等诸多问题。

（一）产业发展规划缺乏统筹协调，各地产业同质化现象严重

全国各省、自治区、直辖市的战略性新兴产业发展基本围绕国家新一代信息技术、高端装备、生物低碳等产业展开，但国家政策与地方政策、地方政策与地方政策之间缺少统筹协调，造成了产业同质化严重。同时，由于各省均希望能通过成熟产业的投资获得可见的利润，缺少关键核心技术的投资，从而造成国家整体产业链技术缺失。有些地方政府机械地将各类项目纳入战略性新兴产业规划[5]，通过统计方式盲目扩大战略性新兴产业的统计范畴，中央对各省战略性新兴产业的规模无法做统一判断。

（二）产业发展引领能力不足，关键核心技术受制于人

战略性新兴产业的发展规模和质量依然存在明显短板，大部分领域仍以"引进、消

化、吸收"的模仿式创新发展为主,通过自主创新实现产业引领发展的能力不足,环境欠佳,对宏观经济整体的引领带动作用发挥不够。目前,我国虽已具备一定的集成创新能力,但核心技术、基础理论领域的原始创新能力不足,尚未能形成引领全球的主导产业,缺少有国际影响的技术与产业标准、原创技术突破能力突出、产业高端人才汇聚的"灯塔式"行业领军企业。战略性新兴产业的部分共性关键核心技术仍未突破,高端芯片、高端仪器装备等关键产品自主生产能力薄弱,核心基础零部件、先进基础工艺、关键基础材料、产业质量基础等仍较为薄弱,高技术成果转化并孵化未来新兴产业的能力不够。

(三) 配套支持政策体系性不强,尚未形成政策合力

整体上尚未形成对战略性新兴产业的整体性建设规划,各部门围绕自身监管领域部署支持重点,确定分工与任务。如战略性新兴产业的生态建设方面,科技部关注科技创新生态,工信部关注信息产业生态,没有形成从创新链、产业链到价值链的整体产业创新生态。财政投入统筹方面,有关项目设置往往未从战略性新兴产业宏观层面或全产业链协同发展的层面统筹考虑,执行过程中的分割性必然会影响投资效果的最大化发挥。同时,央地间在信息的沟通和共享、重大工程和项目的布局及建设协调、专业园区的布局与规范发展、政策措施的相互衔接等方面尚存在明显问题。

(四) 资本市场成熟度不高,金融支持体系仍需完善

现行上市公司发行条件和审核标准难以跟上战略性新兴产业企业发展的现实需求,大量优秀战略性新兴产业企业只能在境外实现上市。"新三板"企业转板机制始终未能理顺,独角兽企业上市获得绿色通道,但也挤压了大量新兴产业中小企业在国内上市机会,直接冲击前端风险投资市场。同时,成熟的信贷支撑体系尚未建立。战略性新兴产业专业性较强,信贷风险相对较高,需要引入专业的担保公司、知识产权评估公司、行业信息共享平台等一系列机构共同构建一整套信息共享及风险分担机制。现有监管体系并未出台有效激励政策,使得金融机构难以针对战略性新兴产业领域有所作为。

(五) 产业发展所需人才总量不足,存在结构性错位

首先,战略性新兴产业发展所需的高技能人才总量严重不足,2017 年我国互联网/电子商务人才缺口比达到 1.96,信息技术产业人才总体需求缺口达 765 万[一],其他行业如电子技术/集成电路、机械/设备、重工、制药/生物工程、证券/基金/期货/投资、计算机软件等也存在较大缺口。其次,战略性新兴产业的发展整体尚未形成有效的人才

[一] 搜狐教育. 中国 ICT 人才生态白皮书: 去年信息技术产业人才缺口达 765 万[EB/OL].(2018-08-09)[2021-01-27]. https://www.sohu.com/a/246079214_105067.

引进、人才培养、人才使用和人才评价的体制机制。在人才吸引方面，现有科研与产业化机会对海外人才开放程度不高，国际化程度不足。海外人才回归便利性不足，在出入境、工作居留、医疗教育配套等方面也存在不足。人才培养方面，现有教育与培训体系更新速度滞后于战略性新兴产业的发展速度，尚未建立与之相匹配的人才培养体系。对于基础领域的人才和复合型人才培养力度不足，如人工智能产业的发展既需要能突破基础研究瓶颈的人才，也需要能与应用场景有效结合的复合型人才，产业两头缺人已成为战略性新兴产业发展的桎梏。

（六）国际贸易话语权不大，缺乏国际知识产权保护环境

一方面，缺少国际标准制定的话语权以及国际之间认证认可等领域的互认，导致频繁遭遇技术性贸易壁垒。另一方面，国际知识产权保护和应对能力不足。战略性新兴产业企业知识产权运营体系不健全，核心专利积累不足，企业在"引进来"和"走出去"的国际化过程中面临知识产权诉讼风险。

（执笔人：沈华，中国科学院科技战略咨询研究院）

（审稿人：王晓明）

参考文献

［1］ 霍国庆，李燕，等. 我国战略性新兴产业评价与模式研究［M］. 北京：经济科学出版社，2019：23.

［2］ 国家信息中心. 战略性新兴产业形势判断及"十四五"发展建议（上）［EB/OL］.（2021-01-04）［2021-12-30］. https://www.ndrc.gov.cn/xxgk/jd/wsdwhfz/202101/t20210104_1264124.html?code=&state=123.

［3］ 中国工程科技发展战略研究院. 中国战略性新兴产业发展报告：2020［M］. 北京：科学出版社，2021.

［4］ 王晓明，沈华. 夯实"新型苗圃"推动战略性新兴产业集群建设［N］. 科技日报，2021-08-23（8）.

［5］ 刘晓龙，葛琴，崔磊磊，等. 新时期我国战略性新兴产业发展宏观研究［J］. 中国工程科学，2020，22（2）：9-14.

［6］ 国家信息中心. 战略性新兴产业形势判断及"十四五"发展建议（下）［EB/OL］.（2021-01-04）［2021-12-30］. https://www.ndrc.gov.cn/xxgk/jd/wsdwhfz/202101/t20210112_1264810.html?code=&state=123.

第二章 Chapter 2
我国战略性新兴产业发展的规律特征

战略性新兴产业是推动我国经济体系优化和升级的重要抓手，也是国际竞争长期且重要的焦点，认识战略性新兴产业成长规律，有助于促进其更好地发展。本章先介绍战略性新兴产业将重大技术突破转化为产品，将重大发展需求转变为现实市场需求，形成新的技术标准体系三个重要成长标志。接着讨论战略性新兴产业成长过程中的若干特点，包括启动发展阶段、成长需要较长的时间、常伴随着新生企业的发展等。最后，分析地区培育战略性新兴产业的经验，如建立成果转化平台、发展风险投资、建立科技产业园区、扶持应用示范项目及集聚人才队伍等。以期为其他地区的战略性新兴产业发展提供借鉴和参考。

一、把握战略性新兴产业发展规律的重要性

（一）战略性新兴产业是推动经济体系优化和升级的重要抓手

2009年，为了应对国际金融危机，我国提出发展战略性新兴产业。2010年印发的《国务院关于加快培育和发展战略性新兴产业的决定》，明确了战略性新兴产业是以重大技术突破和重大发展需求为基础，对社会和经济全局和长远发展具有重大引领和带动作用，知识技术密集、物质资源消耗少、成长潜力大、综合效益好的产业。其后印发的《"十二五"国家战略性新兴产业发展规划》和《"十三五"国家战略性新兴产业发展规划》等，虽然涵盖的产业领域范围有所不同，但均指出了战略性新兴产业在推进经济体系优化和升级方面的重要作用。

（二）战略性新兴产业是国际竞争长期且重要的焦点

当前，全球科技创新进入空前密集活跃时期，原创性重大科学发现和重大技术突破不断涌现，科学和技术深度交叉融合与广泛扩散渗透，推动新一轮科技革命和产业变革向纵深发展[1]。世界主要国家纷纷调整战略、加快部署，力图抓住新一轮科技革命和产业变革带来的战略机遇，寻求下一轮经济增长引擎，推动新能源、干细胞、航天航空、新型汽车、低碳、医疗与护理等产业的快速成长。掌握关键核心技术及相关知识产权，加快培育和发展战略性新兴产业，已然是我国在国际竞争中占据有利地位和掌握发展主动权的迫切需要。

（三）战略性新兴产业成长有自身特定的规律

我国深度推进工业化、城镇化，城乡居民消费结构升级，为战略性新兴产业发展提供了广阔空间。但长期以来，企业创新能力薄弱、关键核心技术短缺、标准体系不健全制约着我国战略性新兴产业的发展。当前的投融资体系、市场环境、体制机制政策等也还存在制约战略性新兴产业快速发展的问题。战略性新兴产业以重大技术突破和重大发展需求为基础，除了遵循产业发展的一般规律之外，因与科技创新紧密关联，故还有体现其本质属性的特定规律。在战略性新兴产业发展的热潮中，要把握好企业主体与政府主导、自主创新与技术引进、知识产权与产业升级、整体推进与重点突破、传统产业与新兴产业等多种关系[2]。在大力发展战略性新兴产业的背景下，尊重其特定规律，以更好地促进战略性新兴产业的发展。

二、战略性新兴产业成长的重要标志

（一）将重大技术突破转化为产品

战略性新兴产业是科技创新和产业深度融合，进而推动产业发展的结果。有些学者认为战略性新兴产业应掌握产业关键核心技术，在培育和发展战略性新兴产业时应遵循技术优先，强调了自主创新和核心技术在战略性新兴产业发展中的作用，认为科技的进步和创新带动了新兴技术和新兴产业的出现，进而推动了战略性新兴产业的发展，并将战略性新兴产业的发展模式分为技术领先的发展模式和技术追随的发展模式[3]。因战略性新兴产业往往是技术密集型产业，可以说这种观点反映了电子信息、新能源、新材料等典型的技术驱动产业发展模式，即重大技术突破是催生战略性新兴产业出现和成长的内在动力，将科技突破转化为标志性产品是战略性新兴产业形成和成熟的前提条件和重要标志[4]。

（二）将重大发展需求转变为现实市场需求

2009年11月，中国科学院建院60周年之际发布的《让科技引领中国可持续发展》

指出了中国战略性新兴产业的选择标准和方向，其中首要的是产品要有稳定且有发展前景的市场需求。战略性新兴产业的发展需将重大社会需求转变为现实市场需求，不仅依赖于技术创新，也常需要商业模式的创新，商业模式创新是技术和市场的桥梁。商业模式创新，有助于将战略性新兴产业产品推向市场并被接受，从而将潜在需求转变为现实的市场需求。

（三）形成新的技术标准体系

战略性新兴产业对经济社会发展具有较强的关联带动作用，能带动一批产业的兴起。战略性新兴产业产品的一个突出特点，是产品和服务复杂性及其生产过程的复杂性。价值创造活动并非仅存在于一个企业内部，而是有许多关联主体，包括客户或消费者、中间商、合作伙伴、上游供应商、下游渠道、市场和辅助供应商等[5,6]，只有它们之间一起协作形成价值网络，才能为消费者创造并提供有用的价值。复杂产品生产的技术特性需要设定标准[7]。技术标准是规范生产行为、加快技术进步、推进自主创新、维护市场经济秩序的重要手段，也是赢得国际竞争优势，占领产业发展制高点的关键要素[8]。战略性新兴产业基于重大技术突破且具有较强的关联带动作用，但早期常常多种产业技术路线并存，主导技术尚未形成。因而进入孕育发展阶段，"标准竞争"成为战略性新兴产业发展的重要特点。在竞争中形成新的技术标准体系，可为产业更快速发展奠定技术基础。

三、战略性新兴产业成长过程的特点

（一）战略性新兴产业启动发展分阶段

战略性新兴产业作为新兴产业的一种类型，其启动发展阶段如图 2-1 所示，可以分为三个阶段。第一个阶段意愿形成，厂商开始有意愿提供新产品；第二个阶段生产（技术）准备，主要是技术准备，即进行新产品的研发；第三个阶段市场启动，即把新产品推向市场。各阶段受厂商自身能力的影响，也受外部环境条件的制约与影响，从而影响各阶段决策与行动⊖。厂商提供新产品的意愿，受多个因素的影响，这些因素也影响生产准备与市场启动。一是对新产品需求。新产品存在现实的需求，即客户有意愿和能力购买，是产业出现不可或缺的前提条件之一。二是传统产业竞争与企业战略。新产业往往脱胎于已有的产业部门，是对已有传统产业部门的替代。新产品相对于传统产业部门提供的产品，在性能和价格等方面，必须有综合竞争力与优势。三是支撑性生产网络。新产品的生产往往超越单个厂商技术或资金能力。技术准备与生产，必须要得到生产网络

⊖ （一）的内容，主要根据本章作者之一乔为国的"新兴产业启动条件与政策设计初探——基于工业化住宅产业的研究"（《科学学与科学技术管理》，2012，33（5）：90-95）一文整理。

的有力支撑，否则新产品的技术与生产可行性会出现问题。四是厂商潜在能力。厂商潜在能力关键是资金、技术与产业链影响力、市场开发能力。首先是资金。技术准备、市场启动需要事先投资，要有主体能承担先期研发投入及可能的失败风险。新产业的市场启动面临严峻挑战。就如亚当·斯密所指出的，市场广狭决定分工专业化程度，产业初期较小的市场规模决定分工与专业化程度较低，无法实现专业化与规模经济所带来的成本下降。这就决定产业初期较高的单位成本，存在成本瓶颈。较高单位成本情况下，产品价格高，会降低客户购买意愿，影响大规模市场启动。其次是技术能力，它决定新产品技术上是否可行。技术能力取决于相关联的技术储备。这种技术储备，有时并非自身拥有，也可能是相关厂商或合作伙伴所拥有。此外，是产业链的影响力。技术非自身拥有时，技术准备需要具备协调动员能力。如果厂商是产业链的主导厂商，会加速技术准备与市场启动过程与成功的可能性。当然，市场开发能力也是重要的，它可以更高效地发掘出潜在客户，并推销产品。所以说，战略性新兴产业发展技术突破和市场需求是必备条件，但仅有这两个条件并不充分，还依赖于其他条件，如支持性生产网络和厂商能力等。

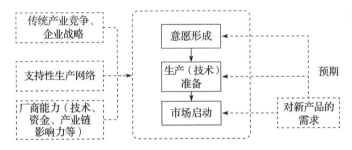

图 2-1　战略性新兴产业启动发展阶段

（二）战略性新兴产业成长需要较长的时间

2009 年我国提出发展战略性新兴产业，但需要多长时间可以发展起来，是个重要的现实和理论命题。此问题不仅事关战略规划期，也关系到战略实施的合理评估。我国历史上"大跃进"的急于求成、大飞机项目的半途而废等历史教训表明，如果不能正确认识的话，有可能会误导决策。各级政府部门及社会各界人士都在讨论发展战略性新兴产业，但对于所需的时间跨度却并未达成共识，或者很大程度上有意无意地忽视了这个问题[一]。

战略性新兴产业的发展基于重大技术突破，因此技术创新的时间规律是新兴产业发展所需时间跨度的重要影响因素，包括技术研发所需的时间周期、技术推向社会所需

[一]　（二）的内容，主要根据本章作者之一乔为国参与的《技术可行到社会实现的时间跨度——基于日本第 9 次科技预见的研究》(中国科技论坛，2015（12）：143-148.) 一文整理。

的时间周期、技术应用扩散的时间周期。从技术发明到技术市场化的路径，以及技术研发和扩散周期研究早已是重要研究主题，S 形曲线模型将技术过程分为三个阶段：引入期、成长期和成熟期。Maseeh 等基于其所在公司的微机电系统（MEMS）的产品研发到市场化时间的研究，提出从原型机到产品的时间周期为 2.2 年，而业内从原型机到产品的平均时间周期为 6.6 年[9]。周娟、彭莉、乔为国基于日本第 9 次科技预见报告的 726 个技术主题数据，发现技术可行到社会实现时间呈现出一定的规律性：技术可行到社会实现时间跨度，短则 3 年，长则 14 年，平均在 7 年左右；不同领域技术有一定差异性，生物、纳米技术领域及信息、空地海、基础性技术领域略长，而环境、基础设施等领域的技术跨度则略短；与技术类型也有关系，基于既有技术集成的系统性技术相对时间也略短些。所以，再考虑技术研发的数年周期及技术扩散时间，新兴产业成长需要较长的时间周期，通常在 10 年以上。

新兴产业成长需要较长的时间周期，原因是多方面的，包括微观个体、企业及制度等。如对于新技术，技术接受模型（Technology Adoption Model，TAM）认为意图决定行为，而意图受观念的影响，观念主要涉及对有用性、易用性和风险的认知，这三个因素被认为是影响消费者接受的最重要因素[10]。认知的有用性和实际使用直接相关，从消费者角度看，缺乏对潜在好处的充分认知，低技能和缺乏信任是重要影响因素，企业的能力、善意和一致性都影响信任。还有许多研究，基于企业层面的分析，涉及企业能力、技术标准、调整成本等。企业接受新技术可能需要长期投入，受制于资源和能力[11]。技术标准也重要，因为它涉及技术和系统的兼容性问题。此外，对于新技术使用而言，存在相关的配套产业或基础设施不完善等问题。认识战略性新兴产业成长需要较长的时间周期并应加以重视，对于战略性新兴产业政策制定来说是重要的。如当前我国战略性新兴产业规划以 5 年为周期，可能需要将规划和评估周期适度延长，并考虑不同领域和技术类型的差异性。

（三）战略性新兴产业成长常伴随着新生企业的发展

Perez 将新兴产业演化过程中的技术范式转移分成了三个阶段。首先是导入期，新兴产业不断加强技术创新，逐步实现技术优势，但此时原有技术范式依然占据主导地位。其次是成长期，技术创新通过新兴产业形成新的商业环境，传统产业受到驱逐并渐渐衰退，新兴产业逐渐占据市场优势。最后是成熟期，新兴产业不断扩张，技术创新带来的高利润回报，吸引更多企业进入，形成较为稳定的市场结构⊖。战略性新兴产业的成长常和颠覆性创新密切相关。企业经营管理人员常根据过去经验形成行动的主导逻辑，即指导行为的一系列启发性的原则、规范和信念。该主导逻辑能使企业经营管理人员集中注意力，并过滤掉一些与之不一致的想法和行动，使企业的技术管理及商业模式产生

⊖ Perez C 的 *Technological revolutions and financial capital*。

路径依赖的特点[12]。因此，既有企业的选择决策将受既有商业模式的约束，特别是那些成功的企业，更容易排除那些和当前模式不一致的创新模式。而新生企业或者新一代年轻的企业家们在评估各种可能的商业模式时，所受的约束更少，因此商业模式创新也更容易发生。总之，就如 Chesbrough 所分析的，造成这个现象的原因是主要是颠覆性创新常需要伴随着商业模式的创新，而既有企业决策者们经常受到自身能力和认识的约束，特别在企业组织最高层领导认识的惯性会阻碍他们去创新，他们对原有模式太熟悉也很适应，任何的偏离都可能会让他们感到不适。

正因科技型中小企业特别是新创企业，在培育和发展战略性新兴产业中的重要作用，从空间格局视角看，也出现与之相关的一种产业结构优化自适应过程，当市场需求发生变化时，产业结构自适应调整首先发生在市场需求弹性较大、研发活动密集的行业，在调整过程中继续引发新的创新和扩散，从而形成产业创新集群[13]。

四、地区发展战略性新兴产业的经验

（一）建立成果转化平台，加速科技创新到产业发展

为了消除技术转移障碍，建立的成果转化平台越来越多。科技成果转化主流平台目前主要有技术转移办公室、产业技术研究院、科技企业孵化器三种⊖，它们对推动我国科技成果转化起了积极作用。技术转移办公室是麻省理工学院在 20 世纪初期创立的技术转让机制之一，后来陆续扩散到加州北部和世界其他地区。大陆的产业技术研究院受到我国台湾地区工业技术研究院很大影响。广东、江苏是新型研发机构发展较早的地区，以产业技术研究院最为典型，作为产学研联合创新载体，民办官助是其主要特点。产业技术研究院通常是地方依托高校或科研院所共建，科技成果转化是其基本职能之一，投资基金也多是标配。产业技术研究院的成果转化服务主要是面向其自身研发项目，初期技术源与团队也多来自所依托的共建单位。科技企业孵化器则可为新创办的科技型中小企业提供物理空间及一系列创新创业服务，是促进科技成果转化的重要载体。

（二）发展风险投资，完善新创科技企业成长环境

新创科技企业在战略性新兴产业发展中具有不可替代的作用，除了技术基础，还需要产业发展的外部环境的支撑。就如熊彼特所指出，创新是实现生产要素的新组合，是企业家的职能；实现新组合时，"供应资金"作为一种特别的行为是根本上必需的[14]。他还指出资本是一种杠杆，企业家凭借资本可以控制具体商品，把生产要素转向新用途，或引向新的生产方向。风险投资公司也是麻省理工学院在 20 世纪初创建的几种技

⊖ 关于三种模式的起源及特点等更具体综述可参见作者之一乔为国的"产业创新实验室——一种新型科技成果转化平台模式研究"（《科学学与科学技术管理》，2021,42(3):123-137）一文对三者的比较。

术转让机制之一,是"创新中的创新"[15],可以说,风险投资公司是为促进高科技产业化而生的。风险投资为新创科技企业不同成长阶段提供发展资金,完善的创业投融资机制对于发现和筛选战略性新兴产业领军企业并促进其持续成长具有重要意义。

(三)建立科技产业园区,促进集群化发展

科技产业园区是为各类科技创新主体及其创新活动提供基础条件、专业服务和发展环境的特定区域,通过创造优良的局部发展环境,促进集聚和集群发展,从而形成持续发展能力。在美国硅谷影响下,科技产业园区建设自20世纪70年代以来,已是一种全球性的现象,在园区内集聚的研发机构、高等院校、企业、中介机构和金融机构等相关组织,互为支撑并协同发展。以武汉东湖高新区为例,它是第二个国家自主创新示范区,也称"光谷"。截至目前,高新区建有产业技术研究院12家、科技企业孵化器61家、众创空间101家、大学科技园5家。通过持续深化"放管服"改革,深入落实针对产业新业态、新模式的包容和审慎的监管政策,营造鼓励创新、宽容失败的良好双创氛围,构建了"创业—高企—瞪羚—独角兽"的企业梯度培育体系,注重把握新创科技企业成长各阶段实际发展需求,着力提供全周期全方位服务。2019年,东湖高新区新注册企业27 155家,平均每个工作日新注册企业104家。累计出现独角兽企业6家,培育出中国潜在独角兽企业7家,以瞪羚、独角兽为主体的高成长企业已成为光谷创新创业的先锋力量。

(四)扶持应用示范项目,发挥带动作用

战略性新兴产业发展初期,由于产品技术性能不完善、价格也相对昂贵,被市场接受会面临障碍,也难以实现规模经济效应。扶持应用示范项目,通过展示技术成熟度、找准应用场景、构建产业链条、探索商业运营模式等发挥带动作用,以促进技术扩散及产业发展。我国科技部门及国家发改委等近年来实施了许多应用示范类项目,包括"十城千辆""十城万盏""金太阳"工程等,有效地促进了新能源等战略性新兴产业发展。又如中科院宁波材料所联合贵州省材料产业技术研究院和贵州源翼磷系新材料股份有限公司的"耐高温环保磷系阻燃剂技术及其产业化示范"项目,开发出国内自主研发、具有全新结构的新型磷系阻燃剂。贵州源翼磷系新材料股份有限公司建成了百吨级的生产线和一体化生产示范线各一条,在项目执行期间带动经济效益超3500万元,改变了国内阻燃剂只能模仿国外产品的现状。

(五)集聚人才队伍,支撑产业发展

科学技术是生产力,人才是第一要素。创新创业人才是战略性新兴产业发展的关键要素,各地在发展战略性新兴产业过程中,无不高度重视科技人才培养和引进。我国

已布局北京、上海、粤港澳大湾区和成渝地区科技创新中心建设，这些地区人才集聚为支撑当地科技创新及产业发展等提供良好基础。杭州、武汉、成都等有条件争创综合性国家科学中心的城市，也都是人才集聚高地。如武汉现有两院院士71名，科技领军人才集聚。为充分发挥院士专家学术领军、技术领先、产业领航优势，武汉近年来大力实施院士专家引领十大高端产业发展行动，促进产业升级、动能转换。同时，武汉充分利用本土科教资源培养储备人才，优化人才引进政策，如通过实施"百万校友资智回汉工程"，吸引百万校友聚力回报母校，助力武汉新发展。

总之，战略性新兴产业成长规律很重要，对于其部分成长规律，如基于重大技术突破和重大发展需求、启动发展分不同阶段、发展需要较长的成长周期等，大家有一定认识。但由于产业的多样性和产业间的异质性，还有不少规律需进一步研究，如不同产业特性导致不同类型产业成长路径、成长周期、微观主体类型的不同等。

（执笔人：沈源圆，乔为国，张聪，中国科学院科技战略咨询研究院）

（审稿人：王晓明）

参考文献

［1］穆荣平，陈凯华主编. 2019国家科技竞争力报告［M］. 北京：科学出版社，2021.

［2］季晶. 科技创新推动战略性新兴产业发展的思考［J］. 中国高校科技，2011（11）：33-35.

［3］钟清流. 推动经济发展方式转变的动力机制分析［J］. 理论导刊，2010（4）：24-28.

［4］龚惠群，黄超，王永顺. 战略性新兴产业的成长规律、培育经验及启示［J］. 科技进步与对策，2011，28（23）：78-81.

［5］WERNERFELT B. A resource-based view of the firm［J］. Strategic management journal, 1984, 5（2）: 171-180.

［6］CHRISTENSEN C. The Innovator's Dilemma: The Revolutionary Book that Will Change the Way You Do Business［J］. Collins Business Essentials, 2000: 296.

［7］FUNK J. Solving the startup problem in western mobile internet markets［J］. Telecommunication Policy, 2008, 31（1）: 14-30.

［8］王利政. 我国战略性新兴产业发展模式分析［J］. 中国科技论坛，2011（1）：12-15.

［9］MASEEH F, SWIECKI A, FINCH N. Reducing MEMS product development and commercialization time［J］. Future fab international, 2000, 8.

［10］KLOPPING I M, MCKINNEY E. Extending the technology acceptance model and the task-technology fit model to consumer e-commerce［J］. Information technology learning and performance journal, 2004, 22（1）: 35-48.

［11］ALBRECHT C C, DEAN D L, HANSEN J V, Marketplace and technology standards for B2B e-commerce: progress, challenges, and the state of the art［J］Information & management,

2005, 42（6）：865-875.

［12］CHESBROUGH H, ROSENBLOOM R S. The role of business model in capturing value from innovation: evidence from Xerox Corporation's technology spin-off companies［J］. Industry and corporate change, 2002, 11（3）：529-555.

［13］曾德明，彭盾. 技术标准引致的产业创新集群效应分析［J］. 科研管理，2008，29（2）：97-102.

［14］约瑟夫·熊彼特. 何畏，易家详等［译］. 经济发展理论（中译本），北京：商务印书馆，2020.

［15］亨利·埃茨科维兹. 陈劲［译］. 三螺旋创新模式—亨利·埃茨科维兹文选，北京：清华大学出版社，2016.

［16］乔为国. 新兴产业启动条件与政策设计初探——基于工业化住宅产业的研究［J］. 科学学与科学技术管理，2012，33（5）：90-95.

［17］周娟，彭莉，乔为国. 技术可行到社会实现的时间跨度—基于日本第9次科技预见的研究［J］. 中国科技论坛，2015（12）：143-148.

［18］乔为国. 产业创新实验室（i2Lab）：一种新型科技成果转化平台模式设计研究［J］. 科学学与科学技术管理，2021，42（3）：123-137.

Chapter 3 第三章
新时期我国战略性新兴产业发展的总体情况

一、把握战略性新兴产业发展中的几个关系

战略性新兴产业是指以重大前沿科技突破和重大发展需求为基础，具有知识技术密集、物质资源消耗少、成长潜力大、综合效益好的优势，代表未来科技和产业发展新方向，关乎国家经济和社会安全，体现当今世界知识经济、循环经济、低碳经济发展潮流，尚处于成长初期但未来发展潜力巨大，对经济社会具有全局带动和重大引领作用的产业。战略性新兴产业处于产业链、价值链的中高端，是国家和区域竞争力的重要标志和体现。战略性新兴产业具有战略性、不确定性、正外部性和复杂性的特征。

战略性新兴产业担负着推动国家创新战略实施、构建新经济体系、支撑新旧动能转换和实现经济社会高质量发展的新使命，需要重新界定战略性新兴产业在社会经济发展中的定位。战略性新兴产业发展要坚持立足当前和着眼长远相结合，深化改革和扩大开放相结合，创新驱动和内生增长相结合，增强投资和促进消费相结合，发展经济和保障民生相结合，在规划编制和组织实施中正确处理好以下四大关系。

（一）明确战略性新兴产业发展中科技创新和产业发展的关系

科技创新与产业发展融合是国家创新体系的关键部分，是战略性新兴产业发展的关键抓手。战略性新兴产业的发展，需要明确国家创新体系、区域创新体系、地方创新集群和创新生态的关系，要充分发挥科技对战略性新兴产业的推动力以及潜在布局能力。加快技术促进产业的进程和科技创新成果转化为社会生产力，推动产业需求牵引科技创新"双驱动""双提升"，实现国家创新驱动发展大循环。

要充分认识科技创新中基础研究和原始创新、集成创新、引进消化吸收再创新的重

要性和紧迫性,重视战略布局和高水平科研基地、科研平台建设,夯实创新的物质技术基础,加快突破事关发展全局的关键核心技术。要坚持战略和前沿导向,紧紧围绕国家经济社会发展的重大需求,聚焦目标、突出重点、优化资源配置,依托新建和已有的国家(重点)实验室和国家科学中心优化战略布局,启动若干具有世界一流水平、支撑多学科研究的重大科技基础设施预研工作,建设若干高效率开放共享、高水平国际合作、高质量创新服务、体现国家综合科技实力的国家科学中心[1]。充分利用新型举国体制的优势,加快突破新一代信息通信、新能源、新材料、航空航天、生物医药、智能制造等领域的核心技术,产生一批具有引领性、带动性的颠覆性技术,加快形成若干战略性技术和战略性产品,培育新兴产业,实现以研究培育技术源头、以技术带动产业发展、以产业推动技术创新和原始发现的良性循环。同时,瞄准瓶颈制约问题,为经济社会转型升级提供重要支撑。

建立双向反馈机制,贯通从科技到产业的创新链,是促进科技创新与产业发展有效融合的内在机制。双向反馈机制的实质在于两头并重、双向互动:既要重视基础研究活动,构建从供给到需求的正向创新链条,又要兼顾产业发展对科技创新的驱动作用,即构建从需求到供给的反向创新链条;进一步形成正向链条与反向链条之间通过互动机制实现双向的传导与反馈[2]。在这个过程中,政府公共政策要着力解决的焦点问题是:第一,如何帮助创新型企业跨越"死亡之谷",发挥公共政策的雪中送炭而不是锦上添花的作用;第二,如何通过政策工具激励企业从事研发活动,而避免政府直接进入市场干预市场竞争。

专栏3-1:科技创新和产业发展双向融合

实现科技创新与产业发展双向融合,首先要求正确认识科技创新与产业发展之间的关系,从意识上弥合科学知识生产和经济价值这二者长期以来存在的鸿沟甚至脱节。一方面,它们都是国家创新生态系统的关键部分,是实现国家创新驱动发展战略的重要引擎;另一方面,它们在行为主体及相应的政策干预的手段与目标上,有着根本不同。对此,建立并落实如图3-1所示的双向反馈机制,贯通从科技到产业的创新链,进而根据创新链统筹部署政策链。这是全面、系统理解科技创新与产业发展双向融合的核心内容,也是在实践上实现融合的首要条件。

(二)明确战略性新兴产业发展中政府、市场和社会的分工

战略性新兴产业的发展,不仅需要政府、市场、社会的协同,更要明确各自的分工,建立权责分明、协调有序、运转高效的产业治理体系。需要处理好如下几个关系:

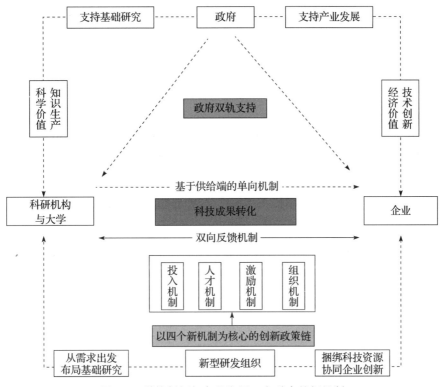

图 3-1 科技创新与产业发展双向融合的新机制

一是政府力量与市场能量之间的关系。"十四五"期间战略性新兴产业的发展要采用政府力量和市场能量的双轮驱动战略，政府驱动力的重点是加快构建在社会主义市场经济条件下攻关关键核心技术的新型举国体制，发挥集中力量办大事的制度优势和超大规模的市场优势，建立规则，统筹协同"一十百千"，即"一大战略性新兴产业国家顶层设计""十大战略性新兴产业区域""百个战略性新兴产业集群""千个战略性新兴产业生态"，尤其要注重"一大战略性新兴产业国家顶层设计""十大战略性新兴产业区域"的自上而下引导。同时引导创新要素更多投向核心技术攻关，加快培育一批竞争力强的主导企业和"专、精、特、新、尖"的中小企业，大力营造公平竞争的市场环境，引导和推动百个战略性新兴产业集群的发展。实行政府动态调整机制，对于"十二五""十三五"已经有布局和培育的战略性新兴产业，逐步由政策驱动转向市场驱动，政府适时退出；对于面向未来短板的潜在技术和产业，加大政府前期研发投入，并着手培养产业化条件。市场驱动力的重点在于自下而上的力量，发挥市场对技术研发方向、路线选择及各类创新要素配置的决定性作用，尤其是在"千个战略性新兴产业生态"的培育上，充分发挥市场、社会、金融、龙头企业和产业的自我迭代力和内在力量。

二是中央和地方以及中央职能部门间的关系。从中央和地方来看，地方在自身战略性新兴产业的选择和布局上,需要在瞄准国际和全国统筹布局的基础上,综合考虑地方在利用自身优势资源、核心技术和市场需求的情况下,发展适合地方经济同时又能支撑国家战略需求的战略性新兴产业。从中央职能部门间关系来看,必须坚持一类事项由一个部门统筹、一件事情由一个部门负责的原则,加强相关机构配合联动,避免政出多门、责任不明、推诿扯皮。对于战略性新兴产业的发展,由国家发改委牵头做整合式创新,相关领域部门抓业态创新。

三是国内和国外的关系。必须坚持深化开放合作与立足自力更生相结合,更好地利用国际和国内两种资源提升科技创新实力,更好地利用国际和国内两个市场提升产业创新能力。不断拓展互惠合作的范围、层次和方式,更高层次地融入全球产业链、创新链。同时做好自力更生、自主研发,努力推动解决制约我国产业发展的重大技术问题[3]。利用好国内市场,完善产业应用、技术升级和基础提升的战略性新兴产业发展循环链。"一带一路"建设是促进中国与世界良性互动的战略抓手和核心路径,"十四五"期间战略性新兴产业的发展要充分考虑与"一带一路"倡议的结合,在全球化中不断提升我国的产业科技能力与网络安全能力,统筹国内、国际两个市场和两种资源,促进贸易、投资协调发展,实现国际化与产业化的良性互动。

(三) 明确战略性新兴产业发展中传统产业与新兴产业的关系

传统产业是战略性新兴产业的基础,发展新兴产业必须要注重其对传统产业升级的带动作用,但又不仅仅是单纯的技术改造和赋能关系[4]。战略性新兴产业的发展,尤其是"千个战略性新兴产业生态"的打造,一定是通过数据等新要素和数字人才等新主体的带动和整合,对传统要素进行重组,实现新旧要素的整合创新,进而实现战略性新兴产业对传统产业的转型、带动和跃升。

基于以上认识,发展战略性新兴产业要充分利用人工智能、新一代信息技术、生物、新材料、高端装备等战略性新兴产业创造的新技术、新产品、新工艺,提升传统产业的数字化、智能化、绿色化水平,推进技术工艺集成化、劳动过程机械化、生产经营信息化,不断开拓新技术、新业态、新模式,带动服务业等产业共同发展。战略性新兴产业与传统产业的发展必须统筹协调,相互促进,避免出现"各走各的道,各吹各的调"的两张皮现象。

先进制造业和现代服务业的深度融合是典型的战略性新兴产业和传统产业融合发展的领域,顺应科技革命、产业变革、消费升级趋势,通过鼓励创新、加强合作、以点带面,深化业务关联、链条延伸、技术渗透,探索新业态、新模式、新路径,实现先进制造业和现代服务业相融相长、耦合共生。发展和培育战略性新兴产业还要认真处理细分新兴产业和传统产业的关系,实现融合发展,而非孤立或替代性发展。

随着信息网络和智能技术向纵深拓展、渗透和融合,战略性新兴产业的培育和发展要与传统产业的升级改造紧密结合,要把新技术和产业革命的最新成果充分融合渗透到各行各业中,不断推进工业化、信息化、智能化、数字化融合并向纵深发展,实现对传统产业的提升和优化,为发展战略性新兴产业奠定基础。信息技术与传统产业的融合又会催生新的产业形态,将会有力推进战略性新兴产业的发展。

专栏 3-2：先进制造业和现代服务业深度融合

《关于推动先进制造业和现代服务业深度融合发展的实施意见》(发改产业〔2019〕1762号)提到要培育融合发展的新业态、新模式,探索重点行业、重点领域融合发展的新路径,发挥多元化融合发展的主体作用,在强化产业链龙头企业的引领作用、提升平台型企业和机构综合服务效能等方面进一步推进先进制造业和现代服务业的深度融合。

先进制造业和现代服务业的深度融合新体系(见图3-2)是制造业转型升级的重要方向,是现代服务业特别是生产性服务业拓展新空间的有效举措,是一种"双赢"的战略。先进制造业和现代服务业深度融合的路径不是简单的产业链向前后延伸,不是单一的技术应用或业态创新,而是一项涵盖新型基础设施、技术融合、新业态培育、创新组织管理、法规标准和体制机制等多层次的技术、经济、体制、社会多方面融合的体制－经济－社会－技术(Political, Economic, Social, Technological, PEST)系统工程,需要分层次、体系化、系统化地实施。构建制造业和服务业的深度融合新体系将实现从基础层、保障层、平台层到应用层的有效支撑(技术赋能出发),同时通过业务需求实现应用层到平台层、基础层、保障层的反馈完善(业务创新出发),打造成一个双向闭环的循环体系,并将通过不断的动态演化,实现体系的不断自我进化和可持续发展。

图 3-2　先进制造业和现代服务业的深度融合新体系

在组织形态上，与传统产业相比，战略性新兴产业具备知识技术密集的特点，这就决定了战略性新兴产业的发展需要在依托传统产业集群的基础上，形成创新要素高度聚集、创新行为高度活跃、创新主体高度互动的创新型网络组织。

（四）明确战略性新兴产业发展中整体布局和重点推进的关系

把握第四次工业革命内在规律，整体布局和重点推进相统一。第四次工业革命是由人工智能、生命科学、物联网、机器人、新能源、智能制造等一系列创新所带来的物理空间、网络空间和生物空间的相互融合。从这个角度出发，第四次工业革命的标志性技术和产业除了以云、大、物、智、移、区（区块链）为代表的新一代信息技术（数字技术）外，还有生物、能源等领域。"十四五"及中长期战略性新兴产业的选择和定位一定要放在历史的长河中，第四次工业革命背后的技术并不是齐头并进的，当前或短时期内数字技术是最大机会，但未来生物技术将会是下一阶段的重点，需要在战略性新兴产业中做提前布局。

专栏 3-3：我国战略性新兴产业集群发展情况

2019 年，国家发改委印发《关于加快推进战略性新兴产业集群建设有关工作的通知》（发改高技〔2019〕1473 号），明确了第一批 66 个国家战略性新兴产业集群名单，旨在通过建设一批战略性新兴产业集群，强健产业链、优化价值链、提升创新链，加快构建实体经济、科技创新、现代金融、人力资源协同发展的现代化产业体系，形成产业链竞争优势，有序推动东中西部产业转移和错位发展，将产业集群打造成应对经济下行压力的"变压器"和促进稳就业、稳增长的"稳定器"，以及实现经济高质量发展的"助推器"。

国家战略性新兴产业集群主要包含新一代信息技术、高端装备、新材料、生物医药和节能环保等领域。其中新一代信息技术领域包含集成电路、新型显示器、下一代信息网络、信息技术、网络信息安全产品和服务、人工智能六大项；高端装备领域包含智能制造和轨道交通两大项；新材料领域包含新型功能材料和先进结构材料两大项[5]。

发挥新型举国体制优势，强化国家战略科技力量，把握整体布局；同时从区域、集群、生态等层面，以及从成果转化、新型研发组织、科技创新机制、科技产业融合等重点领域进行局部突破和重点推进。构建在社会主义市场经济条件下攻关关键核心技术的新型举国体制，把集中力量办大事的制度优势、超大规模的市场优势同发挥市场在资源配置中的决定性作用结合起来，以健全国家实验室体系为抓手，加快建设跨学科、大协

作、高强度的协同创新基础平台，强化国家战略科技力量。围绕数字经济、智慧农业、大健康、绿色经济进行国家层面的战略布局，统筹优化推进国家工程研究中心、产业创新中心等创新平台体系的建设和完善；同时，支持地方聚焦优势领域，实施差异化发展和错位发展，建设各具特色的战略性新兴产业集群，充分调动地方和企业积极性，加快突破关键基础材料、核心基础零部件、先进基础工艺、产业共性基础技术等瓶颈。要充分发挥好地方和企业在专业领域和贴近市场方面的优势，形成合力，共同梳理"卡脖子"关键技术，不断攻克"卡脖子"领域，为战略性新兴产业的发展奠定基础。

二、推进战略性新兴产业发展的体系调整

（一）战略性新兴产业动态调整的推进思路

战略性新兴产业经过"十二五""十三五"时期的发展已形成一定规模和技术积累。"十四五"及中长期战略性新兴产业发展处于经济社会发展的新时期，国家正在迈向高质量发展阶段，因此要重新定义战略性新兴产业内涵。**一是强化产业的战略性特征**，主要是指关系到国民经济发展的，具有关键性、全局性、长远性意义的产业，这类产业对经济和社会发展及国家安全具有全局性影响和极强的带动作用，不仅关系到国家产业体系核心技术的安全可控，而且引领产业发展方向；**二是强化产业的新兴特征**，主要是指在世界范围内由技术创新、商业模式或服务理念创新产生的新兴产业，这些产业对全球产业和技术发展具有较强的引领作用，能促进国家通过自主创新提升竞争优势。

基于此，"十四五"及中长期战略性新兴产业调整的整体思路是：基于现有战略性新兴产业分类标准（2018），坚持有利于经济转型升级、资源优化配置、满足市场需求、扩大就业创业、统筹城乡发展、深化国际合作的原则，以新技术、新业态、新需求为核心，以构筑国家产业体系新支柱、推动建设现代化经济体系为目标，系统分析"十四五"及中长期我国战略性新兴产业发展的整体布局、重点方向和发展路径，分层次对产业体系进行适当调整，处理好产业发展的存量和增量之间的关系，为促进国家科技、经济、社会协调发展提供重要支撑。

（二）现有战略性新兴产业体系的调整

1. 新一代信息技术产业

以建设网络强国为主要目标，加快构建 5G 网络等新型数字化基础设施。推进互联网、云计算、区块链、大数据服务，尤其是与科技服务业融合发展，加快数字化行业赋能。实施国家大数据战略，加速新业态发展。强化芯片等基础核心产业的供给能力。加快人工智能创新发展，加强 5G+AI 的结合，推动行业深度应用。加强推进新型软件和新型信息技术服务发展，提高云计算服务供给能力。着力提升网络空间安全话语权，发

挥网络安全和信息化的一体两翼、双轮驱动的重要作用。

2. 高端装备制造产业

以提高智能制造核心竞争力为主要目标，强化智能制造系统核心能力供给，研发数控机床、通用航空、智能机器人、关键零部件和电子元器件等领域中的关键技术装备，推进装备制造向服务型制造转型，发展产品全生命周期管理等新业态。推动航空产业领先突破，做大做强卫星及其应用产业，强化轨道交通装备领先地位，增强海洋工程装备国际竞争力。

3. 新材料产业

强化新材料研发能力，前瞻布局前沿新材料研发。面向市场需求推进新材料产业化的提质增效和重点领域协同应用的试点示范，以应用为牵引构建新材料标准体系。推进前瞻布局前沿新材料的研发，促进稀土、钨钼、钒钛、锂、石墨等特色资源材料的可持续发展，推进新材料相关服务业的发展。

4. 生物产业

将"推动生物制造规模化应用、培育生物服务新业态"方向进一步具体化，加速生物农业产业化发展。在生物种业、生物农药、生物兽药、生物饲料和生物肥料等新产品开发与应用方面取得重大突破，推动农业生产绿色转型。创新生物能源发展模式，规模化发展生物质替代燃煤供热，促进集中式生物质燃气清洁惠农，推进先进生物液体燃料产业化。在生物环保技术应用领域取得突破，发展生物技术治理水污染、污染土壤生物修复等新技术。创新基础平台，建设基因技术服务中心、个体化免疫细胞治疗技术应用示范中心，发展中药质量提升惠民等民生新应用。

5. 新能源汽车产业

不断强化整车集成技术创新，将"推动动力电池产业链发展"拓展到"建设具有全球竞争力的相关配件、装置制造产业链"。推进新能源汽车相关基础设施发展，进行充换电网络建设、智能路网设施建设，发展新能源汽车相关服务业。特别是针对全球新能源汽车发展网联化、智能化趋势，加快自动驾驶、智能网联和新能源汽车的布局。将新能源汽车与智慧能源、智能交通、新一代信息通信的全面融合创新作为战略重点，实现与电网双向能量高效互动，实现"人—车—路—云"的高效协同。

6. 新能源产业

着力推动核电、风电、太阳能等能源的安全、高效、多元化发展，特别是推进生物质能及多种新能源的综合利用。促进新能源和信息技术深度融合，在智慧能源领域推进分布式能源、储能、智能微网建设。完善电网运行管理体系、分布式能源综合利用系统等制度环境。

7. 节能环保产业

发展高效节能产业，特别是推进节能装备、节能技术的系统集成和节能服务的建设。大力推广先进环保产业应用，特别是推广污染防治技术装备和先进环保产品，提升环境综合服务能力。加快推进资源循环利用产业的发展，推动共伴生矿和尾矿的综合利用、城市矿产的开发、农林废弃物的回收利用和新品种废弃物的回收利用，发展再制造产业，完善资源循环利用基础设施。

8. 数字创意产业

不断创新 VR、AR、MR 等技术和装备，推动文化体育产业、旅游休闲产业的发展。丰富数字文化创意内容和形式，鼓励全民创作、非遗资源 IP 化、中国文化"走出去"。提升创新设计水平，强化工业设计引领作用，结合服务型制造，提升工业创新设计能力。着力推进数字文化创意与相关产业的融合发展，培育更多新业态，创造引领新消费。

（三）新增战略性新兴产业体系的构建

1. 健康医疗产业发展

大力提升健康医疗先进技术和装备应用，以医院管理信息化、区域医疗信息化、医疗诊断、互联网＋医疗（医疗数据为核心）等为重点，推动数字医疗建设。加快健康与养老、旅游、互联网、健身休闲等的融合，发展健康养老、健康旅游、健康保健等产业。鼓励发展健康管理服务的新业态、新产品、新模式，重点发展基于互联网的健康体检与咨询等健康服务，促进个性化健康管理服务发展，培育一批有特色的健康管理服务产业，以及探索推进可穿戴设备、智能健康电子产品和健康医疗移动应用服务等的发展。

2. 智慧农业发展

实施农业关键核心技术攻关行动，加快突破智慧农业关键核心技术，培育一批农业战略科技创新力量，推动生物种业、重型农机、智慧农业、绿色投入品等领域自主创新。以通过卫星遥感技术、无人机航拍及传感器等收集气候气象、农作物、土地土壤以及病虫害等数据为基础，发展数据平台服务新业态，通过数据可视化实时跟踪，监测农作物生长和病虫害情况，预测农作物产量等。以先进传感器、计算机、卫星定位系统和机器视觉技术为核心，推进传统农机装备产业转型升级，加快农机自动驾驶、无人机植保等新型应用推广，实现农机智能终端服务，实时监测农机信息、作业状态及作业速度等。推动阿里、京东、腾讯等智慧农场项目，推进苏州、信阳等区域先行试点应用。

（四）战略性新兴产业技术能力的建设

围绕建设科技强国、质量强国、航天强国、网络强国、交通强国、数字中国、智慧社会所需要的关键共性技术、前沿引领技术、现代工程技术、颠覆性技术等方面，重点超前布局生物技术，人工智能（AI）和机器学习技术，位置、导航和定时（PNT）技术，微处理器技术，量子信息和传感技术，机器人，脑机接口，增材制造，先进材料，先进监控技术十大技术领域与方向，培育未来战略性新兴产业。

专栏 3-4：超前布局战略前沿十大技术领域

1）生物技术：纳米生物学、合成生物学、基因组和基因工程、神经科学。
2）人工智能和机器学习技术：神经网络和深度学习、进化和遗传计算、计算机视觉、专家系统、音频和视频处理、自然语言处理、AI 云、AI 芯片组、以记忆为中心的先进计算。
3）位置、导航和定时技术。
4）微处理器技术：片上系统（SoC）、堆叠在芯片上的存储器领域。
5）量子信息和传感技术：量子计算、量子加密、量子传感领域。
6）机器人：微型无人机和微型机器人系统、蜂拥技术、自组装机器人、分子机器人、机器人编程系统、智能微尘领域。
7）脑机接口：神经控制界面、意识–机器界面、直接神经界面领域。
8）增材制造：3D 打印。
9）先进材料：自适应伪装、先进功能性纺织品、生物材料领域。
10）先进监控技术：面部和声纹技术领域。

三、优化战略性新兴产业发展的整体布局

（一）战略性新兴产业布局优化的推进思路

遵循国家顶层规划与区域适度竞争相结合的原则，依托各个区域产业基础和创新资源基础，确定每个区域战略性新兴产业的发展重点，可根据华北地区、东部地区、东南地区、东北地区、西南地区、中部地区、西北地区分别进行重点产业遴选。在重点战略性新兴产业的引领下，每个区域内各个省市发展符合自身特色与基础优势的战略性新兴产业集群，在国家指导下梳理百个重要的战略性新兴产业集群。在每个重要的战略性新兴产业集群内部，着力培育若干融合产业链和创新链的创新生态，可在全国布局千个战略性新兴产业创新生态。对于符合上述区域产业规划布局的战略性新兴产业，国家可给予适度的扶持；与此同时，对于未列入某产业发展的重点区域，不予支持也不予限制，任其市场力量自由发挥。另外，不鼓励区域间开展战略性新兴产业的竞争，也不

鼓励特意扶持某一产业，避免地方政府为了抢占贡献值大或者国家财政补贴多的战略性新兴产业链（如曾经的太阳能光伏、机器人、云计算、新能源汽车等产业）而盲目重复投资。

（二）面向国家战略性任务，优化战略性新兴产业区域中心在七大区域间的合理布局

在全国范围内统筹不同区域战略性新兴产业发展的分工布局与协同发展。根据各地区的自然资源条件、产业发展基础、创新资源优势，面向国家战略性任务，遴选确定华北地区、东部地区、东南地区、东北地区、西南地区、中部地区、西北地区七大地区需着力发展的重点战略性新兴产业不超过3个，如华北地区（京津冀）可布局人工智能、生物医药、节能环保等，东北地区可布局高端装备制造、新材料、智慧农业等，东部地区（长三角）可重点布局生物医药、新能源、数字产业等，中部地区可布局光电信息、高端装备、大健康产业等，东南地区可布局新一代信息技术、新能源汽车、智能制造，西北地区可布局新能源、新材料产业，西南地区可布局新一代信息技术产业、高端装备和生物医药等。

每个地区基于所选的战略性新兴产业，选择区域内某一中心城市作为建设战略性新兴产业的区域中心。一般情况下能成为战略性新兴产业区域中心的城市，应该是制造业创新中心、技术创新中心、区域金融中心、人才中心，且是新型基础设施建设较为完备的省会城市。如华北区域（京津冀）可考虑选择天津作为战略性新兴产业区域中心，北京和天津分别作为区域创新中心和区域战略性新兴产业中心，打造战略性新兴产业协同创新共同体，提高区域配置创新资源的能力，促进科技和产业资源的深度融合，促进创新资源双向开放和流动。被确定为战略性新兴产业区域中心的城市，需围绕本区域重点布局的战略性新兴产业，进一步培育创新资源，比如布局国家实验室，以及相关的工程技术研发中心或技术创新中心。其创新资源除了一方面服务本区域产业集群的技术创新需求，也需要承担国家重大技术战略任务，如攻关与本区域产业链相关的关键核心技术或"卡脖子"技术。

（三）面向国际科技产业竞争，优化战略性新兴产业集群在区域内的合理布局

根据每个区域所布局的重点战略性新兴产业，每个省份根据自身自然资源条件、产业发展基础和创新资源优势，着力培育2~4个千亿以上的战略性新兴产业集群，纳入国家布局中，由国家发改委统筹确定相关名单，并通过战略性新兴产业区域中心的资源给予培育与扶持。根据这一安排，每个区域重点培育的战略性新兴产业集群一般有9~18个。重点围绕新一代信息技术、高端装备、新材料、生物医药、节能环保、新能源、新能源汽车、数字创意、智慧农业、大健康等领域选取国家战略性新兴产业集

群。国家发改委 2019 年 9 月下发的《关于加快推进战略性新兴产业集群建设有关工作的通知》已公布第一批 66 个国家级战略性新兴产业集群名单，包括青岛市轨道交通装备产业集群、烟台市生物医药产业集群、广州智能制造集群、上海浦东集成电路产业集群、上海徐汇区人工智能产业集群、合肥市新型显示器件产业集群等，各区域可在此基础上进行调整和拓展。

同时区域内的战略性新兴产业集群可从战略性新兴产业区域中心获得共性技术支持和人才、金融、教育、科技服务等公共服务的支撑，且不同产业集群错位发展，有些还要互为关联、互为配套，共同构成区域内重点产业技术集群。最为理想的是，该区域内本身有发达的新型基础设施和重大社会需求，满足各个战略性新兴产业集群的生产产品在区域内优先示范应用与持续迭代。

专栏 3-5：国家发改委公布第一批 66 个战略性新兴产业集群名单

2019 年 9 月，国家发改委下发《关于加快推进战略性新兴产业集群建设有关工作的通知》（发改高技〔2019〕1473 号），公布了第一批 66 个战略性新兴产业集群名单。

国家战略性新兴产业集群主要包含新一代信息技术、高端装备制造、新材料、生物医药和节能环保等领域。其中新一代信息技术领域，包含集成电路、新型显示器、下一代信息网络、信息技术、网络信息安全产品和服务、人工智能六大项；高端装备制造领域包含智能制造和轨道交通两大项；新材料领域包含新型功能材料和先进结构材料两大项。

入选的国家级战略性新兴产业集群，国家发改委将加大支持力度，包括：组织产业集群指导专家组，加强分类指导和支持；支持重大项目建设；支持产业链协同创新平台、检验检测和智能园区等产业基础建设，培育一批产业集群领军企业；对产业集群重大项目给予较大额度和较长期的信贷支持，推动条件成熟的地区设立专项金融机构，引导国家级战略性新兴产业发展基金设立子基金[5]。

（四）面向地区产业结构升级，优化战略性新兴产业创新生态在产业集群内部的合理布局

每个省重点发展的战略性新兴产业集群，需要有若干创新生态的支撑。每个战略性新兴产业集群要优化布局十个左右的创新生态。每个创新生态一般由龙头企业、平台型企业、省级以下地区级技术研发中心、产业联盟、新型研发机构、产学研合作机制等构成。

在战略性新兴产业体系范围内，重点围绕科技产业融合、数字实体融合、制造服务

融合，围绕新技术、新模式、新业态、新产业培育创新生态，一方面对接区域中心的关键核心技术供给，另一方面对接产业集群的生产技术需求和市场应用，这样有利于前瞻性布局未来核心关键工程技术，实现"产业带技术，技术促产业"的良性循环。战略性新兴产业区域中心可根据各省战略性新兴产业集群的发展需要，遴选需重点培育的创新生态并报备国家发改委，把对重点战略性新兴产业集群的培育最终落到所选创新生态的扶持与培育，比如未来出行生态、智慧医疗生态、智慧物流生态、数字金融生态、能源互联网生态、云生态、技术创新生态等。

四、创新战略性新兴产业发展的体制机制

（一）战略性新兴产业发展机制的推进思路

以统筹协同机制为主线，建立规则，明确"一十百千"的战略性新兴产业发展层次和内在机制。"一十百千"是指"一大战略性新兴产业国家顶层设计""十大战略性新兴产业区域""百个战略性新兴产业集群""千个战略性新兴产业生态"。在国内外发展环境变化的新形势下，加快科技创新体制改革，加快发展战略性新兴产业的重大科技制度支撑。同时创新政府引导机制，政府在创新资源配置中的作用应从直接作用向间接作用转变，建立符合科学、技术和创新规律的资源配置方式。国家统筹协同要从三方面进行统一：一是**整体和局部的统筹**，把握整体统筹性，推动整体与局部协同发展，局部发展要分层次，"十百千"不同层次有不同重点，并实现联动；二是**标准和动态的统一**，既明确评选标准，具备规范性，同时也具备动态性，将竞争机制引入评选中，以保证战略性新兴产业的发展活力；三是**科技和产业的统一**，实现以技术促产业，"十百千"都要体现科技对产业的带动力及潜在布局方向。

（二）加快布局面向"十大战略性新兴产业区域"的区域融合机制

发展十大战略性新兴产业区域，需要建立以国家重大任务为牵引，重大科技攻关和产业前沿突破发展为两翼支撑，关键核心技术攻关新型举国体制为特点，国家实验室体系为抓手，金融、人才、科技服务、新型基础设施为保障的发展体系。十大战略性新兴产业区域的定位是服务于国家整体战略，不只是服务于区域发展，要立足承担国家重大任务，从国家层面去解决技术问题，尤其是"卡脖子"技术、关键共性技术攻关及前瞻技术布局等，而非产业发展的具体问题。基于这样的定位，十大战略性新兴产业区域的发展更加需要科技创新的力量，并加快构建社会主义市场经济条件下关键核心技术攻关的**新型举国体制**，把集中力量办大事的制度优势、超大规模的市场优势同发挥市场在资源配置中的决定性作用结合起来，**以健全国家实验室体系为抓手**，加快建设跨学科、大协作、高强度的协同创新基础平台，强化国家战略科技力量；同时要立足当前，着眼未

来，提前布局重要技术领域的研发和产业化。区域战略性新兴产业的选择要打破只看产业优势的思维定势，将选择范围放在国家重大任务中。

十大战略性新兴产业区域发展要突出"融合"主题：一是融合国家重大攻关任务和区域战略性新兴产业发展；二是融合区域科技和产业发展；三是融合区域自然资源禀赋、战略性新兴产业基础、创新资源优势等；四是融合各种新技术、新模式、新业态、新产业；五是融合科技服务和其他战略性新兴产业等。十大战略性新兴产业区域的评定由国家发改委自上而下确定，同时对每个区域内战略性新兴产业的数量设置上限，原则上一个区域不超过三个产业。

十大战略性新兴产业区域以区域融合机制为主线，在组织管理机制方面：依托已有的区域组织，如长三角一体化、粤港澳一体化、成渝一体化，设立区域战略性新兴产业中心城市；重点建立跨省份、跨城市、跨部门的协调机制，从区域一体化出发，建立战略性新兴产业发展规划、问题、流程、保障等全面的协调机制[6]。在创新机制方面：从融合出发，发挥新型举国体制，瞄准世界科技前沿，加大战略前沿性基础研究，创新基础研究管理；健全国家实验室体系，加快建设跨学科、大协作、高强度的协同创新基础平台，融合国家重大攻关任务和区域战略性新兴产业发展；融合区域科技和产业发展，加强产融合作，完善金融资本有效导向机制。

专栏3-6：粤港澳大湾区

粤港澳大湾区可以成为典型的"十大战略性新兴产业区域"之一。粤港澳大湾区包括香港、澳门和广东省九市，总面积5.6万平方公里，是我国开放程度最高、经济活力最强的区域之一，在国家发展大局中具有重要战略地位。

区域科技产业融合具备条件。首先科技创新要素突出，广东全面创新改革试验稳步推进，国家自主创新示范区加快建设。粤港澳三地科技研发、转化能力突出，拥有一批在全国乃至全球具有重要影响力的高校、科研院所、高新技术企业和国家大科学工程，具备建设具有全球影响力的国际科技创新中心的良好基础。同时在产业水平、经济实力、国际化水平等方面已具备建成国际一流湾区和世界级城市群的基础条件[7]。

基于科技、产业、创新、要素等多方面优势，**粤港澳大湾区的战略性新兴产业发展可瞄准世界科技和产业发展前沿，面向国家重大任务**，结合自身产业资源优势，选取战略性新兴产业发展的重点领域，推动新一代信息技术、生物技术、高端装备制造、新材料等发展壮大为新支柱产业（《粤港澳大湾区发展规划纲要》中提到的）；以及面向未来技术和"卡脖子"技术，包括新一代通信技术、5G和移动互联网、生物医药、高端医学诊疗设备、基因检测、现代中药、智能机器人、3D打印、北斗卫星应用等重点领域，加强技术攻关、产业化培育等，培养潜在的战略性新兴产业领域。

从大区域出发，加强区域内各省市合作，发挥龙头企业带动作用，积极发展数字经济和共享经济，促进经济转型升级和社会发展，促进地区间动漫游戏等数字创意产业合作。

加强区域创新平台建设，大力发展新技术、新产业、新业态、新模式，加快形成以创新为主要动力和支撑的经济体系；扎实推进全面创新改革试验，充分发挥粤港澳科技研发与产业创新优势，破除影响创新要素自由流动的瓶颈和制约，进一步激发各类创新主体活力，建成全球科技创新高地和新兴产业重要策源地。

（三）加快完善面向"百个战略性新兴产业集群"的产业集群机制

发展百个战略性新兴产业集群，需要建立以本省产业集群为牵引，产业链协同创新平台和龙头企业示范带动为两翼，金融、人才、科技服务、新型基础设施为保障的体系。百个战略性新兴产业集群的定位是省份内部，以集群为重点，可以视情况承担部分国家任务，但以本省产业集群发展为主，既要有国家导向，又要有产业和地方实践；形成科技产业相互支撑，以产业为目标，具备全球竞争力的产业集群。

入选百个战略性新兴产业集群需要具备四个要素。一是**科技创新**方面：必须至少有1个大院大所；构建产学研用的协同创新网络，至少有2～3个产业集群研发中心、设计中心或工程技术中心等。二是**产业基础**方面：至少有战略性新兴产业范围之内的龙头企业3～4家，并有良好带动效应，配套产业链条完善，内部分工协作形成体系。三是**公共平台**方面：至少有2～3个产业、产品协同研发平台，产业集群共性技术研发和推广应用平台，企业间联合组建产业联盟或研发联盟等新型合作平台等。四是**要素供给**方面：金融、人才、科技服务、新型基础设施等要素有充足的供给能力。百个战略性新兴产业集群的评选和推进将采用自上而下和自下而上相结合的方式。根据每个区域所布局的重点战略性新兴产业，每个省份着力培育2～4个千亿以上的战略性新兴产业集群，并上报国家发改委统筹确定相关名单，通过战略性新兴产业区域中心的资源给予培育与扶持。每个集群内战略性新兴产业原则上是1个主导产业，每个省份可以有3～10个集群，如深圳的人工智能产业集群、新型显示器产业集群等。

百个战略性新兴产业集群以产业集群机制为主线。在组织管理机制方面：由省发改委牵头，创新重大项目组织实施方式，实行项目决策、执行、评价、监督相对分开的创新组织模式；重点建立跨部门的管理协调机制。在创新机制方面：从集群出发，基于本省产业基础和科技资源禀赋，加大产业应用研究力度，完善科技转化机制。以推动重大科技项目为抓手，拆除阻碍产业化的"篱笆墙"，疏通应用基础研究和产业化连接的快车道，完善有利于导出成果和科技成果转化的科研机构管理机制，服务于本地产业集群的发展。

（四）加快构建面向"千个战略性新兴产业生态"的创新生态机制

发展千个战略性新兴产业生态，需要建立以创新发展为牵引，技术促产业和平台化发展为两翼，龙头企业和实际场景为支撑，金融、人才、科技服务、新型基础设施为保障的体系。千个战略性新兴产业生态的定位是立足创新生态，以创新发展为目标，以技术促产业为主要途径，加快前瞻性布局未来核心关键工程技术，形成各具优势和特点的生态。

入选千个战略性新兴产业生态需要具备四个要素。一是有实际场景。二是有平台，这里的平台泛指可以连接两端的平台，初步分为四类：首先是围绕技术创新的，包括新型研发机构（如上海微系统所的上海微技术工业研究院）、围绕大院大所的创新孵化平台、产学研平台；其次是围绕战略性新兴产业龙头企业的，包括围绕龙头企业形成的创新创业生态平台（如阿里的云生态、华为的能源互联网生态）、联合创新中心；然后是围绕场景的，比如基于5G应用的平台生态等；最后是围绕联盟的，这里的联盟一定是紧密化运作且已有一定经济模式的联盟（如汽车电子联盟）。**三是有龙头企业支撑。四是要素供给能力**，金融、人才、科技服务、新型基础设施等有较好的供给能力或集群内获取能力。比如烟台智能水务生态既有平台公司、物联网应用、龙头企业，又有水表维护、运营等配套企业。千个战略性新兴产业生态采取自下而上的思路，主要由地方市场力量自发形成，并统筹上报。战略性新兴产业区域中心可根据各省战略性新兴产业集群的发展需要，遴选需重点培育的创新生态，报备国家发改委，把对重点战略性新兴产业集群的培育，最终落到所选创新生态的扶持与培育。

千个战略性新兴产业生态以创新生态机制为主线。在组织管理机制方面：战略性新兴产业生态的组织协调可由产业集群的组织方（即省发改委）统一管理，并针对不同类型的生态使用不同的组织管理模式。在创新机制方面：构建以企业为主体、以市场为导向、以高校和科研机构为基础力量的产学研深度融合的技术创新体系，尤其是发挥龙头企业的引领性作用，激发中小企业的创新活力，支持大中小企业和各类主体融通创新，创新促进科技成果转化机制，强化技术上中下游的对接和耦合，积极发展新动能，强化标准引领，打造不同的创新生态。

专栏3-7：数字产业生态

数字产业生态（见图3-3）以新一代信息技术产业为核心，赋能农业、工业、交通、能源等传统产业，通过挖掘不同的应用场景，实现科技和产业双向融通，并催生出共享经济、平台经济、现代供应链等商业新模式、新组织、新管理和新业态。国内以阿里、腾讯、华为、百度等龙头企业为引领，依托各自平台集聚了一批中小企业深耕场景，不断迭代平台力量，并在市场力量和政府联盟等组织推动下形成了人才、金融、新型基础设施、制度等多要素的支撑，构建了一个个大的数字产业生态。其中针对不同领域和应用场景，又可以培育小的生态，比如智慧出行生态、数字医疗生态、智慧能源生态、智慧农业生态、数字营销生态、数字物流生态等。

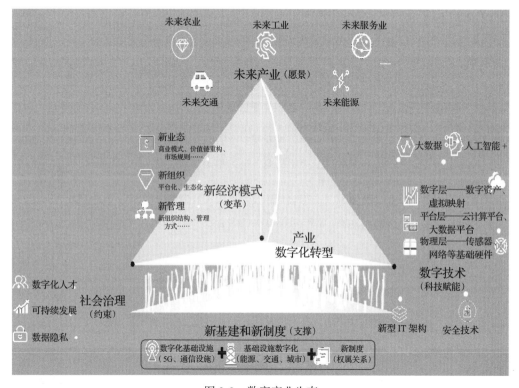

图 3-3 数字产业生态

（执笔人：张凤，王晓明，中国科学院科技战略咨询研究院）
（审稿人：王晓明）

参考文献

[1] 白春礼. 加强基础研究 强化原始创新、集成创新和引进消化吸收再创新［N］. 光明日

报，2015-11-12（1）.
［2］吕佳龄，王晓明. 贯通研发链部署政策链　实现科技创新与产业发展深度融合［N］. 科技日报，2019-10-25（5）.
［3］王志军. 美方围堵影响总体可控　我国中高端制造业增长加快［N］. 羊城晚报，2019-05-26（A03）.
［4］袁志彬. 战略性新兴产业涉及的十大关系［J］. 高科技与产业化，2013（4）：24-27.
［5］唐晓安，周钢，何晓辉. 四大产业入列国家战略性新兴产业集群［N］. 湖北日报，2020-05-22（8）.
［6］赵璐，王晓明. 培育未来竞争新优势推动战略性新兴产业集群高质量发展［N］. 科技日报，2020-10-16.
［7］南日平. 把粤港澳大湾区建设抓紧抓实办好［J］. 珠江水运，2019（4）：16-40.
［8］李晓华，吕铁. 战略性新兴产业的特征与政策导向研究［J］. 宏观经济研究，2010（9）：20-26.
［9］国家信息中心. 战略性新兴产业形势判断及"十四五"发展建议（上）［EB/OL］.（2021-01-04）［2021-12-30］. https://www.ndrc.gov.cn/xxgk/jd/wsdwhfz/202101/t20210104_1264124.html?code=&state=123.
［10］国家信息中心. 战略性新兴产业形势判断及"十四五"发展建议（下）［EB/OL］.（2021-01-04）［2021-12-30］. https://www.ndrc.gov.cn/xxgk/jd/wsdwhfz/202101/t20210112_1264810.html?code=&state=123.

产　业　篇

　　《中华人民共和国国民经济和社会发展第十四个五年规划和 2035 年远景目标纲要》提出:"聚焦新一代信息技术、生物技术、新能源、新材料、高端装备、新能源汽车、绿色环保以及航空航天、海洋装备等战略性新兴产业,加快关键核心技术创新应用,增强要素保障能力,培育壮大产业发展新动能。"

　　本篇围绕其中的七大产业开展研究,共七章。以"十三五"期间战略性新兴产业类别为主线,分析了新一代信息技术产业、生物产业、新材料产业、高端装备制造产业、新能源和智能汽车产业、绿色低碳产业、新型高技术服务产业等的发展现状与问题,研究了"十四五"及中长期各产业的新形势、发展的思路、目标和主要任务,并提出了相应的保障措施。

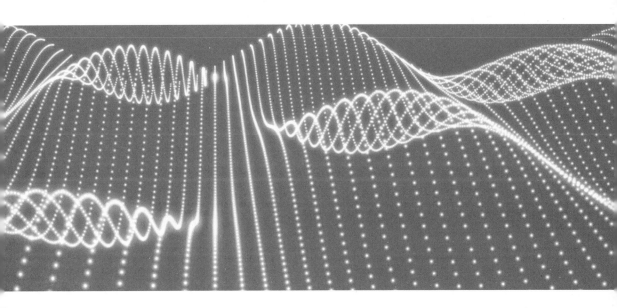

第四章 Chapter 4
从数字经济看战略性新兴产业发展：新一代信息技术产业

一、新一代信息技术产业发展现状与存在的问题

"十三五"期间，我国新一代信息技术产业在多方面取得了长足进步，国家信息化发展水平显著提升，成为经济高质量发展的重要推动力。新一代信息技术产业以移动化和泛在化的互联网络、集中化和大规模化的信息处理、智能化和个性化的信息服务为特征，其范畴包括电子信息核心基础产业、下一代信息网络产业，以及以人工智能、大数据、云计算为代表的高端软件与新兴信息服务产业等。新一代信息产业是新一轮科技革命中创新最活跃、交叉最密集、渗透最广泛的领域。我国正处于经济社会发展面临新常态、信息产业演进步入新阶段、国际产业竞争面临新形势的特殊时期，亟须建立在新一代信息技术领域的竞争优势，支撑带动相关产业发展。

（一）发展现状

1. 新一代信息技术领域核心基础支撑能力显著提高

产业基础能力对产业发展起重大基础性作用[①]。"十三五"期间，我国新一代信息技术领域围绕核心基础硬件、基础软件和高端信息服务，以及高端整机产品实现了突破性发展。国产嵌入式CPU、存储器、FPGA芯片和EDA工具都取得了长足进步。颁布了《新时期促进集成电路产业和软件产业高质量发展的若干政策》等一系列政策文件，高度重视并大力推动核心技术研发、专用材料开发、先进工艺应用、公共试验平台建设等，信息领域核心基础支撑能力显著提高。

[①] 人民网. 产业基础高级化 发展迈向高质量［EB/OL］.（2019-08-30）［2021-01-27］. https://baijiahao.baidu.com/s?id=1643249567743120320&wfr=spider&for=pc.

2. 5G、云计算、大数据和人工智能等新一代信息技术加速发展

"十三五"以来，我国建成了全球规模最大的信息通信网络，信息通信网络水平世界领先。在5G领域，我国已构建了涵盖系统设备、核心芯片、仪器仪表、移动终端在内的完整产业链，5G关键技术专利数位居全球首位，技术研发和商用部署均处于世界发展前沿。在工业互联网领域，网络、平台、安全三大体系基本建成，有影响力的工业互联网平台已超过70个，连接工业设备数达4000万台，工业App超过了25万个[一]。

我国云计算产业持续快速增长，是全球增速最快的市场之一。目前，我国培育了一批具有全球影响力的云计算骨干企业，并在海量数据分布存储、大规模并发处理、虚拟化技术、容器技术等关键核心技术和微服务架构等新兴领域不断取得突破性进展。部分技术指标已经达到世界先进水平[1]，能够有效满足海量数据高并发场景下的各类复杂应用需求。

3. 新一代信息技术与实体经济深度融合

"十三五"期间，互联网、云计算、大数据、人工智能等新一代信息技术与实体经济深度融合。产业数字化转型深入推进，制造业数字化转型加快。智能化制造、网络化协同、个性化定制、服务化延伸、数字化管理等新业态、新模式快速成长壮大[2]。2019年，我国实现网络协同化的企业占比达36.2%，对比2015年增长约9%；有26.2%的企业开展了服务型制造，8.8%的企业开展了个性化定制，较2015年增长近1倍；企业关键工序数控化率达50.1%、数字化研发设计工具普及率达70.2%，对比2015年分别提高4.5%和9.1%[3]。我国制造业向数字化、网络化、智能化方向加速融合拓展，制造业的核心竞争力显著提高[4]。国内服务业（第三产业）率先开展数字化转型并在行业中居于领先地位，在电商、移动支付、移动终端、金融科技管理、商业技术等领域形成中国特色并走在世界前列。

（二）存在的问题

1. 产业体系自主可控能力仍显不足

"十三五"期间，我国信息技术领域产业基础能力显著增强，但在技术水平的先进性、产品性能及可靠性等方面与全球领先水平相比仍存在明显差距。我国在核心基础零部件、关键基础材料、基础技术等方面的对外技术依存度仍然较高，产业链"卡脖子"环节的核心基础零部件、关键基础材料的自给率较低，大量依赖进口[5]；部分零部件与基础材料缺失，难以提供差异化、有竞争力的系统设备和高端产品。2018年，我国集成电路产业仍有80%的高端芯片依赖进口[6]。此外，部分基础产品的质量可靠性和

[一] 国务院新闻办. 国务院新闻办就"十三五"工业通信业发展成就举行发布会 [EB/OL].（2020-10-23）[2021-01-27］. http://www.gov.cn/xinwen/2020-10/23/content_5553736.htm.

一致性差，试验验证能力较弱，致使一些主机、整机产品和成套设备深陷"弱基""少核""缺芯"的困境。

2. 新型基础设施建设有待加强

新型基础设施建设是产业转型升级的关键支撑与经济高质量发展的重要基石。近五年来，我国在新型基础设施建设上持续加大投入，取得了突出成就。在信息基础设施方面，我国的通信网络基础设施布局超前，具有一定的先发优势；但在人工智能、云计算、区块链等领域的技术领先度和创新方面与发达国家相比还有差距；在算力基础设施方面，我国对云计算中心、大数据中心进行了大规模部署，与领先国家的差距逐渐缩小，然而仍需加强人工智能计算中心的建设。此外，我国融合基础设施建设尚在起步。智能交通、智慧能源等的基础设施仍需进一步强化。以软件为例，融合应用层的软件供给体系逐渐完备，但在软件的基础领域和高端领域明显缺乏竞争优势。在创新基础设施方面，缺少共性开发平台、科学研究平台和产业创新公共服务平台等。要以国家重点实验室、国家科学中心、国家科技创新基地、产业技术创新中心等重要载体为引领，加强信息技术领域重大科技基础设施、科教基础设施与产业技术创新基础设施的相关建设，实现人工智能、云计算等关键技术加速创新。

3. 网络安全问题日益突显

我国网络安全建设滞后于新一代信息技术产业的发展。工业互联网发展进入实践深耕阶段[7]，应用范围迅速扩展，工业资产和企业数据信息面临着日益突显的安全隐患。同时，虚拟网络空间中个人数据信息泄露问题越发严重。数据作为资源，其流通和应用涉及的数据所有权、使用权、隐私权的归属问题都尚未明晰。此外，人工智能的"算法黑箱"可能涉及的伦理冲突和法律问题也逐渐显露。因此，守护好网络信息安全底线，加强通信网络、重要信息系统和数据资源保护，增强信息基础设施可靠性，加快构建网络安全保障体系势在必行[8]。

二、新一代信息技术产业面临的新形势与发展目标

新一代信息技术产业作为数字经济的主导产业，在战略性新兴产业中处于先导性产业的地位。新一代信息技术可以为其他的产业提供技术支撑，并且高效促进新旧动能的转换，引导经济社会的高质量发展。

（一）我国新一代信息技术产业面临的新形势

1. 新冠肺炎疫情下全球经济增速放缓，数字经济挑战与机遇并存

在全球范围内的新冠肺炎疫情导致世界经济形势下滑，世界货币组织和世界银行等

国际组织纷纷下调全球经济增长预期，为全球产业链的正常运行带来更多的不确定性。新一代信息技术产业具有核心竞争力强、产业链长等特点，技术市场环境必然会受到全球经济的影响。但与此同时，疫情后时代也带来了数字经济的发展机遇，推动人工智能、平板显示产业与数字平台等的快速扩张。

2. 国际竞争格局重构，高端芯片等产业链关键环节面临威胁

国际竞争格局正在面临深刻调整，世界各国纷纷调整发展战略，抢占未来科技竞争的制高点。发达国家对我国高端芯片、软件等新一代信息技术进行限制，加剧了新一代信息技术产业链的安全风险。我国以集成电路等为代表的新一代信息技术对外依存度高，贸易摩擦和竞争格局的改变将加深新一代信息技术受制于人的现状。此外，在逆全球化趋势背景下，产业格局和供应链配置深刻调整，我国新一代信息技术发展形势严峻。

3. 第四次工业革命背景下，数字科技加速发展

第四次工业革命是21世纪发起的全新技术革命，是以人工智能、量子信息技术、虚拟现实等为技术突破口，将物理、生物和数字技术融合起来以改变世界的新一次工业革命。此次工业革命将孕育一个以数字经济为主导的智能时代，新一代信息技术作为第四次工业革命的主导性技术，通过与材料技术、生物医药、新能源等领域的交叉融合，使得整个生产系统智能化，生产组织网络化，加工制造个性化，并革新资源使用、产权转让、消费需求等微观经济活动。从长远来看，在第四次工业革命的推动下，新一代信息技术产业需要在数字化制造、量子信息、智能电网等全新领域的突破，助力未来经济向智能化、数字化和绿色化发展。

4. "双循环"新发展格局下，数字经济超大规模市场作用突显

在新的发展阶段，党中央提出要加快构建以国内大循环为主体、国内国际双循环相互促进的新发展格局㊀。新一代信息技术产业的发展也将成为助力国家整体新产业格局构建的重要一环。我国的数字经济拥有超大规模市场，产业链完整，配套能力强，需要进一步扩大内需，加速经济内循环，带动国际循环。

（二）我国新一代信息技术产业发展目标

"十四五"时期新一代信息技术产业亟须依托科技自立自强，夯实信息技术基础研究，实现自主可控。以企业为创新主体，积极开展以我为主的技术合作，注重多方协作，共同构建和谐的产业生态圈。促进动能转换，加深与传统工业经济的交叉融合，不断推进物联网、区块链、云计算等与各行各业的融合发展，全面引领数字化行业赋能。以国内大循环为基础，利用超大规模市场优势，促进国内信息消费需求升级，带动国际

㊀ 来源：《中华人民共和国国民经济和社会发展第十四个五年规划和2035年远景目标纲要》。

循环等。

具体来说，到 2025 年，新一代信息技术产业建议实现以下目标：

从产业规模来看，新一代信息技术产业及信息技术支撑的互联网产业规模大幅增长，成为引导经济高质量增长的重要力量。在全国范围内整体规划布局新一代信息技术产业园区，并形成开放、合作、共享的产业生态，拉动信息消费内需增长。

从创新能力来看，新一代信息技术产业的创新能力和水平在这一时期应有显著提升。成功攻克一批新一代信息技术产业中的核心关键技术，大幅减少集成电路芯片、高端显示材料等的对外依存度，提升在全球产业链中的话语权。下一代通信网络技术与产业体系取得创新突破，物联网技术全面深化应用到社会发展的各领域，云计算服务商业化进程加快，人工智能产业进入全球价值链高端○，前沿显示技术实现产业化，引领 8K 技术的全球产业创新等。

从产业人才来看，新一代信息技术产业属于人才密集型产业，需要配备完善的人才体系予以支撑，形成更加完善的新一代信息技术产业人才体系。构建合理的信息技术人才评估体系，营造培养和吸引信息化人才的优良条件和环境，为新一代信息技术产业发展提供具有信息技术创新能力的科技骨干储备。紧紧围绕产业整体发展，充分利用国内人才智力资源，联合产业龙头企业培养高端人才，形成全球领先的信息技术创新和人才培养基地，培养一批优秀核心技术团队，支撑人工智能、集成电路等关键领域的竞争力提升。

三、新时期新一代信息技术产业发展的主要任务

在我国核心产业链面临威胁的国际竞争格局下，新一代信息技术产业的任务要以提升创新能力为目标，尤其是对关键核心技术的攻克，夯实核心基础产业的支撑能力，强化传感、传输、存储、计算、显示等主体产业的关键核心环节，加快人工智能和区块链等赋能技术的突破，提升产业的带动能力，在"双循环"新发展格局下，推进数字经济与实体经济的融合。

（一）夯实核心基础产业支撑能力

新一代信息技术产业的重要性正在不断增强，其发展具有重要的战略意义，相关基础性、共性技术的创新成为国家经济发展的重要动力。未来发展需要高度重视我国产业发展中的基础研究和关键共性技术、前瞻技术、战略性技术的研究[9]，围绕高端核心器件、新型光子材料、制备工艺和基础软件，构建全面布局、自主可控、合理分工的高端核心产业集群。

○ 《新一代人工智能发展规划》，网址为 http://www.gov.cn/zhengce/content/2017-07/20/content_5211996.htm。

1. 强化集成电路产业链的持续创新能力

集成电路产业链主要包括芯片的设计、制造和封装测试等主要环节,此外还包括集成电路设备制造、关键材料生产等在内的相关支撑产业。在芯片设计方面,重点攻关信息处理、传感器、存储器等关键通用芯片设计,联合整机企业开展物联网、网络通信、人工智能、汽车电子、航空航天、高端显示、信息安全等领域核心专用芯片研发;在工艺制造方面,加快先进制程的中央处理器、存储器等重点产品开发,尽快突破先进制程工艺;在集成电路的封装方面,加快先进封装技术的发展,包括3D硅通孔技术和扇出型封装等;在集成电路设备制造方面,推动面向先进工艺的刻蚀机、离子注入机等关键设备研发和产业化,积极引进国际顶尖半导体设备制造企业;在关键材料方面,积极推进高端靶材、专用抛光液、专用清洗液、中高端电子化学品等集成电路电子材料的研发与产业化。此外,在新型光电器件、功率器件、射频器件等重点领域,加快以第三代半导体材料为基础的集成电路产业发展的布局,加快推进高端传感器、微机电系统器件等细分领域产业化,强化集成电路在产业生态中的基础支撑作用。

2. 提升基础器件装备材料支撑能力

推动新型元器件向低功耗、多功能、高频化、微型化等方向发展,加强光电显示器件、连接器、电感器、光纤光缆等领域关键技术的研发和产业化,提升关键装备国产化水平和供给能力,尤其是在模数转换器、存储器、测试器、集成电路设计工具等方面,稳步推进下一代互联网、光通信、云计算等领域的关键装备国产化供给,围绕磁性材料、陶瓷材料、压电晶体材料,以及气敏、湿敏、光敏、热敏材料等高端专用材料和巨磁阻抗等传感材料领域,提升相关产业水平。

3. 打造安全可控的新计算产业体系

加快推进新计算多架构共存、多技术融合、多领域协同和多行业渗透的发展,构建软硬件协同的产业体系。推进多元异构处理器架构的发展,以安全可控的底层芯片与架构为牵引,推动从X86架构扩展到ARM架构、人工智能处理器架构及RISC-V开源架构等多架构并存,加快服务器、操作系统、中间件、数据库、基础软件、人工智能芯片、虚拟化、物联网、边缘计算等相关软硬件及服务的融合和协同创新。打造开源开放的新计算产业平台,强化软件开源与硬件开放,完善新计算领域核心标准与安全体系。

4. 优化培育国产软件应用生态

着重发展电力、航天、交通、高档数控机床、机器人等重点领域的工业应用软件,并加快发展先进制造业的嵌入式系统;面向工业软件、云计算、大数据、信息安全等重点领域,加快产业发展和行业管理急需标准的研制和实施,支持软件企业联合工业企业;面向重点行业建设基础共性软件平台,构建技术软件体系;大力发展面向金融、教育、医疗、电子政务、文化创意等行业的应用软件;围绕新型消费和应用,以智能终端操作系统、云操作系统等为核心,面向移动智能终端、智能家居、智能网联汽车等新兴领域,构建产业应用生态体系[一]。

(二)强化新一代信息技术产业关键核心环节

1. 推动传感传输网络化、智能化发展

实现传感器产业集成化、微型化、智能化和网络化发展。创新高精度、智能化的高端传感器技术,改善传感器技术水平、生产工艺水平,开发传感器新材料,实现传感器的集成化、微型化、网络化和智能化,建成泛在感知、智能协同的感知体系。培育从研发、设计、生产到应用的完整传感器产业体系,实现传感器从设计到制造的快速升级,从而稳步提升传感器国产率。稳步发展长三角、珠三角、京津冀、中部、东北五大产业集群,重点发展力、光、声、热、磁等多种类传感器,在智能传感器、MEMS 传感器领域发力。

构建覆盖全国的第五代通信传输网络,引领开展 5G 标准化工作,助推形成统一 5G 国际标准。扎实推进第五代固定网络(F5G)建设,加快光纤网络升级换代,以及面向家庭、办公、工厂、教育、医院等固定性、大带宽、低时延和高安全的场景,提供高性能的宽带服务。加快网络切片、边缘计算、芯片模组、仪器仪表等技术产品的成熟,增强产业基础支撑能力。加大毫米波试验力度,促进毫米波产品成熟。加快 R16 标准的成熟应用,推动后续的 R17、R18 标准持续演进[10]。推动通信网络基础设施由规模建设、广泛覆盖向按需建设、深度覆盖推进,满足不同场景需求,并开展 6G 愿景研究。

初步实现人-网-物三元互联,链接数量从百亿级发展到千亿级。构建科学合理的物联网标准体系,积极推动自主技术标准的国际化。推动关键技术突破,重点加强网络切片、高精度定位、智能传感、跨域协同等新兴技术研究。提升物联网应用的深度和广度,在工业制造、城市管理、生活服务等领域大力拓展物联网应用场景。推动物联网与智能制造、智慧农业、智能家居、智能交通与车联网、智能物流等领域的深度融合。

2. 提升数字存储及计算创新能力

加强数据中心、半导体存储、光存储、磁盘存储等数字存储发展。攻关发展纳秒级超快非易失存储器件技术、发展分布式存储架构。围绕同轴多维全息光存储技术、突破光的衍射极限等热点技术项目,发展国家重点研发计划,探索云存储、容器存储、闪存阵列、AI 存储、边缘存储及区块链存储。提升存储敏捷性、易用性,降低存储成本。提高存储效率及存储数据的安全性,满足大规模、高并发场景下海量、多元、实时、多云的数据存储需求,实现存储系统的智能运维发展。

[一] 工业和信息化部发布的《软件和信息技术服务业发展规划(2016—2020 年)》(工信部规〔2016〕425 号),网址为 https://www.miit.gov.cn/jgsj/xxjsfzs/zlgh/art/2020/art_08906c0b208343f9b1bcaf0a38e88bf0.html, 2017-01-17。

建立开源开放的新计算产业平台,开展感存算一体、神经拟态器件及存内计算等创新研究,完善新计算领域核心标准与安全体系。充分发展混合云技术、超融合技术、边缘计算技术,发挥云计算应用价值,积极构建电子政务云、军工云、金融云、工业云等多种云平台。提高云计算产业的安全水平,制定针对云计算安全的分级保密制度,对云端数据服务可用性、数据机密性和完整性、隐私保护、物理安全等指标形成行业安全标准和使用规范[11]。推进产学研用的协同攻关。鼓励龙头企业和研究机构开放平台资源,带动云计算产业的核心芯片、基础软件、应用软件、关键设备和部件,以及大数据平台等关键技术的提升和自主可控。整合云计算服务资源,搭建多元异构平台,建立统一高效的云计算体系。

3. 建设数据资源体系

推动数据库、数据挖掘、数据可视化等数据处理技术发展;促进虚拟现实、数字孪生等仿真建模技术发展。发展数据科学技术的产业化应用,形成以数据保护、数据开放、数据流动、数据产权为体系的数字产业。整合产学研用资源优势联合攻关,提升大数据采集、传输、存储、管理、处理、分析、应用、可视化和安全等一系列关键技术研发能力。结合行业应用,提升大数据分析、预测及决策支持与知识服务等智能数据应用技术研发能力。加快大数据与云计算、物联网、移动互联网等新一代信息技术的集成应用,丰富基于海量用户行为数据资源,发展平台与数据集成、线上与线下互动的商业服务。推进大数据资源汇聚、开放、共享。积极探索公共数据资源共享开放模式,支撑智慧化政府决策、城市管理、健康服务、公众教育及文化交流等。建设各类大数据交易中心,加快完善数据标准,鼓励大数据要素资源流通,形成重点行业大数据交易机制。加强大数据应用及安全保障技术合作,建设安全可靠的大数据资源体系。

4. 建立显示产业国际竞争优势

加快建设全球领先的新型显示产业。汇聚全球 8K 高端创新资源,发展高速接口技术、8K 核心芯片、8K 高刷新率面板等关键共性技术,引领 8K 技术的全球产业化创新。加快柔性显示产业化应用,积极推动柔性显示技术应用到智能手机、电视显示、车载显示、可穿戴设备等领域。加速激光显示、3D 显示等前沿显示技术研发及产业化。加快开展半导体激光器、裸眼 3D 显示技术和面板集成技术等共性关键技术研究。围绕虚拟现实(VR)/增强现实(AR)等重点方向,加快 VR/AR 开发引擎、视觉图形处理器(GPU)、高性能传感处理器、感知与认知 AI 技术、近眼显示器件、新兴交互与显示等核心关键技术攻关。

(三)推动前沿赋能技术突破,强化产业带动能力

1. 推进人工智能关键核心技术突破

加强人工智能关键技术研发部署。加大跨媒体感知、跨媒体分析推理、自然语言

处理等领域的研发投入力度，积极打造特色人工智能创新优势。大力促进自主无人智能技术攻关，重点突破自主无人系统计算架构、复杂动态场景感知与理解、实时精准定位、面向复杂环境的适应性智能导航等共性技术。加快研发并应用高精度、低成本的智能传感器，突破面向云端训练、终端应用的神经网络、图形处理器、现场可编程逻辑阵列等芯片及配套工具，支持人工智能开发框架、算法库、工具集等研发[12]。积极推进自主安全的人工智能基础技术攻关，重点突破自主芯片、深度学习框架、云边端协同等技术。积极强化人工智能应用与前沿基础理论研究，在基础研究领域形成一批原创性成果。

积极培育打造一批特色人工智能产品。推动关键技术转化和产业化，促进技术集成和商业模式创新，推动重点领域智能产品和服务创新，积极培育打造一批特色人工智能产品。大力发展新一代智能手机、智能家居产品、可穿戴设备等智能终端，工业机器人、服务机器人、特种机器人等智能装备，以及视频图像身份识别、视频图像商品识别、语音翻译交互等智能系统。继续推进人工智能在京津冀地区、长三角地区、珠三角地区的产业布局，完善人工智能产业链，积极发展人工智能产业园区，构建全面布局、自主可控、合理分工的人工智能高端核心产业集群，形成大规模产业应用驱动和牵引的、多项单点技术集成的系统化发展模式。

2. 提升区块链原始创新能力

抓住区块链技术融合、功能拓展、产业细分的契机[13]，加强各类"区块链+"场景探索，推动区块链和实体经济深度融合。提升核心技术研发能力。发挥企业创新主体作用，推动产学研协同攻关，加强共识机制、分布式计算与存储、网络协议、加密算法、智能合约、隐私保护、侧链与跨链等核心技术攻关。加强区块链底层技术基础研究及其在安全和隐私保护中的应用，积极开展前沿理论探索及研究。加快区块链技术标准研究，建立区块链国家标准，积极参与国际标准及规则体系建设。支持各类区块链技术创新平台建设，打造区块链技术创新联盟，推动区块链开源社区建设，探索创新发展新路径。加快区块链公共服务平台、算力公共服务系统及具有自主知识产权的公有链底层平台、企业级联盟链底层平台等区块链基础设施建设[14]。加强创新人才队伍建设，完善人才培养体系，培育一批领军人才和高水平创新团队。

充分发挥区块链技术在实现加密传输、访问控制、数据脱敏过程中的应用，提升数据防篡改、防窃取、防泄露能力。支持数字资产交易平台建设，鼓励有条件的地区探索开展基于区块链的数字资产确权交易业务，打造数字资产区块链交易平台，形成配套的资产数字化、数字资产确权保护、数字资产全球化流动、数字资产交易等方面的标准和技术模式。

3. 拓展并深化人工智能和区块链等赋能技术的应用

加快建设跨学科大协作的区域性战略性新兴产业协同创新中心，衔接国家重大科技基础设施、数据中心、超算中心等新型基础设施建设,提升区域联动性,增强发展协同性[15]。围绕数字技术中的关键共性技术、"卡脖子"技术、前瞻性技术等,强化战略性新兴产业重点领域基础研究和源头创新能力,构建社会主义市场经济条件下关键核心技术攻关新型举国体制,结合发挥集中力量办大事的制度优势和超大规模的市场优势,发挥市场在资源配置中的决定性作用。围绕产业链部署创新链,围绕创新链布局产业链,加强技术、人才、资本等创新要素集聚,推动产业链、创新链、资金链、人才链耦合聚合,形成关键核心技术自主可控的战略性新兴产业发展载体和体现国家战略、区域优势、全球影响力的战略性新兴产业高地[9]。

(四)支撑数字经济与实体经济融合发展

以人工智能、物联网等为代表的新一代信息技术的飞速发展,推动了实体经济与互联网、大数据、人工智能的融合,数字经济迅猛发展并成为当今世界非常重要的经济形态。推动数字经济和实体经济深度融合要充分发挥数字经济在生产要素配置中的优化整合作用,进一步促进数字经济与实体经济的深度融合,进而增强实体经济的发展弹性与创新能力,使数字经济成为经济增长的新动力。

1. 加快数字经济与农业的融合

建设智慧农业。重点围绕高标准农田、现代种业、仓储保鲜冷链物流设施、数字农业农村、动植物疫病防控、重大科学基础设施等方面,加大投入力度,强化现代农业设施装备支撑[16]。加快农业数字化转型,打造"物联网+区块链+电商营销"为主的智慧农业发展模式,通过区块链溯源体系建立与消费者之间的信任,并通过数字化平台,实现农场管理数据管理、可视化和智能化。以智慧物流体系为依托,对存量传统农机进行自动化和智能化改造,基于图像识别技术的虫情预警、长势分析功能、整合种植、农服、商城、物流数据链,为农业发展综合决策提供依据。

2. 加快数字经济与制造业的融合

推进制造业数字化进程。稳步推进工业互联网的基础设施建设,推动网络基础建设,建立健全网络体系,打造良好的发展平台,提高安全保障能力,以应用为牵引将传统制造业的转型升级与工业互联网的新技术、新模式紧密结合,加快数字化智能进程。大力发展基于边缘计算开发软件系统,工业分析能力从云端向边缘延伸的模式,积极探索制造业新模式,例如全生命周期管理、整体解决方案、在线监测与维护、个性化定制、网络化协同制造、信息增值服务等各种制造业新模式。

3. 加快数字经济与服务业的融合

建设智慧医疗服务体系。打造"互联网+医疗健康"模式以实现对市、县、乡、村四级医疗卫生资源的线上有效整合和分配,推动城市优质医疗资源下沉,实现以大带小、以强扶弱,提升基层医疗卫生机构服务能力[17]。构建覆盖多学科疾病领域的新型互联网医学生态,促进医生对患者的规范管理,以及为患者提供如电子处方、云药房等个性化定制服务。

建设智慧教育服务体系。积极推进以大数据驱动课堂教学创新和教育评价改革,打造由基础教育科牵头、智慧教育中心提供装备支撑与技术应用指导、教研室提供教学创新指导、教科所提供课题研究指导、培训部提供教师研训服务的"管—建—培—研"一体化管理服务体系,实现以个人空间为基础的教育资源共建共享,构建教育公共服务云平台。

建设智慧社区服务体系。对社区中的基础设施、环境、居民、生活等多种元素实行综合化和智能化管理,硬件方面包括绿色建筑、门禁系统、监控系统、视频通话系统、视频对讲系统、跟踪系统等;软件方面利用信息技术对医疗服务、智慧社区电商、公共图书馆服务、公共设施使用、健身、远程教育等各类资源进行整合,从衣食住行等诸多方面满足业主的需求[18]。

4. 加快数字经济与传统基础设施的融合

推进智能交通建设。构建智能交通网络体系,建立交通综合管理系统,加快数字化采集、网络化传输及智能化应用体系的建设,充分借助利好政策积极推进交通建设,加快推进智慧公路工程,比如基础设施数字化、路运一体化车路协同、北斗高精度定位应用、基于大数据的路网管理、"互联网+"路网服务、新一代国家交通控制网等。

加快智慧能源建设。建立能源物联网大数据平台,辅助人工智能自动化系统,对能源原料、能源生产、能源储存、能源输送、能源场站、能源终端使用,以及用户付费等环节,进行实时的数据采集、平衡、调度、分析、预测和辅助决策、安全预警和自动控制、优化能耗指标,纠正无效能耗,提高能源效率,实现有效节电、节煤、节气、节热、节水和节油。

四、新一代信息技术产业发展的政策保障措施

新一代信息技术发展是一项系统工程,各个环节、各个领域具有较强的关联性、耦合性、互动性,需要进行整体统筹协调。美国、日本、韩国、德国等国家均从国家战略、创新体系、产业生态、政策保障等多方面加强了对新一代信息技术发展的布局,谷歌、亚马逊等跨国公司在人工智能、量子计算、区块链等领域也进行了积极投入。在如此严峻的国际科技竞争形势下,我国新一代信息技术发展亟须通过国家统筹谋划和整体部署实现关键创新主体和重点任务的协调推进[19]。

(一)完善中央整体统筹、全面协调并进的政策体系

围绕科技自立自强和整体统筹进行相关规划与政策制定。加强宏观顶层设计,统

筹科技、产业等各领域相关战略、规划和政策。从顶层设计上，横向贯通科技、产业主管部门，纵向贯通科学、技术与产业创新链条，加强数字基础设施、数据与人才要素保障，紧紧围绕新一代信息技术创新和数字产业发展，引导科技力量、要素向新一代信息技术布局，以新一代信息技术创新驱动为牵引，数字产业应用和数字经济发展为途径，数字社会转型为目标，实现新一代信息技术创新发展战略。

建立健全有利于新一代信息技术产业应用推广、创新激励、有序竞争的政策体系，抓紧推动制定完善信息安全与隐私保护等方面的法律法规。加大中央及地方财政支持力度，统筹利用好战略性新兴产业发展专项资金等支持政策，集中力量推进新一代信息技术产业关键核心技术研发和产业化，大力支持标准体系、创新能力平台、重大应用示范工程等建设。支持符合新一代信息技术产业税收优惠政策条件的企业按规定享受相关税收优惠政策。出台细化有关知识产权保护等政策措施，为产业发展做好政策保障和服务工作。

（二）加大提升新型基础设施建设水平，强化底层支撑能力

提升基础研究能力，从研究端驱动新一代信息技术发展，加大基础研究投入，健全支持基础研究、原始创新的体制机制。加强数据科学基础研究，面向数据科学建设一批国家实验室。重点突破关键数字技术，布局一批产学研新型研发机构。围绕数字技术与数据科学的互动转化，基于海量数据和海量算力、先进算法和机器学习方式，构建"万物智联"的信息网络体系、战略计算平台、开源社区和数字孪生体，实现远程实时调用数据资源和算力。建立智能化数字基础设施，包括：以5G、新一代全光网、工业互联网、物联网、卫星互联网等为代表的通信网络基础设施；以数据中心、灾备中心等为代表的存储基础设施；以人工智能、云计算、区块链、边缘计算、量子计算、类脑计算、光子计算等为代表的新一代信息技术基础设施；以超算中心、智能计算中心等为代表的算力基础设施等。最终打造互联互通、经济适用、自主可控的分布式、智能化信息基础设施体系，为新一代信息技术及其产业生态发展提供底层支撑。

（三）支持形成关键信息技术成果转化与产业化创新平台

依托领军企业搭建服务垂直行业的产业新型数字平台和新一代信息技术共性研发平台，强化行业应用的牵引作用。建立以企业为主体、市场为导向、产学研深度融合的技术创新体系，支持各类企业和主体融通创新，完善科技成果转化机制。在产业新型数字平台建设方面，支持互联网领军企业和其他市场主体根据市场需求，联合行业内企业打造数字化公共平台，推动重点产业领域从业者、设施、设备等生产要素数字化，在确保数据安全的基础上开发行业数字资源，提供网络化服务。在新一代信息技术共性研发平台建设方面，依托新一代信息技术优势企业和数字领域重点高校、科研院校，合作建设一批新型研发机构和产学研创新共同体，服务垂直行业技术与产品研发过程，保证平台

的第三方公共属性。鼓励新一代信息技术在医疗、教育等领域先行先试,强化行业需求对于新一代信息技术创新的牵引作用,从供给侧和需求侧共同推进网络协同创新。

(四)探索数据资源开放共享新模式

大力推动政府信息系统和公共数据互联、开放和共享,加快政府信息平台整合,消除信息孤岛,推进数字资源向社会开放,增强政府公信力,引导社会发展,服务公众企业。以企业为主体,营造宽松、公平的环境,加大新一代信息技术产业关键技术研发、产业发展和人才培养力度,着力推进数据汇集和发掘,深化数字资源在各行业的创新和应用[一]。

(执笔人:张越,刘嘉琪,丁禹民,中国科学院科技战略咨询研究院)
(审稿人:万劲波)

参考文献

[1] 卢旭. 国家和广东省对人工智能发展的布局分析[J]. 广东经济,2019(1):30-35.
[2] 苏晓. 中国信通院政策与经济研究所所长何伟:数字经济蕴含巨大发展潜力[N]. 人民邮电,2021-09-06(3).
[3] 杨赞. "十三五"回眸软件和信息技术服务业:书写高质量发展的"时代答卷"[N]. 人民邮电,2020-10-19.
[4] 黄鑫. 制造强国建设迈上新台阶[N]. 经济日报,2020-10-14(8).
[5] 石军伟. 统筹推进产业基础高级化和产业链现代化[N]. 湖北日报,2020-11-10(10).
[6] 中国科学技术交流中心. 二十国集团(G20)国家创新竞争力黄皮书[M]. 北京:社会科学文献出版社,2018.
[7] 王乐. 工业互联网赋能制造业高质量发展[N]. 人民邮电,2020-05-26(1).
[8] 熊家良,张圣荧. 粤港澳大湾区背景下广东民办高校图书馆建设的思考—以广州工商学院为例[J]. 岭南师范学院学报,2019,40(5):93-100.
[9] 余江,张越. 加快关键核心技术攻关 增强产业链供应链自主可控能力[N]. 科技日报,2021-03-29(8).
[10] 工业和信息化部. 开展6G愿景研究[N] 投资快报,2020-12-25(3).
[11] 顾洁,胡安安,镇立新. 把握"新基建"机遇推进上海云计算产业高质量发展[J]. 上海信息化,2021(3):11-15.
[12] 刘少利,李辛. 新能源汽车产业链产业机会分析[J]. 汽车实用技术,2018(13):224-228. DOI:10. 16638/j.cnki.1671-7988.2018.13.078.

㊀ 《国务院关于印发促进大数据发展行动纲要的通知》(国发〔2015〕50号)。

[13] 布轩.《关于加快推动区块链技术应用和产业发展的指导意见》文件解读［N］. 人民邮电，2021-06-08（5）.

[14] 李丹. 基于区块链技术的财务共享服务模式构建研究［J］. 现代商业，2021（19）：190-192.

[15] 赵璐. 以新型网络化发展结构支撑新发展格局［N］. 经济参考报，2021-04-20（8）.

[16] 李志勇，汪子旭. 农业农村部："十四五"将重点加大高标准农田等投入［N］. 团结报，2020-10-29（1）.

[17] 青海新闻网."互联网＋医疗健康"助力打造医联体［N］. 青海日报，2018-11-20（5）.

[18] 韩俊丽. 基于O2O视角下的物业企业"智慧社区"服务模式构建［J］. 商业故事，2015（12）：134-134. DOI:10.3969/j.issn.1673-8160.2015.12.085.

[19] 张越，王晓明. 实施国家数字科技战略 为群体创新突破按下"加速键"［N］. 科技日报，2021-01-18（8）.【P75】

[20] 国务院. 国务院关于印发"十三五"国家战略性新兴产业发展规划的通知［EB/OL］.（2016-11-29）［2021-12-30］. http://www.gov.cn/zhengce/content/2016-12/19/content_5150090.htm.

[21] 国家信息中心. 战略性新兴产业形势判断及"十四五"发展建议（上）［EB/OL］.（2021-01-04）［2021-12-30］. https://www.ndrc.gov.cn/xxgk/jd/wsdwhfz/202101/t20210104_1264124.html?code=&state=123.

[22] 国家信息中心. 战略性新兴产业形势判断及"十四五"发展建议（下）［EB/OL］.（2021-01-04）［2021-12-30］. https://www.ndrc.gov.cn/xxgk/jd/wsdwhfz/202101/t20210112_1264810.html?code=&state=123.

第五章 Chapter 5
从生物经济看战略性新兴产业发展：生物产业

生物产业指以生命科学理论和生物技术为基础，结合信息学、系统科学、工程控制等理论和技术，通过对生物体及其细胞、亚细胞和分子的组分、结构、功能与作用机理开展研究并制造产品，或改造动物、植物、微生物等并使其具有所期望的品质特性[1]。

生物产业是可以为社会提供生物资源及生物技术商品和服务的行业的统称，包括生物医药（服务产业）、生物农业（资源产业）、生物能源、生物环保等，以及生物工业（生物制造产业）。微生物工业是最早的生物工业。

一、生物产业发展现状与问题

随着生物技术在全球范围内的迅速发展，我国已经将生物产业作为一项战略性新兴产业予以重点培育，并在政策、研发投入、人才等多方面给予重要支持。近年来，随着我国对外合作与引进力度的不断加强，生物产业的开发领域及产品线得到了大幅拓展，即从传统的基因工程药物逐渐延伸至诊断技术、生物农药、组织工程等诸多产业，已形成规模较大、技术全面以及品种较多的生物产业链，所辐射的范围已经涵盖农业、环保、食品、海洋等多个领域，切实带动了相关产业的快速发展[2]。特别是我国对拥有核心技术与自主知识产权的生物产业项目的支持与引导力度更强，鼓励重点生物技术产业、重点生物技术研究中心、重点生物产业基地的建设。

2016年，国务院印发了《"十三五"国家科技创新规划》，提出发展先进、高效的生物技术，重点部署前沿生物技术的创新突破和应用发展。同年，国务院审议通过《"健康中国2030"规划纲要》，提出从广泛的健康影响因素入手，以普及健康生活、优化健康服务、完善健康保障、建设健康环境、发展健康产业为重点,把健康融入所有政策,全方位、全周期保障人民健康,大幅提高健康水平,显著改善健康公平。2017年,国家发展和改革委员会印发了《"十三五"生物产业发展规划》,进一步提出了生物产业发展的具体规划。2019年,我国生物产业迈入新的发展阶段,肿瘤疫苗、抗体药产品、生物质发电等技术取得新突破,技术创新成为行业发展的驱动力,与此同时,我国多项医药、医保、能源及环保政策出台,促进产业加速发展,推动企业加速上市,产业发展势头迅猛。

(一) 发展现状

1. 产业规模增长,但增长速度有所放缓

"十三五"以来,规模以上生物医药工业增加值在规模上保持较快增长,2016~2019年的年均增速为10.9%,增速居工业各行业前列。生物医药市场规模持续扩大,2019年达2.5万亿元[3],年增长率超10%,跑赢全球(复合年均增长率4.40%),成为全球市场增长的主要动力。

2. 生物医药产业结构不断调整,生物药占比持续增长

2016~2018年主营业务收入增速较快的是化学药品制剂制造、中药饮片加工,利润增长较快的是医疗仪器设备及器械制造、化学药品原料药制造。中成药生产、制药专用设备制造主营业务收入和利润增速较低。2019年,化学药品原料药收入和利润增速明显下降;化学药品制剂、生物药品主营、医疗仪器设备及器械制造收入和利润保持两位数增速;中成药主营收入维持低速增长但利润呈现负增长,中药饮片收入和利润均明显降低;卫生材料及医药用品制造虽然收入增速明显下降,但利润保持在10%。

3. 创新能力不断提升,科技成果初显成效

国内从事新药研发的企业增多,新药申报数量持续增长,截至2019年底,我国生物医药市场药物申报受理号总量超过7600例,生物制品的申报占比从2016年的10.80%上升到2019年的14.20%。2016~2019年,共有约720个1类新药申报注册(注:化药及生物制品品种数,含申报临床和申报上市),24个1类新药获批上市[4]。据麦肯锡统计分析,2018年我国在研新药的数量已经位居全球第二位。

4. 国内种业市场规模稳步提升,增长速度波动上升

2016年以来,我国种业市场规模从1230亿元上升到2020年的1500亿元,增长规模稳步提升。我国种业自2011年起复合年均增长率约为4.73%,平均每年增长56.67亿元。

5. 种业结构较为集中

从2018年我国种业市场规模来看,主要集中在玉米、小麦、杂交稻、马铃薯等作

物上。国内种子市场规模为1321亿元，其中，玉米占比26.65%，小麦占比14.84%，杂交稻占比11.73%，马铃薯占比11.36%，这四种作物种子交易规模占所有种业交易规模的64.57%。

6.生物农药行业市场销售收入持续增加，但农药行业仍以化学农药为主

2018年我国生物农药行业市场销售收入达到360亿元，相较于2016年增长了57.8亿元，增长幅度达到19.13%，平均增长幅度为5.67%。我国现有260多家生物农药生产企业，约占全国农药企业的10%，生物农药制剂年产量近13万吨，2018年产值约30亿元，占到整个生物农药总产值的9%，短时间内，我国农药行业仍以化学农药为主。

（二）存在的问题

"十三五"期间我国生物产业发展取得了一些进展，但与生物技术强国相比仍有较大差距。据估计，生物产业基础研究与发达国家差距在5年左右，产业化差距在15年以上，且有进一步扩大的趋势[5]。生物产业发展迫切需要解决重点的制约因素和突出问题。

1.自主创新能力弱

全球生物技术专利中，美、欧、日分别占59%、19%和17%，包括中国在内的发展中国家仅占5%○。以PD-1/PD-L1为例，到2019年底，包括进口品种在内已有7个产品在国内获批上市，还有约30个产品处于临床阶段。新药开发同质化不但造成资源浪费，还有可能在未来存在产品过度竞争的隐患。

2.产业组织不合理

生物企业规模普遍较小，大型生物企业缺乏；产业集中度低，结构趋同，市场无序竞争，导致企业利润低、积累能力弱，难以步入良性发展轨道。2018年我国制剂出口总额仅为41亿美元，与同为新兴医药大国的印度相比存在较大差距，面向欧美市场的高端制剂出口差距更大。2017年美国市场仿制药销售排名前20位的企业中有5个是印度企业，而我国企业在美国市场的仿制药销售才刚刚起步[4]。此外，国内企业符合国际GMP标准的生产基地少，也不利于整体国际竞争力的提高。在创新药方面，一批创新能力强的企业选择开展新药的境外注册，目标是在支付能力更强、规模更大的国际市场实现新药上市，2019年百济神州开发的泽布替尼成为国内企业首个在美国上市的新药，但整体上我国企业实现创新药国际化还需要更多的努力。

3.产业发展资金匮乏，融资渠道单一

我国全部生物医药研发全年费用不及世界第十大医药公司的研发费用，如美国安进

○ 郭磊的《发展生物经济抢占下一轮经济制高点》。

公司一年的研发费用超过 30 亿美元。我国绝大多数生物企业规模小，缺乏信用、资产抵押等条件，很难从银行贷款。2019 年新版医保目录发布，一些新上市的创新药被及时纳入医保。但是随着获批新药数量的增加，医保基金支付压力会不断增加。商业健康保险发展不足，未形成对基本医疗保险的补充作用，将会限制创新产品市场的进一步拓展。天使资金、资本市场、担保体系不健全，生物企业科研成果无论在初创还是产业化阶段均难获资金支持。

4. 科技成果转化率低

科技与经济结合不紧密，"中试、放大、集成"工程化环节薄弱，虽然我国高校、科研院所有丰富的生物科技资源，但长期以来，由于科研评价体系不健全，缺乏有效的科技人员激励机制和成熟的转化服务体系，科研人员成果转化动力不足或能力不够，很多科技成果未能有效转化为现实生产力。目前我国的生物医药成果转化率一直停留在 5% 左右，发展相对滞后[6]，与发达国家相比，我国生物技术在产业化方面的差距，比基础研发方面的差距更大。

5. 市场环境有待完善

目前仍然存在医药市场流通秩序混乱，药品招标采购不规范，生物能源、生物农业、生物基材料等领域技术规范和产品标准不系统，技术产品市场尚不成熟等问题。一些中小企业整合药品批件资源，着力打造低成本 CMO 平台，原料药企业依托 API 成本优势向制剂生产延伸，使制剂产品具有更大降价空间，加剧价格竞争。

6. 相关体制机制不完善

生物产业涵盖面较广，研发、生产、安全监管、进出口、人才培养等管理分散在多个相关部门等，缺乏对重大问题的协调决策机制，难以很好体现国家战略和国家意志。与生物产业发展相关的科研创新体制、医药卫生体制、投融资体制、产品评价机制、产品定价机制、转基因市场准入制度、政府采购制度、企业评价制度等改革滞后，难以适应大规模产业化需要①。

此外，还存在生物资源流失和外来物种入侵比较严重，生物安全存在较大隐患等问题[7]。

二、新时期生物产业面临的新形势与新要求

"十四五"时期是我国生物技术加速演进、生命健康需求快速增长、生物产业迅猛发展的重要机遇期。依托我国生物资源丰富、生命健康消费市场广阔、产业体系完备和

---

① 许培扬的《我国与发达国家生物产业化差距超 15 年》。

显著制度优势，生物产业发展前景广阔。同时，也面临原创能力仍较为薄弱、生物资源保护开发利用体系尚不完备、生物经济发展缺乏顶层设计和统筹协调等挑战。

（一）老年健康服务产业将成为未来产业发展的热点领域

从统计数据来看，我国 60 周岁以上人口已占到总人口的 18.1%；65 周岁及以上人口 17 603 万人，占总人口的 12.6%。根据联合国关于"老龄社会"的划分标准，超过 65 周岁的人口数量占到总人口数量的 14% 以上就进入了"老龄社会"，预计我国将很快进入"老龄社会"。同时，我国居民人均寿命由 2018 年的 77 岁提高到 2019 年的 77.3 岁，但人均健康预期寿命仅为 68.7 岁，平均有接近 8 年的时间差距，60 岁以上带病生存、部分或完全失能的人数估计超过 4000 万。预计到 2035 年，我国老龄人口将达到 4.18 亿，我国将进入深度老龄化国家行列。

同时，随着我国经济的快速发展，人均收入水平大幅提高，老年人对于美好生活的向往将呈现出多样化、迅速增长的态势。健康医疗、日常护理、疾病保险及日常生活等方面的需求日益增加，对于健康服务的需求也在进一步细化，需要更加精准到位的服务内容。根据前瞻产业研究院预测，到 2024 年，我国老年医疗服务市场需求将达到 6697 亿元，年增长率达 5%。

（二）国内市场需求增长和结构调整

2018 年我国终端市场药品销售额达 17 131 亿元[一]，预计未来五年仍将保持 5%～6% 的增速。国民健康需求的提高及健康投入的持续增加是促进市场增长的主要原因。一方面人口老龄化进程加快，带来更多的临床需求。另一方面卫生费用的增加将促进健康需求不断释放。2018 年全国卫生总费用占 GDP 的 6.4%，据 IQVIA 预测，到 2023 年，卫生总费用占 GDP 的比例将超过 7%。同时，医保基金有望维持 10% 以上的增速，城镇职工参保人数的增加及城乡居民筹资水平的提升是保持医保基金增长的主要因素。需要注意的是，国内生产总值增速连续下降，会给医疗健康消费带来一定的消极影响。

（三）产业格局面临重塑

1. 带量采购重塑仿制药格局

带量采购改变了过去的仿制药流通和销售模式，将由销售竞争为主转为成本竞争为主。随着监管合规成本上升，仿制药价格下降压力加大，盈利模式将逐步和国外趋同，产品进入低毛利发展阶段。带量采购模式在全国范围内的快速推进，将倒逼部分企业退出或寻求新的发展模式，国内仿制药生产企业数量将会明显减少，治疗效果良好、成本控

[一] https://www.menet.com.cn/info/201903/20190307100226226%5F138554.shtml。

制能力强的企业将会在竞争中胜出，我国长期以来碎片化的仿制药市场将逐渐走向集中。

2. 创新药企业快速发展

随着越来越多的创新药上市并实现商业化价值，创新药企业开始在国内市场中占据重要地位，包括实现转型的传统仿制药企业和快速崛起的创新型中小企业，如恒瑞医药、中国生物、百济神州等。在创新药价值兑现的同时，创新板块也将开始优胜劣汰，竞争力不足的研发型企业可能面临较大的融资风险和市场风险。

3. 原料药生产专业化、集约化

近年来，国内环保安全监管趋严，行业壁垒提高，大量不合规中小企业退出市场，传统仿制药 API 整体竞争格局优化。带量采购政策的实施更使原料药在产业链中的地位得到提升，原料药制剂一体化成为很多企业优选的模式。同时，随着企业技术水平提高及国际产业转移，附加值较高的特色原料药的比重越来越大。更多的创新药、首仿药的上市，也带动了创新药 API 和高壁垒仿制药原料药进入快速发展阶段。

4. 中药迎来较好的成长周期

整体来看，受辅助用药等影响，"十三五"期间中药行业市场增长动力不足。为扶持中医药传承发展，2019 年中共中央、国务院出台了《关于促进中医药传承创新发展的意见》，将改革完善注册管理，大力推动中药质量提升。同时，配方颗粒统一标准、经典名方目录出台，更多相关政策将在"十四五"期间落地，中药行业有望实现触底反弹，迎来新的增长期。

三、新时期生物产业的发展目标、任务与措施

2022 年 5 月 10 日，国家发展和改革委员会印发《"十四五"生物经济发展规划》，明确了"十四五"生物经济发展的原则与目标、领域与任务、政策与举措，对新时期生物产业的发展具有指导意义。

（一）发展目标

生物产业是具有中长期意义的战略性产业，因此，我国生物产业的发展目标必须要立足长远，突出其战略性，当前应根据不同应用领域的产业成熟度，对部分具备条件的领域加快推进产业化，在生物医药、生物医学工程、生命健康领域加速推进，同时针对具有发展潜力的应用领域，提前部署生物安全、生物制造等方面的创新研发。

（二）主要任务

大力发展生物和生命健康技术，加强生物产业基础和应用研究，聚焦关键共性技术

突破，提升创新要素配置效率，引导生物医药、生物医学工程、生命健康、生物安全、生物农业、生物能源和生物制造的高质量发展，提升我国生物产业自主创新能力，强化产业组织管理模式，多元融合产业发展资金渠道，积极提高科技成果转化率，不断完善市场环境，逐步优化相关体制机制，加快开发新型生物和生命健康产品与服务，提升全民生命健康的保障水平。

1. 加快生物医药产业创新及规模化发展

提升生物医药产业自主创新能力。针对我国疾病谱特点，鼓励开发较现有临床治疗方案有更好疗效、更高安全性的创新药。加快基因编辑技术在药物研发中的应用，加快细胞免疫疗法研发，强化癌症攻克能力。加快推动生物药大规模商业化生产。加速生物技术与信息技术融合，提高药物设计和研发能力。加强创新生物医药产品研发与医改政策的协调，建立原创新药、原研药、抢仿药等新药的分类定价机制，推动创新药及时进入医保目录。

加快重点领域产品质量升级。支持发展一批高水平药学研究服务机构，建设规范化的临床试验基地；加快中药大品种质量升级，对现有疫苗进行技术升级和生产工艺优化。加快推进仿制药质量和疗效一致性评价，加强对已上市药品安全风险监测。支持新生儿接种用疫苗的联合疫苗产业化；加快药用辅料和包装材料质量升级。

夯实原料药产业基础。提高原料药绿色制造和安全生产水平，加强清洁生产技术的开发应用，重点解决抗生素发酵菌渣综合利用、VOCs 排放等制约行业发展的突出问题；提高原料药生产的规模化、集约化水平，促进原料药生产向优势企业集中。推动原料药出口向精深方向发展，扩大高附加值的深加工产品和特色原料药所占比重，增加高端原料药国际市场份额[4]。提高原料药环境、职业健康和安全管理水平。

2. 加强生物医学工程与医疗装备发展

加强生物医学工程技术研发。借助化学生物学、计算生物学和微流控生物芯片技术，推动医疗诊断和药物筛选，以及个性化发展。

加快补足高端应急医疗装备的短板。设立应急医疗装备技术工程中心。围绕 ICU 必备的监测、抢救设备，支持研发循环、呼吸、神经、产科、创伤等专科 ICU 医疗装备。设立急救转运设备应用推广和示范专项，推进海陆空立体救援装置设备研发并提供示范应用。加速高端生命支持类医疗装备国产化。

加快核心技术、关键材料和器件攻关。围绕影像设备、高端治疗设备和体外诊断仪器和试剂，快速突破影像设备探测器、功率放大器、专用芯片和软件、精密运动部件、大功率球管、高压发生器、超导磁体及放疗设备和呼吸机的核心技术及关键元器件攻关，丰富 IVD 核心原料产品结构，提升 IVD 生产工艺和产品质量。

稳步推进关键设备和耗材国产化。加大国产医疗器械采购使用力度，提高临床应用产品的国产化率，逐步实现关键设备和耗材的国产化。鼓励医疗机构采购安全可靠的国产装备。建立第三方评价机制，客观评价国内外同类装备的临床应用。调整医院收费制度，逐步实现国产与进口装备等价收费。

3. 加快智慧医疗、智慧养老、智慧托育和健康服务业发展

推动远程医疗应用转化落地。支持远程高清会诊，提升诊断准确率和指导效率，促进优质医疗资源更大范围内共享。加快建立能够实现高清无延迟传输的远程超声系统，充分发挥优质医院专家诊断能力，实现跨区域、跨医院的业务指导及质量管控。充分利用 5G 网络切片技术，快速建立上下级医院间的专属通信通道，实现跨地域远程精准手术操控和指导。依托 5G 低时延和精准定位技术，进行生命体征信息的采集、处理和计算，并传输到远端监控中心，提升病情判断和处理效率[8]。

提升智慧医疗技术转化效率。利用 5G 边缘计算能力，加强基于自然语义分析的人工智能导诊服务，提高医院的服务效率。通过 5G 网络实现影像数据和体征数据的移动化采集和高速传输，从而实现移动高清会诊，提高查房和护理服务的质量和效率。利用 5G 海量连接的特性，构建院内医疗物联网，实现医院资产管理、院内急救调度、患者体征实时监测、院内导航等服务，提升医院管理效率和患者就医体验。以 PACS 影像数据为依托，通过大数据＋人工智能技术方案[9]，构建 AI 辅助诊疗应用，对影像医学数据进行建模分析，对病情、病灶进行分析，为医生提供决策支撑，提升医疗效率和质量。

大力发展共享式医养服务业。积极利用互联网＋、物联网、大数据、人工智能和地理信息系统等信息技术，建立老年人综合服务信息管理体系和智能感知服务平台，实现医养结合信息化服务的有机统一。增加服务提供方式，发展共享式医养照护服务体系，通过分时、定制、组合等服务模式创新，更加高效地利用医养服务资源。

大力发展托育服务业。充分利用大数据、人工智能等新一代信息技术，加快建立标准化、智能化的托育服务体系，提高优生优育服务水平。按照"政府主导、政策扶持、社会参与、市场推动"的原则，积极促进婴幼儿照护行业和托育行业健康发展，建立"智慧托育标准教室"项目。加快推动普惠托育服务体系建设，降低生育、养育、教育成本。

大力发展健康服务业。推进人工智能等技术与医疗健康产业不同机构、不同服务、不同疾病治疗和保健阶段的融合，推动数字化转型深入到医疗保健产业的预防医疗、诊断治疗、医疗器械和医药开发生产等各个方面。加大软件、数字化和人工智能在促进健康服务方面的技术开发。构建适应跨界融合特征的健康医疗行业监管体系。加强隐私保护、数据安全、数据管理规范和伦理规范。

4. 推进生物安全产业与装备自主可控

发展自主知识产权的生物防御药物。超前部署和加强冠状病毒、高致病性禽流感病

毒、埃博拉病毒、非洲猪瘟等重大传染性疾病的前瞻性、基础性科学研究，推动研发成果转移、转化和实际应用，开发具有我国自主知识产权的生物病毒防御药物。鼓励原料药企业发展，支持生产和储备一批重大传染性疾病防治药物的原料药，提高应对重大疾病的药品生产和应急响应能力。

扶持生物安全相关仪器装备产业发展。扶持生物防御检测和防护装备企业及其上游原材料生产企业发展，提高生物防护服、生物防护口罩、生物防护面具、正压头盔等生物防护设备及其原料的生产和储备能力。鼓励医院建设与改造隔离病房，扶持与隔离病房和支持系统的必要组件生产相关的企业的发展。

5. 推动生物农业创新与产业体系建设

完善生物农业自主创新体系。创制具有自主知识产权的动植物优良品种，优化提高生物肥料、生物饲料和生物农药发展水平。开发一批高附加值、高安全性、高资源利用性、高产量、适应标准化生产的动植物优良品种。加强生物育种领域研究机构成果向企业转化，多方协作构建育种开发、应用和推广平台，形成一批具有国际领先研发水平的生物育种研究机构，打造一批具有国际竞争力的生物种业企业。

发展新型农业生物制剂产业。促进纳米技术与生物制剂技术融合，推动低毒、高效、可控的生物农药开发与应用，实现规模生产与应用，推动农牧业绿色发展。加强生物反应器研究，利用动植物高效生产人体可用的蛋白质制品。

6. 加快海洋生物资源开发与转化应用

加快海洋生物资源开发。开展代表性大型藻类、微藻、鱼类、贝类、海参、海洋微生物等海洋生物活性成分的分离、鉴定与生物学活性研究，发现一批具有海洋来源的活性化合物，选择若干个具有新化学结构、显著药理活性且具有自主知识产权的分子；研发并推广如硅藻类等具备特殊空间结构特性的海洋生物的规模化人工养殖技术，研发硅藻壳等生物材料的工业化应用技术；发掘海洋生物基因资源和微生物资源。

加速海洋药物及医用材料转化应用。重点开发抗肿瘤、抗病毒、降血糖、心脑血管、神经系统等海洋生物创新药物；研发高效低成本的海洋生物多糖和胶原蛋白等海洋生物材料；开发药用空心胶囊、海洋药用辅料、医用敷料、止血材料、创伤修复材料和组织工程材料等海洋生物医用材料；开发新型医用消毒剂、特殊用海藻纤维及纺织材料。

加强开发海洋生物制品。加强海洋来源功能性保健食品和特殊医学用途配方食品的研究与开发，加快发展活性糖类、活性蛋白、活性脂类等海洋功能食品和新资源食品。开展海洋生物中农药先导化合物筛选，提取制备活性物质，开发新型海洋生物农药、海洋生物肥料、植物生长调节剂、果蔬保鲜剂等种植用海洋生物制品；开发海洋生物兽药、海洋水产药品、动物疫苗、免疫增强剂等养殖用海洋生物制品。

7. 提升生物制造技术研发与供给能力

突破核心菌种的技术瓶颈。聚焦轻工发酵、医药、化工、农业与食品领域的核心菌种，大力发展系统生物学、合成生物学、基因编辑、自动化装备、大数据与数字细胞等核心底层技术与重大支撑平台，建立生物制造核心菌种与关键酶的创制关键技术体系，重点攻克工业菌种创新迭代、化学原料药生物合成、植物天然产物的发酵制造、可再生化工材料、未来食品制造、CO_2原料生物转化利用等核心关键技术，形成具有自主知识产权，保障产业安全，促进绿色、循环、可持续发展能力的生物经济。

提升生物制造技术供给能力。深入推动供给侧结构性改革，不断提高生物制造技术供给能力和水平。大力发展生物制造产业，创建、优化生化反应与生物合成途径，拓展工业菌种合成目标产品的能力与范围，构建化学原料药、植物天然产物、材料与能源化学、食品与饲料产品等绿色生物合成关键技术，推动传统化工、农业向绿色生物工业的转型升级，促进新业态的形成与发展。

（三）保障措施

1. 加强领导和组织协调

生物产业发展涉及医药、能源、农业、工业、环保、服务等领域的主管部门，也涉及财政、税收、科技、商务等相关部门，为加强领导，改变目前有限的资金、资源被分割和被分散的现象，建议成立生物产业领导小组，统筹协调生物产业发展目标和政策，增强部门间的协调，形成合力，利用好政策和行政资源大力支持生物产业发展。

2. 整合政府资源，加大资助力度

我国生物产业尚处于全面发展的初期阶段，政府的引导、推动和扶持十分关键。建议整合政府科技计划（基金）和科研基础条件建设等资金，加大财政科技投入对生物产业的支持力度，设立国家生物产业发展基金。对于产业化过程中初置成本较高、暂时难以完全从市场获取合理回报的生物产品予以一定补贴。结合国家税收改革方向，研究制定支持生物产业发展的税收优惠政策。对生产国家急需的防疫用生物制品的生物企业应实行零税率。境内注册成立的生物企业可享受企业所得税优惠政策。

3. 完善融资环境，拓宽融资渠道

鼓励设立和发展生物技术创业投资机构和产业投资基金，引导社会资金投向生物产业。支持生物企业通过资本市场融资，提高直接融资比重。加大政策性金融对生物产业资金支持力度，特别应发挥国家政策性银行的作用，金融机构对符合产业政策的生物企业给予积极的信贷支持，重点支持具有自主专利技术、市场发展前景好的生物企业发展。

研究适合生物产业发展特点的金融产品，支持成长期创新型生物技术企业快速发

展。鼓励风险投资、国家科技型中小企业创新基金优先支持在境内从事生物技术开发及其成果转化的中小型企业。

4. 推动产业国际化，加强国际交流合作

积极稳妥地推进我国生物企业走出去，支持有国际竞争力的生物企业以直接投资、并购等方式获取小型技术研发公司、国际知名品牌、国际产品销售渠道等国际资源。支持行业中介组织设立境外生物医药产品注册和营销指导中心。支持国内生物医药加快在欧美等国的 cGMP 认证工作；推进种业、疫苗等领域中比较有优势的产品"走出去"；加强相关技术标准体系的研究，积极参与有关国际标准的制定和修订工作，建立生物产品出口商品技术指南，完善进出口环节管理[10]。

有重点、有层次地开展国际合作。围绕加速生物产业发展的重点和难点开展工作，特别是在重大技术成果产业化、加强自主创新能力和科研创新体系建设等方面。首先，采取引进、消化、吸收、再创新和集成创新，最终实现原始创新。其次，充分利用国际合作机会，应特别重视生物产业关键技术的引进与国际合作，实现我国生物技术的跨越式发展。同时，调动中央、地方和企业多方面力量，在国际合作中明确各自的职责，共同推进，避免因自身协调不够，出现外方多头寻租或中方竞相压价的无序竞争局面。

5. 培养高素质人才队伍

教育部门应根据市场需求调整专业结构和人才类型结构，加大高校生物类学科专业建设力度，加强硕士、博士等专门人才的培养。依托高等院校、科研院所建立一批生物技术人才培养基地，在大型企业设立博士后科研工作站，鼓励科研机构、企业与高校联合建立生物技术人才培养基地，加强创新型人才和高级实用型人才培养。鼓励各类职业院校加快培养生物产业发展急需的技能型人才。

实施全球化人才战略，鼓励海外优秀人才回国（来华）创业和从事科研教学工作，落实海外优秀人才回国各项优惠政策。结合实施国家自主创新战略和科技重大专项，鼓励海外回国（来华）优秀人才按规定申请和承担政府科技计划、基金项目和产业化项目。尤其全球华人生物科学家是我国生物产业发展不可缺少的支撑力量，也是我国在未来生物经济时代大有作为的重要基础，应采取更特殊的政策吸引其回国，充分发挥其作用[11]。

6. 加强和完善相关法律法规

建立健全有效鼓励生物技术创新、产业发展、生物安全的法律法规。如进一步完善《药品管理法》中有关新药认定办法、《政府采购法》中对自主创新产品优先采购的办法，以及生物技术知识产权保护的法律法规等。建立健全生物安全管理法规体系，加强生物安全管理，防范生物技术及产品对人类健康和生态环境可能造成的危害。

7. 加快改革相关体制机制

根据生物产业特性和新兴产业成长规律，切实形成有利于加快产业发展的体制和机制。着力改变"以药养医"机制，推进"医药分开"，矫正医疗卫生机构和医生不合理用药行为，促使医疗卫生机构向生物医药企业传递正确创新信息；改进新药注册审批办法，完善药品定价机制，对原始创新药和集成创新生物药优先审批，赋予其自主定价权等。制定生物安全评价标准，完善评审、监测和监督等程序。

（执笔人：李书舒，中国科学院科技战略咨询研究院）

（审稿人：万劲波）

参考文献

[1] 周恂. 天府新区新兴工区园环境质量现状调查及污染防治研究［D］. 成都：西南交通大学，2019.

[2] 李何. 中国生物技术产业的现状与发展趋势探微［J］. 农村经济与科技，2018：112-113.

[3] 科学技术部社会发展科技司，中国生物技术发展中心. 2020 中国生命科学与生物技术发展报告［M］. 北京：科学出版社，2020：10.

[4] 王学恭. 我国医药产业转型升级的方向和重点［J］. 中国医药工业杂志，2019：681-686.

[5] 阮晓东. 生物医药变局［J］. 新经济导刊，2013（3）.

[6] 鲁先平. 生物医药成果转化率仅 5% 中医药创新成果转化有待加强［N］. 央广网，2018.

[7] 吕丛潮. 基于 IE 理论的企业提质增效方法与策略研究［D］. 天津：天津大学，2014.

[8] 覃旋，黄婧. 面向全业务流程的 5G 智慧医疗系统设计研究［J］. 今日自动化，2021（1）：50-51.

[9] 袁宁. 基于 5G 网络的人工智能与物联网在智慧医疗领域的应用［J］. 中国研究型医院，2019，6（6）：58-62.

[10] 王亚平. 加快生物医药产业发展的八点建议［J］. 中国科技投资，2010（3）：21-23.

[11] 李峰，张振勇，苗立中，等. 滨州市兽用生物制品产业发展现状调查研究［C］// 山东省科协. 济南：山东省科协，2010.

[12] 国务院. 国务院关于印发"十三五"国家战略性新兴产业发展规划的通知［EB/OL］.（2016-11-29）［2021-12-30］. http://www.gov.cn/zhengce/content/2016-12/19/content_5150090.htm.

[13] 国家信息中心. 战略性新兴产业形势判断及"十四五"发展建议（上）［EB/OL］.（2021-01-04）［2021-12-30］. https://www.ndrc.gov.cn/xxgk/jd/wsdwhfz/202101/t20210104_1264124.html?code=&state=123.

[14] 国家信息中心. 战略性新兴产业形势判断及"十四五"发展建议（下）［EB/OL］.（2021-01-04）［2021-12-30］. https://www.ndrc.gov.cn/xxgk/jd/wsdwhfz/202101/t20210112_1264810.html?code=&state=123.

第六章 Chapter 6
从产业基础看战略性新兴产业发展：新材料产业

材料是人类赖以生存并得以发展的物质基础，是人类认识自然和改造自然的工具。新材料是现代材料的先导，与传统材料并没有截然的分界，它是在传统材料基础上发展而来的。新材料应用范围极其广泛，它同新一代信息技术、生物技术一起成为当前最重要和最具发展潜力的领域。

材料的多样性，决定了其分类标准的多样性。根据材料的物理化学组成，可将材料分为金属材料、无机非金属材料、高分子材料和复合材料四大类；根据材料性能，又可将材料分为结构材料和功能材料等。也可以从结构组成、功能和应用领域等多种不同角度对新材料进行分类，不同的分类之间相互交叉和嵌套。目前，一般按应用领域和研究热点，可以把新材料分为新能源材料、生态环境材料、生物医用材料、电子信息材料、新型工程材料、前沿新材料（如石墨烯、超导材料）等[1]。

一、新材料产业发展现状与问题

"十三五"时期，我国高度重视新材料产业发展，通过纲领性文件、指导性文件、规划发展目标与任务等构筑起新材料发展政策金字塔，予以全产业链和全方位的指导[2]。其中纲领文件主要为《中国制造2025》，指导性文件包括《〈中国制造2025〉重点领域技术路线图》《新材料产业发展指南》等，发展任务与目标相关文件包括《"十三五"国家战略性新兴产业发展规划》《有色金属工业发展规划（2016—2020年）》《稀土行业发展规划（2016—2020年）》《"十三五"材料领域科技创新专项规划》《国家新材料生产应用示范平台建设方案》《新材料标准领航行动计划（2018—2020年）》《重点新材料首批次应用示范指导目录（2019年版）》等。我国还于2016年12月首次成立国家新材料产业发展领导小组，大力振兴新材料产业的决心得到充分体现。同时，我国各地方政府和主管部门对新材料产业的发展也非常重视，先后出台了相关指导意见、发展规划、行动计划和实施方案等，突出各地特色，推动新材料产业快速发展。

（一）现状

我国新材料产业规模不断扩大，包括稀土功能材料、先进储能材料、光伏材料、有机硅、超硬材料、特种不锈钢、玻璃纤维及复合材料等在内的一些重点材料的产能居世界前列。新材料产业基地分布初步呈现出集群化特征，形成"东部沿海聚集、中西部特色发展"的空间布局。通过产学研用相结合，我国新材料领域一批核心关键技术取得了实质性突破，许多重要技术指标得到大幅提升，部分研究成果在相关领域进行了推广应用[3]。

1. 形成了全球门类最为齐全、品种及产量规模位居世界第一的材料产业体系

建成了涵盖金属、高分子、陶瓷等结构与功能材料的研发及生产体系；形成了庞大的材料生产规模，钢铁、有色金属、稀土金属、水泥、玻璃、化学纤维等百余种材料的产量处于世界第一位[4]。其中，钢铁材料产量的全球占比达到52%，成为最大的出口国；造纸、皮革、塑料、表面活性剂、陶瓷等化工行业的相关产品产量也位居世界首位。有数据显示，我国新材料产值从2011年的0.8万亿元，增长至2019年的4.5万亿元，年均复合增速达21.2%。据工业和信息化部赛迪研究院数据，2021年我国新材料产业产值为5.9万亿元，2025年有望达到10万亿元的规模。

2. 形成了新材料产业集群式发展模式

形成了以环渤海、长三角和珠三角地区为重点，东北部和中西部特色突出的产业集群分布。环渤海、长三角和珠三角地区作为目前国内三大综合性新材料产业聚集区，企业分布密集，高校及科研院所众多，并拥有资金、市场等优势，新材料产业的高端要素向这些区域聚集。在珠三角地区，新材料产业主要分布在广州、深圳、佛山等地，以外向出口型为主，新材料产业集中度高，技术创新型中小企业占主导地位，在电子信息材料、改性工程塑料、陶瓷材料等领域具有较强优势。在环渤海地区，有多家大型企业总部和重点科研院校，是国内科技创新资源最为集中的地区，技术创新推动最为明显，在纳米材料、生物医用材料、新能源材料、电子信息材料等领域具有较强的竞争优势。在长三角地区，工业基础雄厚，交通物流便利，产业配套齐全，是我国新材料产业基地数量最多的地区，也是新材料产品的重要消费市场，目前已经形成了包括航空航天、新能源、电子信息、新兴化工等领域的新材料产业集群[5]。

3. 形成了较为完整的材料科技创新体系，科技贡献度日益增强

（1）部分高端材料和关键新材料处于全球领先水平，有力地支撑了重大工程建设和新兴产业培育

以先进结构与复合材料为例，单晶高温合金承温能力已提升至1100℃，保障了我

国航空发动机和燃气轮机的发展；600℃超临界耐热钢产品占据了相当市场规模，应用于已建成的电站容量达200GW，占全球的4/5强；高等级结构钛合金已广泛应用于航空、航天、深海等重大装备的相关承力结构。再如新型功能材料，超导材料实现国际先进水平，低温超导占领国际市场；特种分离膜进入国际领先队列，反渗透膜初步实现国产化替代。在电子材料领域，我国半导体照明处在全球领先地位，2018年产值接近7400亿元，芯片国产化率达80%，成为新的经济增长点；深紫外晶体在国际市场拥有绝对话语权；直径235 nm的钛宝石晶体实现10PW激光输出，处于世界领先水平[一]。

（2）在前沿新材料、共性关键技术领域取得系列突破，创新能力建设成效显著

在前沿新材料领域，超材料、仿生材料的研发达到国际先进水平，部分微波超材料已用于雷达隐身、新型天线罩等，吸声超材料实现"声学黑洞"；我国率先实现米级石墨烯单晶薄膜的制备；金属纳米材料更是引领了国际发展。在以材料基因工程为典型代表的共性技术领域，我国研发出一系列高通量制备、表征技术及装备，已建成若干高通量技术平台，实现了万量级高通量计算筛选，有力支撑了国家材料腐蚀与防护科学数据中心的建设。重点新材料生产示范平台，以及开放式测试、表征和标准平台体系也正在加速建设。

（3）材料领域基础研究活跃度位居世界第一方阵

2020年11月，中国科学院科技战略咨询研究院、中国科学院文献情报中心与科睿唯安联合发布的《2020研究前沿》和《2020研究前沿热度指数》显示，在材料领域研究覆盖的十一大领域中，化学与材料科学是中国活跃度表现突出且排名第一的四大领域之一。在该领域的16个研究前沿中，中国排名第一的前沿数量有14个，占87.50%。中美两国在该领域的表现远超其他国家，相对来说中国在该领域的表现更为抢眼[6]。

（二）问题

经过十余年的快速发展，我国已成为名副其实的材料大国。然而，还需清醒地看到，我国新材料产业起步晚、底子薄、总体发展慢，与国际先进水平相比，在高端材料设计研发及其制备应用方面差距甚大，关键高端材料自主保障能力不足，部分上游原材稀缺或保护利用能力不强严重制约可持续发展。"大而不强、大而不优"的问题依旧突出。

1. 支撑保障能力较弱，关键高端材料"卡脖子"问题突出

2018年美国挑起的中美贸易摩擦，以及日韩半导体之争，使人们深刻体会到，高技术产业一旦缺乏关键材料的自主保障，就会面临材料断供而瞬间停摆的巨大风险。本质上，这是美国通过禁运关键材料和基础元器件来从根基上限制我国高新技术产业、阻

[一] 干勇院士2020年4月23日在中国工程院重大咨询项目"提升新材料产业基础能力战略研究"项目启动会上的发言，https://www.163.com/dy/article/FB8CB2BU05348BNH.html。

碍经济增长的手段。

统计显示，信息显示、运载工具、能源动力、高档数控机床与机器人、国防军工等行业 347 种关键材料中，有 156 种（占 45%）依赖进口、61 种（占 18%）国外对我国实行禁运[7]。例如，高铁制动系统和 5G 通信的射频器件与数字电路芯片，我国的进口依赖度为 100%；12 英寸（1 英寸 = 0.0254 米）硅片、光刻胶、氟聚酰亚胺胶等近千种关键材料的依赖度高达 90%；显示产业的关键材料依赖度也达到了 85%。

2. 创新引领能力不足，难以抢占战略制高点

由于发展历史的原因，几乎所有的引领现代产业发展的关键材料都是来自发达国家。无论是 20 世纪 50 年代兴起的半导体产业，还是 20 世纪 90 年代崛起的网络信息技术产业，都是由于单晶硅、光纤等变革性新材料的发明、应用和不断更新换代所促成的。高铁、飞机、汽车等交通工具的绿色化、轻量化发展也迫切需要以碳纤维增强树脂基复合材料为代表的一系列新型复合材料。例如，波音 787 梦想客机的复合材料用量占比达 50%，实现整机减重 20 余吨、油耗降低 20% 以上。然而，在这些发挥引领作用的重大材料突破中，我国的贡献并不显著。据不完全统计，超导材料、液晶与聚合物、石墨烯、光纤、蓝光 LED、拓扑材料等获得诺贝尔奖的材料中，也基本都是由国外科学家首先发现。

3. 部分上游原材料稀缺或保护利用能力不强，严重制约可持续发展

矿产资源是材料制备的基础，我国大宗矿产（如铁矿、原油）和锂、镍、钴等关键矿产资源对外依存度高，此外，矿产资源普遍存在利用效率不高、环境污染较严重的问题。以稀土资源为例，我国稀土储量位居全球首位，产量占世界总量的 90% 以上，稀土功能材料产业规模处于世界第一，是名副其实的稀土生产大国。然而，由于我国缺乏稀土高效利用的核心技术和自主知识产权，使得我国的稀土产品"低出高进"、资源利用不平衡，导致我国稀土产业大而不强。在"低出高进"方面，我国三分之二的稀土是以中低端产品方式出口，再花费高昂的代价进口高纯稀土金属及其氧化物，以及高端发光和催化等稀土功能材料；在平衡利用方面，随着永磁、发光等稀土功能材料的快速增长，对镨、钕、铽、镝、铕等资源紧缺元素的需求量大幅增长，与之共生的高丰度铈、镧、钇、钐等则大量积压，稀土元素应用不平衡问题日益突出。

二、新时期新材料产业面临的新形势与新要求

当前全球新一轮产业分工和贸易格局加速变革，国内产业发展正处于从规模增长到质量提升的重要节点。新材料产业作为科技强国建设的物质基础和科技支撑，亟待在原

始创新上取得重大突破，实现关键核心技术自主可控，推动创新链、产业链、供应链深度融合，提升产业链、供应链的安全与韧性。

（一）国内外经济形势严峻复杂，新材料产业发展面临诸多挑战

国内外经济形势正在发生深刻、复杂的变化，我国发展仍处于重要战略机遇期，国际政治、经济格局变化加快，国际贸易摩擦短期仍将持续，使得我国新材料行业发展存在诸多不确定性，并给新材料产业升级带来巨大挑战。

从产业发展看，科技与产业发展日新月异，新材料与5G、智能手机、汽车、人工智能、电子商务、智慧城市、智能家居、数字经济等新兴产业的发展高度融合，创新步伐持续加快。

社会公众对生态环境保护意识的增强对新材料产业提出了更高的要求，新材料产业必须向高端化、绿色化、智能化方向转型升级。新材料产业已从有无问题转为匹配和适度问题，与地区环境成本优势不匹配的产业将被淘汰，不能与未来科技创新相结合的产业将步履维艰。"十四五"的五年必将是新材料产业变革的五年，也是我国从新材料产业大国向强国突破、走向高质量发展的五年。

2020年9月11日，国家发改委、科技部、工业和信息化部、财政部四部门联合印发了《关于扩大战略性新兴产业投资培育壮大新增长点增长极的指导意见》[○]。《意见》指出，在新材料产业领域，要加快补齐新材料产业短板。保障大飞机、微电子制造、深海采矿等重点领域产业链和供应链稳定，加快在光刻胶、高纯靶材、高温合金、高性能纤维材料、高强高导耐热材料、耐腐蚀材料、大尺寸硅片、电子封装材料等领域实现突破。实施新材料创新发展行动计划，提升稀土、钒钛、钨钼、锂、铷铯、石墨等特色资源在开采、冶炼、深加工等环节的技术水平，加快拓展石墨烯、纳米材料等在光电子、航空装备、新能源、生物医药等领域的应用[8]。

（二）关键领域和重大工程对材料的自主保障提出了战略需求

我国材料产业起步晚、底子薄，低端品种产能过剩，关键材料国产化能力不足，协同创新能力薄弱，缺乏系统性的产学研用合作体系，新材料产业整体实力还比较薄弱，大量高品质原材料仍严重依赖进口，亟须提升我国材料供给保障能力。当前，全球新型冠状病毒肺炎还在肆虐，以医疗器械、生物制药、人体植入体等为代表的生命健康领域，急需解决生物医用原材料的自我保障能力；以新一代油气开采、高效燃煤发电技术为代表的先进能源技术，对超级不锈钢、耐蚀合金、耐热合金等高端金属结构材料提出了迫切需求；以物联网、智能终端、量子计算及通信、虚拟增强现实、大数据与云计算

○ 国家发展改革委. 关于扩大战略性新兴产业投资培育壮大新增长点增长极的指导意见 [EB/OL]. （2020-09-25）[2021-01-27]. https://www.ndrc.gov.cn/xxgk/zcfb/tz/202009/t20200925_1239582.html.

等为代表的新一代信息技术发展，离不开半导体材料、微电子/光电子/磁电子材料、显示材料等的改进和升级；以飞机、火箭、新能源汽车和轨道交通等为代表的高端装备制造技术，以机器人与自动化系统、数控加工中心等为核心硬件的智能制造技术，依赖于高性能碳纤维及其复合材料、高端轴承/齿轮/模具钢、轻质合金、稀土功能材料、3D 打印材料等新材料的性能改进和提升；核、太空、网络、导弹防御等重点国防领域对轻量化、精确化、隐身化和高可靠性、低成本等提出了明确要求，急需大力发展高性能纤维及复合材料、高端高温合金、结构功能一体化材料、高效结构材料、高品质电子信息材料、战略前沿材料等一批关键材料。

1. 保障新材料产业自身的可持续发展

矿产资源是实现材料可持续发展所面临的最大挑战。需要高度重视钨、钴、锂、钽、铌、钒、锆、铪、铝、镁、铬、铋、镓、锗、铟、铼、铷、钪、锶、铂族金属和稀土元素等在内的 40 余种关键战略资源对材料可持续发展的重要作用。当前，我国缺乏的铂族金属、锂、镍、钴、铼等已面临资源断供的风险，即使是有资源优势的稀土矿产，也由于近 50 年以来的集中开采，使资源优势逐渐丧失。这些矿产资源的短缺将对我国高端装备制造、氢能及新能源汽车等战略性新兴产业的发展带来巨大冲击。针对制约材料可持续发展的资源挑战，必须围绕关键矿产资源的可持续开采、可控的国际化获取、高效与高值化利用、高效清洁循环利用，立足全生命周期理念，大力发展材料素化技术与结构化材料技术，以及关键战略金属元素替代、绿色循环高效分离、高性能再造等绿色化制造和高效、高值化利用关键技术。

2. 增强产业链、供应链稳定性和竞争力

"十四五"及中长期，在准确研判世界科技进步及产业变革潮流和趋势的基础上，牢牢掌握创新主动权和发展主动权，以重大技术突破和重大发展需求为主攻方向[9]，切实落实好《中华人民共和国国民经济和社会发展第十四个五年规划和二〇三五年远景目标纲要》作出的科学部署，加快做大做强包括新材料产业在内的战略性新兴产业，提高产业链和供应链的现代化水平，增强产业链和供应链的抗风险能力，形成特色突出、优势互补、结构合理的产业发展格局，提升我国在全球产业链和价值链中的地位和竞争力，促进经济行稳致远。

3. 提升创新能力，加快向原创引领转变

立足原始创新，在危机中育先机，于变局中开新局，另辟蹊径解决"卡脖子"材料问题，加快形成新材料引领创新发展的能力。未来，新一代信息技术需要新型功能材料来满足信息处理、传输、存储和转换过程中对超高速度、超大带宽、超低延时、超多并发数和超强安全性的要求；新能源领域要求材料在能量生产、分配、传导和利用方面能够达到更高的效率，以及用于高级裂变或聚变能源系统的结构材料和燃料系统对高剂量辐射具有超强抵抗力；智能制造、国防安全领域要求结构材料在满足力学性能需求的前提下实现进一步轻量化；生物医用材料将不断对与人民群众切身利益密切相关的重大疾病的诊断治疗、与老龄化相关的新型治疗手段提出更高、更精准、更便捷的要求；国家可持续发展战略则需要从材料制造源头直至服役寿命终止进行全生命周期设计和全流程控制，并实现低丰度元素的节约与回收利用。满足上述信息、能源、制造、国防、生命健康、生态环境等领域未来发展重大需求的新材料和正在发展的前沿新材料，我们不能再走跟踪仿制的老路，必须在准确把握新材料发展趋势的前提下，加强基础研究，强化学科交叉和技术融合，大力提升新材料原始创新能力，实现从跟踪仿制向原创引领的转变。

三、新时期新材料产业的发展目标、任务与保障措施

（一）发展目标

围绕"十四五"及中长期材料产业发展的总目标，坚持把科技创新作为引领发展的第一动力，加快新材料领域关键核心技术开发和应用，增强要素保障能力，培育壮大新材料产业发展新动能。同时，深入推进国家战略性新兴产业集群发展工程，健全新材料产业集群组织管理和专业化推进机制。此外，还需提升新材料产业链和供应链的现代化水平，坚持经济性和安全性相结合，筑牢底板、补齐短板、锻造长板；通过多种高端新材料的研发及应用突破，助力提升制造业核心竞争力，推动制造业优化和升级。

面向世界科技前沿，坚持前瞻布局，主动探索未知性、先驱性、挑战性的材料科技领域，部署具有自主知识产权的前瞻性研究，抢占前沿技术制高点，构筑具有国际引领性的核心技术和前沿新材料先发优势，实现我国材料领域跨越式发展，形成原创引领能力。

面向经济主战场，坚持需求牵引与技术支撑，瞄准核心关键要素，针对受制于人的关键材料，着力突破核心技术瓶颈，提升材料科技自主创新及保障能力，构建具有国际竞争力的产业技术体系，使科技发展服务于经济社会发展，构建由材料科技创新支撑其他产业发展的新机制。

面向国家重大需求，坚持战略导向，对事关国家竞争主动权的关键技术领域进行系统性布局，抢占制高点，调整科技资源配置，加快发展关键战略材料，重点突破国家安全、经济安全领域的关键核心器件，切实保障国家重大战略应用。

面向人民生命健康，围绕重大公共卫生事件、重大疑难疾病，完善平战结合的疫病防控与公共卫生科技攻关体系，加快新材料产业在生物医药、医疗健康等领域的应用，让新材料成为人民生命健康的坚实后盾。

此外，还需研究协同创新机制，加强材料领域技术、产品体系建设和创新能力建

设,优化科技资源配置,提高创新体系整体效能。加强统筹布局和系统安排,注重与已有重大专项、其他重大项目及重点研发计划的有序衔接,创新组织实施模式和资源配置路径。及时调整材料领域创新能力开放合作的思路和布局,充分利用全球创新资源,积极融入全球创新网络,强化创新合作机制,丰富合作模式,构建利益共同体,参与国际标准制定,提升国际话语权和竞争力。

(二) 主要任务

准确把握新材料产业发展趋势与态势,凝练面向国民经济和社会发展重大战略需求的新材料领域关键核心技术和重点发展任务,着力加强我国材料科技自主创新能力,切实提升材料产业的核心竞争力,支撑和引领高新技术发展和国防安全建设。

1. 先进基础材料

解决我国基础材料存在的产品同质、低值问题,以及在环境负荷、能源效率、资源瓶颈等方面存在的共性挑战,突破一批国家建设急需的关键材料和技术,实现钢铁、有色、石化、轻工、建材等重点先进基础材料提质增效,实现重点基础材料产品的高性能、高附加值和绿色、高效、低碳生产,满足重大和高端装备用基础材料的自主供应需求。全面提升先进基础材料国际竞争水平,在生产能效、污染控制、资源利用效率等方面达到国际先进水平,全面介入主要产品国际标准的制定过程,创立一批具有世界影响力的知名品牌和世界领先企业,主要产品进入全球价值链中高端。

2. 先进结构与复合材料

重点开发高性能纤维增强复合材料、新型耐高温结构材料(高温合金)、超高强韧耐热轻合金、极端使役环境工程塑料与橡胶、生物质与可降解材料、3D打印材料、智能制造重大工程结构材料、极端环境材料和空天深海材料等,突破关键结构与复合材料的低成本制备与材料循环利用技术,掌握高性能结构与复合材料的大规格复杂结构设计、制造、加工及表面处理新工艺和新方法,形成国际领先的先进结构材料研发与产业化体系,全面保障国家重点领域、高端装备和重大工程对关键结构与复合材料的需求。

3. 先进功能材料

在稀土功能材料领域,解决稀土功能材料知识产权、核心技术受制于人问题,主要材料性能与应用达到国际领先水平。解决稀土功能材料领域稀土永磁电机、稀土绿色制备、国六机动车尾气催化剂、稀土闪烁晶体等"卡脖子"问题。

在能源材料领域,建成氢能及燃料电池、超导材料产业应用体系;有机薄膜太阳能电池转换效率达到25%及以上,动力电池能量密度达到400W·h/kg。

在智能/仿生材料领域,解决智能材料领域形状记忆聚合物/合金、电致活性材料、压电振动控制、光纤健康监测、4D打印等"卡脖子"问题。仿生材料技术在油水气分离用超浸润及纳米通道能源转换材料取得突破；超材料在新一代无线通信、隐身、高温等领域实现应用。

在特种功能材料领域，满足国家重大工程与装备急需的特种功能材料批量需求，建成具有国际竞争力、满足国家重大工程与装备的特种功能材料研发和产业化体系。全面实现高端摩擦润滑密封材料、高端绝缘导热功能材料、导电导热功能材料等基础材料，以及防腐/防污/减阻一体化防护材料和关键零部件自给自足。

在膜材料领域，混合基质反渗透膜性能提升50%，制备成本下降50%，海水淡化膜在国际市场的占有率达30%以上；混合基质气体分离膜等关键膜材料实现示范应用；我国膜材料创新链和产业链进入国际先进行列。

在生物医用材料领域，实现高端组织修复和再生生物材料及关键原料国产化；纳米药物递送系统、药物控释装置、组织再生植入体等高端生物医用材料实现临床转化；完善类器官及3D生物打印技术；建立材料免疫效应理论体系，揭示材料结构与其调节免疫应答性能的规律；建立生物医用材料相关标准，提升我国该行业在国际标准化领域中的作用和地位。

4. 先进电子材料

在半导体材料领域，国产第三代半导体材料与器件在移动通信基站射频功率放大器等的国产化率达50%以上；在能源互联网、高速列车、新能源汽车、高效电能管理等领域的国产化率达70%。

在发光材料领域，开发具有自主知识产权的蒸镀有机发光二极管材料，包括红绿光主体材料及客体材料、蓝光主体及客体材料、空穴注入及传输材料、电子注入及传输材料、P型掺杂材料、阴极覆盖层材料，实现自主知识产权材料的批量供货。

在集成电路材料领域，攻克7nm节点以下芯片制造和先进封装材料成套关键技术和重点产品，逐步缩小与国际先进技术水平的差距，实现关键材料产业化与国际先进水平同步发展。建立完备的硅基光电子功能器件设计、制备方案、大规模集成方法，实现硅基光电子核心技术、集成能力、工艺平台和产业链的全面提升。

在激光材料领域，实现更大尺寸、更高质量晶体材料的智能化制备，开发超强超短激光、激光惯性约束核聚变等国家重大工程所需的大尺寸激光增益介质和非线性光学晶体材料，扩大我国在超强激光材料和超强激光技术领域的国际领先优势。

5. 前沿新材料

以原始创新为源头，国家重大发展需求为导向，把握材料科学发展规律，深入研究重大材料科学问题，立足学科和技术融合交叉，充分利用基础学科取得的重大成果，力争在前沿新材料方向取得重大理论和技术突破，研发出一批具有国际影响力的新材料、新技术，培养和建成一批具有世界影响力和先进水平的科学家和研究团队，实现前沿新材料由跟跑、并跑到领跑的转变。

6. 共性技术：材料基因工程

突破"卡脖子"材料和相关领域关键材料的设计、制备加工、性能预测的全链条和一体化的关键技术，开发具有通用性的国产集成驱动支撑软件、高通量多尺度计算方法和高通量制备检测装备。全面建成材料基因工程平台（国家实验室），形成"人工智能＋材料技术"的支撑体系和材料数据库，构建集中的、系统的、为社会提供材料数据的"数据工厂"，实现数据时代研发模式的变革[10]。

（三）保障措施

1. 加强顶层设计，加大对关键材料的研发力度

坚持创新驱动与产业需求相结合，设立重点先进材料研发及工程化等重大专项；加强国家对先进材料基础研究的投入，高度重视当前处于研发阶段的前沿新材料，适度超前安排；着力突破先进材料产业发展的工程化问题。同时，需防止出现"投资碎片化"，集中力量切实加强关键材料的保障力度。

2. 完善产业链条，构建产学研用相结合的产业发展机制

引导生产企业与科研院所、下游用户紧密合作，建立一批以重点企业为主体、上下游紧密合作、分工明确、利益共享、成员优势得到充分发挥的产学研用一体化产业联盟，形成从上游原料生产到先进材料加工，再到下游示范应用的完整产业链[11]。

3. 强化支撑新材料研发及应用的能力基础

完善国家质量基础设施，加强标准体系建设，提升标准的有效性、先进性和适用性；加强计量测试技术研究，完善国家新材料计量基标准和量值传递与溯源体系。深入实施国家新材料知识产权战略，完善重点领域知识产权布局，在关键领域形成一批高价值核心专利，持续提升知识产权创造、运用、保护和管理能力。

4. 建设新材料研发大科学装置

坚持创新驱动与高质量发展相结合，依托重点先进材料研发及工程化等重大专项，建设大功率脉冲激光器、超级计算机、强磁场实验装置等新材料研发大科学装置，并形成全国范围内高效、互通、共享的新材料研究大科学装置网络，降低新材料研发大科学装置的使用门槛。

5. 建设工程技术研究中心，以解决行业共性问题

针对新材料设计、制造、检验检测、技术成果转化等方面共性需求，依托大型企业构建统一的新材料工程技术研究中心，以作为新材料测试、评价、认证、标准、咨询、

大数据服务等能力的综合性行业服务平台，并与学术和产业部门联合制定服役性能及全生命周期成本指标体系。

（执笔人：万勇，黄健，姜山，中国科学院武汉文献情报中心）

（审稿人：万劲波）

参考文献

［1］ 刘艳丽，张博，陆颖，等．先进材料科技领域发展规划分析［M］//张志强．科技强国科技发展战略与规划研究．北京：科学出版社，2020：73-128.

［2］ 数字解读十大重点城市新材料产业布局［N］．中国企业报，2021-04-06（8）.

［3］ 屠海令，张世荣，李腾飞．我国新材料产业发展战略研究［J］．中国工程科学，2016，18（4）：90-100.

［4］ 谢曼，干勇，王慧．面向2035的新材料强国战略研究［J］．中国工程科学，2020，22（5）：1-9.

［5］ 钟文，郝帅．平台化资本化新材料迎来产业规划密集期及发展热潮［N］．中国企业报．2016-03-01（6）.

［6］ 郑金武．中国科研的优势和短板在哪里［N］．中国科学报，2020-11-16（4）.

［7］ 赵汉斌．材料基因工程引领我国材料科技创新［EB/OL］．（2019-11-15）［2021-01-27］．http://www.stdaily.com/index/kejixinwen/2019-11/25/content_819168.shtml.

［8］ 四部门发文扩大战新产业投资 明确提出支持高档五轴数控机床［J］．现代制造技术与装备，2020，56（10）：2-3.

［9］ 王志军．发展战略性新兴产业［N］．经济日报，2020-12-10（11）.

［10］ "中国工程科技2035发展战略研究"项目组．中国工程科技2035发展战略 化工、冶金与材料领域报告［M］．北京：科学出版社，2020.

［11］ 工业和信息化部原材料工业司．《新材料产业"十二五"发展规划》解读［J］．化工管理，2012（8）：39-43.

［12］ 国务院．国务院关于印发"十三五"国家战略性新兴产业发展规划的通知［EB/OL］．（2016-11-29）［2021-12-30］．http://www.gov.cn/zhengce/content/2016-12/19/content_5150090.htm.

［13］ 国家信息中心．战略性新兴产业形势判断及"十四五"发展建议（上）［EB/OL］．（2021-01-04）［2021-12-30］．https://www.ndrc.gov.cn/xxgk/jd/wsdwhfz/202101/t20210104_1264124.html?code=&state=123.

［14］ 国家信息中心．战略性新兴产业形势判断及"十四五"发展建议（下）［EB/OL］．（2021-01-04）［2021-12-30］．https://www.ndrc.gov.cn/xxgk/jd/wsdwhfz/202101/t20210112_1264810.html?code=&state=123.

Chapter 7 第七章
从制造强国战略看战略性新兴产业发展：高端装备制造业

党的十九届五中全会提出，要加快发展现代产业体系，坚定不移建设制造强国，推进产业基础高级化、产业链现代化；推动传统产业高端化、智能化、绿色化，发展服务型制造；发展战略性新兴产业，加快壮大高端装备等产业，推动先进制造业集群发展，构建一批战略性新兴产业增长引擎。

《"十三五"国家战略性新兴产业发展规划》中，高端装备制造业包括航天装备业、智能制造装备业、航空装备业、轨道交通装备业和海洋装备业五大类，与《"十二五"国家战略性新兴产业发展规划》中的高端装备制造业的范围基本一致。为进一步细化高端装备制造业所包含的具体类目，国家统计局发布了《战略性新兴产业分类（2018）》，明确了高端装备制造业细化目录，以及其与现行《国民经济行业分类》（GB/T4754-2007）的对照关系。进入新发展阶段，我国对高端装备制造业范围做出适当调整，将农机装备制造业、科学仪器与装备制造业纳入高端装备制造业，并在"十四五"时期乃至中长期进行培育发展。

一、高端装备制造业发展现状与问题

（一）智能制造装备业发展现状与问题

1. 发展现状

智能制造装备产业链日趋完善。"十三五"时期，我国智能制造装备业基本形成珠三角地区、长三角地区、环渤海地区和中西部地区这四大产业集聚区。一是机器人产量与应用市场规模不断扩大，我国已成为全球机器人重要的生产基地与消费市场，同时研发能力稳步提升，取得了一批标志性成果，工业机器人产量占全球产量的40%左右，应用市场份额占全球的三分之一,工业机器人密度快速提升,机器人应用场景不断拓展,智能化程度不断提高。二是数控机床产品种类和技术水平明显提升,质量和产量都有较大提升,可供市场的数控机床有 1500 种,几乎覆盖了整个金属切削机床的类别品种和主要的锻压机械,整体市场规模突破 3000 亿元。三是工业互联网作为智能制造的关键基础设施进入了实质发展阶段,市场规模达到万亿量级,推动整个制造业向智能化转型升级。人工智能技术与制造业深度融合,催生出智能装备、智能工厂、智能服务等应用场景。四是增材制造行业发展迅速,市场规模增长率达 50%。智能制造系统解决方案的市场规模持续增长,年均增长超过 20%,突破 2000 亿元。

2. 存在的问题

智能制造装备关键技术与产业基础薄弱,与发达国家存在较大差距。 伺服系统与控制器、减速器等上游核心零部件被国际寡头垄断,以精密减速机、伺服系统为代表的关键部件长期依赖于国外厂商。高端工业机器人的国产化应用不高,"四大家族"(发那科、ABB、安川、库卡)的市场份额占到 57%,国产自主品牌仅占 33%。同时,我国工业产业基础相对薄弱,高精度和超高精度数控机床加工能力较弱,智能制造装备的基础零部件、元器件、材料的工艺水平与工业发达国家相比存在较大差距,尤其在关键零部件、工业软件和操作系统等方面的核心技术积累薄弱。我国 3D 打印起步晚,3D 打印专用新材料与核心零部件严重依赖进口,关键核心技术受制于人。

(二)航空装备业发展现状与问题

1. 发展现状

航空装备业基础不断夯实,产业体系不断完善。 "十三五"时期,我国在航空科研试验基础设施建设、航空材料和基础元器件自主制造、航空发动机自主发展、民用飞机产业化,以及通用航空制造与运营服务协同发展等领域取得了多项成果,通过加强航空产品发展和提升产品运营服务,推动我国航空装备业不断夯实基础,航空装备业体系得到完善与巩固。

国产大飞机计划加快推进,带动相关产业规模持续扩大。 民用航空领域,90 座支线客机 ARJ21 持续批产交付,已完成订单 600 多架,开通航线 36 条;150 座干线客机 C919 进入试飞取证阶段,实现国产零部件占比接近 60%,累计订单已达 1000 架;中俄联合研制的 300 座双通道宽体客机 CR929 也在稳步推进。与此同时,我国航空装备产业规模持续扩大,有望突破千亿产值。其中,航空器整机领域发展潜力最大,产业规模占比超过 55%;航空零部件产业规模占比接近 30%;航空发动机及机载设备与系统的产业规模占比分别达 12% 和 4%。

通用航空政策利好,通航市场保持较快发展势头。 2019 年全国在册通用机场数量达到 246 个,通用航空器在册总数达到 3640 架,通用航空企业数 478 家,通用航空飞行员数达到 7749 人，通用航空飞行共 106.5 万小时，均较 2015 年有大幅提升。通用航空器年交付数量占全球比重 10% 以上，成为世界通用航空的重要增长极。

2. 存在的问题

航空装备业核心部件和配套体系整体落后于国外。整体而言，我国民用飞机制造产业正处于起步阶段，在全球的份额尚不足 1%；通用航空器中，国产航空器仅占 28%，其余 72% 均为国外或合资品牌。在核心零部件和机载设备系统等方面，很大程度上依赖国外技术或产品；航空发动机仍是航空装备产业发展的瓶颈，在性能、可靠性方面明显落后于外国产品；航空业配套体系也有待进一步健全。通用航空业总体处于初创期，面临低空管制政策、基础设施薄弱等制约，规模依然较小，与其他通用航空发达国家相比仍有很大差距。

（三）航天装备业发展现状与问题

1. 发展现状

运载火箭取得重大突破，技术水平达到国际先进水平。"十三五"期间，我国火箭技术攻关取得多项阶段性成果，新一代运载火箭取得显著进展，进入绿色无污染新阶段，运载能力达到世界一流水平。长征七号、长征五号运载火箭相继成功发射，长征十一号运载火箭成功实现海上发射，长征六号运载火箭创造我国一箭多星发射纪录并完成首次商业发射，长征八号运载火箭推动我国中型运载火箭更新换代并提升太阳同步轨道卫星发射能力。截至目前，我国运载火箭基本形成了重、大、中、小型系列化型谱，运载能力覆盖高、中、低轨，具备发射任意地球轨道有效载荷能力，整体技术达到国际先进水平，入轨精度、可靠性、适应性、安全性和环境友好性大幅提高。

商业航天取得瞩目成绩，民营航天加快发展。我国商业航天发射产业目前主要以航天科工集团所属火箭公司的"快舟"系列和航天科技集团的"长征"系列为主；北京星际荣耀空间科技有限公司研制的双曲线一号运载火箭发射成功，实现了中国民营运载火箭零的突破；蓝箭航天瞄准液氧甲烷运载火箭路线，已圆满完成"天鹊"80 吨级和 10 吨级发动机多项全系统热试车考核；北京翎客航天科技有限公司专注于可重复使用火箭研制，数次成功开展火箭低空飞行及垂直回收试验[1]。

卫星应用产业持续快速发展，产业市场规模加快壮大。"十三五"期间，我国共实施近 150 次宇航发射任务，带动通信、导航、遥感三大卫星应用领域市场规模不断扩大：北斗卫星导航系统提前半年实现全球覆盖，面向全球进入全面商业化阶段，带动我国卫星导航产业规模达到 4000 亿元；通信卫星已形成频谱范围广、卫星等级多、通信容量大的体系，推动高清视频卫星通信规模快速增长，拉动机载和车载通信需求提升，通信卫星行业规模突破 700 亿元；遥感卫星已成功发射 7 颗民用高分卫星，基本构建起我国自主高分辨率对地观测系统，初步形成全天候、全天时、时空协调的对地观测能力，遥感服务市场规模达到 200 亿元。

2. 存在的问题

商业航天发射的成本技术优势仍较为落后。在美、俄、欧、日等纷纷将降低发射成本作为其首要目标的背景下，我国尚未有可重复使用火箭进入应用阶段，发射成本较高，在商业发射单位报价等方面的竞争力较弱。从运载火箭发展趋势来看，模块化、通用化、系列化将成为运载火箭发展的主流方向，同时，快速、廉价、高效、可靠，以及无毒、无污染也是对运载火箭的发展要求。未来，伴随航天发射任务多样化的需求，运载火箭发射的快速响应能力将成为重要的技术发展趋势。

卫星应用领域有待拓宽，服务质量有待提升。由于我国卫星应用产业起步较晚，卫星性能和技术水平有待提高，尤其要加快构建面向新一代信息技术和产业变革需求的卫星平台谱系。此外，我国卫星商用化和民用化远远落后于发达国家，亟须拓宽应用领域和提升服务质量。

（四）轨道交通装备业发展现状与问题

1. 发展现状

轨道交通装备制造体系初步形成，市场规模不断壮大。"十三五"期间，我国高铁和城市轨道交通快速发展，成为国家公共交通和大宗运输的主要载体，带动轨道交通装备产业发生质的飞跃，市场规模不断扩增，已经形成了自主研发、配套完整、设备先进、规模经营的集研发、设计、制造、试验和服务于一体的轨道交通装备制造体系。2019 年我国轨道交通装备市场规模突破 7000 亿元。

轨道交通装备业不断取得技术突破，国产化率显著提升。依托数字化、信息化技术平台，广泛应用新材料、新技术和新工艺，重点研制安全可靠、先进成熟的绿色智能谱系化产品，不断拓展"制造+服务"商业模式，开展全球化经营，建立起世界领先的轨道交通装备业创新体系[2]。2017 年 12 月，中车大连电力牵引研发中心自主研制了我国第一枚轨道交通控制芯片并通过测试，使中国高铁列车制造摆脱对国外芯片的依赖；此外，一批关键零部件制造技术水平不断提高，动车转向器、高速车轮、刹车闸片、连接器等国产化水平显著提高。中国中车在全球轨道交通装备业中的比重跃升至 53%，远高于世界其他竞争对手。

2. 存在的问题

轨道交通装备制造自我转型压力增大。目前，美国、俄罗斯、巴西、南非等国家相继推出轨道交通建设及设备更新换代计划，全球轨道交通装备市场呈现出强劲增长态势。轨道交通装备业将沿着"高速、重载、绿色、智能"的方向发展，全球领先的轨道交通装备制造企业均已开始实施产品数字化设计、智能化制造与信息化服务，并广泛应用新材料、新技术和新工艺，积极发展标准高速动车组、城际快速动车组、现代有轨电车、中低速磁悬浮列车等绿色智能轨道交通车辆[3]，我国也将继续推进重点产品与先进技术研发，完善相关技术装备标准化工作，引领全球轨道交通装备业发展。

（五）海洋装备业发展现状与问题

1. 发展现状

海洋装备制造水平大幅提升，新型海洋装备取得突破。"十三五"时期，我国海洋装备制造水平不断攀升，已经成为海洋装备制造大国，承接的各类海洋装备数量与金额不断增加，全球市场份额占比接近一半。在高价值量的 FPSO、LNG 动力守护供应船、LNG 浮式再气化驳船等油气相关海洋装备，以及海上风电安装平台、自升式海洋牧场平台、海上风电多功能抢修船、海上风电安装船和智能化渔场等新型海洋装备领域取得突破[4]。

2. 存在的问题

海洋装备的高端化、产业化、体系化亟待加强。与欧美垄断海洋装备研发、设计、关键设备制造和韩国、新加坡在高端海洋装备模块建造与总装领域占据领先地位相比，我国仍处于全球海洋装备第三梯队。我国还主要是从事浅水装备建造，并开始向深海装备进军。此外，我国海工设备综合性、系统性、国产化的研发制造和产业化体系均不够完善；海洋装备产业产能总量大，但存在产能结构性过剩、制造水平有待提高等问题，向产业链高端发展迫在眉睫，产业升级转型亟待创新突破㊀。

（六）其他高端装备制造业发展现状与问题

1. 发展现状

规模应用市场带动了农机装备和科研仪器装备产业发展。当前，我国已成为农机装备第一生产大国和使用大国，国内生产的产品能够满足 90% 的国内市场需求，产业规模凸显。高端科研仪器装备的创新、制造和应用水平，也是一个国家科技实力和工业实力的重要标志，对于支撑创新活动乃至经济社会发展都有较大的作用㊁。我国科研仪器技术研究与产品开发工作取得较大进展，在全国各地争相布局大科学装置，打造综合性科学中心和科技创新中心的背景下，势必对科研仪器装备的需求带来促进作用，抓住机遇推动高端科研仪器装备产业发展刻不容缓。

㊀ 发表于《中国海洋报》(2019-10-24) 的"展示海洋科技新成果高精尖技术扎堆亮相"。
㊁ 报道"高端科研仪器国产化值得期待（科技视点·"关注高端科研仪器国产化"（上））"。

2. 存在的问题

农机装备种类少、水平低问题突出。 农机装备种类缺少表现在：主粮作物装备多，经济作物装备少；适应平原用装备多，适用丘陵山区装备少；小功率、中低端装备多，大型化、高端装备少；单体农机装备多，高效复式作业装备少。此外，农机装备制造水平落后，加工精度差，产品故障率高，自动化和智能化程度低，整体发展水平较为落后。

科研仪器装备与国际水平存在很大差距。 全球科研仪器市场基本由少数几个国家的大型企业主导，美国化学会旗下《化学与工程新闻》杂志公布的全球仪器公司 TOP20 排位榜中，有 8 家是美国公司，7 家来自欧洲，5 家位于日本。在高端科研仪器领域，常用的高分辨质谱仪等大型分析仪器、大部分的生命科学仪器如磁共振成像仪、超分辨荧光成像仪、冷冻透射电镜等仍大量依靠进口㊀。

二、新时期高端装备制造业面临的新形势与新要求

装备制造业承担着为国民经济各行各业提供装备的重任，高端装备制造业作为提升装备制造水平的抓手，具有核心技术水平高、市场前景广阔、带动系数大和综合效益好等诸多特征，对提升装备制造业整体规模和技术水平、增强各产业竞争力和促进经济高质量发展具有重要作用。

面对错综复杂的不确定性内外环境，我国提出要"加快形成以国内大循环为主体、国内国际双循环相互促进的新发展格局"[5]。这对"十四五"及中长期我国高端装备制造业的发展提出了新要求。

（一）数字化与智能制造

在新一轮科技革命的引领下，大数据、物联网、云计算、人工智能等新一代信息技术快速发展，并向制造领域延伸。美国、德国、日本等制造强国纷纷提出制造业数字化、智能化战略，加快推动新一代信息技术与制造技术深度融合发展，研发出一批具有深度感知、智慧决策、自动执行等功能的智能制造装备和产品；也借助工业互联网等技术推进制造过程智能化，建设了一批智能工厂和数字化车间；通过数字技术在制造业全流程和全产业链的综合集成应用，全面提升了制造业的研发、制造、管理和服务的智能化水平。因此，加快装备制造业的数字化和智能化，发展智能制造装备并促进智能制造装备在高端装备制造业中的融合应用，是"十四五"及中长期高端装备制造业的发展重点之一。

㊀ 报道"高端科研仪器国产化值得期待（科技视点·"关注高端科研仪器国产化"（上））"。

（二）服务化与服务型制造

新一代信息技术与制造业的深度融合，也引发了制造业发生深刻的变革，形成了新的生产方式、产业形态和商业模式。制造业正在向服务化方向发展，服务型制造已成为制造业转型升级的重要方向，推动制造业从单纯出售产品向出售"产品+服务"转变、由提供产品售后服务向提供全生命周期管理转变、由提供设备向提供系统解决方案转变。网络众包、协同设计、大规模个性化定制、精益供应链管理、网络化协同制造、全生命周期管理、信息增值和智能服务等服务型制造模式加速重塑产业价值链体系，提高全要素生产率、产品附加值和市场占有率，进而提升制造业的整体竞争力。因此，推动制造业服务化，成为"十四五"及中长期高端装备制造业转型升级和创新发展的重大机遇和要求。

（三）绿色化与绿色制造

在全球变暖、环境恶化、资源紧缺、生物多样性减少等资源环境问题日益严峻的时代背景下，考虑环境保护和可持续发展的绿色制造成为制造业发展的重要趋势。绿色制造将绿色理念贯穿到产品的设计、制造、包装、运输、使用以及回收再制造的全生命周期过程中，从而降低制造对环境的负面影响，提升资源利用率。绿色制造体系包括绿色设计方法与工具、绿色制造过程建模与集成、绿色制造工艺、加工设备及其工艺装备、绿色制造的评价指标体系与评价方法、废弃产品的拆卸和回收及其再利用、绿色制造经济性分析方法及软件等核心技术[6]。近年来，欧美发达国家积极研发绿色制造新技术，关注绿色制造发展模式和绿色制造相关标准体系，我国也在制造强国战略中强调要推行绿色制造，也为"十四五"及中长期高端装备制造产业高端化、绿色化发展提出了更高要求。

（四）技术与产业链安全

当今世界，新冠肺炎疫情蔓延导致全球经济严重衰退，全球产业发展失序动荡，给产业链和供应链的循环、畅通、安全带来诸多挑战。同时疫情之下，美国对中国的遏制全面升级，从贸易领域延伸扩展至科技、金融、经济、政治、外交、军事等诸多领域，我国重点领域所需的高端零部件及关键材料面临"断供"。当前，重振以装备制造业为主体的实体经济已经成为大国博弈的战略重心。高端装备制造业具有技术领先性，同时也代表着国家的科技水平与经济实力，因此我国高端装备制造业被美国重点关注。美国凭借对核心技术和产业链关键环节的精准控制，给我国高端装备制造业发展带来严峻挑战和安全风险，关键核心技术和产业链短板问题更加凸显。突破"卡脖子"技术与化解产业链"断链"风险，是"十四五"及中长期我国高端装备制造业发展的重点。

三、新时期高端装备制造业的发展目标、任务与措施

(一) 发展目标

面对新一轮科技革命与产业变革的历史契机及错综复杂的国际发展环境，我国高端装备制造业既面临难得的发展机遇，也面临十分严峻的风险挑战。"十四五"时期，高端装备制造业的发展思路建议如下：

1. 加强重点领域关键核心技术突破，保障产业链安全

始终坚持创新发展的主线，突破重点领域关键核心技术，强化原始创新，提升核心技术自主可控能力；加强技术产业化应用和标准制定，促进创新链与产业链深度融合，优化创新链与产业链布局，加快"引链""补链""强链""铸链"，提升产业链控制能力。

2. 推进重点领域数字化转型，提升高端装备智能制造水平

加强新一代信息技术在高端装备制造领域的应用，顺应制造业数字化转型趋势，促进我国高端装备制造业数字化、智能化发展；加快突破智能制造装备硬件和软件系统瓶颈，加强智能制造装备在航空航天、轨道交通等高端装备制造业和其他战略性新兴产业的推广应用。

3. 深化制造与服务融合，促进高端装备制造高质量发展

加强高端装备制造服务模式创新探索，深化信息技术服务应用，提升装备制造效能，拓展装备服务能力，推动高端装备业向价值链高端延伸，提升其对国民经济各行业的支撑作用。

4. 强化绿色制造理念，推动高端装备制造全生命周期绿色化

构建高效、清洁、低碳、循环的绿色制造体系，加快高端装备制造业绿色化改造升级，发展循环经济和再制造产业，构建绿色制造标准体系，强化全生命周期绿色管理，提高资源回收利用效率。

"十四五"时期，突破高端装备制造关键技术，有效缓解产业链安全风险，大幅提升国产化水平，高端装备制造业规模超过 30 万亿元。以高端装备制造业为突破，提升中国制造的含金量，完成制造业由大变强的历史跨越，初步实现制造强国的目标。

(二) 主要任务

"十四五"及中长期，我国高端装备制造业涵盖领域需要根据发展阶段和现实需求做出相应调整，除了延续"十三五"时期的智能制造装备、航空装备、航天装备、轨道交通装备、海洋装备等几大领域之外，建议增加农机装备和大科学仪器装备两大类。

1. 智能制造装备领域

一是提升智能制造装备技术水平，提高国产化率。 重点提升国产机器人、高档数控机床等智能制造装备的性能和质量，加快国产智能制造装备向更多场景拓展应用，提高国产化率，降低对进口智能制造装备的依赖，保证产业链和供应链安全，加快高端装备制造业的数字化和智能化进程。同时，围绕我国在工业软件和操作系统方面的短板，重点支持 EDA、MES 等核心工业软件及智能终端和云操作系统的研发，并通过打造产业应用生态体系、基础共性软件平台、开源软件生态等手段来培植国产软件的竞争力。

二是依托智能制造装备开展服务模式创新，促进产业发展。 重点通过制造与服务融合创新，推进智能制造服务能力提升和产业化应用，从设计、制造、供应链和全生命周期各环节进行智能化和服务化赋能：面向智能制造设计需求，搭建网络化协同设计平台和智能制造公共服务平台，开展众创、众包、众设等新型服务模式，提供个性化、交互式的数字设计仿真服务，增强定制设计和柔性制造能力；打造共享制造平台，发展云制造等新型制造模式，推进制造资源和制造能力的虚拟化和共享化，提供规范、标准、可共享的制造服务；建设供应链协同平台，利用区块链技术促进供应链各环节数据和资源共享，推动供应链标准化、智能化、协同化发展；建设贯穿产品全生命周期的数字化平台，提高产品生产数据分析能力，提升智能制造水平，拓展在线监测、数据融合分析和产品升级服务。

2. 航空装备领域

重点加快自主创新、实现自主突破，补短板、强链条、增能力、扬优势，通过加强核心技术攻关和培育健全产业体系，补齐国内航空装备产业的空白，发挥后发优势，实现部分航空装备产品进入全球第一梯队。

一是加强航空装备技术突破和数字技术应用。 重点加快航空发动机及其关键核心技术自主突破，多技术路径共同实现产业化，满足航空装备业发展需求；同时加强航空机载系统设备的自主保障能力，健全航空装备研发、设计、制造、装配、试验、试飞、维修、配套、运营、服务等配套体系。加强数字孪生、5G、区块链等新一代信息技术与航空装备制造技术的融合，建立高效的飞机研制生产管理模式，推动大型客机、通用飞机、直升机、特种飞行器，以及电动航空器、行业级无人机等新型航空装备的开发和研制，利用数字化技术提高研发效率，巩固和扩大行业及产品领先优势。

二是推进航空装备服务创新。 发展精益供应链管理、关键核心部件智能监测和预测性维护、航空装备整机全生命周期管理、航空融资租赁等服务模式，支持航空装备整机企业联合产业链上下游企业开展远程在线监测/诊断、健康状况分析、远程维护、故障处理，以及产品回收再制造、再利用等专业化服务；支持航空装备制造企业与金融租赁公司、融资租赁公司加强合作，面向民航和通用航空领域提供航空融资租赁服务，加快通用航空市场开发。

3. 航天装备领域

一是加快航天装备技术突破。发展新一代重型运载火箭和小型快速发射运载火箭，开展运载火箭可重复使用技术攻关，加快突破飞行器回收利用和重复使用技术；提升卫星性能和技术水平，打造高性能遥感、导航和通信卫星平台。

二是提升航天产业服务能力。重点围绕航天装备开展一系列服务，提升航天产业链发展水平和商业航天系统能力，做强做大卫星及应用产业链。第一，面向国际商用发射市场，提升运载火箭定制化服务能力。加快完善火箭型谱，通过模块化生产和定制化组合，推进运载火箭系列化、型谱化发展；加强运载火箭的通用化、组合化和系列化设计，形成发射可靠性高、运力覆盖范围广、任务灵活性高的运载火箭系列，大幅缩短发射准备周期和任务间隔，降低发射成本，提高组批发射能力，提高竞争力并抢占国际商用市场。第二，加快打造"设计—制造—运营—应用—服务"五位一体的天基互联网/物联网产业生态，服务我国空天地融合信息网络建设，为全球用户提供低成本、高质量的天基物联网应用解决方案。第三，拓展卫星应用领域，创新基于卫星应用的服务业态。统筹空间系统和地面系统，建设全域感知、全球覆盖的卫星遥感系统、通信系统和导航系统，推动高分辨遥感卫星、高精度导航卫星、高带宽通信卫星等空间有效载荷的商业应用以及在应急、减灾、农业、海洋、城市等的综合应用示范。

4. 轨道交通装备领域

面向轨道交通装备发展趋势，进一步提升轨道交通装备关键技术和产业链现代化水平，强化我国优势地位。

一是突破关键共性技术与核心零部件。进一步加强新技术、新工艺、新材料的应用，加快轻量化、高分子材料和复合材料在轨道交通装备产业中的应用，持续深入研究新型储能系统、多能源混合驱动为代表的绿色节能技术，以及EMC、噪声和振动等共性技术。突破关键核心零部件，加快突破时速400公里级高速列车变结构转向架和轴箱总成、时速250公里级中国标准动车组变流系统和牵引系统、30吨级轴重重载交流传动电力机车车体和悬挂装置、新一代货车转向架及制动装置。

二是构建标准体系与自主可控的产业链体系。研制先进可靠的重点产品，加快3万吨级重载列车、时速250公里级高速轮轨货运列车、智能型双流制城轨列车等重点产品的研发。建立完善的轨道交通装备技术标准体系，推动系列化标准地铁列车研制和推广应用，实现80km/h、120km/h两个速度等级的A型车、B型车两个型号四种车辆的标准化，形成批量生产能力和自主可控的完整产业体系。

三是提升总集成总承包服务能力，提供系统解决方案。增强轨道交通装备企业的咨询设计、项目承接等能力，加强标准化地铁车辆示范线或示范城市建设、"一带一路"国际产能和轨道交通装备制造的合作，积极承接重点工程和重大项目，研发多种制式交通运输系统、城市轨道交通网络化互联互通全自动运行系统、城市轨道交通健康管理（智能运维）系统、基于车车通信的列车自主运行系统和基于5G通信的智能通信综合承载系统等，通过提供专业化、系统化、集成化的系统解决方案，带动轨道交通装备制造业关键核心技术创新和重大装备整体发展，全面提升竞争力。

5. 海洋装备领域

发展面向不同需求的高技术船舶、大型海洋工程装备、水下运载及作业装备，不断优化海洋装备业发展模式，培育新的经济增长点，加快调结构、去库存、补短板、创品牌，提升国际竞争力。

一是加强数字孪生等新一代信息技术在辅助设计、制造、测试等环节的应用，加快关键技术突破。着力实现钻井船、半潜式生产平台、深水FPSO、动力定位系统及深水钻井设备等重大装备的研发、设计和制造；重点研发遥控潜水器及作业、自治水下机器人、载人运载器等领域关键技术；加快推进5000米级深海载人潜水器、深水强作业能力遥控潜水器、系列小型化/低成本/远程水下运载器以及海上救捞作业等关键技术和装备的研发。

二是加快建设海洋装备产业集群，打造完整的产业链条。建设可移动钻井设施、浮式生产设施、深水钻井设备等产业化基地，重点发展包括海洋移动钻井平台（船舶）、浮式生产系统、海洋工程作业船和深海装备等设备和配套系统，积极推进自主设计的自升式钻井平台、半潜式钻井平台、深水铺管船等装备的产业化应用。大力发展水下装备，初步形成4500米级水下运载及作业装备产业化基地与企业集群。

三是加快发展海洋探测/检测装备产品与服务。重点发展适合水下复杂环境的探测/监测设备及软件，积极推进大宗和关键性海洋参数传感器、系列测量仪器设备、仪器观测平台与集成系统的产品化进程，加快发展海洋监测信息处理、数据产品分发应用与服务等软件。在基础传感器、海洋动力和生态仪器、海洋声学、海洋观测集成系统、锚系浮标、水下运动观测平台、公用辅助材料和部件等领域培育若干服务型龙头企业，提升我国海洋探测/监测能力。

6. 农机装备领域

提升农机装备种类和质量水平，促进农机装备数字化、智能化发展，支持智慧农业发展。

一是打造先进、完备、适用的农机装备产业体系。围绕粮、棉、油、糖等大宗粮食和战略性经济作物的育、耕、种、管、收、运、贮等主要生产过程，研发先进完备、适用的各类农机装备，推进农机装备产业链上下游企业协同攻克基础材料、基础工艺、关键技术等"卡脖子"问题㊀，形成协同高效的产业链。

二是强化农机装备检验检测公共服务，提升装备质量可靠性。建立健全农机装备检

㊀ 《国务院关于加快推进农业机械化和农机装备产业转型升级的指导意见》（国发〔2018〕42号）。

验检测认证体系,支持重点地区建立检验检测认证公共服务平台,加强工程实验室验证体系能力建设,面向农机装备零部件和整机开展安全性、环境适应性、设备可靠性及可维修性等试验测试[一],强化对农机装备在不同服役环境、工况环境下的工程验证与检验测试。

三是面向农业生产提供信息化整体解决方案,发展智慧精准农业。推动农机装备与地理信息系统、北斗导航系统、遥感系统及农业物联网技术的融合应用,提高农机装备信息收集、智能决策和精准作业能力,推进农业生产系统数字化,发展农田数字高清地图、导航网络、农业物联网设备等农业生产数字基础设施,开发自主控制的农业无人装备,基于智能化农机装备开展专业化智慧农业服务。

7. 大科学装置与科研仪器装备领域

大力推动大科学装置和科研仪器国产化,降低对国外科研领域仪器装备的依赖度,满足各领域科研活动的需求,实现关键科研仪器装备自主可控。

一是加强大科学装置与高端科研仪器装备的自主研制。前瞻部署大科学装置的原理探索、技术攻关、工程验证等预研工作。在基础科学重点领域,加强大科学装置先进性和筹备论证,启动若干大科学装置研究建设,提升我国大科学装置自主研制水平;强化高端科研仪器前期基础研究,推进关键部件和主机研发及工程化,增强国产仪器的灵敏度、精确度、稳定性和可靠性等性能指标。

二是做强高端科研仪器产业链,面向国内高端科研仪器应用市场提供系统解决方案。加强高端科研仪器成果在生命科学、药物发现、化学品、金属和材料科学等领域的国产化推广应用,加强前端研发设计、后端维护和耗材配套服务保障,提供操作系统软件、实验室软件、过程分析软件等系统解决方案。以自主研制和系统服务为抓手,提升我国科研仪器装备制造水平。

(三) 保障措施

做强高端装备制造业,必须加快突破关键核心技术,顺应数字化、智能化、服务化、绿色化发展趋势,依托国内大规模应用市场,培育完整产业链,打造若干高端装备制造业集群和产业化基地,为国民经济各行业提供高质量装备产品和服务支撑。

1. 支持开展关键技术攻关

遴选一批关键核心技术纳入国家科技计划项目,给予财政资金支持,鼓励行业龙头企业和产业链主导企业牵头打造行业共性技术研发平台,与高端装备需求方共同成立创新联合体并开展联合攻关,鼓励企业加大研发资金投入,实施支持性税收优惠,引导社会资金参与技术攻关,夯实产业技术基础推进高端装备业生产数字化和装备数字化。

[一] 《国务院关于加快推进农业机械化和农机装备产业转型升级的指导意见》(国发〔2018〕42号)。

2. 支持开展数字技术融合

加强数字化新型基础设施建设，鼓励高端装备制造企业进行数字化改造，推进大数据、工业互联网、云计算等数字技术与高端装备制造技术融合，推动云平台建设，鼓励建立基于制造流程的数字孪生体，开展数字化辅助设计和制造，打造数字化供应链，大力发展智能制造。

3. 支持开展服务应用创新

落实和完善使用首台（套）高端装备或基于首台（套）装备开展相关服务的鼓励政策，进一步扩大国产装备应用市场。为高端装备制造企业开展相关服务提供良好的政策环境和公平竞争的市场环境，鼓励金融机构创新金融产品，通过融资租赁等产融结合方式促进制造服务创新。

（执笔人：朱永彬，中国科学院科技战略咨询研究院）
（审稿人：万劲波）

参考文献

[1] 央广网. 问鼎苍穹创新引领"十三五"中国航天[N]. 科技日报, 2020-09-28.
[2] 工业和信息化部. 轨道交通装备制造业应率先开创发展新模式[N]. 中国工业报, 2015-07-16.
[3] 秦向东. 加快陕西轨道交通产业集群发展的建议[J]. 西部大开发, 2020-11-04.
[4] 中国水运网. 闲置海工船能否"动"起来？[N]. 中国水运报, 2019-02-01.
[5] 宋大伟. 新阶段我国战略性新兴产业发展思考[J]. 中国科学院院刊, 2021, 36（3）: 328-335.
[6] 陶永, 李秋实, 赵罡. 面向产品全生命周期的绿色制造策略[J]. 中国科技论坛, 2015-11-06.
[7] 国务院. 国务院关于印发"十三五"国家战略性新兴产业发展规划的通知[EB/OL]. (2016-11-29)[2021-12-30]. http://www.gov.cn/zhengce/content/2016-12/19/content_5150090.htm.
[8] 国家信息中心. 战略性新兴产业形势判断及"十四五"发展建议（上）[EB/OL]. (2021-01-04)[2021-12-30]. https://www.ndrc.gov.cn/xxgk/jd/wsdwhfz/202101/t20210104_1264124.html?code=&state=123.
[9] 国家信息中心. 战略性新兴产业形势判断及"十四五"发展建议（下）[EB/OL]. (2021-01-04)[2021-12-30]. https://www.ndrc.gov.cn/xxgk/jd/wsdwhfz/202101/t20210112_1264810.html?code=&state=123.

第八章 Chapter 8
从交通强国战略看战略性新兴产业发展：新能源和智能汽车产业

新能源和智能汽车产业是指以新能源汽车为基础，不断发展和丰富智能网联功能，形成以新能源汽车和智能网联汽车为代表的下一代汽车产业。从产业范围来看，新能源和智能汽车产业主要包括新能源汽车和智能网联汽车两个重要组成部分，是支撑我国交通强国战略的重要载体。目前，我国新能源汽车产业经历了十多年的培育发展，产业链基本成熟，产业发展已经从政策推动转向市场引领；而智能网联汽车产业发展还处于起步阶段，产业规模仍旧偏小、功能渗透率较低、技术标准法规有待进一步完善[1]。

一、汽车产业发展现状与问题

（一）汽车产业进入转型初期，新能源汽车和智能汽车产业探索式发展

1. 汽车销量冲高回落，结构性调整成为发展主线

2017年，我国汽车年销量达到2888万辆，达到历史销量最高峰，但从2018年开始，整体销量开始出现下滑，2018年下滑2.8%，2019年下滑8.2%。受新冠肺炎疫情影响，2020年汽车销量进一步下滑，总销量为2531万辆，下滑1.8%，"十三五"期间，我国汽车销量冲高回落，2020年汽车销量回到了"十二五"末期的水平，如图8-1所示。

从汽车销量的细分结构来看，整车销售价格向上浮动，售价高于15万元的车型销售占比显著提升。2016年，售价15万元以上的车型销量占比仅为24.7%，而到2017年，同价格区间车型的销量占比上升到了34.5%。三大主流豪华品牌（奔驰、宝马、奥迪）的国内销量数据在"十三五"期间也保持了不同程度的增长，与"十三五"后期整

车销量下滑形成鲜明对比,如图 8-2 所示。"十三五"期间,消费者的购车需求发生了显著的转变,从购买自己的第一辆车,转变为购买更高品质的车,购车需求的变化使得消费者购车决策更加谨慎,从而导致整车销售下滑。由于高品质车型需求的增加,车辆售价也相应提升,整体变化以结构性调整为主。

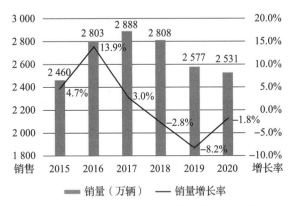

图 8-1　2015～2020 年中国汽车销量及增长率

数据来源:中国汽车工业协会

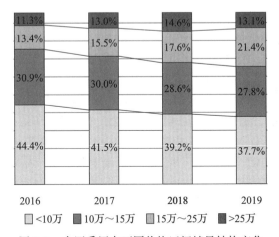

图 8-2　中国乘用车不同价格区间销量结构变化

数据来源:乘用车市场信息联席会

2. 自主品牌乘用车市场份额不断压缩,合资高端品牌逆势增长

在过去的十几年中,国内涌现出一大批自主品牌车企,车辆价格较低,但车辆品质同合资品牌车型存在一定差距。在"十三五"的结构调整期内,随着消费者对于车辆品质要求的提升,消费者购车倾向于合资品牌和外资品牌,自主品牌乘用车销售占比逐年下降。2019 年,自主品牌乘用车的销售占比仅为 39.2%,达到了历史最低,如图 8-3 所示。相比之下，豪华品牌的乘用车销售占比正在逐步提升。2019年，全国汽车整体销量下滑8.2%，而奔驰汽车增长6.2%，宝马汽车增长13.1%，奥迪汽车增长4.2%。在消费升级的大背景下，曾经的低价策略不再奏效，国内自主品牌车企受到严峻的挑战。

3. 新能源汽车渗透率快速提升，产业链不断完善

在整车销量下滑的趋势下，新能源汽车销量快速增长，如图8-4所示。2016年，全国新能源汽车销量仅为50.7万辆，2020年已经增长到了136.7万辆。新能源汽车的渗透率也在

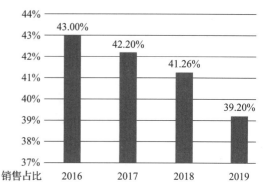

图8-3 自主品牌乘用车销量占比

数据来源：乘用车市场信息联席会

逐年提升，2016年新能源汽车新车销量占比不足2%，而到2020年，新能源汽车新车销售占比已经达到了5.4%。特别是在充电基础设施较为完善的一线城市，用户对于新能源汽车的认可度显著提升，特斯拉Model 3、五菱宏光MINI EV等热门车型也在逐步改变早期消费者对于新能源汽车的不良印象。在新能源汽车销量高速增长的背后，是逐步建立起来的完整的新能源汽车产业链，我国目前已经建立了完整的核心三电系统产业链，动力电池及上游动力电池材料出货量位居世界前列。

智能网联汽车加速普及，智能化程度显著提升。"十三五"期间，智能网联汽车加速发展，车载大屏逐步成为新车标配，新车联网比例快速提升。高级驾驶辅助系统（ADAS）从豪华品牌的高端车型可选配置逐步变成中低端品牌热销车型的标配，ADAS的渗透率呈现快速增长。特别是L2级自动驾驶中最基本的自动紧急制动（AEB）、自适应巡航控制（ACC）功能，在"十三五"末期已经渗透到国产品牌的中档车型。与此同时，自动驾驶等级也在快速提升，在部分测试环境下，L4级自动驾驶已经基本实现，部分城市已经启动了公共城市道路的RoboTaxi试运营。

（二）产品竞争力和基础设施建设不足成为产业面临的主要问题

1. 新能源汽车竞争力不足，动力电池安全问题亟待解决

新能源汽车保持较快增长，新车销售占比不断提升，但相比于传统燃油车，新能源汽车的产品竞争力仍显不足，无法实现规模化替代。虽然动力电池成本已经显著下降，但新能源汽车整车购车成本仍远高于燃油车，导致新能源汽车在替换燃油车时不具备竞争力。随着动力电池能量密度的提升，整车续航里程已经达到700km以上，在高端车型中，续航里程已经不再是影响消费者购置新能源汽车的因素，但随着高镍三元电池的

应用，新能源汽车的安全问题凸显。2019年，新能源汽车自燃事件发生了几十起，蔚来、特斯拉等高端电动车频繁自燃，引起了人们对动力电池安全问题的广泛关注。新能源汽车对传统燃油车的竞争力问题和动力电池的安全问题，成为当前我国新能源汽车进一步发展亟待解决的重要问题。

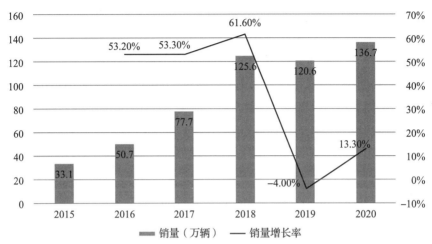

图 8-4　2015～2020 年中国新能源汽车销量及增长

数据来源：中国汽车工业协会

2. 自主车企高端品牌缺失，新能源汽车产能利用率不足

在消费升级背景下，消费者对于汽车品质的要求逐步提升，消费者的购车意愿更加倾向合资和外资的高端品牌，这对于缺少高端品牌的自主品牌车企来说影响巨大。过去十几年中，国产自主品牌推出的低价格、低品质的国产车型对自身的品牌带来较大伤害，未来几年，打造高端品牌将是自主品牌车企的重要发力点之一。2015～2017 年，全国范围内掀起了新能源汽车造车热潮，大量新能源汽车整车项目落地建设，国内传统车企也纷纷转型新能源汽车造车，导致新能源汽车产能过剩。据不完全统计，2020 年，全国新能源汽车总体产能（含规划产能）超过 1000 万辆，而 2020 年全国新能源汽车销量仅为 135.7 万辆。国内存在一大批研发能力不足的整车制造企业，这些企业没有能力也没有资金研发生产出满足市场需求的车辆，大量的工厂和生产线处于闲置状态。如何激活闲置产能，提高现有产线利用率，是我国新能源汽车产业发展面临的另一个重要问题。

3. 充电基础设施仍需完善，新能源汽车认可度有待提升

随着新能源汽车保有量的提升，新能源汽车充电问题日益突出。根据中国电动汽车充电基础设施促进联盟的数据显示，截至 2019 年 12 月全国充电桩保有量 121.9 万台，车桩比为 3.4∶1，距车桩比 1∶1 的发展目标还存在较大差距㊀。新能源汽车充电难问题

㊀ 关于印发《电动汽车充电基础设施发展指南（2015-2020 年）》的通知。

依旧是影响广大消费者购车的主要因素之一。早期，新能源汽车存在续航里程不足、整车质量不佳、产品价格较高和基础设施建设欠缺等问题。随着动力电池技术的快速迭代，新能源汽车的价格逐步下降，产品品质也实现快速提升，全球各大汽车集团纷纷推出新能源车型，消费者对于新能源汽车的认可度得到一定的改善。但充电难问题依旧影响着消费者的购车决策，逐步解决充电基础设施问题，改变消费者的用车习惯，提升消费者对新能源汽车的认可度，是进一步推广新能源汽车需要解决的另一重要问题。

4. 智能网联汽车标准体系不够完善，商业模式有待探索

汽车产业智能化和网联化转型相比于电动化发展起步较晚，但由于消费者需求旺盛，转型动力更为强劲，无论是传统整车企业、造车新势力还是科技公司在汽车智能化方面均投入了大量的研发力量。由于智能网联汽车涉及汽车、通信、道路建设和云端服务等多个领域，大部分行业技术应用到汽车领域需要建立全新的技术标准，行业之间的技术融合也需要统一的通信协议。汽车产品对于安全性要求较高，所以底层的标准至关重要。2017～2020年之间，工业和信息化部牵头发布《国家车联网产业标准体系建设指南》系列文件，指导智能网联汽车的标准体系建设。目前相关行业标准体系正在制定中，但还不够完善，离产品规模化应用还存在一定的差距。由于标准体系尚不完善，产品和服务相对较少，部分企业通过试运营的方式尝试智能网联汽车的商业模式，例如网约车、自主代客泊车、Robotaxi等，但目前大部分商业模式都处于探索阶段，盈利模式尚不清晰。随着智能网联汽车技术成熟度的提升和基础设施建设的不断完善，商业模式的探索将会越来越多，只有具备良好商业模式的项目，才能实现长期的发展。

二、新时期新能源和智能汽车产业面临的新形势与新要求

（一）汽车产业扩大开放，面对激烈的外部竞争，应重视技术研发与品牌的高端化

我国正在进一步扩大汽车产业开放程度。2018年4月，习近平总书记在博鳌论坛上宣布，中国将进一步扩大开放，并将放宽汽车行业外资股比限制。同年，国家发展和改革委员会发布公告称，将于2018年取消专用车、新能源汽车外资股比限制；2020年取消商用车外资股比限制；2022年取消乘用车外资股比限制，同时取消合资企业不超过两家的限制。这意味着，中国将在2022年实现汽车产业的全面对外开放。2018年，特斯拉项目落户上海，成为国内第一个外资独资的新能源汽车整车项目。宝马也通过股权收购的方式，计划将股权占比提升到75%，进而掌握了对华晨宝马的绝对控制权。汽车产业扩大开放，对我国整车企业带来了较大的竞争压力，同时也为产业结构调整带来了更多的动力。

汽车产业全面开放将加剧汽车行业竞争，加速企业的优胜劣汰。2022年，外资股比全面放开，合资企业不超过两家的限制也彻底取消，外资品牌车企将有可能重新评估

自身与合资方在中国合资公司的贡献比例,进行股比调整。对于以往过于依赖外资车企技术的国内企业,有可能在调整中丧失部分利润甚至被完全淘汰。因此,整车企业的竞争力将完全取决于该企业在技术、产品、渠道等方面的能力,市场竞争更为激烈。

外资品牌的进入将迫使国内整车企业向高端化转型。目前,国内自主车企因高端品牌不足而限制其未来发展。外资品牌将先进的技术引入中国,利用国内本土产业链和供应链的成本优势,通过自身的品牌影响力,直接同自主品牌车企展开竞争。国内自主品牌汽车的价格优势随着消费升级趋势的发展将逐步减弱,在与外资品牌竞争中处于不利地位。自主品牌只有通过加大技术研发,打造高品质产品,树立高端品牌形象,才能够与外资品牌进行正面竞争。在开放背景下,国内整车企业必须不断提升自身实力,实现产品和品牌的高端化转型。

(二)快速推进减排进程,应对激增的环保压力,应加快节能与新能源汽车推广应用

节能减排一直是汽车行业发展的重要方向。欧洲议会提出了乘用车 CO_2 排放 2025 年较 2021 年减排 20%,2030 年较 2021 年减排 40% 的目标。严格的排放标准,加速推动清洁型汽车和电动汽车的发展。我国从 2020 年起,已经开始执行最为严格的国六排放标准。工业和信息化部制定的《乘用车燃料消耗量限值》和《乘用车燃料消耗量评价方法及指标》这两项国标要求,2025 年乘用车新车的平均燃料消耗量应达到百公里 4L 左右。2020 年,中国汽车工程学会牵头组织编制的《节能与新能源汽车技术路线图 2.0》(简称"路线图 2.0")正式发布。路线图 2.0 提出,至 2035 年,我国节能汽车与新能源汽车年销量将各占一半,汽车产业实现电动化转型。在日益严苛的排放政策趋势下,节能与新能源汽车发展动力十足,新能源汽车发展进入快车道。

兼顾节能减排与成本最优,全面推动纯电动乘用车发展。推广纯电动乘用车是解决乘用车排放问题最有效的手段之一。纯电动车型排放为零,通过提升乘用车产品结构中纯电动车的比例,可以有效降低乘用车平均燃油消耗量。乘用车在汽车总体销量中占比最高,且大部分乘用车以城市内通勤为主,每日行驶里程不高,不需要较大的电池容量即可满足基本需求。在城市充换电基础设施配套完善的条件下,纯电动乘用车使用成本最低,特别适合网约车、出租车等使用频次高的使用场景。

考虑特殊需求与应用场景,多种节能与新能源技术路线全面发展。我国幅员辽阔,南北东西不同区域环境差异较大。西部地区人口密度低、部分区域充电基础设施覆盖率低,纯电动车使用不便。北部高寒地区由于冬季温度极低,在动力电池低温性能没有取得突破的条件下,也不适合大范围推广纯电动汽车。在高载重、长途货运等领域,由于大容量电池自重较大,不利于车辆自身的节能减排,也不适合推广纯电动长途重卡。在特殊的需要和应用场景下,应该发展多种节能与新能源的技术路线,充分利用纯电动汽车、插电式混合动力汽车、燃料电池汽车和代用燃料汽车等不同技术路线的优势,应用

在能够充分发挥其优势的特定应用场景，从而实现节能减排、全局效率和成本的最优化。

（三）智能网联全面渗透，为保持产业竞争力，应突破电子电气核心技术，构建产业生态

  汽车的智能化程度越来越高，汽车电子成本占整车成本也就越高，预计到 2030 年，汽车电子成本将占整车成本的一半以上。汽车行业已经从传统的制造业转向制造业与电子信息、通信、软件与信息服务等产业融合发展的产业。消费者对汽车智能化功能的需求日益增强，未来汽车产品的竞争力逐步从汽车硬件向智能软件、功能和服务发展。

  新型电子电气架构成为智能汽车的基础架构，是传统汽车向智能汽车转型的关键。 现有离散式 ECU 控制方式无法实现高等级自动驾驶，整车电子电气架构逐步从多个离散式 ECU 向域控制器转变，再进一步演化到中央控制架构。域控制器和新型中央控制电子电气架构具有可升级、可扩展的特性，通过域控制器或中央控制器来实现整车的控制，新功能的开发与系统的升级更加便捷，整车 FOTA（Firmware Over The Air，远程固件升级）成为未来汽车发展的必然方向。

  核心电子零部件方面存在较多短板，影响我国汽车产业核心竞争力。 随着汽车产业向智能化方向发展，汽车电子核心零部件在整车中的地位越来越重要。但我国在核心电子零部件方面存在较多短板，例如在传感器领域，市面上用于 ACC 的 77GHz 毫米波雷达基本都由欧洲、美国和日本的供应商提供，国内研发的产品目前主要在测试阶段，尚未实现大规模量产装车。在车规级芯片方面，我国大陆的差距更为明显，高制程芯片制造严重依赖于境外，智能座舱芯片供应主要以高通为主，自动驾驶计算芯片方面英伟达、英特尔和特斯拉处于绝对领先地位。汽车产业进入智能化发展阶段后，我国在核心电子零部件方面的不足，将严重影响我国汽车产业的核心竞争力。

  智能汽车产业发展依赖多方参与，构建智能汽车产业生态至关重要。 在智能化和网联化趋势推动下，以汽车为载体的内容服务受到越来越多消费者的认可。消费者对于汽车的需求不再仅仅局限于交通工具，对于内容服务的需求显著上升。而基于内容的服务需要软件开发者、内容服务提供商共同参与，构建由底层硬件、通信网络、操作系统、应用软件和内容服务等多个要素组成的智能汽车产业生态。

（四）产业之间加速融合，为适应产业变革趋势，应推动汽车与能源、交通、通信的融合

  优化能源结构，汽车产业与能源产业融合发展。 以纯电动汽车为主的新能源汽车普及率快速提升，对充电桩及电网的要求不断提高。对于燃油车，一箱油可以实现 600~1000km 的续航里程，但对于纯电动汽车，续航里程通常只有 400~500km，更高的续航里程意味着更大的电池容量，更大的电池容量带来更大的车身自重，较大的车身自重对于车辆的操控性和能耗影响较大。对于新能源汽车来说，能源补给尤为重要，

一方面需要保证足够多的充换电基础设施数量，另一方面还要培养用户的使用习惯。规模庞大的新能源汽车，自带的电池形成容量巨大的电化学储能系统，在夜间电网用电低谷期进行充电，在白天用电高峰期进行放电，可以实现电网负荷的削峰填谷，有助于电网的平稳运行。我国在《新能源汽车产业发展规划（2021—2035年）》中提到，加强新能源汽车与电网（V2G）能量互动，鼓励地方开展V2G示范应用，统筹新能源汽车充放电和调度需求。计划到2025年，新能源汽车新车销量占比将达到20%，车桩比将达到1∶1。在运营领域及高端乘用车领域，将推动换电站的建设。换电站的建设和运营成本较高，但可以提高运营效率，并可以充分发挥电池的全生命周期价值，在特定应用场景具备可行的商业模式。

优化交通效率，汽车产业与交通产业融合发展。 汽车产业发展的根本目是解决交通运输问题，一是解决人的出行问题，二是解决货物运输问题。按照能源消耗最低、运载效率最高的原则，综合利用节能与新能源汽车和智能网联等技术，通过对特定交通场景定制最有效的解决方案，实现出行和物流运输的降本增效。从出行维度来看，在智能网联技术的推动下，采用新能源汽车的分时租赁、网约车、城市公交、出租车等出行方式相互配合，可以打造高效的一站式出行服务平台，满足不同层次人群对于出行的需求。未来，汽车与火车、轨道交通、共享单车等交通工具进行无缝对接，可以覆盖个人交通出行的方方面面。从物流维度来看，绿色货运是发展的必然方向，新能源汽车使用成本较低，可为中短途运输的降本增效发挥关键作用，应进一步加快新能源汽车在城市物流配送、农村物流、港口短途接驳等领域的应用。同时，短途货物运输同长途货运、火车运输、航运等不同的运输方式相结合，可以在满足物流货运的基础上，实现最低的碳排放和运输成本。

扩展服务能力，汽车产业与通信产业融合发展。 智能网联汽车是整车发展的必然趋势，车辆联网后产生的海量数据，可以作为生产资料进行二次开发，拓展广阔的后服务市场。汽车产业需要与通信产业融合发展，加强车辆与网络的互通互联和信息交互。我国5G网络建设处于全球领先地位，同时我国已经确定了基于5G的C-V2X车联网体系。5G基础设施相对完善，推动了车与道路、车与通信基础设施、车与云控平台的互通互联，为多级联动自动驾驶控制决策和应用服务提供了保障。基于车辆数据开展创新服务，成为汽车后市场的重要增长点。通过网联功能，车辆可以实现整车OTA升级、应用软件升级，为用户提供UBI保险、个性化信息推荐、智能维保等服务，扩展后服务的附加值。

三、新时期新能源和智能汽车产业的发展目标、任务与保障措施

（一）发展目标

1. 发展思路

优化产业布局，鼓励企业兼并重组，提升产业链水平，推动产品和品牌向高端化

发展。坚持企业为发展主体，充分发挥市场竞争作用，鼓励企业进行兼并重组，鼓励优势企业做大做强，充分利用现有闲置产能。企业通过规模化来降低运营成本，提高研发投入，打造高品质产品，最终实现品牌向上。以整车环节带动产业链上游各环节同步发展，从而提升产业链的现代化。

加大技术研发投入，在保障安全的基础上提升动力电池性能，并建立动力电池数据监控平台，补齐动力电池梯次利用与回收产业发展的短板。动力电池技术是新能源汽车发展的关键，但并不能一味追求高能量密度，现阶段动力电池的性能已经基本满足用户日常需求，仅追求能量密度提升而不重点解决动力电池的安全和寿命问题，将会影响新能源汽车产业的长远发展。动力电池的发展需要建立在安全的基础上，实现性能与安全的协同发展。面对动力电池安全管理、退役动力电池梯次利用和回收等问题，还应积极引入网联化、智能化技术，通过搭建动力电池数据监测平台来进行统一的监测管理。

以"适度超前"的原则布局充、换电基础设施，扫清消费端障碍，推动新能源汽车的规模化应用。充电基础设施不足是目前影响消费者采购新能源汽车的主要因素之一，通过超前布局充、换电基础设施来消除消费者的购车顾虑，实现新能源汽车在个人应用场景的普及，进而推动新能源汽车的规模化应用。而对于燃料电池汽车配套的加氢站，应该遵循"按需建设"的原则，结合应用场景和用量需求进行合理的布局。

完善标准法规，推进智能网联技术应用，加快推动汽车产业与通信、交通、能源产业的融合发展。智能网联汽车产业发展已经不再局限于汽车产业本身，而是更加重视汽车与外部行业的融合发展。推动跨行业的发展，必须做到标准先行，包括行业内的技术法规标准和行业之间的标准对接。鼓励优势区域和企业率先建立和试行标准法规，然后再逐步向全国范围推广。

推进车联网先导区建设，以测试应用带动产业化落地，以场景化试运营探索智能网联汽车商业模式。"十四五"期间，智能网联汽车将逐步从技术研发阶段走向产业化阶段，不同于"十三五"期间的智能网联汽车测试区，"十四五"期间的智能网联汽车产业化发展将围绕先导区进行。以车联网先导区为载体，推动智能网联技术的落地，加速推进智能网联汽车产业发展。但目前智能网联汽车仍然缺少优秀的商业模式，推动优势区域建立具有特色的车联网先导区，先行先试探索智能网联汽车发展的商业模式，是车联网先导区的另一重要功能[2]。

2. 具体目标

在新能源汽车方面，"十四五"期间新能源汽车销量将呈现快速增长态势，即使补贴政策逐年退坡并将彻底退出，但新能源汽车已经在部分领域有能力与燃油汽车展开正面竞争，消费者认可度提升迅速。预计到2025年，新能源汽车年销量将达到900万辆，占全国新车销售占比的30%以上。在产业链上，整车和核心零部件技术水平有望达到国际前列，形成一批具有国际竞争力的整车和核心零部件企业。燃料电池发展仍旧处于探索发展阶段，最先有望实现商业化的场景是燃料电池重卡，预计到 2025 年，燃料电池商用车有望在部分场景初步具备替代柴油重卡的能力。

在动力电池方面，由于现有的技术和产业链较为成熟，"十四五"期间动力电池技术和产品并不会出现颠覆性发展。动力电池发展将在安全基础上逐步提升性能，并稳步推动下一代固态电池的研发与产业化。对于动力电池的监测和管理将是发展的重点。预计到 2025 年，将建立并完善动力电池数据采集及在线监测平台。通过在线监测平台，实现电池系统故障在线辨识和安全性预警、动力电池残余价值评估等功能，同步推进动力电池全生命周期的回收利用体系建设。

在智能网联方面，"十四五"期间将以 L2、L3 级自动驾驶为主要发展方向。在乘用车领域，L2 级自动驾驶功能的渗透率不断提升，力争到 2025 年，我国 L2 和 L3 级自动驾驶汽车占当年汽车市场销量的 50% 以上。在特定场景的运营车辆领域，研发高等级自动驾驶技术，高级别自动驾驶汽车逐步开始在特定场景应用，在高速公路、专用车道、停车场等限定场景及园区、港口、矿区等封闭区域实现商业化应用。我国智能网联汽车积极推动车路协同技术路线发展，车辆联网率将快速提升，预计到 2025 年，我国新车联网率达到 90% 以上，C-V2X 通信终端新车装载率超过 50%。同时，基于汽车数据形成的后服务产业初具规模。

在商业模式方面，积极探索智能座舱、自动驾驶等智能网联汽车商业模式，对于数据的采集、所有权和使用问题开展研究讨论。将以需求为导向推进重点环节培育和场景化应用示范，制定不同应用场景下的数据所有权、使用权、转让权等法规或行业准则。预计到 2025 年，初步形成车辆数据合理有偿使用的商业应用模式，充分激活社会创新能力。

（二）主要任务

1. 推动下一代动力电池和燃料电池技术研发与产业化

以需求为导向，在保证安全的前提下，推进高比能量、高体积能量密度的动力电池开发，探索低温状态下动力电池性能下降的解决方案。建立动力电池检测中心，提高动力电池的安全检测标准，全面提升动力电池安全性。研发并储备下一代电池技术，加快固液混合态电池的测试验证，加大全固态电池、金属锂负极电池等锂离子电池新技术及钠离子电池、镁离子电池等新体系电池的研发与产业化。以燃料电池汽车示范应用城市群为载体，推动燃料电池核心技术突破，以示范应用带动燃料电池产业链建设，形成燃料电池产业集群，加速燃料电池产业化进程。

2. 突破新型电子电气架构和车载操作系统等核心领域

围绕智能汽车新型电子电气架构和车载操作系统方向，建立国家级产业创新中心，整合行业创新资源，集中突破车规级传感器、车规级芯片、车载域控制器、车载计算平台、智能驾驶操作系统和中间件等软硬件核心技术。加强企业间技术与产品合作，缩短新产品、新技术的装车应用周期，扩大产品和技术的应用规模，吸引智能汽车应用开发者进行应用开发，建立围绕智能汽车的软件开发生态，最终形成软硬件协同演进的发展态势。

3. 加强智能网联汽车融合数据平台的建设

推动车联网、信息通信、智慧交通、新能源等综合应用基础设施部署，建立智能网联汽车融合大数据及应用服务平台，健全信息互联互通标准体系，规范跨平台数据接口协议，构建成熟完备的通信安全和检测评估体系。开展以智能网联汽车为载体的无人共享出行、物流配送、定制化出行等规模化示范应用，培育整车 OTA 升级、UBI 保险等以数据驱动的新型商业模式。

4. 推动智能网联汽车示范区和车联网先导区的建设

以智能网联汽车示范区和车联网先导区为载体，先行布局智能网联汽车路侧基础设施建设，推动智能网联汽车产业链建设和商业模式探索。在优势区域设立政策先行区，创新监管措施，加大政策先行先试力度，推动新技术、新产业、新模式落地发展。推动特定场景自动驾驶测试，逐步扩大测试范围，并在特定区域开展公开道路测试和商业化运营。

（三）保障措施

1. 推动法律法规和相关标准的制定

积极推动智能网联汽车行业标准法规制定。落实车联网标准体系建设指南系列文件，组织企业和行业协会，加快推进智能网联汽车技术标准建设。推动成熟的团体标准在全国范围内推广。

提升新能源汽车整车质量管理和安全管理标准。提高新能源汽车整车质量标准和整车品质，实现我国新能源汽车整车质量与欧、美、日等发达国家和地区看齐。全方位考虑动力电池安全标准，从源头上杜绝新能源汽车自燃隐患。

落实加氢站建设和运营管理相关法规。氢气作为危化品，应该满足危化品储运的相关规定。同时，氢气也是一种能源，根据实际情况，进一步完善氢气的制备、储运、加注等法规标准。在示范应用城市群探索将氢气作为能源进行管理的可行路径。

2. 不断完善协同和交流机制

加强各行业主管部门直接的沟通合作，建立协同联动机制，合力推动智能汽车产业发展。明确智能网联汽车跨领域、跨部门的行业属性，加强各主管部门之间的沟通，建立定期沟通机制，实现各部门之间、部门与企业之间的信息互通。

建立行业交流平台，建立行业内部企业之间及跨行业企业之间的沟通交流机制。通过行业协会交流、行业会议等方式，加强企业之间的沟通交流。地方政府可以建立区域内的企业合作交流平台，推动产业链上下游企业的合作交流。

3. 大力推动基础设施建设

以"新型基础设施建设"为发展契机，推动充电桩、换电站、路侧通信设备、通信网络、云控平台等新能源和智能汽车基础设施的建设。根据区域特点和产业发展需求，有序推动新能源和智能汽车新型基础设施建设。适度超前建设充电桩，保障新能源汽车销售规模快速提升后消费者的用车体验。根据不同的测试需求差异化铺设路侧基础设施，满足不同区域、不同场景智能网联汽车测试需求。

提高基础设施的运维能力，保障较高的利用率。用数字化手段加强新型基础设施的管理水平，重视基础设施的运营能力。提升充电桩的利用率，兼顾用户的使用便捷性和企业的收益。将智能网联路侧基础设施与应用场景相结合，根据应用场景评估相关项目。

4. 加强人才的引进和培养

加强海外高端人才引进。鼓励车企与国际顶级高校和研发机构建立长期人才培养机制，引入国际化高端人才。研究落实优化人才工作环境的各项措施，在人才安家补贴、住房保障、医疗保障、子女教育等方面出台相应的优惠政策。

培育本地产业人才。企业与国内高校深入合作，进行课程设计和课程优化，培育专业人才。完善人才市场体系，促进人才合理流动，培育和完善统一开放的人力资源市场。

重视职业技术人才的培养。鼓励国内职业技术学校面向新能源和智能汽车产业领域新增和调整相关专业，定向培养中高级技工和熟练工人。健全职业教育培训网络，推进公共实训基地建设，增强劳动者就业能力，完善职业培训补贴政策。

5. 提供财税、金融多渠道资金支持

进一步优化财税政策，鼓励新能源和智能汽车创新发展。新能源汽车补贴政策逐步退出，发挥"双积分"的引导作用，构建公平的市场竞争环境，鼓励企业兼并重组，做大做强。财税政策从新能源汽车向智能网联汽车倾斜，重点关注车路协同基础设施建设，为产业发展创造良好条件。

完善企业融资担保机制。加强政策性银行和商业银行等不同层次信贷机构之间的合作，探索和完善贷款的风险分担机制，有效降低单个金融机构的信贷风险。加强对专利、商标权、版权等无形资产的评估能力，大力发展知识产权质押融资担保模式。完善中小企业信贷担保制度，组织成立中小企业信用担保基金和中小企业信用担保协会，统

——承担对中小企业的融资担保，支持和引导担保机构为中小型新能源和智能汽车企业的融资提供担保。

充分发挥股市的融资作用。不断健全企业的融资渠道，发挥股市的融资作用，推动注册制改革，提升资本市场的活力和韧性。鼓励企业充分利用社会资本，进行技术研发和产品升级，降低企业发展对于地方政府和产业政策的依赖。

积极推动公募REITs在新型基础设施建设中的重要作用。研究探索公开募集基础设施证券投资基金（REITs）对我国新型基础设施建设的推动作用，推进REITs项目的落地。通过REITs降低地方政府负债，提高优质项目的融资能力。鼓励企业发行REITs项目，拓展融资渠道，降低企业的融资成本。通过REITs方式，强化新型基础设施的运营管理，提高新型基础设施的运营与维护效率。

（执笔人：鹿文亮，中国科学院科技战略咨询研究院）

（审稿人：万劲波）

参考文献

［1］ 刘昆雄，孔鹏，秦顺. 基于SWOT-PEST模型的我国智能网联汽车产业竞争态势分析——以吉利集团为例［J］. 科技情报研究，2019，1（1）：84-94.

［2］ 王卉捷，叶璐. 智能网联汽车商业模式探索与实践［J］. 中国工业和信息化，2021（Z1）：80-84.

［3］ 国务院. 国务院关于印发"十三五"国家战略性新兴产业发展规划的通知［EB/OL］.（2016-11-29）［2021-12-30］. http://www.gov.cn/zhengce/content/2016-12/19/content_5150090.htm.

［4］ 国家信息中心. 战略性新兴产业形势判断及"十四五"发展建议（上）［EB/OL］.（2021-01-04）［2021-12-30］. https://www.ndrc.gov.cn/xxgk/jd/wsdwhfz/202101/t20210104_1264124.html?code=&state=123.

［5］ 国家信息中心. 战略性新兴产业形势判断及"十四五"发展建议（下）［EB/OL］.（2021-01-04）［2021-12-30］. https://www.ndrc.gov.cn/xxgk/jd/wsdwhfz/202101/t20210112_1264810.html?code=&state=123.

Chapter 9 第九章
从"双碳"战略看战略性新兴产业发展：绿色低碳产业

"双碳"战略是我国推进绿色低碳转型和高质量发展的重要战略布局。《中共中央国务院关于完整准确全面贯彻新发展理念做好碳达峰碳中和工作的意见》和《2030年前碳达峰行动方案》共同构成我国实现碳达峰、碳中和目标的顶层设计。《中共中央国务院关于完整准确全面贯彻新发展理念做好碳达峰碳中和工作的意见》提出，把碳达峰、碳中和纳入经济社会发展全局，以经济社会发展全面绿色转型为引领，以能源绿色低碳发展为关键，加快形成节约资源和保护环境的产业结构、生产方式、生活方式、空间格局；并着眼长远，提出构建绿色低碳循环发展经济体系、提升能源利用效率、提高非化石能源消费比重、降低二氧化碳排放水平、提升生态系统碳汇能力等五个方面主要目标。《2030年前碳达峰行动方案》聚焦"十四五"和"十五五"两个碳达峰关键期，提出了非化石能源消费比重提高、能源利用效率提升、二氧化碳排放水平降低等方面主要目标，并对推进碳达峰工作作出总体部署。

经济可持续发展是指实现生态环境与经济社会共同持久的良性发展。十九届五中全会明确提出，要加快推动绿色低碳发展，持续改善环境质量，提升生态系统质量和稳定性，全面提高资源利用效率。《国民经济和社会发展第十四个五年（2021—2025年）规划和2035年远景目标纲要》指出，加快发展方式绿色转型，全面提高资源利用效率，构建资源循环利用体系，大力发展绿色经济。绿色低碳产业主要是指从事提高资源利用效率、改善环境质量的所有经济活动，即考虑绿色生产方式和生活方式。本章绿色低碳产业范围包括新能源和绿色环保产业⊖，前者主要包括太阳能、风能、核能、氢能、海

⊖ 新能源和绿色环保产业包含在《国民经济和社会发展第十四个五年（2021—2025年）规划和2035年远景目标纲要》战略性新兴产业中。

洋能和生物质能等产业，后者主要包括节能环保产业、资源循环利用产业、绿色低碳产业等；产业涉及到改进资源开发和使用方式，提高资源能源利用效率，实现废弃物的减量化、资源化和无害化等方面的经济活动。"十三五"以来，我国绿色低碳产业发展规模不断扩大，发展质量不断提升，发展结构不断优化，日益成为新经济增长的关键产业。

一、绿色低碳产业发展现状与问题

(一) 绿色低碳产业发展的现状

1. 新能源产业持续快速增长

"十三五"以来，我国新能源产业保持平稳有序发展，装机需求持续增长，助力我国节能减排和能源结构改善。2019年，新能源重点行业主营业务收入达13 744亿元，2016～2019年的年均增长率为8.9%。截至2019年底，我国风电、光伏发电及生物质发电累计装机容量分别为2.10亿千瓦、2.04亿千瓦和2254万千瓦，装机容量较"十二五"末分别提升62.8%、373.2%以及118.7%；我国大陆运行核电机组共47台，较"十二五"末增加17台，额定装机容量达48 751.16MWe，在建核电机组规模位列世界第一[1]。

目前，我国新能源发电装机容量位居全球第一；核电、光伏领域具备世界领先的研发水平和应用能力，比如"十三五"以来，加速开发了新一代核电装备和小型核动力系统、民用核分析与成像，积极布局完整的氢能产业链。

2. 节能环保产业成为我国经济的重要新增长点

"十三五"以来，在国家和各级政府不断加大重视并持续增加投入的带动下，中国节能环保产业始终保持较快增长。伴随着我国环保政策密集出台，环保力度进一步加大，政策措施由行政手段向法律手段和经济手段延伸，第三方治理污染的积极性和主动性被充分调动起来，同时环保税、排污许可证等市场化手段陆续推出，环保产业发展迎来新一轮政策红利期。2019年，节能环保重点行业主营业务收入达8231亿元，2016～2019年的年均增长率为13.2%，比战略性新兴产业重点行业总体高出3.3%。节能服务产业保持持续较快发展，2019年节能服务产业总产值达5222.4亿元，同比增长9.4%，产值规模较"十二五"期末增长67%。受国家利好政策驱动，以及互联网与资源循环利用的不断融合，资源循环利用产业发展呈现生态化、网络化、专业化等新趋势，有望逐渐成为我国经济发展的重要新增长点之一[1]。为提升产业竞争力，通过在重点领域推动重点集群的发展，在十二个重点领域第一批国家级战略性新兴产业集群建设名单中的66个集群中，节能环保领域占3个。

（二）绿色低碳产业发展的主要问题

1. 可再生能源利用效率有待提高，系统消纳能力有待提升

我国经济发展迈向高质量发展，电力需求放缓，装机出现相对过剩；东北地区、西北地区、华北地区的电源结构中调峰电源相对较少，特别是自备电厂供热机组比例较大，在冬季供热期调峰能力进一步受限；辅助服务政策不到位，或落实不力；可再生能源发展建设速度较快，配套电网规划建设却相对滞后，电能通道输送能力尚待提高。另外，我国资源禀赋与负荷中心呈逆向分布，资源和负荷匹配相对较差，部分地区就地消纳困难[2]。

2. 产业关键技术水平有待提高，智能化转型发展滞后

在新能源产业方面，水电建设中的环保问题突出，开发难度加大，成本升高；海上风电未能有效利用风机装备制造核心技术、微观选址、海上风电设计施工等技术；太阳能高效晶体硅、薄膜产业化、无害化处理、热发电集成技术转化率较低，上网电价较高；氢能、海洋能、地热能开发尚未达到成熟应用阶段。在绿色环保产业方面，研发投入少，具有自主知识产权的关键核心技术少，导致产品和服务的附加值低。比如，高效节能、先进环保与绿色低碳的技术、装备与产品应用等都水平相对较低，产业综合服务能力有待于加强；节能环保企业普遍缺乏关键和共性技术，比如新型储能技术、工业有毒有害废弃物处理技术等。此外，我国资源循环利用渠道较为分散，资源循环利用率不高，企业市场整合度不高，回收系统网络建设不足，有待于扩大市场规模并提高利用率。伴随着数字化转型主导的新一轮科技革命和产业革命的到来，绿色环保产业数字化、网络化、智能化转型发展显然滞后，不利于产业发展水平提高[3]。

二、新时期绿色低碳产业面临的新形势与新要求

我国绿色低碳产业发展面临复杂多变的内外环境，新的发展时期将迎来新挑战、新问题和新机遇，需要认清发展形势，为进一步促进该产业健康发展做好准备工作。

（一）绿色低碳产业面临的国内外新形势

1. 新冠肺炎疫情及新贸易保护主义带来新挑战

一是突发全球新冠肺炎疫情不确定性、短期内难以结束，给全球经济造成长期波动风险。后疫情时代世界经济形势仍然复杂严峻，并且是一个长期过程，国际贸易和投资急剧萎缩，人员、货物流动严重受阻，经济复苏不稳定不平衡因素加大，我国绿色低碳产业国际化发展将受到很大影响，以国外市场需求为导向发展新能源产业将受到明显冲击，被迫转向拓展国内市场。

二是面临主要发达国家绿色低碳领域高技术发展正面竞争。随着我国的绿色低碳产

业技术水平的不断提高,已经出现与发达国家正面竞争的局面。发达国家为保证其未来的竞争优势,必然会加大对技术转移、跨国投资等方面的限制,我国绿色低碳产业和技术发展战略和政策也需要积极调整与应对,加大自主研发力度,应对国际封锁,适应当前与未来转型升级发展需求。

三是全球产业分工格局面临重构。新技术革命、产业变革和数字化转型将加速产业创新驱动数字化转型升级和全球价值链中高端布局,推动产业向知识密集型转变,产业发展创新性、智能化特点越来越突出,产业国际分工面临深度调整并将引发日趋激烈的国际竞争[4]。未来国际分工产业价值链的区域化特征进一步增强,这将对我国绿色低碳产业自主创新能力的提升提出更高的要求。

2. 新一轮科技革命带来发展新红利

当前,新一轮科技革命和产业变革正处在关键发展时期,全球科技创新呈现空前密集活跃、系统性突破态势。能源领域是当前的主要技术进展之一,2019年全球技术驱动独角兽企业中,绿色技术名列第三,有25家。分布式发电、先进储能、能源互联网、高效燃料电池、氢能等绿色技术正在推动一场能源革命,面临全球经济社会发展的广阔应用空间,加速我国低碳、清洁、高效的新型能源体系的形成[5,6]。

数字化转型带来产业发展新机遇。随着数字技术的不断发展,通过实现创新发展与跨界融合,数字化转型不仅可更好地满足美好、安全、便利、高品质生活的新需求,也能够大大促进绿色低碳产业数字化、网络化、智能化、多元化、协同化发展,促进绿色低碳产业的创新与转型,以及结构优化和升级[7,8]。

3. 国内经济发展进入创新驱动转型新阶段

我国经济正由高速增长阶段转向高质量发展阶段,人均GDP已经连续两年超过1万美元(1.2万美元),人民生活水平和品质不断提高[9]。同时,我国面临资源约束趋紧、环境污染严重、生态系统退化的形势严峻,承受着经济转型发展与环境保护的双重压力。长期以来我国绿色低碳技术发展主要通过引进、消化、吸收、再创新的方式,绿色低碳产业也面临着与国际技术代差缩小,创新要从跟跑者向引领者的转变。这就要求我国绿色低碳产业的创新必须要坚持关键共性技术、前沿引领技术和颠覆性技术的创新。绿色低碳产业在"十四五"及中长期要更加注重发挥好强大的国内市场的作用,充分利用消费增长迅速和结构优化的独特优势,发展资源高效利用和生态环保技术,建设资源节约型和环境友好型社会。

(二) 绿色低碳产业壮大发展,提出了新要求

近年来我国绿色低碳产业实现快速发展,呈现出重点领域发展壮大、新增长点不断涌现、创新能级跃升、竞争实力增强等诸多特点,已形成良好的发展基础。但是,当今世界正经历百年未有之大变局,"十四五"乃至更长一段时期内,我国绿色低碳产业将

面临更加严峻的内外环境,急需优化产业布局、提升创新能力、深化开放合作,进一步提升产业竞争力。当前,我国经济正处于转型升级、提质增效的关键期,加快建立健全绿色低碳循环发展经济体系的步伐,深入践行人与自然是生命共同体理念,培育绿色新经济,加快经济复苏,是当前的重要发展方向和任务。

十九届五中全会关于绿色低碳发展的论述为后续发展和工作提供了方向指引和新理念,《"十四五"国家战略性新兴产业发展规划》也提出相关任务和工作重点,有关新能源产业发展和节能环保产业发展专项规划与政策的制定也为我国绿色低碳产业发展提供良好的政策环境和发展。高质量发展的关键时期,应以资源节约、环境友好为导向,以绿色技术创新为动力,以绿色低碳循环的产业体系为核心,以数字化转型为驱动,统筹推动绿色低碳产业发展布局、技术创新、产品供给、基础设施建设、市场培育与商业模式创新,以期在推进绿色低碳产业发展壮大的同时,降低资源消耗、生态破坏、环境污染和气候变化代价,最终实现资源安全、生态环境保护和产业增长的协调发展[7,8][10]。

三、新时期绿色低碳产业的发展目标、任务与措施

(一) 发展目标

加快新能源产业创新高效发展,推动我国能源转型。继续加快太阳能、风能、核能、氢能等新能源产业发展,优化太阳能和风能发展结构,提高核能稳健安全发展,大力培育氢能发展,推进海洋能、生物质能因地制宜发展,促进新能源协同发展。大力加强核能、氢能、风能、太阳能、储能技术等的产业链发展,加快破除制约新能源发展的技术瓶颈。实施智慧新能源全球引领发展计划,促进新能源数字化转型,建设多能互补的分布式能源示范工程,实现对多种能源的协调统筹、综合规范数字化管理。加快推进适合新能源产业孵化发展的政策制定与引导机制的建立,促进新能源产业全面快速发展。

加快绿色环保产业转型升级,促进我国经济绿色低碳发展。继续加快绿色环保产业转型升级,推进能源资源创新和环境创新,强化制造业与服务业、数字化与产业、科技与产业的融合发展,提高技术与产品标准,保护与改善环境质量,形成更加节约能源资源和保护环境的空间格局、产业结构、生产方式和生活方式。以需求为导向,推进节能环保产业的关键技术创新,加快探索节能环保产业模式创新,摸准短板,精准突破技术瓶颈,推进节能环保装备和节能环保技术的系统集成,以及节能环保服务建设。大力推广先进节能环保产业的应用,提升产业的整体能力。进一步完善环境管理体系、环境监管机制和行政执法体制等生态环保制度和法规体系,实现生态系统稳定性显著增强,进一步改善人居环境。

(二) 主要任务

1. 推动太阳能产业高效降本、多元融合发展

一是，推动太阳能产业高效降本发展。 重点发展高效太阳能电池、薄膜太阳能电池、太阳能光热产业及废弃光伏组件无害化处理等。重点突破高效晶体硅太阳能电池技术，加快薄膜太阳能电池产业化，推进超高参数塔式太阳能热发电技术、低成本槽式技术、太阳能跨季节储热采暖技术开发，强化废弃光伏组件的无害化处理技术，研发高效环保型及耐候性太阳能光伏功能材料技术。**二是，推动太阳能产业多元化开发利用**，推进太阳能空调、太阳能供暖、太阳能工农业供热、光储充电桩等发展，加速高可靠屋顶太阳能、太阳能光伏建筑一体化发展。推动太阳能分布式利用与储能融合发展。

2. 加大大型风电机组关键技术创新力度

一是，突破大型风电机组关键技术。 突破大型中高速永磁风电机组和低风速风电机组关键技术，重点发展超大型海上风电整机和关键零部件设计制造技术水平，提高风轮直径、单机容量和工程建设等关键技术与设备。**二是，强化风电机组并网的友好性。** 提升风电稳定性、持续性能力，减少电网扩容压力，提升风电使用、管理效率。充分利用国内市场，推进中东部地区分散式发电发展，与西南地区水电扩容改造相结合，促进风电发展空间优化。

3. 有序稳妥地推进核电可持续、安全发展

一是，推进核电高效可持续发展。 重点发展自主先进压水堆核电技术批量化、耐事故燃料元件技术、小型模块化反应堆技术。推进闭式核燃料循环示范工程建设，提升核电综合利用效能，实现资源利用最大化和废物最小化。**二是，促进核电安全智能化发展。** 加强适合核电安全等级要求的自主可控的智能化系统技术开发与应用，提升核电安全、高效、多元化发展能力。

4. 强化氢能产业原始创新和应用创新能力

一是，加强氢能产业自主创新。 建立国家氢能产业创新中心，强化氢能产业源头技术创新，实现关键核心技术装备自主化发展。加强氢燃料电池电堆关键材料自主创新，提高催化剂、质子膜、碳纸、膜电极、钛金属双极板等关键材料和部件的生产能力。**二是，通过示范应用加快培育氢能产业。** 通过体制机制创新，加快推进氢能生产、储运、加氢站等基础设施建设。发展氢能制取、储运的新业态，推动可再生能源电解水制氢的规模化应用。完善技术标准和安全检测体系，推进Ⅳ型氢气瓶的规模化应用。推进商用燃料电池汽车产业化、规模化发展。到2025年，我国氢能产业产值将达1万亿元。

5. 因地制宜发展海洋能、生物质能等其他新能源

依托区位优势布局国家海洋大科学装置，推动可燃冰、海洋生物资源综合开发技术

的研发和产业化。加快生物质能源清洁的应用开发，重点推进高效率低成本的生物质燃料设备的开发，加快生物供热锅炉、热点联产等关键共性技术和设备的开发。推进先进生物液体燃料、生物质致密成型燃料等液体燃料的产业化，促进油藻类生物柴油、生物航空燃料等先进技术研发与产业化。

6. 促进新能源多能互补协同发展

一是，大力推进可再生能源多能互补分布式系统建设。提高能源供需协调能力，推动能源就地清洁生产和就近消纳，实现多能协同供应和能源梯级利用，提高综合利用效率。重点突破微小型动力技术、大规模储能系统集成与控制技术、并网技术、极端环境典型系统的设计和运用技术。加快突破风、光、水、储互补技术瓶颈，促进清洁能源多能互补发展与规模化应用。大力开展综合能源服务，推动源、网、荷、储协同互动。二是，全面推动能源发展互联网建设。提升先进燃煤发电、核能、非常规油气勘探开发等基础设施的数字化、网络化、智能化水平。构建能源互联网的开放共享体系和市场交易体系，开发储能和智慧用能的新模式，促进商业模式的创新。

7. 大力推动高效节能产业研发及应用

强化高效节能产品研发及应用。加快研发高效节能设备（产品）及关键零部件，促进综合成本降低。大力支持节能科技成果的转化与应用，强化标准引领，提高能源、建筑、农业等重点领域强制性能效和能耗限额标准。

一是，提高节能技术的系统应用水平和范围。加快重点用能单位及耗能设备数字化、智能化发展，提升系统自动监控和智能分析能力。加快工业企业能源管控中心建设，实现生产工艺和能源供应的综合优化。大力培育节能、节水环保装备产业和海水淡化产业。积极推行绿色建造，加快建筑工业智能化发展，提高资源利用效率，大幅降低能耗、物耗和水耗水平。

二是，强化节能综合服务能力。借助信息网络技术，推广节能服务系统解决方案。鼓励创新发展合同节水管理商业模式，比如推广节水效益分享等合同节水管理典型模式，推动节水服务产业发展。通过兼并、联合、重组等方式，支持节能服务公司做大做强。完善节能服务机构管理办法，健全节能第三方评估机制。

8. 推进先进环保产业智能化转型

一是，推进污染治理。水污染治理重点发展高效深度脱氮除磷、节能降耗、智慧化运维技术装备和信息化系统的生活污水治理技术装备，以及适用于农村生活污水治理和工业废水处理的技术装备。大气污染治理重点发展电除尘设备领域"难、特""协同"技术及应用，加快高灰煤超低排放技术、多污染物协同脱除技术的开发，推进袋除尘系统智能化运行。固体废物处理处置重点开发和建立垃圾分类收集、转运和处置技术体系，以及发展农村生活垃圾处理处置，安全、稳定的危险废物及电子废物、废旧轮胎和塑料的减量化处理及资源化利用技术。

二是，促进环境保护技术装备的智能化转型。促进多污染物协同治理，强化精准调控、提升治理效率、降低治污成本。重点攻克针对大气氨、臭氧、工业无组织排放等的控制技术及蓄热体、传感器等环境保护技术的短板材料和装备。

三是，加大生态环境监测网络的建设和环保产业综合服务能力的提升。整合优化环境质量监测点位，建设布局合理、功能完善的生态环境质量立体监测网络，实现环境资源、信息资源的共享和监测资料的综合集成。开展"点、线、面"结合的移动源污染监测技术体系研究。推进物联网、云计算等智能化技术在提升区域环境质量、污染源在线监控、排污许可、环境税、环境应急、环境执法等方面的运用。深入推进环境治理第三方服务、生态环境监测服务等新模式。

9. 推动资源循环利用产业绿色化发展

一是，推动大型工业及尾矿废弃物的循环利用。强化大宗工业固体废物综合利用向高技术加工、高性能化、高值化方向发展。完善工业资源综合利用先进适用技术装备目录，加快在大宗工业固体废物综合利用方面的推广应用。推动共伴生矿和尾矿的综合利用，在合适的矿区开展金属矿产综合开发利用试点；继续推进煤矿、高岭土、铝矾土、磷矿等共伴生非金属矿产资源的综合利用；开展尾矿多元素回收的整体利用，回收利用尾矿和废石生产的建筑材料和道路工程材料，开展尾矿回填和尾矿库复垦。

二是，推进城市资源的循环利用及其新业态发展。建设城市低值废弃物协同处理基地，针对餐厨废弃物、建筑垃圾、城市污泥、园林废弃物、废旧纺织品等，进行集中规范化处理。强化废弃物收运处理企业的规范管理制度建设，完善统一收运体系。加强能源、水资源和固废处理设施的一体化建设，实现不同类别废弃物的分类回收利用和无害化处理。建设以城市为载体的产业废弃物循环利用产业基地，建设大宗产业废弃物信息交易平台，实现共伴生矿、工业固废、危险废弃物、农林废弃物等多元化利用。建立新业态固体废物的回收站点，实施"分散回收，集中拆解"，提高回收水平。围绕废旧电动汽车、碳纤维自行车、太阳能电池、动力蓄电池等新型废弃物，强化龙头企业回收系统建设。

三是，加强农村农业废弃物的绿色发展。建立村级集中处理中心，逐步实现农村废弃物有效分类，提升回收利用效率。强化生物质气化供气发电、大型沼气工程、生物质直接燃烧发电、生物质制氢等资源化利用技术的开发与应用，实现农业废弃物能源化、资源化发展。以农牧渔结合、农林结合为导向，优化农业种植、养殖结构，积极发展林下经济，大力推动农业经济内部循环；推进农产品、林产品加工废弃物综合利用，延伸产业链，提高附加值。

四是，加快发展绿色智能制造。充分发挥链主企业和龙头企业的牵头作用，组织推行绿色供应链环境管理试点。应用大数据、人工智能等新技术推进节约资源和保护环境的生产方式和管理模式，开展数据驱动流程再造管理试点，提高能源资源利用率。

五是，完善全链条资源循环利用体系。 建立废弃物智能回收网络监控、管理、分析、汇集、评估、统筹系统，提高废弃物回收效率。推广"互联网＋回收"新模式，构建线上线下融合发展的回收网络体系。建立危险有害废弃物等重点品种的全生命周期追溯机制，及时跟踪了解其利用处置状态。支持互联网企业参与各类产业园区废弃物信息平台建设，推动园区废弃物产业共同发展。

10. 建立绿色低碳产业发展体系

一是，大力发展低碳技术、产品与装备。 积极推动能效技术、可再生能源大型并网技术、分布式可再生能源技术、先进核能技术、氢燃料电池技术、大规模储能技术、智能电网技术、再生资源回收技术、碳捕集利用与封存（CCUS）技术、生物能源与碳捕获和储存（BECCS）技术、直接空气捕获（DAC）技术等关键共性技术，前沿引领性技术，颠覆性创新技术的研发和应用推广。部署一批具有前瞻性、系统性、战略性布局的低排放技术研发创新项目，突破碳中和发展的关键材料、仪器设备、核心工艺、工业控制装置等领域的技术瓶颈。建立完整的低碳科技创新体系，逐步打造碳中和发展的新技术、新产品、新业态、新模式的全球创新中心[11]。

二是，重点产业领域布局的项目与工程。 积极在发展潜力大和带动性强的数字经济、清洁能源、智慧城市等高科技、高效益和低排放领域培育出新的增长动能，逐步形成若干国际先进绿色低碳产业集群，以期达到碳中和愿景目标。推动特高压直流输电、智能电网、分布式可再生能源发电、先进储能等能源系统领域的项目和工程部署；重点推动氢能炼钢、绿氢化工、低碳水泥等制造业领域的项目试点，并推动新一代信息技术和先进低碳技术的深度融合；重点发展电动车和燃料电池车、新能源汽车充电桩、电气化高速铁路以及城市公共交通工程等交通领域；此外要推广零碳建筑、在农林领域开展碳汇工程。加速传统基础设施规模化向智慧互联网络转型，实现系统化、高质量、低排放发展的综合解决方案，支撑未来全经济低碳、近零碳、净零碳的深度转型。

三是，全生命周期绿色低碳发展体系。 基于各行各业、各地区全生命周期绿色低碳发展，进行包括设计、研发、服务、材料、工艺、流程、管理等方面的碳中和整体框架设计。建立运用相关大数据中心与平台，全链条、全方位、全成本进行产业、项目、技术的经济性和可行性评估，促进绿色低碳技术和项目的落地和大范围推广。

（三）保障措施

1. 进一步优化完善相关政策与管理制度

进一步优化完善相关的政策与管理制度，根本改变新能源发展模式和管理方式，促进新能源迈向平价上网时代、提高市场竞争力，有以下三个重点：一是遵循市场竞争性配置原则，尽量减少行政干预。政府部门做好宏观规划，总体把控新能源开发规模和时序,支持企业按照能源发展规律,由市场机制自发引导新能源开展科学的开发和布局。二是降低新能源项目开发的非技术成本。进一步完善降低非技术成本的相关政策,对项目开发涉及的土地税费出台严格征收规定,严禁各地征收不合理土地使用税,优化税收政策,进一步减免增值税和所得税。加强金融机构对项目开发的金融支持,在项目贷款、投融资方面给予优惠政策。三是确保新能源高效消纳的政策不放松。继续实施新能源投资监测预警机制,提出新能源逐年消纳市场空间,合理有序推进平价上网项目开发建设,保障新能源与电网、与常规电源协调发展。

加强节能环保制度建设,优化产业布局。 坚持节约资源和保护环境的基本国策,完善生态环境管理制度系统,设立国有自然资源资产管理和自然生态监管机构,统筹山、水林、田、湖、草系统治理。构建政府为主导、企业为主体、社会组织和公众共同参与的环境治理体系,形成制度体系合力,助推环保产业快速发展。深化排污权交易制度改革,加快全国碳排放权交易市场建设,为绿色低碳产业发展提供市场机制保障。完善政府采购政策,修订节能产品和技术推广目录,制定政府采购绿色产品目录,提高采购节能产品能效,扩大政府采购节能产品范围,统筹推行绿色产品标识、认证,提高节能产品市场占有率。完善能效标识管理制度和健全节能产品认证制度,扩大实施范围,提高主要终端用能企业覆盖率和能效水平。完善节能服务机构管理办法,健全节能第三方评估机制。

2. 进一步加强重点领域应用示范工程建设

建设电力物联网发展示范工程,实现电网状态智能感知和用户负荷主动响应。在工业节能、城市节能、交通节能、生活节能等重点领域推进节能技术系统应用试点,整合高耗能企业的余热、余压、余气资源,提高余热、余能利用水平。开展大宗工业固废综合利用重大示范工程建设,提升大宗固废的综合利用途径和水平。实施节能环保智能感知监测系统三位一体化技术开发示范工程,有效推动大气、水、固体、土壤等各类污染物防治,全面提高环保工作水平。建立完善的农业全产业链资源循环利用体系,选择国家现代农业示范区、农业可持续发展试验示范区等具备条件的地区,开展工农复合型循环经济示范区建设和种植、养殖、加工相结合的循环农业示范工程建设。

3. 进一步加快新型基础设施网络化建设

建设太阳能分布式利用的研发与应用平台,向大容量、快速响应、数字化、高效化、高压化、智能化推进太阳能分布式利用。在核电产业领域,积极构建核安全信息共享及技术国际合作平台,促进核电安全、高效的智能化发展。加快构建适应能源互联网的基础支撑技术体系,建设智能电网、微电网、分布式能源、新型储能、制氢加氢设施、燃料电池系统等基础设施网络。制定能源互联网的通用技术标准体系和能源互联网质量认证体系。建立绿色包装标准体系,推动包装减量化、无害化和材料回收利用,逐步淘汰污染严重、健康风险大的包装材料。

4. 进一步加强产业发展的空间优化布局

强化环保引导和调控作用，严格落实环境空间管控，积极引导产业绿色低碳循环发展。严格执行差别化环境政策，推动形成与主体功能区相适应的产业空间布局。推进优化开发区，实施更严格的环保准入标准，加快推动产业转型升级。

（执笔人：陈芳，中国科学院科技战略咨询研究院）

（审稿人：万劲波）

参考文献

[1] 中国工程科技发展战略研究院. 中国战略性新兴产业发展报告：2021[M]. 北京：科学出版社，2020.

[2] 易跃春. "十三五"我国水电及新能源发展路径[J]. 中国电力企业管理，2017-03-10.

[3] 李宗育. 新时期我国再生能源材料发展趋势研究[J]. 建筑工程技术与设计，2018.（3）：2443

[4] 穆荣平，陈凯华. 2019国家创新发展报告[M]. 北京：科学出版社，2020.

[5] 张振翼，张立艺，武玙璠. 我国战略性新兴产业发展环境变化及策略研究[J]. 中国工程科学，2020，22（2）：15-21.

[6] 王立华. 纵观我国战略性新兴产业发展[J]. 中国科技奖励，2021（2）：51-58.

[7] 国家信息中心. 战略性新兴产业形势判断及"十四五"发展建议（上）[EB/OL]. （2021-01-04）[2021-12-30]. https://www.ndrc.gov.cn/xxgk/jd/wsdwhfz/202101/t20210104_1264124.html?code=&state=123.

[8] 国家信息中心. 战略性新兴产业形势判断及"十四五"发展建议（下）[EB/OL]. （2021-01-04）[2021-12-30]. https://www.ndrc.gov.cn/xxgk/jd/wsdwhfz/202101/t20210112_1264810.html?code=&state=123.

[9] 宋大伟. 新阶段我国战略性新兴产业发展思考[J]. 中国科学院院刊，2021，36（3）：328-335.

[10] 国务院. 建立健全绿色低碳循环发展经济体系[N]，经济日报；2020-08-21（11）.

[11] 柴麒敏，徐华清. 加快科技创新 推动我国碳中和国家建设[N]. 科技日报；2020-10-26（3）.

[12] 国务院. 国务院关于印发"十三五"国家战略性新兴产业发展规划的通知[EB/OL]. （2016-11-29）[2021-12-30]. http://www.gov.cn/zhengce/content/2016-12/19/content_5150090.htm.

第十章 Chapter 10
从数字技术和科技赋能看战略性新兴产业发展：新型高技术服务业

随着数字技术和前沿科技的进步与广泛普及，新业态新模式迅速发展。党的十九届五中全会提出，"十四五"时期经济社会发展主要目标包括"经济结构更加优化，创新能力显著提升，产业基础高级化、产业链现代化水平明显提高"[一]。这强调了知识密集型服务业的重要性，肯定了科技创新支撑经济发展的关键价值。由数字技术和前沿科技赋能的具有典型知识密集特征的新型高技术服务业，在"十四五"及中长期建设现代化经济体系、推进供给侧结构性改革、实现高质量发展中将具有重要的战略意义，亟须得到关注并给予培育发展[二]。

一、发展新型高技术服务业的必要性和迫切性

（一）新一轮科技革命提升新型高技术服务业对产业创新的价值

进入21世纪以来，数字技术、物理技术和生物技术融合交叉发展，促进了相关产业的迅速变革：新一代信息技术快速发展，计算机芯片处理技术、数据存储技术、网络通信技术、分析计算技术、量子计算获得重大突破，人工智能、大数据、云计算、物联网、移动互联网和虚拟现实等新兴技术和产业迅速发展；3D打印、工业机器人、新一代智能制造、能源储存、可再生能源、纳米技术等深刻影响了制造模式；以基因编辑、干细胞、生物育种等为标志的生物技术产业体系正在形成。在这一背景下，科技创新是经济结构优化和创新能力提升的驱动力，创新链与产业链融合是"产业基础

[一]《中国共产党第十九届中央委员会第五次全体会议公报》。
[二] 本章内容根据执笔人2021年发表在《科技日报》（2021年5月10日第8版）上的《重构新型高技术服务内涵助力现代产业体系高质量发展》一文整理补充。

高级化和产业链现代化水平提高"的抓手。一是科研机构主动融入产业链，为产业链升级、区域发展转型提供专业性、综合性科技创新服务，甚至与金融机构合作，培育孵化科技型企业；二是越来越多的企业发展成专业的技术创新服务平台，为其他中小企业提供药物研发、医疗器械、AI算法等专业化创新服务；三是部分技术复杂度高、业态范畴广的产业，正衍生出对新型专业技术服务的需求，如海洋服务和航空航天服务。专注于科技创新服务、具有知识密集型特征的新型研发和技术服务新业态正在快速成长起来[1]。

（二）数字化的全面渗透正重新定义高技术服务的业态模式

当前，以移动互联网、人工智能、大数据、5G、云计算等为代表的数字技术迅速发展并广泛应用，深刻变革了产业形态和结构。随着新基建的推进，数字技术赋能和创新需求将进一步促进现代服务业的发展和变革，面向企业创新能力提升和新兴产业发展需求的高技术服务业呈现良好发展势头。数字技术向各个行业全面渗透，促进了产业组织网络化、生产交易平台化、用户参与即时化、知识创造个性化等新趋势，新业态、新模式不断变革经济创新体系。首先，数字技术和新业态直接赋能科技服务模式，如技术交易平台在线化、企业研发创新众包化、科技服务综合化。数据正成为科技研发创新的关键要素，材料基因组、生物细胞、生态环境、人口行为信息等基础数据，在强大算力的支撑下，将成为分子设计、药物研发、宇宙学研究、气象学研究等基础研究的关键要素。其次，数字内容与创意服务产业新体系正蓬勃发展，数字创意设计、智慧博物馆、智慧体育等数字服务产品不断涌现。再次，数字赋能传统服务业，一方面使得传统服务业升级为知识密集型服务业，如传统零售向新零售的转型升级；另一方面衍生新的服务需求，如App、第三方支付平台、在线教育平台和在线医疗平台的蓬勃发展，将大量释放对新型检验检测服务的需求。

（三）双循环发展新格局下新型高技术服务业战略价值凸显

战略性新兴产业的培育与发展强调以重大技术突破和重大发展需求为基础，是新兴科技和新兴产业的深度融合。在双循环新发展格局下培育和发展战略性新兴产业，自主性科技创新是基础。新型高技术服务业中的研发与创新服务，一方面把创新资源对接给产业创新，另一方面把创新需求反馈给科研机构，是产业链和创新链融合发展的关键环节。新型高技术服务业是双循环发展新格局下培育和发展战略性新兴产业的重要基础性产业，也是"十四五"期间战略性新兴产业的重要组成部分。数字技术赋能生活、生产和公共服务，将引领和创造新需求，扩大内需，形成宏大顺畅的国内经济循环，更好地吸引全球资源要素，促进新发展格局的实现。长期以来，我国在全球价值链分工中都处于价值低端的制造环节，发达国家则占据高技术服务等高价值环节。在第四次工业革命纵深发展背景下，鉴于我国雄厚的制造业基础和突出的数字化优势，知识密集型的新型高技术服务业迎来了难得的发展机遇期。在这关键机遇期培育新型高技术服务业，可以顺势抢占全球价值链和分工体系中高价值特征的服务环节，促进我国在双循环体系中高质量发展。

二、新型高技术服务业的内涵和类别

新型高技术服务业来源于高技术服务业，但又不完全等同于高技术服务业，是新时代背景下数字技术和前沿科技赋能的知识密集型服务业。

（一）基本内涵

高技术服务业一词最初出现在《2003年度科技型中小企业技术创新基金若干重点项目指南》中，在2007年国家发展和改革委员会发布的《高技术产业发展"十一五"规划》中，高技术服务业已被明确列为八大高新技术产业之一。高技术服务业是现代服务业发展过程中与高新技术产业相互融合的产物；是以创新为核心，运用信息手段和高新技术，为生产和市场发展提供专业化增值服务的知识密集型新兴产业[2]。

近十多年来，新兴技术在产业发展中的应用日新月异，创新经济发展今非昔比；与此同时，随着新一代信息技术的进步和普及应用，数字经济已成为重要的时代特征，数字化转型渗透到各行各业。在这一背景下，高技术服务业被赋予新的业态模式和新的战略意义。一方面，数字技术赋能研发服务活动，计算技术、大数据挖掘等数字技术正不断被应用到研发活动中；依托数字技术的平台模式，也为技术转移转化提供新业态和新模式；数字技术本身作为高技术，不断渗透到零售、旅游、文化创意、住宿、物流、金融、医疗、教育等传统服务业中，越来越多的传统服务业转型为新型的高技术服务业。另一方面，生物技术、智能制造、新材料、新能源等前沿科技不断突破，相关领域的新兴产业持续发展，这些产业的发展增加了产业分工，丰富了产业链的中间环节，带动了对相关服务的需求，特别是需要新型高技术支撑的服务，如生物检测服务、新能源服务等。可见，经由数字技术和前沿科技的共同赋能，高技术服务正向新型高技术服务转型。

新型高技术服务，是数字技术和前沿科技共同赋能的，借助新基建、专业技术和平台模式，为高质量发展提供科技服务、为高品质生活提供专业服务的经济活动。新型高技术服务业，是提供新型高技术服务的新兴业态，是双循环新发展格局下为现代化经济体系建设提供科技创新服务、专业技术服务、数字创意服务、数字赋能服务的新兴产业，是战略性新兴产业的重要组成部分，具有引领性、高成长性、知识密集等特征。

（二）主要类别

基于新型高技术服务业的内涵定义，以国家统计局《高技术产业（服务业）分类（2018）》为基础，强调数字技术和前沿科技的赋能，考虑引领性、高成长性、知识密集等特征，新型高技术服务业主要由如下四类构成。

1. 新型研发和转移转化服务

创新经济发展背景下，创新链和产业链的融合是历史的必然，科技研发和转移转化不再是简单的科技活动，而是与产业发展高度融通的经济活动，是由数字技术和平台模式赋能的产业活动。该类别主要包括：主动融入产业链的自然科学研究和试验发展，工程与技术研究和试验发展，大科学装置与科研仪器共享服务，基础科研数据的维护、共享与创新服务等；数字赋能的科技成果转移转化服务、技术交易服务、知识产权服务、技术咨询与技术服务；新业态和新模式赋能的科创服务、众创空间、众包平台、科技产业园、孵化器、加速器、独角兽牧场等。

2. 新型专业技术服务

随着第四次工业革命的纵深推进，新一代信息技术、新能源、新材料、生物技术、高端装备制造等不断发展，这将催生系列专业化技术支撑的现代服务活动。其具体类别包括但不限于：一是航空航天服务，如通用航空运营、航空租赁、航空技术服务、载荷发射服务、卫星导航服务；二是海洋服务，如海洋信息服务、海洋运输服务、海洋关口枢纽服务、海洋资源勘查开发利用服务等；三是支撑重大工程建设和关键产业发展的新型高技术服务，如高端知识软件的云化服务和面向重点产业关键设备、基础元器件、基础软件、核心材料可靠性的中试和验证服务；四是数字技术和新技术赋能的检验检测新服务，如检验检测电商服务、在线自动化检测服务、激光和太赫兹等新技术赋能的检验检测服务、面向在线教育和在线医疗平台等新服务需求的检验检测服务、面向研发创新的检验检测服务等。

3. 数字内容与创意服务

随着新一代信息技术的进步和推广应用，文化创意等服务活动将面临剧烈变革，数字内容与创意服务具有很大的成长空间，且越来越需要高端数字技术的支撑，是新型高技术服务的突出典型。该类服务包括：依托"5G+VR"、云计算、大数据、人工智能、VR/AR/MR等数字技术实现的数字展馆、虚拟景区、数字文旅等服务，沉浸式技术融入的旅游演艺、城市夜游、互动游戏、电子竞技、展会展陈等沉浸游乐产业，数字创意融入的教育服务、智慧体育、文化服务和设计服务。

4. 数字赋能服务

数字经济发展背景下，数字技术赋能各类服务活动，越来越多的传统服务活动成为具有高技术特征、引领性、成长性和知识密集型的现代服务。该类服务包括：数字技术赋能生活服务新业态，如新零售、智慧出行、智慧餐饮、共享经济、智慧康养、智能快递等；数字技术赋能生产服务新模式，如区块链金融、在线办公、在线会计、在线会展、智慧物流、智慧供应链、工业互联网、服务型制造；数字技术赋能公共服务新趋势，如在线教育、在线医疗、智慧城市、智慧交通、智慧水务、智慧场馆、政务信息、公共数据等。

三、新时期新型高技术服务业发展的重点领域

"十四五"及中长期，应将新型高技术服务业作为战略性新兴产业的重要领域加以发展和培育。立足高质量发展和强链补链，基于上述对新型高技术服务业类别的分析，重点培育数字技术与前沿科技赋能的新型研发及成果转移转化服务、新型专业技术服务、数字内容与创意服务、数字赋能服务。

（一）发展新型研发及转移转化服务业

顺应研发创新服务的产业化和数字化趋势，着力发展研发创新服务新业态，发挥基础科研数据的服务功能，扶持研发创新服务主体，进一步发挥科技创新在现代化经济体系建设中的关键支撑作用。

1. 研发创新服务新业态

加快培育面向国家重大基础需求的关键技术、产业共性技术和战略前沿技术等领域的研发服务新内容。发展前沿科技和数字赋能的科技成果转移转化服务新业态。进一步推进科技孵化新业态的发展，提升科技产业园、众创空间、孵化器、加速器、独角兽牧场等各类载体的发展质量和支撑作用。加大对研发众包服务的培育力度，充分利用互联网工程科学知识盈余，发展在线技术市场和在线科技服务。培育壮大知识产权服务市场，发展知识产权投融资体系，以知识产权利益分享机制为纽带，推动创新成果知识产权化。创新大科学装置在部分科研攻关活动中的共享服务，培育品类多样、交易便利的科研仪器服务市场。

2. 基础科研数据服务体系

加强材料基因组、生物细胞、生态环境、人口行为信息等基础数据的数据库建设与维护。先行先试"政府引导、行业主导、企业运营"的模式，统筹数据和计算中心建设和运营，探索基础数据的开放和共享机制，提升基础数据应用于研发创新的服务能力。打通并融合基础科研数据和超算服务，提升基础科研数据在分子设计、药物研发、宇宙学研究、气象学研究等科学研究中的应用能力。借助"海量数据＋算力"，促进基础科研数据服务体系的创新。

（二）培育新型专业技术服务的典型业态

抓住基于高新技术的服务新业态、新模式不断涌现的发展机遇，加快发展技术含量

和附加值高、创新性强、潜力大的新型专业技术服务业，充分释放新兴技术对产业创新的服务价值。

1. 航空航天新服务

加强通用航空运营、飞行培训、航空租赁等服务模式的创新力度；提升航空维修、航空再制造、航空改装服务等航空技术服务的效能；强化国内空管服务的安全运营支撑能力，大力普及航空文化，加快培育新型航空服务体系。加快降低空间进入成本，鼓励市场化机构提供低价、灵活、快速的载荷发射服务。加快构建自主引领的卫星互联网服务体系，促进资源共享，创新服务模式，夯实产业发展基础，提升产业持续发展能力。围绕国家战略需要和重点领域应用需求，加强导航、通信、遥感等卫星服务与国民经济社会发展重要行业的深度融合，积极鼓励开拓新的应用领域。

2. 海洋服务新业态

加强海洋信息化体系建设，利用地理信息、物联网、云计算等先进技术，建设我国自主的海洋观测数字化体系。统筹整合海洋数字化资源，加大数据信息开发力度，大幅提升海洋信息服务能力。创新海洋服务产品，在海洋监测和预报服务领域，围绕环境监测、安全保障、灾害应急等重点需求，打造专题服务产品。提升传统海洋服务水平，加快港口、海关、检验检疫、海事、航运信息资源共享，大幅改善海洋运输等传统服务的效率。加强海洋资源勘查、开发和利用的服务支撑，注重海洋咨询与论证服务主体建设，提升海洋空间优化布局、环境影响评价、海洋工程作业、海域使用论证等服务能力，加快海洋资源开发利用。

3. 支撑重大工程建设和关键产业发展的新型专业服务

提升高端知识软件的云化服务能力。在国家电网设计、国家交通网络规划、轨道交通设计、智慧城市建设、国土安全监测、生态环境保护等领域，推进重大基础工程的软件云化服务。建立面向重点产业关键设备、基础元器件、基础软件、核心材料国产化的公共服务平台，服务于国产化设备、元器件、基础软件与材料的可靠性中试和验证，构建国产化替代使用过程的风险防范机制。

4. 数据赋能的检验检测新服务

鼓励发展面向数据赋能全产品生命周期的专业化检验检测认证服务，完善检验检测认证服务机构的资质管理和能力建设。鼓励有条件的制造业企业开放检验检测资源，参与检验检测公共服务平台建设。鼓励有条件的认证机构创新认证服务模式，培育检测电商服务平台，发展在线自动化检测服务，为中小企业提供质量提升服务。鼓励发展围绕App、电子病历、第三方支付平台、在线教育平台和在线医疗平台的检测新业态。改进检验检测的技术工具，提升检验检测的稳定性，发展视觉设计、激光、太赫兹、大数据等新技术检测模式，提高检验检测认证服务水平。加强检验检测与研发创新的融合，应用检验检测数据支撑具有重大战略价值的研发创新。

（三）加强数字赋能产业体系的发展

借助持续创新的数字技术和云服务，改造、变革传统服务业，发展服务新业态，提升公共服务水平，推进服务产业的数字化转型，助力提升产业链的现代化水平。

1. 推进生活服务业数字化

鼓励支持 5G、云计算、边缘计算、大数据、区块链、人工智能、AR/VR 等技术在零售、出行、旅游、康养等行业的落地应用，形成基于云的低成本数字化解决方案，完善"智慧＋"消费生态体系，培育壮大新零售、餐饮外卖智慧餐饮、智慧出行、智慧旅游、智慧康养等新业态、新模式的发展。坚持包容审慎的监管政策，进一步规范共享单车、共享汽车、共享住宿、共享闲置用品等共享经济的健康发展，加快生活服务业数字化标准建设和治理体系建设。

2. 加快生产服务数字化转型

加强 5G、数据中心、工业互联网、云服务平台等新基建对生产服务数字化转型的支撑作用，推广智能制造新模式。着力培育一批专业提供数字化转型服务的数字科技企业，发展在线办公、在线会展、在线会计、智慧物流等新型生产服务平台，推动制造业向产业链前后端的服务环节拓展，尤其是面向最终用户开展信息增值与智能服务，构建智慧供应链生态。围绕新型消费和应用，以智能终端操作系统、云操作系统等为核心，面向移动智能终端、智能家居、智能网联汽车等新兴领域，构建国产软件应用生态体系。以服务模式创新为重点，面向不同行业和应用需求，推动云服务与大数据、软件、物联网、人工智能等新一代信息技术的融合，不断丰富云服务产品供给。发挥云服务的按需计算和灵活弹性等特点，鼓励按需提供存储、计算、网络、安全防护等基础设施资源。积极发展协同办公、研发设计服务、生产控制、运营管理等业务应用服务，整合企业数据和业务资源，推动传统行业加快数字化、网络化、智能化转型。

3. 加快数字赋能金融科技健康发展

鼓励在支付、征信、投资、供应链金融、反欺诈、反洗钱等领域深度应用人工智能、区块链、大数据等先进技术，积极组建各类金融科技研究中心，搭建金融科技的产业孵化平台。支持各类机构在各种金融服务场景更多应用先进数字技术，开展智慧金融应用示范，优化终端用户体验。鼓励金融机构基于区块链开展业务创新，提升信贷管理、资产管理、风控管理的能力和效率，积极探索利用区块链技术打造区块链信用融资云平台、供应链金融云平台及区块链电子票据平台等。

4. 培育公共服务新模式

以数字科技赋能公共安全、环境保护、公共交通、公共教育、卫生医疗、健康养老、公共场馆等一系列公共服务，提升公共服务的智慧能力。充分应用互联网技术、大数据、云计算技术、AR/VR 等，发展公共信息服务业态，鼓励各类公共服务部门搭建信息公开平台；发展公共服务决策支撑平台，为智慧医疗、智慧交通、智慧城市建设等提供决策支撑；培育公共文化服务的线上线下融合新业态，为公众阅读、休闲、艺术欣赏、运动等公共活动提供数字化服务；加强公共数据平台建设，以政务信息资源共享开放为引领，促进社会多元主体积极参与，加速政务数据、社会公共数据、互联网商业数据和物联感知数据的汇聚、整合、共享和利用，促进公共服务水平提升。

四、新时期发展新型高技术服务业的主要举措

（一）加强新型高技术服务的主体建设

推进新型研发机构高质量发展。加强发展应用基础研究、产业技术工程化应用、共性或关键技术的突破、专业技术服务、综合技术服务等新型研发机构。鼓励地方政府、企业、行业协会、高校、国家科研机构面向某一专业领域的需求，或者某一行业某一区域创新发展需求，共建新型研发机构。鼓励产业基金、公益基金乃至个人捐赠等社会资本投入新型研发机构建设。加强新型研发机构和国家战略科技力量的合作，形成研发创新服务链的合理分工机制。鼓励新型研发机构自由探索和试错管理机制，提升新型研发机构参与各类人才计划、科研项目和科技奖励的竞争公平性，推进国有研发机构和民非新型研发机构的人才评定互认，增强其对科技人才的吸引力。

加强新型研发创新服务平台建设。发展研发众包服务平台、线上技术交易平台、众创空间、科技孵化器等新型创新服务平台。鼓励有条件的高校、科研机构、龙头企业和行业机构，搭建或共建创新团队、研发技术、科研仪器、数据等创新资源的开放共享服务平台。加强建设面向战略性新兴产业高质量发展的科技新基建，鼓励国家科研机构、龙头企业建立研发创新服务平台，瞄准市场需求，注重强链补链，为中小企业创新发展提供应用型研发创新服务，甚至主动提供产业发展急需的产品创新、技术创新、项目创新乃至企业孵化等服务。

（二）推进新型基础设施和传统基础设施融合

在 2021 年中央经济工作会议所提出的"实施城市更新行动"思想指导下，建设生活服务数字化基础设施，加强智能投取柜、智能自助服务系统等智能服务终端布局，加快推动无人车、机器人、即时配送系统和智慧餐饮整体方案的落地。支持建设工业大数据平台，推进工业大数据全流程应用。依托视觉终端、5G、传感器等实现环境、建筑、

交通、地下管廊、水资源等公共资源互联互通。进一步推广政务 App、自助服务终端等数字媒介。全面提升图书馆、博物馆、体育馆、旅游景区等公共空间的数字化水平，打造智慧场馆服务体系。

（三）完善新型高技术服务业发展相关机制

加强关键服务要素的线上线下市场建设，完善创新要素在线交易的相关机制，促进新型高技术服务的模式创新，进一步推广科技创新券制度。推进基础数据的确权、脱敏、管理协同、安全、共享与交易机制的建设，发展基础科学数据、科研仪器和研发创新资源的开放共享模式。推动地方政府和数字科技平台企业合作创新补贴机制，提升中小企业对基础软件、云服务、在线办公、智慧物流等数字化生产服务产品的采购需求。构筑面向数字时代的版权保护体系，支持行业协会、企业联盟以及专业数字化平台牵头研究制定生产服务数字化转型过程中所需要的行业标准[3]。

（四）发展新型高技术跨境服务

加强国内研发创新平台对接国际高端科技资源，鼓励实体研发创新服务平台主动与国际顶尖研发机构合作，鼓励国内研发众包平台、在线技术交易市场拓展国际连接网络。加强与国际研发众包平台的合作，吸引其到国内设立线下联络站。鼓励各类新型高技术服务平台走出去，拓展国际业务。推进检验检测认证服务新业态的标准体系建设，加强国际标准互认。建设新型高技术服务跨境贸易的试点，在上海自由贸易试验区的张江高科技园区，北京自由贸易试验区的科技创新片区和高端产业片区，海南自由港的文昌国际航天城、三亚深海科技城，广东自由贸易试验区的南沙新区等探索建立新型高技术跨境服务的集聚区。在集聚区内发展链接全球科技资源与市场的新型研发机构和研发创新服务平台，探索利于服务贸易自由便利的治理体系。推进数据自由港建设，推进零工制度和关税创新，实施与跨境服务贸易配套的资金支付与转移制度等。

（五）探索建立新型高技术服务业发展示范区

进一步放宽社会公益类科教基金的审批限制，以北京、上海、深圳等全国科创中心，以及雄安等政策特区作为试点，培育数个有影响力的社会公益类科教基金，并基于这些社会公益类科教基金，与龙头企业、高校及国有科研机构合作，联合设立着眼于未来 15 年前瞻性技术创新的高水平新型研发机构。推进研发创新服务平台示范工程建设，在生物制药、医疗器械、基础软件、智能装备、新材料等领域，培育一批国家级研发创新服务示范平台；鼓励各个地方根据地方产业特色和产业发展需求，培育一批省级研发创新服务示范平台。

在北京怀柔科学城、上海张江科学城、深圳光明科学城、合肥科学城等地，依托大科学装置发现发明的科学知识，建设若干具有全球引领性、面向未来产业的科技孵化示范平台。在武汉、南京、西安、广州、成都、沈阳等科教基础雄厚、营商环境良好的地区，建设若干面向新兴技术企业孵化的独角兽示范牧场。在京津冀、长三角、珠三角等城市群中，选择制造业发达、产业链完整、科技基础薄弱的城市，建设一批支撑当地重点产业高质量发展的科技产业示范园区。

（执笔人：洪志生，王晓明，中国科学院科技战略咨询研究院）

（审稿人：万劲波）

参考文献

［1］ 洪志生，王晓明. 重构新型高技术服务业内涵助力现代产业体系高质量发展［N］. 科技日报，2021-05-10（8）.

［2］ 王仰东，杨跃承，赵志强. 高技术服务业的内涵特征及成因分析［J］. 科学学与科学技术管理，2007（11）：10-13.

［3］ 余江，张越. 加快关键核心技术攻关 增强产业链供应链自主可控能力［N］. 科技日报，2021-03-29（8）.

［4］ 国家信息中心. 战略性新兴产业形势判断及"十四五"发展建议（上）［EB/OL］.（2021-01-04）［2021-12-30］. https://www.ndrc.gov.cn/xxgk/jd/wsdwhfz/202101/t20210104_1264124.html?code=&state=123.

［5］ 国家信息中心. 战略性新兴产业形势判断及"十四五"发展建议（下）［EB/OL］.（2021-01-04）［2021-12-30］. https://www.ndrc.gov.cn/xxgk/jd/wsdwhfz/202101/t20210112_1264810.html?code=&state=123.

未 来 篇

　　本篇共四章。战略性新兴产业的"先导"是未来产业,本篇首先阐述了未来产业的概念与特征;随后从全球新技术革命趋势的视角,分析了未来支撑产业革命的新兴技术发展,梳理了全球主要发达国家对未来前沿技术部署的计划和方向,并总结了可供参考的经验借鉴;最后,分析了我国未来产业发展的机遇和挑战,研究了"十四五"及中长期我国未来产业的发展目标、主要任务,并提出了发展未来产业的保障措施。

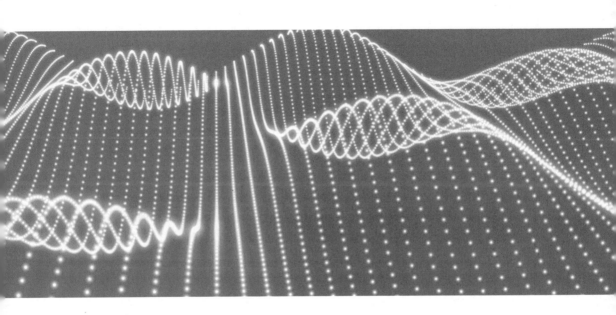

第十一章 Chapter 11
未来产业：概念与特征

2020年4月1日，习近平总书记在浙江考察时指出，要抓住产业数字化、数字产业化赋予的机遇，加快5G网络、数据中心等新型基础设施建设，抓紧布局数字经济、生命健康、新材料等战略性新兴产业、未来产业，大力推进科技创新，着力壮大新增长点，形成发展新动能。未来产业是重大科技创新产业化后形成的，与战略性新兴产业相比，更能代表未来科技和产业发展的新方向，是对经济社会变迁起到关键性、支撑性和引领性作用的前沿产业。

从国际科技和产业发展形势来看，信息科技、生物科技、纳米科技等领域的探索，是当前技术带领产业跃迁的命脉所在，而以智能化为重要特征的第四次工业革命，融合了信息技术、智能制造、生命科学等众多科技，基础研究领域的积累已经呈现跃跃欲试的产业化趋势[1]。由此产生的未来产业，不仅会促使全球产业竞争格局重新调整，也为重构全球创新体系提供了重要窗口期。当前，大国竞争日趋激烈，可以说，谁掌握了未来产业技术的核心能力，谁就掌握了未来经济的主动权。

从国内发展需求来看，我国正处于实现高质量发展的关键时期。通过内循环激发国内市场，通过外循环开拓国际市场，是解决当前高度依赖欧美出口问题的主要方式。解决未来可能的卡脖子问题，就需要依托科技自立自强，超前布局发展人工智能、生物工程、第三代半导体、类脑芯片、柔性电子、前沿新材料、量子信息等未来产业，加快在新一代信息技术、生物技术、新材料、新能源及智能汽车、航空航天等领域形成一批战略性新兴产业集群，这样才能确保全球竞争格局中的优势不会被削弱。

可以看出，前瞻布局未来产业发展是建设现代产业体系、培育发展新动能、促进经济高质量发展的重要举措，是面对新型国际关系、把握产业发展主动权的战略举措，也是谋求"十四五"时期竞争新优势的关键所在[2]。

一、未来产业的概念界定

未来产业是以满足未来人类和社会发展中涌现的新需求为目标,以新兴技术创新为驱动力,旨在扩展人类认识空间、提升人类自身能力、推动社会可持续发展的产业[3]。作为面向未来的新兴产业,未来产业在孵化自身细分产业的同时,还能为传统产业和战略性新兴产业提供新机遇,赋予新动能[2]。未来产业代表着新一轮科技和产业革命的战略方向,对社会发展起支撑带动和引领作用。十八大以来,以人工智能、5G、云计算为主导的第四次工业革命所带来的未来产业发展已初显端倪,迸发创新和创造的活力,孕育着未来产业。

二、未来产业的主要特征

未来产业的特征可以总结为"五新",即依托新科技、满足新需求、发展新业态、孕育新组织、凝练新政策。

(一)未来产业是依托新科技突破带来的应用而衍生形成的

全球新一轮科技革命和产业变革方兴未艾,颠覆性技术不断涌现,科技创新加速推进,并深度融合、广泛渗透到人类社会的各个方面,成为重塑世界格局、创造人类未来的主导力量。今后一个时期,以新一代信息技术、人工智能、新能源技术、新材料技术、新生物技术为主要突破口的新技术革命,将从蓄势待发进入群体迸发的关键时期,酝酿全球创新格局重大调整,并引发新一轮工业革命。光子技术、人工智能、基因编辑、合成生物学、生物制造、生物育种等领域的技术突破,结合先进的工程技术手段和其他基础学科的科学原理,可以改造生物体或加工生物原料,为人类生产出所需新产品,衍生出新产业。先进核能、氢能、先进储能、分布式智慧电网等能源技术的突破,加上大数据、云计算、物联网、移动互联网等先进技术的跨界融合发展,将会有效促进能源低碳转型,由传统的单向型能源供应向综合能源服务转变,带来新一轮能源产业革命[3]。这些科技与产业的快速发展和社会的急剧变化为未来产业的发展提供了发展的机遇。

(二)"技术突破+愿景假设"的未来产业将满足人类和社会发展的新需求

未来产业是连接技术与市场的潜在产业,是依托商业化应用场景中技术应用与市场需求而形成的。如城市虚拟数字空间、文化创意旅游就是利用计算机图形技术、人机交互技术、传感器技术、人机接口技术、人工智能技术等,借助专业设备,让用户进入虚拟现实,实时感知和操作,满足人类身临其境的需求。未来产业的发展,将有力推动数字经济与实体经济的深度融合,实现"中国制造"向"中国智造"转型升级,将数据资源"势能"转变为高质量发展"动能"[4]。未来产业的发展也满足了人类社会对新空间的运用。对实体空间和虚拟空间的新扩展，不仅是对人类到达极限和认知极限的新挑战，同时，新空间的利用也是未来抢占国际竞争制高点的重要战略领域。从实体空间来看，我们对深海、深空、深地的认识和开发还远远不够，不仅需要开发高技术到达那里，还需要考虑到达后我们能做什么，以抢占产业发展先机。同时，这些极限环境也为我们提供了发展极端制造的条件。从虚拟空间来看，随着医疗健康、教育培训、文教娱乐等传统行业领域对虚拟现实需求的不断增长，虚拟现实结合 5G、人工智能、超高清视频、云计算、大数据等技术将实现高速发展，不断涌现新模式和新业态。

（三）未来产业发展将融合各种产业类型形成新业态

未来产业的形成并不是依托单一技术，而是需要复杂的高技术群。围绕高技术群衍生出对新型专业技术服务的需求，如海洋服务和航空航天服务。未来产业不再仅仅以实物的形态出现，而是融合产品和服务后形成的新业态，这样的业态是专注于科技创新服务、具有知识密集型的新型研发和技术服务的新业态。因此，未来产业的产业体系，不再是基于简单的农业、工业和服务业的业态划分形式，也不是从基于原材料、人力资本、土地资本和技术资本投入开发产品而形成的产业，而是依托高技术服务业，融入大数据等新型生产要素，最终以知识产权服务转化的形态出现。

（四）未来产业发展将为经济发展孕育新组织

未来技术的网络化、开放性、知识开源已成为趋势，知识来源的多元化、协同生产和转化需要新的组织模式。面对新的科学技术发展范式，需要围绕知识供给，借鉴美国未来产业研究所的逻辑，孕育发展新的组织。同时，加强现有新型研发机构和基础研究、国家实验室体系、区域创新体系的关联，构建有机联系的网络系统。同时，这样的组织形态也体现在空间层面，构建点线面布局的新载体。

（五）未来产业发展需要凝练新政策

未来产业的发展需要多方面的环境支撑，以创新政策为主，并与科技政策、产业政策、人才政策、财政政策形成衔接。未来产业既包括制造，也包括服务，源头性技术很多是以服务业的形态出现的，这就需要创新目前以实物投入和支持为主的产业政策，凝练新型政策体系。

三、未来产业与战略性新兴产业的关系

战略性新兴产业是国家在 2009 年提出的一个新的发展重点，代表新一轮科技革

命和产业变革的方向，也是培育高质量发展新动能、赢得未来竞争新优势的关键领域。2010年，国务院出台《国务院关于加快培育和发展战略性新兴产业的决定》，随后在"十二五"和"十三五"期间都出台了专门的规划，推动了战略性新兴产业的有序、快速、高效发展。

战略性新兴产业是以重大技术突破和重大发展需求为基础，对经济社会全局和长远发展具有重大引领带动作用的知识技术密集、物质资源消耗少、成长潜力大、综合效益好的产业。战略性新兴产业本身范畴是不断扩展的，从"十二五"的七大领域扩展到"十三五"的九大领域，主要包括新一代信息技术产业、高端装备制造产业、新材料产业、生物产业、新能源汽车产业、新能源产业、节能环保产业、数字创意产业和相关服务业等。

未来产业是和战略性新兴产业息息相关的，都是重大科技创新产业化后形成的、代表未来科技和产业发展新方向的、对经济社会具有支撑带动和引领作用的前瞻性新兴产业。相对于未来产业，战略性新兴产业有明确的产业形态，产业边界相对清晰和固定，发展模式也相对固定；而未来产业是基于未来技术突破和场景应用的，具有一定的前瞻性和不确定性，需要各类产业融合推动。

（执笔人：王晓明，沈华，中国科学院科技战略咨询研究院）
（审稿人：潘教峰）

参考文献

[1] 何睿. 以高精尖产业领航北京未来创新发展［N］. 新京报，2020-12-25（A02）.
[2] 沈华，王晓明，潘教峰. 我国发展未来产业的机遇、挑战与对策建议［J］. 中国科学院院刊，2021，36（5）：565-572.
[3] 潘教峰. 蓬勃兴起的未来产业［N］. 中国纪检监察报，2020-08-24（06）.
[4] 洪志生，王晓明. 重构新型高技术服务业内涵助力现代产业体系高质量发展［N］. 科技日报，2021-05-10（8）.

第十二章 Chapter 12
从全球新科技革命看未来产业：趋势和领域

一、全球新科技革命与产业变革的五大趋势

人类文明进步和每一次社会重大变革都与科技的革命性突破密切相关。研判科技发展未来趋势、谋划应对之策，不能仅就科技看科技，既要立足需求驱动，又要遵循科技规律，以全球视野、时代眼光、历史经验、国家目标来观察和分析。

当前，世界政治经济格局和国际秩序正经历二战以来最为深刻的调整，不确定性、不稳定性增加，科技竞争成为大国竞争的焦点。中国已进迈入中等收入国家行列，在向现代化奋进的历史进程中，面对"百年未有之大变局"，挑战和机遇都前所未有，要力避和克服许多风险，防止落入"中等收入陷阱""塔西陀陷阱""梅佐乔诺陷阱""修昔底德陷阱"等[1]。能否适新应变、跨越陷阱、顺利实现现代化，未来10到20年是至为关键的阶段。

（一）新一轮科技革命呼之欲出

当前，我们正迎来新一轮科技革命。从科学革命的视角来看，第一次科学革命确立了力学世界观，建立了近代科学体系；第二次科学革命揭示了时间、空间、物质、能量之间的关系，提出新的时空观。从技术革命的视角来看，第一次技术革命开启了人类工业文明时代，英国发生工业革命；第二次技术革命推动人类社会从蒸汽时代进入电气时代，西欧、美国实现工业化；第三次技术革命推动人类社会进入全球化、知识化、信息化、网络化的新时代。

以绿色、智能和泛在为特征，呈现出群发式突破、交叉汇聚景象的新一轮科技革命正在孕育。它将开辟生产力发展新空间，推动产业结构调整，催生新兴产业，创新生产方式和发展模式，引发社会变革和国际格局深刻调整，成为各国创新竞争的新赛场。

科学革命是人类认识论的飞跃，自20世纪初发生第二次科学革命以来，当前人类对自然、宇宙和生命的认识又面临新的跃升，物质结构、宇宙演化、生命起源、意识本质等基本科学问题的原创性突破正在开辟新前沿和新方向，科技发展呈现多点突破、交叉汇聚的趋势，物质科学、生命科学成为未来科技发展的两大主线。

在物质科学领域，研究正不断向宇观拓展、微观深入和极端条件方向发展，宏观世界大至天体运行、星系演化，微观世界小至粒子结构、量子调控，都是当今世界科技发展的最前沿，希格斯玻色子、中微子的发现使人类对物质结构的认识进入新境界，合成和调控物质能力不断提高，对化学反应的观察不断深入。物质结构科学研究实现对原子、分子甚至电子的调控，从"观测时代"进入"调控时代"，将引发能源、信息、材料的新技术革命和产业革命。对宇宙演化的研究正揭开暗物质、暗能量之谜，将成为继哥白尼的日心说、牛顿的万有引力定律、爱因斯坦的相对论及量子力学后，人类认识宇宙的一个重大飞跃，引发新的物理学革命。

在生命科学领域，呈现出集成综合的特点，并向精确化、可再造、可调控方向发展，对生物大分子和基因的研究进入精准调控阶段，从认识生命、改造生命走向合成生命、设计生命，在给人类带来福祉的同时，也带来生命伦理的挑战。被视为生命遗传"暗物质"的非编码RNA研究有望开启揭示人类生命原理的新篇章。基因组编辑技术连续取得突破并广泛应用，标志着生命科学研究从"基因组时代"向"基因组编辑时代"迈进。分子生物学、合成生物学和"人造生命"的突破将打开非生命物质向生命物质转化的大门，为探索生命起源和进化开辟崭新途径，将使人类从"临床医学时代"走向"健康医学时代"，推动生物制造产业兴起和发展，成为新的经济增长点。人类大脑及其认知功能、智力本质的研究正在快速发展，一旦突破将极大深化人类对自身和自然的认识，引发信息与智能科学技术新的革命。脑功能连接组是破解大脑功能奥秘的关键，美、日等国将其作为研究重点进行部署，力图对脑功能的神经连接通路及其网络结构进行全面解析、模拟，有望在10年内绘制出人脑神经连接线路图，揭示人脑工作的机理，极大地带动人工智能、复杂网络理论与技术的发展。

（二）新技术革命的突破口愈加清晰

技术革命是人类生存发展手段的飞跃，导致重大工具、手段和方法的创新。今后一个时期，以新一代信息技术、人工智能、新能源技术、新材料技术、新生物技术为主要突破口的新技术革命，将从蓄势待发进入群体迸发的关键时期，从而酝酿全球创新格局的重大调整，并引发新一轮工业革命。

人工智能技术的发展和应用进入又一个春天。人工智能兴起于20世纪中叶，是探索人的智能奥秘的工程技术途径。"强人工智能"关注结构模拟，仿照人脑的结构机制，制造出"类人脑"的机器。"弱人工智能"关注功能模拟，包括知识表示、自动推理和搜索方法、机器学习和知识获取、知识处理系统、自然语言理解、计算机视觉、智能机器人等。深度学习技术使图像和语音识别正确率大幅度提高。2016年人工智能语音识别的准确率已达95%，达到人类水平。人工智能系统对物体图像的标注错误率从2010年的28.5%下降到2.5%，已超越人类水平。当前人工智能主导的信息技术与各产业的融合创新正呈蔓延之势，引发工业生产、医疗健康、交通等众多传统产业的变革。人工智能是通用技术，未来新科技革命和产业变革将以人工智能领域的变革性突破及其应用为标志，很可能在2035年前后发生。

量子信息技术将成为下一代信息技术的先导和基础。量子计算是通过叠加原理和量子纠缠等次原子粒子的特性来实现对数据的编码和操纵。50量子比特的量子计算机计算速度为一千万亿次每秒，即一台台式机大小的量子计算机，将达到天河一号超级计算机的计算能力。2017年，IBM公司建成全球首台50量子比特的量子计算机原型，向验证量子计算机超越传统超级计算机的"量子霸权"时代迈出了关键一步。2018年3月，谷歌展示了一款72量子比特的量子芯片。2020年12月，中国科技大学成功构建76个光子的量子计算原型机"九章"。

区块链技术是信息革命的拐点、数字经济的基石。区块链是通过自证清白的方式，建立一种"去中介化"的信任体制。区块链1.0阶段，比特币出现，基本的价值信息和数据可进行P2P传输，实现简单应用；区块链2.0阶段，出现了以ETH、NEO、QTUM和EOS为代表的区块链底层平台，但尚处于开发完善阶段，离真正商用尚有距离；区块链3.0阶段，通用区块链技术平台连接现实世界与区块链世界，能支持大规模的交易处理要求，走入现实生活。当前，区块链技术正与政府紧密融合，预计2023年会出现第一个使用区块链实现征税的政府。同时比特币与区块链技术也正不断融合，预计2027年全球10%的国内生产总值使用区块链技术存储。

细胞免疫疗法开启抗癌治疗的"第三次革命"，在攻克实体瘤方面取得了多项突破性成果。美国宾夕法尼亚大学在小鼠模型中证明了CAR-T疗法治疗白血病和胰腺癌的有效性。美国NIH癌症研究所利用靶向KRAS突变的肿瘤浸润淋巴细胞（TIL）回输，治愈了一名晚期结肠癌患者。2017年，美国FDA已批准两种CAR-T疗法上市。2018年，中国首个CAR-T疗法IND临床申请获批。

干细胞治疗已经成为再生医学和组织工程的主要发展方向。在组织修复领域，2017年8月，北卡罗来纳大学医学院与北卡罗来纳州立大学联合研制出新型干细胞，可用于治疗肺纤维化。在慢性病治疗领域，2017年7月，布莱根妇女医院和哈佛干细胞研究所的研究人员开发了一种基于干细胞的新型疗法可杀灭能够转移到大脑中的肿瘤细胞。在神经系统疾病治疗领域，2017年8月，加利福尼亚大学研究人员利用供体干细胞治疗脊髓神经损伤，2017年11月，美国干细胞疗法开发的生物公司ISCO公布经干细胞疗法治疗帕金森取得的积极结果。

需要注意的是，科技双刃剑的特点更加凸显，低风险技术研究引起重视。人类精准基因工程、干细胞、合成生命、核能、智能机器人等在为人类带来福祉的同时，引发新的伦理问题或社会风险，促使人类对技术进行反思，探索低风险技术的发展。

（三）新产业革命深刻改变产业形态、生产方式

新一代信息技术与能源技术、制造技术、生物技术、环境技术深入融合，颠覆性技术不断涌现，使传统的农业、工业、服务业等产业的生产过程逐渐趋同，边界越来越模糊，甚至融为一体；生产过程将更关注个性化定制，消费者将在更大程度上参与设计和制造过程，甚至成为生产过程的一个重要环节；生产方式将从大规模生产向个性化生产转变，制造商、供应链的地理格局将发生根本改变[2]。

人机共融将成为主要生产方式和服务方式。人机共融的智能制造模式、智能材料与4D打印技术，将推动大批量集中式生产转向高度灵活、个性化、数字化新生产模式。智能机器人的研发应用将成为前沿和热点，基于信息物理系统的智能装备、智能工厂等智能制造引领制造方式的变革。

物联网、数据分析与人工智能技术结合将会创造出一个巨大的智能机器网络，在不需人力介入的情况下实现巨量的商业交易。2045年，最保守的预测也认为将会有超过1000亿的设备连接在互联网上，这些设备包括移动设备、可穿戴设备、家用电器、医疗设备、工业探测器、监控摄像头、汽车以及服装等，它们所创造并分享的数据将会给我们的工作和生活带来一场新的信息革命①。人们将可以利用来自物联网的信息加深对世界以及自己生活的了解，并且做出更加合适的决定，在此同时，联网设备也将把目前许多工作，比如监视、管理、维修等需要人力的工作自动化。

（四）新科技革命推动形成人、机、物三元融合社会

在人、机、物智能技术的推动下，通过信息资源使人类社会、虚拟空间、自然空间、机器物理空间实现连通互动、数字孪生、虚实交融，从而形成人与自然、人与机器和谐相处的以人为中心的新社会形态。在人、机、物三元融合社会，每个人将成为一个中心节点，个性化服务和创新创业、个人自由而全面的发展成为可能[3]。人的三力外化，提升人类改造、利用自然的能力，改变人类与物理世界的关系，创造一个虚拟信息空间，促进相互分离的人、机、物三元世界的交互和融合。

（五）科技创新驱动经济社会发展、保障国家安全和应对全球挑战已成为世界主要国家共同的战略选择

各国加强科技创新的顶层设计，聚焦促进经济繁荣和改善民生的重点需求。全球研发投入格局持续变化，新兴经济体增长势头强劲，中国成为主要驱动力量。全球科技产出数量发生变化，发展中国家特别是中国所占份额快速提升，但与发达国家在产出质量

---

① 美国公布长达35页的《2017~2045年新兴科技趋势报告》(http://www.sohu.com/a/209696464_453160)。

上差距明显。

在未来技术和产业领域，发达国家创新能力和竞争力仍处在世界前列，高技术制造业和知识密集型服务业保持领先地位。加强科技创新人力资源开发、吸纳高端人才，已成为各国提升科技供给能力的重中之重。这就需要推进产学研深度融合和商业模式创新，加快知识产权、技术成果、科技服务市场化和商业化。促进企业增强创新活力和增加创新投入，塑造具有强大生命力的产业技术创新生态系统。同时，围绕气候变化、碳达峰、碳中和、公共卫生等全球性问题开展国际科技合作，防止技术政治化、技术民族主义，防止技术管制、技术壁垒被一些发达国家作为竞争工具使用。

二、孕育重大科技突破的八个重点领域

主要国家纷纷开展科技前瞻预见和战略部署，以抢占制高点。从世界科技发展的趋势和现代化需求推动看，未来引发科技革命和产业变革的创新技术主要集中在信息、能源、材料与制造以及生物等八大科技领域。表 12-1 所示为主要国家或地区未来技术战略重点和举措。

表 12-1　主要国家或地区未来技术战略重点和举措

国家或地区	战略重点	具体举措
美国	技术竞争力和创新战略	一系列竞争力计划和法案，《美国创新战略》《战略和竞争法案》
德国	高技术战略	《高技术战略 2020》《德国工业 4.0 战略》《新高技术战略》
日本	科技基本计划	5 年一期科技基本科技计划，10 次科技预测
英国	新兴技术	《2014～2018 新兴技术发展战略》
法国	创新战略	《法国未来十年》报告
欧盟	创新战略	《展望 2020》计划

（一）信息网络

信息技术从诞生以来，一直朝着"高、广、深"三个方向发展。"高"的方向是指性能和可靠性越来越高，成本越来越低；"广"的方向是指用途越来越广，用户越来越多，渗透到各个领域，无处不在；"深"的方向是指智能水平越来越高，越来越善解人意。

过去几十年在"高"和"广"两个方向上取得很大进展，今后将更加重视"深"，即智能化发展方向，聚焦人工智能、机器人、传感器、信息存储与通信，以及超算、云计算、大数据、物联网、区块链技术等方向。新一代信息技术、人工智能技术的快速发展，大大拓展了时间、空间和人类认知范围，加速推动人类进入一个"人、机、物"三元融合的万物智能互联时代。5G、6G 技术有望成为未来数字经济乃至数字社会的"神

经系统",并带来一系列产业创新和巨大经济及战略利益。到 2025 年,麦肯锡预测全球人工智能市场规模将达 11 万亿美元,美林银行预测人工智能对全球经济的影响将达到 14 万亿～33 万亿美元。

(二) 能源领域

能源科技向绿色低碳、智能、高效、多元方向发展。能源结构将实现从以化石能源为主向多元互补的转型;能源开发利用将实现有效供应向清洁高效利用的转变;能源生产将实现集中式发电向分布式发电的转换;能源输配将实现人工控制到智能控制的转化。

煤炭资源清洁、高效及综合利用将形成新兴产业。未来有可能在煤炭热解制油气高值化利用配套技术、低阶煤分级液化化学品核心技术、大规模先进煤气化工业技术、煤联产电力、液体燃料、化学品、供热、合成气等方面逐步形成规模产业,这将大幅提高能源利用效率和环境质量,大幅降低煤耗、水耗和二氧化碳排放,推动能源结构及经济产业结构优化调整,保障国家能源安全。

规模化可再生能源发电及分布式电网有望实现商业应用。在风能、太阳能规模化发电,分布式可再生能源利用,分布式电网方面将实现技术突破和系统集成,有望建成多能互补的分布式电网示范系统,实现优先就地利用可再生能源分布式电力、多余电力上网、智能用电及智能楼宇和智能家庭,总体提高电网的可靠性和供电质量,提高配用电效率。

未来将聚焦氢能制备与燃料电池、太阳能、核能和其他新能源的开发利用,以及发电和电网技术等方向。氢能开发、分离技术方面,突破化石燃料制氢、生物质制氢、水解制氢、核能高温裂解制氢,深冷分离技术、变压吸附技术和气体膜分离技术等。氢能利用技术方面,突破氢储运、分布式加氢站网络建设及氢能安全性技术;国际氢能委员会报告显示,到 2050 年,氢能源需求将是目前的 10 倍,全球能源需求的 18% 将来自氢能源。截至 2020 年 2 月,我国加氢站共有 66 座。

在太阳能开发方面,聚合物太阳能电池已经迈过转换效率 10% 的商业化门槛,进一步攻关的重点将是提高效率、降低成本。近年来,低成本非富勒烯受体聚合物太阳能电池受到关注,中国在此领域有优势。

(三) 材料与制造

材料技术发展趋向于结构功能一体化、材料器件智能化、制备过程绿色化。材料产品设计与生产对资源和环境造成的影响越来越受重视,减量化、再利用、再生循环(3R 概念)及"全寿命成本"思想将全面应用。

材料全寿命成本是材料在其寿命周期中对资源、能源、人力、环境等消耗的叠加,包括原料成本、制造成本、加工成本、组装集成成本、检测成本、维护成本、修复成本和循环使用成本、对资源的依赖成本、材料生产加工成本、由材料性能质量和可靠性决定的使用效率和成本、污染成本和回收利用率等[4]。因此材料全寿命成本研究及控制是重大科技问题，关系制造、能源、资源、环境等的重大挑战，材料使役行为的预测、设计与控制，材料高效循环利用技术，材料结构功能一体化，材料分析检测技术等核心技术的突破，将推动新材料产业的进一步发展。

（四）生命健康

脑科学、结构生物学、系统生物学、合成生物学、再生医学等发展和兴起。3D生物打印技术将促进再生医学领域人造活体组织与器官研究。合成病毒、基因筛查、胚胎干细胞等新兴生物技术加速走向应用，引发对生物伦理、生物安全的关注。传统医学模式将发生深刻变化，以预防、预测和早期干预等为特征的健康医学发展迅速，个性化医疗兴起，对肿瘤等重大疾病早期干预与治疗有望实现。人造血液、人造心脏、人造细胞、脑部神经复活、记忆芯片植入等，过去难以想象的人类生命禁忌，正在被科学家不断打破。

3D生物打印向人造器官移植迈出一大步。研究人员利用水凝胶，3D打印出多孔支架，将卵泡细胞填充进孔洞中，从而首次成功组成人造卵巢。澳大利亚伍伦贡大学研发出一种利用生物墨水3D打印人类诱导多能干细胞的方法。该项技术有望能够3D打印任何类型的人体组织，包括脑组织。2019年4月，以色列的特拉维夫大学研究人员利用取自病人自身的人体细胞组织、血液，在实验室制造出世界上第一颗人造心脏。

（五）现代农业

农业科技向高效、安全、优质生产方向发展。农业业态将实现从工业化农业到生态有机农业的转型。改变工业化生产粮食、家禽、牲畜的方式，减少使用农药、化肥、抗生素等化学物质，遵循自然规律，平衡种植业和养殖业。农业经营模式将实现高耗农业到高值农业的转型。从大量消耗资源转向以节地、节水、节肥、节能和资源的循环增效利用为重点的农业生产方式。农业运作模式将实现从粗放农业到精准农业的转型。基于完善的农业信息服务网络，建立模拟及调控模型、智能农业决策支持系统以及智能机械精准作业体系。农业发展模式将实现从自然农业到定制农业的转型。人类生物育种进入品种分子设计和全基因组分子选择时代，人类可以根据需求来设计和定制动植物产品。

CRISPR基因编辑技术、转基因技术、分子模块设计等在农业领域的创新应用不断突破，将变革动植物品种培育和生物产品创制。农业防灾、减灾、重大疫病防治、养分高效利用、抗逆和低碳化发展等的研究成为热点，农业数字技术和智能农机装备推动农业进入精准化和智能化时代。

（六）生态与环境

在应对气候变化和发展绿色经济的引领下，全球生态与环境领域出现新的变化：到2030年，全球可持续发展目标的相关科技问题将成为研究重点，包括大规模人类活动对生态系统影响的研究，寻找能源、食物、水资源相结合的综合解决方案；环境科学从关注具体环境污染问题到重视全球一体化的环境管理。在研究手段方面，包括灾害监测与风险评估技术、污染源防治与生态安全性评价技术、大尺度生态系统观测与研究网络。

（七）空间领域

目前人类的空间探测以月球、火星和小行星探索为主线，正向着更深、更遥远的宇宙迈进；人类将持续探索宇宙的起源、演化，以及暗物质和暗能量的本质。对地观测正逐渐覆盖地球系统及人类活动造成的影响，并将开展温室气体的全球监测，建立全球性研究平台，以应对气候变化，满足人类长期可持续生存发展的需求。空间态势的感知和预警将得到加强，全球公认的空间行为准则逐步建立，空间技术的市场化和商业化呈加快趋势。

国际空间计划加速基本科学问题研究和空间技术的重大突破。1998年，俄罗斯"质子"火箭将空间站"曙光"送入轨道；国际空间站已于2011年完成主体建造，将开展上千项有关生命科学和人体科学、微重力科学、地球科学等研究和新技术试验。2011年中国发射"天宫一号"，成为第3个独立发射空间站的国家；2016年9月中国"天宫二号"发射成功。

（八）海洋领域

聚焦国家安全与海洋权益、资源可持续利用和深海探索三大方向。

一是海洋科学更加强调交叉并日益关注深远海。当代海洋科学发展的两大方向是"全球变化"和"深海开发"。随着美国"深海挑战者"号特制载人潜艇下潜至世界海洋最深处的马里亚纳海沟底部，深海商业化旅游成为可能，将促进民间力量介入深海探测。深海探测技术和装备不断得到完善且成本降低，将会带动海洋探测、研究和开发向新的广度与深度发展，促进深海科学探索新时代的到来，海洋技术向更深的海斗深渊发展。

二是海洋观测进入立体综合观测时代。海洋强国和国际海洋科学组织都致力于发展海洋观测技术，建设全球或区域的海洋观测系统，组织实施阶段性或长期的海洋科学观测计划。如欧洲的浮游生物连续观测计划、美国的加州渔业资源联合调查计划等。2017年，我国成功进行海洋多学科立体综合组网观测，采用自主研发的高端海洋观测装备，这一立体综合观测体系对"透明海洋"计划的实施和体系建设具有重要作用。

三是大型国际计划的指导和引领作用更加突出。国际大洋整合钻探计划、国际海洋生物普查计划、海洋生物地球化学与生态系统整合研究、全球有害藻华生态学与海洋学研究等，为海洋生物多样性、生物地球化学和灾害性生态现象的研究提供了重要指导。一些新的国际计划也已开始实施或正在积极筹备。

四是海洋科技对能源资源开发的作用显著加强。北极的冰川消退和永冻土融化有可能导致大规模甲烷泄漏，将对全球气候产生重大影响。北极海冰融化也使北极海底油气资源的开发成为可能，引起环北极国家乃至世界的广泛关注，北极航道的开通对区域航运安全产生重要影响，也对相关国家的安全格局带来新的挑战。

五是海洋技术的发展正在催生新兴蓝色经济。利用海洋微藻制备生物柴油再次成为研究热点。海洋药物、生物制品、生物功能基因开发上的重大进展为海洋生物资源高值化和可持续利用打下了良好基础。海洋生物技术的发展推动海洋高端产业的进步，将大大提升海洋经济产业化水平。

（执笔人：潘教峰，沈华，中国科学院科技战略咨询研究院）

（审稿人：张凤）

参考文献

［1］ 潘教峰. 新科技革命与三元融合社会——关于雄安新区建设的宏观思考［J］. 中国科学院院刊，2017，32（11）：1177-1184.

［2］ 杜悦英. 科技创新：驱动变革，决胜未来［J］. 中国发展观察，2021，28-30.

［3］ 王雪，褚鑫，宋瑶瑶，等. 中国科技智库建设发展现状及对策建议［N］. 科技导报，2018，36（16）：53-61.

［4］ 中国科学院先进材料领域战略研究组. 中国至2050年先进材料科技发展路线图［M］. 北京：科学出版社，2009.

Chapter 13 第十三章
主要国家未来产业布局：经验与借鉴

未来产业已成为衡量一个国家科技创新和综合实力的重要标志。主要国家积极筹建面向未来产业的专业研究机构，以加强对人工智能、量子科技、先进制造、未来通信、医药健康等前沿领域的布局和研发投入力度[1,2]。

一、主要国家未来产业前沿技术的布局

（一）美国发展未来产业前沿技术的布局

近年来美国积极布局未来产业相关的科技领域，将其作为政府研发投入的优先事项，以获得未来产业的领导权。2019年美国发布《美国将主导未来产业》，把人工智能、先进制造、量子信息、5G四大关键技术领域视为美国的"基础设施"，将加大投资[3]。特朗普政府将以往所提及的新兴技术冠以"未来产业"之名来加以强调，突出促进这些新兴技术发展的方向和预期效果，同时突出相关技术在未来产业和经济的影响力[4]。特朗普政府将优先支持这些为未来产业提供动力的新兴技术以推动未来产业突破[5,6]。2019～2020年美国政府连续发布《2021财年政府研发预算重点备忘录》及《2022财年研发预算优先事项和全局行动备忘录》，旨在增强美国在未来产业及相关技术领域的领导地位[7]，聚焦人工智能、量子信息、先进通信网络、先进制造、自动驾驶等技术领域（见表13-1）[8]。

表 13-1 美国在未来产业前沿技术相关领域的主要部署

发布时间	报告/法案	部署领域
2019	《美国将主导未来产业》	人工智能、先进制造、量子信息和5G
2019	《2021财年政府研发预算重点备忘录》	①为未来工业提供动力的技术、人工智能、量子信息和计算的基础研究和应用研究；②先进通信网络和自动化技术；③智能制造、数字制造和工业机器人等先进制造技术

（续）

发布时间	报告/法案	部署领域
2020	《2022财年研发预算优先事项和全局行动备忘录》	①人工智能：包括数据效率、高性能机器学习技术和集成交互式人工智能等；②量子信息：注重关键基础设施的投资，发展新型计算模式和先进制造，以支持下一代量子组件更新，扩展量子技术应用；③先进通信网络：加强对先进通信技术的基础研究，鼓励开发利用5G技术，在保证安全性和隐私性前提下，构建先进通信网络；④先进制造业：重点关注对生物制造领域的投资，以确保美国获得所需药物；重点聚焦在生物医学领域开发纳米和先进材料，应对新冠肺炎疫情；⑤未来工业（Industry of the Future, IotF）相关的未来计算生态系统：优先执行国家战略计算生态系统，集成先进计算软件，以及从极端规模到边缘的数据资源，以支持端到端应用程序工作流，同时支持未来技术的创新；⑥未来工业相关的自主驾驶和远程驾驶：利用新兴的未来工业技术，优先研发地基、空基及海基自主驾驶及远程驾驶车辆和无人驾驶电动垂直起降飞机
2021	《美国就业计划》	半导体、先进计算、先进通信技术、先进能源技术、清洁能源技术、生物技术
2021	《NSF未来法案》	量子信息、人工智能、超级计算、网络安全和先进制造
2021	NSF未来制造业项目	未来网络制造研究、未来生态制造研究、未来生物制造研究

拜登政府继承了特朗普政府发展未来产业前沿技术的思想和战略。2021年3月拜登政府发布2.25万亿美元的基础设施建设计划，未来产业及相关前沿技术是其关注的重点。其中，电动汽车领域投资1740亿美元，加速电动汽车发展；制造业领域投入3000亿美元，其中500亿美元将用于投资半导体技术，300亿美元将用于生物制造，以增强美国应对未来疫情的能力；研究基础设施领域投资1800亿美元，以提高美国在关键技术方面的领导地位，使美国成为创新和研发的领导者。在2021年3月正式发布的《美国就业计划》中提出投资1800亿美元以研发未来技术；并认为随着时间推移，未来技术的突破会带来新的商业、新的就业和新的出口[9]。2021年3月美国众议院科学委员会提出的《NSF未来法案》中计划向量子信息、人工智能、超级计算、网络安全和先进制造等未来产业相关技术领域投入726亿美元。另一法案提出，投入1000亿美元发展未来产业相关的新兴技术群，聚焦人工智能与机器学习、高性能计算、半导体、先进计算机软硬件、量子计算等十大关键技术领域[10-11]。此外，2021年美国国家科学基金会（NSF）发布《NSF未来制造业项目》，重点资助未来网络制造研究、未来生态制造研究、未来生物制造研究3大重点领域[12]。

（二）日本发展未来产业前沿技术的布局

日本政府在2016年第5期《科学技术基本计划》中正式提出"社会5.0"的概念，提出要开创一个能够为人类带来更美好生活的"超智慧社会"[13]。在"社会5.0"愿景下，日本对未来产业前沿技术展开了大量的部署（见表13-2）。《未来投资战略2017：为实现"社会5.0"的改革》中提出聚焦发展生命健康、交通出行、世界领先的智能供应链等8大战略领域[14]。2016年，安倍内阁确定了28.1万亿日元规模的《实现面向未来的投资的经济对策》方案，以重点支持日本未来科技与产业。该方案将"完善21世纪的基础设施"作为支柱内容之一，计划投入10.7万亿日元，聚焦第四次产业革命、物联网（IoT）等概念，强调充实人工智能、新材料、宇宙航空、能源等产业的基础性研究领域[15]。2020年，日本发布《科学技术创新综合战略2020》，从"社会5.0"具体路径出发，明确提出面向创造未来产业及挑战社会变革的公共卫生、人工智能、超算、大数据分析等领域相关技术的研发[16]。

表13-2 日本在未来产业前沿技术相关领域的主要部署

时间	报告/法案	部署领域
2017年	《未来投资战略2017：为实现"社会5.0"的改革》	生命健康、交通出行、世界领先的智能供应链、基础设施和城市建设、金融技术创新及应用、能源与环境、机器人革命与生物材料革命、新型居住生活服务市场
2020年	《科学技术创新综合战略2020》	公共卫生、人工智能、超算、大数据分析、卫星、智能实验室、远程商业、低能耗技术、清洁能源、生物技术等

此外，日本其他科技研发投资规划也涉及未来产业前沿技术开发（见表13-3）。日本《战略性创新推进计划》（SIP）旨在通过实现科技创新，解决事关社会发展的核心问题，并为振兴日本经济做出贡献，同时极大地改变社会。2018年该计划发布第二期资助计划，重点资助的领域包括基于光和量子的"社会5.0"实现技术、自动驾驶、智能生物产业和农业基础技术等。日本文部科学省2020年科学技术预算提出，资助面向未来的量子科技、人工智能、大数据、物联网等涉及未来超智能社会建设的技术领域。2020年，日本经济产业省下属的资助机构——新能源与产业技术综合开发机构（NEDO）启动"后5G信息通信系统基础强化计划"，对面向未来的通信技术（如云核心技术、光传输系统高速化技术、先进基站技术等）展开预先研究[17-19]。

表13-3 日本涉及未来产业前沿技术开发的其他科技研究计划

计划名称	领域	预算（亿日元）	方向
第二期《战略性创新推进计划》(SIP)	—	24	基于光和量子的社会5.0实现技术
		19	基于大数据和人工智能的网络空间基础技术
		18	物理空间数字数据处理技术
		22	与物联网社会相对应的网络物理安全
	—	31	自动驾驶
		21	材料革命
		24	智能生物产业和农业基础技术
		11	实现脱碳社会的能源系统
		22	加强国家抵御能力（防灾减灾）技术

（续）

计划名称	领域	预算（亿日元）	方向
日本文部科学省2020年科学技术预算	支撑超智能社会建设	268	量子科技、人工智能、大数据、物联网、下一代超级计算机"富岳"号
"后5G信息通信系统基础强化计划"	后5G信息通信系统（资助期3年）	75	云核心技术
		75	云网络综合管理和自动优化技术
		75	光传输系统高速化技术
		100	光传输DSP高速化技术
		20	应对小型化的高速不易失存储技术
		40	用于虚拟化基站控制器的高性能技术
		75	基站无线电单元高性能技术
		75	基站装置间的互通性评价技术
		25	高频设备的高输出–小型化技术
		50	能够进行高温操作的光连接技术

（三）法国发展未来产业前沿技术的布局

2013年9月，法国发布"新工业法国"计划，重点实施34个工业振兴具体计划，并首次把未来工厂作为一个独立方向。未来工厂是指更环保（减少资源消耗和垃圾排放）、更智能（基于人机互动简化流程）、更灵活（消费者个性化定制）、更集中（紧密联系供需端）的未来生产方式。"未来工厂"计划旨在推动法国发展快速原型技术、社会网络融合、人机互动、机器人、增强现实、数字化、3D打印、人工智能等。

2015年法国发布"未来工业"计划，正式提出"未来工业"概念，并把"未来工业"作为"新工业法国"第二期的核心。"未来工业"计划是对"新工业法国"第一期"未来工厂"计划的拓展。未来工业是指通过数字技术改造来实现工业生产的转型升级，以工业生产工具的现代化来帮助企业转变经营模式、组织模式、研发模式和商业模式，从而带动经济增长模式的变革。"未来工业"计划提出以"未来工业"为核心，以提供新资源、智慧城市、绿色交通、未来运输、未来医学等九大工业解决方案（见表13-4）[20-21]。

表13-4 法国"新工业法国"第二期"未来工业"计划主要研究领域

领域	主要内容
新资源	改变化学工业的生产方式；开发生物资源的使用；部署能够收集、整理和回收新材料的工业设施
智慧城市	开发水和能源的智能管理；改善建筑的能源绩效并吸引最终用户；增加建筑业的生产力，提高质量和可持续性

（续）

领域	主要内容
绿色交通	制定使人们的出行变得更绿色和更安全的解决方案
未来运输	创建更绿色、更具竞争力的运输工具
未来医学	集中公共和私营部门的投资以加速创新；创建医疗技术的特定"加速器"；支持新的医疗生物技术和创新医疗设备进入市场
数字经济	支持数字经济的技能培训；支持中小企业和初创企业的创新思想；企业支持计划；良好的环境；合适的法规
智能设备	支持创新生态系统建设；加快创新周期；提供创新服务
数字安全	开发新技术；支持中小企业和初创公司；维护技术主权
健康的食物	为农业科学领域创建新的工业解决方案，将其开放给数字世界，并开发基于酵母和蛋白质的新产品

为摆脱 2008 年金融危机，法国启动"未来投资"计划，以资助创新项目和发展未来的工业领域，加速绿色增长和就业，增强法国在国民经济高潜力领域的战略竞争优势，2010 年、2014 年、2017 年、2021 年分别启动 4 期的"未来投资"计划，分别投入 350 亿欧元、120 亿欧元、100 亿欧元和 200 亿欧元[22-23]。在"未来投资"计划第三期框架下，法国部署了气候变化、人工智能等若干国家科技与创新的优先发展领域，具体资助研究方向列在表 13-5 中[24]。2021 年 1 月，第四期"未来投资"计划启动，将健康、生态和能源转型、数字技术和氢能源 4 个领域作为未来产业及相关前沿技术的投资重点[25-26]。

表 13-5 法国"未来投资"计划第三期、第四期优先研究领域

	部署领域	目标
第三期	抵御气候变化	提出延缓或适应气候变化的解决方案
	人工智能	人工智能核心技术前沿研究，如算法、机器学习、知识获取等，及其在健康、生物学、气候、交通、食品与安全等方面的应用研究；超级计算机
	新型无农药农业	利用生物控制技术、作物流行病学监测技术等实现无农药农业生产
	抗生素耐药性研究	利用大数据和人工智能技术减少人类抗生素使用并扭转抗生素耐药性曲线
	罕见病	开发罕见病创新疗法
第四期	健康	数字健康、创新疗法、生物疗法、生物制造
	生态和能源转型	工业脱碳、促进生态转型的可持续发展的农机设备、可持续的生物燃料、无碳氢技术、能源系统先进技术、脱碳和数字化的移动出行
	数字技术	云、5G 和未来的电信网络技术、网络安全、量子技术
	氢能源	电解氢、氢能源汽车、支持氢领域研究

2020 年 6 月，为降低新冠肺炎疫情对法国创新生态系统的冲击，法国政府宣布成

立法国科技主导权基金,以支持法国科技公司开发具有未来主导权的技术,其中投资5亿欧元设立的"法国技术纪念"基金将重点支持开发未来主权技术,特别是与人工智能、量子计算、健康、网络安全等相关技术的公司[27-28]。

(四) 韩国发展未来产业前沿技术的布局

在存储芯片产业成为主力产业之后,韩国一直未能形成新的支柱产业,韩国的"快速追随者战略"将达到极限,加之人口老龄化和全球经济低迷等因素,韩国产业已处在停滞或转型的关键十字路口[29-30]。为突破这一局面,2011年,韩国政府将六大产业技术遴选为引领未来发展的产业技术,并投入1.5万亿韩元来促进相关产业技术开发,包括:①可以生产透明柔性显示器的技术;②脑神经信息,与IT融合技术;③多用途小型模块核反应堆的相关技术;④用于开采深海资源的海洋技术;⑤生产超精密连续电子印刷的技术;⑥生产多功能图形材料的技术[29]。

2019年韩国发布《制造业复兴发展战略蓝图》,旨在通过制造业复兴,发展"创新先导型制造业强国",该蓝图将培育未来产业作为制造业复兴的四大战略之一。韩国《制造业复兴发展战略蓝图》指出,培育未来产业重点包括两个方面:一是发展未来产业前沿技术,制定未来产业前沿技术的中长期发展路线图,鼓励在半导体、未来汽车、生物技术等三大核心领域开展大型公私合作研发。预计到2030年,政府部门投资将达8.4万亿韩元(约合490亿元人民币),并带动民间投资180万亿韩元(约合1.05万亿元人民币)。二是集中培育材料、核心零部件等新产业,将全面修订《材料和零部件特别法》,将政策对象扩大至设备领域;每年投入1万亿韩元(约合58亿元人民币)专项资金,用以开发100项与核心材料、零部件和设备相关的技术[31]。同时,韩国时任领导人提出,要培育未来的新产业,到2030年将向非存储类芯片、未来移动交通和生物技术等新兴产业投资8.4万亿韩元。

2019年韩国发布《政府中长期研发投入战略(2019~2023年)》制定面向未来5年中长期投入计划,其中明确提到了发展未来产业,以应对第四次工业革命的核心技术。韩国《政府中长期研发投入战略(2019~2023年)》涉及的未来产业前沿技术主要包括[30]:

1)食品、新药、计算机领域。开发定制型食品创新技术和适用于整个食品产业的农副产品的品质管理技术;开发患者定制型新药和创新生物医药品等;优化能够提高新药开发效率和效益的平台技术,构建新药开发的合作机制;开发超高性能计算机和智能型软件核心技术,加强基础设施,促进其与韩国其他产业的融合,构建具有高附加值的软件开发平台。

2)人工智能、大数据、信息安全领域。在开发多样化的融合服务和商务模式方面进行重点投资。如在机器人等韩国政府研发投资中所占比重较高的领域,将以研究成果产业化为中心进行支持。在机器人控制技术等投资空白领域、行走机器人和机器人手臂控制等投资效益高的领域进行优先支持,同时完善个人信息保护和机器人安全测试等制度;在大数据和人工智能领域构建公共基础设施,开发复合智能型新一代人工智能算法,打造良好的研究环境,培养专业人才,促进制度的完善;在信息安全领域进行网络危险应对研究;在ICT融合新产业领域开发网络安全技术(如智能汽车、船舶等)的安全通信和医疗器械的安全体系等。

3)生物、医疗器械领域。构建中长期的全周期研发支持体系。在新一代生物领域将人工器官、生物大数据及人工智能相结合,培育与生物相关的新产业,支持基础研究和原创技术的开发。以医疗和产业的实际需要为基础,开发创新融合型医疗器械的关键技术和原创技术,并通过对临床实证研究的支持,实现成果产品化。在干细胞领域,以应用率高的技术为中心进行基础和原创研究支持,促进干细胞与其他领域的融合和复合研究。

(五)英国发展未来产业前沿技术的布局

2017年,英国发布《产业战略:建设适应未来的英国》白皮书,规划了英国未来数十年的产业发展策略,制定了一系列战略目标,旨在通过加强研发和创新,以科技促进英国的经济发展和转型,确保英国抓住全球科技和产业变革的机遇,确保英国民众能够受益于未来的产业大变革[32]。为落实该白皮书中提出的战略,英国在2017年度设立了"工业战略挑战基金",对白皮书重点关注的4个未来产业前沿技术领域,即人工智能与数字经济、清洁增长、未来交通和老龄化社会进行资助。"工业战略挑战基金"设置了约26亿英镑的公共资金和30亿英镑的企业配套资金投入,旨在促进研究机构与企业进行联合研发,资助的具体领域列在表13-6中[33]。

表13-6 英国在未来产业前沿技术相关领域的主要部署

领域	项目名称	金额(英镑)	主要研发内容
人工智能与数字经济	未来观众	已投入3 300万	使用虚拟、增强和混合现实技术,创造沉浸式体验、高质量内容的制作
	量子技术商业化	3.75亿	量子技术的新产品和服务,并应用到汽车、医疗保健、基础设施、电信、网络安全和国防等一系列领域
	创意产业集群	已投入3 900万	设计新的创意产品和服务,形成电影、音乐、视频游戏和建筑等创意产业集群
	数字安全	1.87亿	用于技术平台、软件开发的数字安全产品和服务
	下一代服务	已投入2 000万	嵌入人工智能和数据分析等技术,为客户提供更好的金融和专业服务
未来交通	电力革命	8 000万	电力、电子、机械、驱动器
	未来飞行	3亿	电动和自动飞行技术、空中交通管理、新运营模式、地面基础设施及新飞机与新航空系统的集成

(续)

领域	项目名称	金额（英镑）	主要研发内容
未来交通	法拉第电池挑战赛	3.175 亿	低成本、高性能、轻质、持久、安全、可回收的电池技术
	国家卫星测试设施	1.05 亿	为不超过 7 吨的有效载荷和卫星提供地面组装和测试设施
	机器人技术	9 300 万	面向极端和具有挑战性环境的先进机器人技术
	无人驾驶汽车	2 800 万	用于测试和开发无人驾驶车辆的人工智能和控制系统
老龄化社会	加快发现疾病	2.39 亿	发现疾病和预防疾病发展的新方法
	健康的老龄化	9 800 万	帮助老年人过上积极、独立和幸福的生活，提供更有效的护理
	数据到早期诊断和精准医学	2.10 亿	实现早期诊断，并在第一时间选择正确治疗方法；开创新的和改进的诊疗方法
	先进医疗保健	1.81 亿	开发和制造新药、疫苗、先进疗法等及相关数字技术
清洁增长	低碳工业	4.31 亿	碳捕集与封存、氢燃料转换等技术，并将其大规模部署到英国工业集群中
	低成本核能	5 亿	小型模块化反应堆
	敏捷制造	2.87 亿	智能互联工厂，通用供应链，柔性制造，设计、测试和制造产品的新方法
	能源复兴	1.025 亿	开发智能系统，以支持全球迈向可再生能源
	智能可持续塑料包装	2.09 亿	开发塑料包装设计、生产、供应、回收和再循环的新技术
	建筑改造和施工	已投入 1.7 亿（产业界匹配 2.5 亿）	建筑工艺和技术的现代化，如使用数字化设计和标准化、模块化组件进行场外制造
	革新粮食生产	9 000 万	支持精准农业和食品生产，创造更高效、可持续的食品供应
	改变基础工业	6 600 万	减少英国基础行业的能源浪费和使用，加速发展有前景的清洁技术

（六）俄罗斯发展未来产业前沿技术的布局

2013 年，俄罗斯发布《工业发展与提高工业竞争力》国家计划，并在 2014 发布了该计划的新版本[34]。新版计划涉及未来产业及相关前沿技术开发，聚焦面向新市场的新行业与新生产技术，即主要针对当前尚不存在或数量不多，但从长远来看具备发展成新兴工业的基础技术，如复合材料、稀有金属和稀土金属、生物技术等领域。

2014 年，俄罗斯总统普京提出制定《国家技术倡议》，对未来 15～20 年内有望形成新的全球市场的未来产业前沿技术提供支持，包括大数据、人工智能、区块链、量子技术、智能农业、公共交通、自动驾驶、能源互联网、先进制造技术等领域（见表 13-7）。《国家技术倡议》还将根据技术的发展对资助重点进行调整，在 2019 年该计划获得的预算为 62 亿卢布[35]。

表 13-7　俄罗斯在未来产业前沿技术相关领域的主要部署

计划	方向	领域
《工业发展与提高工业竞争力》	未来新兴工业的基础	复合材料、稀有金属和稀土金属、生物技术
《国家技术倡议》	未来 20 年内将形成新市场的产业	大数据、人工智能、区块链、量子技术、新的便携式能源、传感和机器人组件、无线技术、海洋分布式控制智能系统、智能农业、公共交通、自动驾驶、能源互联网、先进制造技术、高科技医疗、脑科学、无人机
	"端到端技术"——先进制造技术	数字设计和建模、新型材料、增材制造、CNC 技术和混合技术、工业传感器、机器人技术、工业控制系统、大数据、工业互联网
	未来工厂	数字工厂：产品的智能模型
		智能工厂：数控机床、工业机器人、技术流程自动化管理系统、生产过程运营管理系统
		虚拟工厂：能够开发和使用全球供应链上所有组织、技术、物流和其他流程的虚拟模型
《2030 年前电子工业发展战略》	未来的新兴市场	神经技术和人工智能、基于量子技术的设备、工业互联网、机器人和传感技术、虚拟和增强现实设备
《2024～2035 年俄罗斯制造业综合发展战略》	优先领域	航空、造船、电子、医疗、汽车、运输机械、农业机械、化学以及石油化工

2020 年 1 月，俄罗斯政府发布《2030 年前电子工业发展战略》[36]。该战略将电子工业市场分为 3 类，其中与未来产业相关的新兴方向包括神经技术和人工智能、工业互联网等，以上技术虽尚未形成独立市场，但有潜力在未来提供大量的消费技术和解决方案。2020 年 6 月，俄罗斯政府发布《2024～2035 年俄罗斯制造业综合发展战略》[37]，提出将优先发展航空、电子、医疗等未来产业前沿技术。

（七）德国发展未来产业前沿技术的布局

2008 年后，为摆脱金融危机和债务危机，德国在 2011 年公布的《高技术战略 2020》中提出"工业 4.0"，而 2020 年的新冠肺炎疫情给德国工业带来重创——汽车等工业遭受重大打击。迫于压力，德国果断将未来产业作为摆脱危机的重要途径。2020 年德国政府推出 1300 亿欧元的应对新冠肺炎危机的刺激经济计划，其中 500 亿欧元将投资未来产业[38]，重点聚焦药物和疫苗研发、电动汽车、氢能、数字化和通信技术、以及人工智能和量子技术等领域前沿技术开发（见表 13-8）。此外，德国还计划成立药品创新机构，并配套 40 亿欧元用于支持研发，在未知疾病暴发时提早启动和协调研发过程。

表 13-8　德国在未来产业前沿技术相关领域的主要部署

领域	预算（亿欧元）	重点
药物和疫苗	95	改善医护条件、数字基础设施、重要药物和医疗设备生产、新冠病毒疫苗研发、药品创新机构
电动汽车	≥57	电动汽车、电动汽车充电基础设施、商用汽车、公共汽车和卡车的电动化
氢能	90	氢能技术、燃料电池的供热系统、氢气运输技术等
数字化和通信	100	电子政务系统、5G 网络、加强数字主权、引领未来通信技术
人工智能和量子技术	70	超级计算机、量子计算机、量子密码

二、主要国家发展未来产业前沿技术的特点

通过比较分析美国、日本、法国、韩国、英国、俄罗斯、德国在未来产业前沿技术相关领域的部署，可以发现全球未来产业前沿技术研发呈现出三大特点[39]。

（一）未来产业前沿技术研发聚焦智能、低碳、健康三大方向

主要国家布局的未来产业前沿技术从领域分布来看主要集中在智能、低碳、健康三个方面。智能体现在各国对半导体、人工智能、大数据、区块链、物联网、量子技术、下一代通信技术、超智能社会、传感器、机器人、先进计算技术、数字经济、脑神经信息、人机交互、网络安全、虚拟和增强现实技术、智慧城市等未来产业前沿技术集群的部署；低碳体现在各国对新能源、生物能源、绿色交通、氢能、低碳工业、低成本核能等未来产业前沿技术集群的部署；健康体现在各国对未来医学、生物医药、未来医院、生物信息学、疫苗研发、精准医疗、老龄化、健康食物等未来产业前沿技术集群的部署。

（二）通过加速新兴技术、前沿技术与传统产业的融合来发展未来产业

随着 5G 通信、人工智能和大数据等新兴技术的突破，新兴技术在传统产业中得到了快速和广泛的应用，传统产业发生着变革并有望形成未来产业。各国也开始通过新兴技术与传统产业融合以发展未来产业：美国的先进制造业领域是先进技术对传统制造业的升级；俄罗斯 9 大市场方向都是新技术与传统产业的融合；日本基于"社会 5.0"提出的 6 大创新型产业都建立在传统产业基础之上[14]。

（三）从只重视技术创新到同时还重视研发模式和组织结构的革新

生产力和生产关系对立统一又相互依存，未来产业基于新生产力，必然要求生产关系做出相应变革，各国对未来产业所涉及的前沿技术的部署也说明了这一趋势。以美国为例，2019 年美国提出发展未来产业及相关前沿技术，而 2021 年的《美国就业计划》和《NSF 未来法案》中不仅提出发展未来产业前沿技术，而且均提出要设立一个新机构来指导未来产业及相关技术的发展；而新建的未来产业研究所（Industries of the Future Institutes）则旨在打造未来产业新型研发模式、管理结构和运营机制等。

三、主要国家发展未来产业前沿技术的经验

主要国家对未来产业前沿技术的部署领域和发展措施各具特色，也存在共同的经验值得借鉴[39]。

（一）加强创新环境和创新生态建设

1. 加强创新基础设施建设

创新基础设施是支撑科学研究、技术开发、产品研制的具有公益属性的基础设施，是未来产业发展不可或缺的关键资源，也是未来产业赖以发展的源泉。例如：美国提出要投资创新基础设施；英国计划投资创新基础设施建设以增强全球竞争力，包括 5G 网络战略和全光纤宽带计划、航天港计划等；德国提出加强基础设施建设，30 亿欧元将投资"医院未来计划"，以提高应急能力或创建更好的数字基础设施；韩国政府将集中建设大数据平台、人工智能中心、5G 网络等基础设施，以此为基础来研发未来产业前沿技术并培育新产业和新服务；俄罗斯建立专门的基础设施中心，研究创新基础设施发展[40]。

2. 减少对未来产业相关技术的非必要监管

现有监管制度适用于已有成熟技术和产业，而当技术和产业发展不成熟时，对未来产业及相关技术的边界、业态、模式和风险认识不充分，严格的监管会阻碍创新，抑制未来产业发展。主要国家纷纷采取创新举措，以减少非必要监管，例如：美国提出降低创新监管壁垒，给予研发生态系统更多授权，采取措施减轻行政和监管负担；英国的未来产业战略提出改善创新产业的成长和创新技术的市场准入；俄罗斯《国家技术倡议》提出，为已经显露应用前景的技术、产品和服务提供"开放市场"机制。

3. 加强与产业界的合作

未来产业面临技术和市场的双重风险，与产业界合作能够分担风险、汇聚创新资源、促进技术转移和成果转化、明确产业需求、凝聚共识等，从而加快未来产业前沿技

术的发展。例如：美国提出促进多部门合作和技术转化，推动联邦政府资助的技术从实验室向市场转化，增加私营部门在研发和创新流程以及服务方面的投资，开发有效的合作工具、资源和技术转化机制，优先为合作项目提供资金。英国政府与行业签订协议共同发展未来产业前沿技术，英国工业战略挑战基金约有26亿英镑的公共资金和30亿英镑的私人部门配套资金投入，促进研究机构与企业进行联合研发。韩国成立由总统主导的"民官联合制造业复兴战略会议"机制[41]，鼓励在未来产业前沿技术领域开展大型公私合作研发，预计到2030年，政府部门投资将达8.4万亿韩元（约合490亿元人民币），并带动民间180万亿韩元的相关投资[28]。俄罗斯《国家技术倡议》鼓励开展公私合营，350家企业参与该计划，并带动企业投入37亿卢布。

4. 加强国际合作

英国的卢瑟福基金将投资1.18亿英镑用于吸引世界各国的科学家，同时推出新的国际研究与创新战略以促进与美国、中国和印度等国家的国际合作项目；法国计划加强与欧洲国家的合作及其他国际合作，与"地平线2020"、德国平台"工业4.0"和"中国制造2025"建立合作关系[38]；日本与以色列在人工智能等高新技术领域展开大量的合作；俄罗斯在其《国家技术倡议》中也规划了国际合作的方向[42]。

（二）加强未来产业前沿技术人才培养和引进

1. 加强基础教育

未来产业前沿技术的发展依赖于科技创新人才，因此各国均在加强基础教育，特别是STEM（科学、技术、工程、数学）教育，以培养高素质创新人才以引领未来产业前沿技术的发展。例如：2020年美国提出建立未来科技人才队伍，各部门和机构应优先投资科学、技术、工程和数学教育创新的研究项目和相关活动；英国将投资约4500万英镑用于资助人工智能和相关学科的博士研究，投资8400万英镑用于改善计算机教学和促进计算机科学参与的综合计划，投资2000万英镑建立一个大学和企业联合的编程学院，投资4000万英镑在全国各地建立卓越教育中心，以提高数学能力和普及最佳实践，投资2700万英镑进一步扩大数学教学计划，投资3亿英镑吸引人工智能等领域的世界级人才；澳大利亚计划通过未来科学平台培养新一代的研究人员，并能吸引最优秀的人才和专家一起研究"未来科学"[40]。

2. 加强人才引进

科技人才成为未来产业前沿技术竞争的核心资源，引进全球科技人才，可快速积累关键核心技术并促进未来产业发展。例如：日本正将"科技城"筑波市打造成学研产一体化、富有创新力与竞争力的"日本硅谷"，强烈期待通过优厚的条件和待遇，吸纳世界一流的科技人才，参与到日本新一轮的产业革命浪潮之中。

(三) 建立灵活多元的投入资助机制

1. 加大对未来产业前沿技术的投资

美国《2021财年政府研发预算重点备忘录》和《2022年财年研发预算优先事项和全局行动备忘录》中，将未来产业前沿技术作为优先资助领域；英国工业战略挑战基金（ISCF）约有26亿英镑的公共资金；德国将为未来产业投入500亿欧元；法国为"未来工业"投入570亿欧元；韩国政府部门预计到2030年对未来产业的投资将达8.4万亿韩元；日本在《实现面向未来的投资的经济对策》中计划投入的资金总额为10.7万亿日元；俄罗斯通过《国家技术倡议》在2019年投入62亿卢布。

2. 资金来源多元化

主要国家发展未来产业前沿技术的资金来源包括：政府研发投入、政府补助、企业投入、社会捐赠等；未来产业前沿技术研发的风险大、投入大、周期长，多元化的资金投入将降低技术研发风险。例如：英国以创新融资方式来支持未来产业前沿技术研发，如新建机构促进融资、创新英国商业银行、改善公共采购制度，并使其成为创新企业的重要资金来源；德国提出提高研究经费的免税额；法国"新工业法国"计划提供多元化的资助；俄罗斯《国家技术倡议》由投资、补助、风险基金、非营利组织支持，并开发成本补偿机制等其他新型资助方式[43]。

3. 多主体共同投入资源

以美国为例，通过州和地方政府提供用地，国家实验室提供科研基础设施，大学提供科研人员、工程开发条件和大数据等资源，以及政府部门提供种子基金等，汇聚各主体优势资源，凝聚未来产业前沿技术研发力量。

（执笔人：周波，冷伏海，王海名，中国科学院科技战略咨询研究院）

（审稿人：王晓明）

参考文献

[1] 曹方，张鹏，何颖. 全球布局未来产业发展行动要点及启示[N]. 中国计算机报，2021-11-01（15）.

[2] 沈华，王晓明，潘教峰. 我国发展未来产业的机遇、挑战与对策建议[J]. 中国科学院院刊，2021，36（5）：565-572.

[3] The White House. America will dominate the industries of the future [EB/OL]. (2019-02-07) [2020-12-30]. https://trumpwhitehouse.archives.gov/briefings-statements/america-willdominate-industries-future/.

［4］ 樊春良. 变动时期美国科技政策发展的逻辑和走向——从特朗普到拜登［J］. 中国科技论坛，2021（05）：1-13.

［5］ The Consortium of Social Science Associations. White House outlines FY 2021 R&D budget priorities［EB/OL］.（2019-08-30）［2020-12-30］. https://www.cossa.org/2019/09/03/white-house-outlines-fy-2021-rd-budget-priorities/.

［6］ The Consortium of Social Science Associations. White House outlines FY 2022 R&D budget priorities［EB/OL］.（2020-09-01）［2020-12-30］. https://www.cossa.org/2020/09/01/white-house-outlines-fy-2022-rd-budget-priorities/.

［7］ The White House. FY 2020 administration research and development budget priorities［EB/OL］.（2018-07-31）［2020-12-30］. https://www.whitehouse.gov/wp-content/uploads/2018/07/M-18-22.pdf.

［8］ 中国国际科技交流中心. 美国白宫："五大优先领域"确保美国科技创新全球领先地位［EB/OL］.（2020-10-09）［2020-12-30］. http://www.ciste.org.cn/index.php?m=content&c=index&a=show&catid=73&id=1546.

［9］ The White House. FACT SHEET: the American jobs plan［EB/OL］.（2021-03-31）［2021-05-26］. https://www.whitehouse.gov/briefing-room/statements-releases/2021/03/31/fact-sheetthe-american-jobs-plan/.

［10］ The Science Magazine. House panel offers its plan to double NSF budget and create technology directorate［EB/OL］.（2021-03-26）［2021-05-26］. https://www.sciencemag.org/news/2021/03/house-panel-offers-its-plan-double-nsf-budget-and-create-technologydirectorate.

［11］ The Science House. To authorize appropriations for fiscal years 2022, 2023, 2024, 2025, and 2026 for the National Science Foundation, and for other purposes［EB/OL］.（2021-03-26）［2021-05-26］. https://science.house.gov/imo/media/doc/NSF-FORTHEFUTURE_01_xml.pdf.

［12］ The National Science Foundation. Future manufacturing［EB/OL］.（2021-04-08）［2021-05-26］. https://www.nsf.gov/funding/pgm_summ.jsp?pims_id=505737.

［13］ 薛亮. 日本第五期科学技术基本计划推动实现超智能社会"社会5.0"［J］. 华东科技，2017（2）：46-49.

［14］ 刘平. 日本经济社会发展新模式：社会5.0［J］. 上海经济，2017（5）：82-89.

［15］ 新华网. 日本致力于"投资未来"的产业革新［EB/OL］.（2016-09-28）［2021-12-09］. http://www.xinhuanet.com/world/2016/09/28/c_129303001.htm.

［16］ 周斐辰. 日本科技创新战略重点及施策方向解析—基于日本《科学技术创新综合战略2020》［J］. 世界科技研究与发展，2021. DOI: 10.16507/j.issn.1006-6055.2021.01.013.

［17］ 日本内阁府. 什么是SIP？［EB/OL］.（2018-11-20）［2020-12-30］. https://www8.cao.go.jp/cstp/gaiyo/sip/sympo1412/about/index.html.

［18］ 日本总务省. Beyond 5G promoting strategy (overview)［EB/OL］.（2020-04-22）［2020-

[19] 日本文部科学省. 日本文部科学省 2020 财年预算要点［EB/OL］.（2019-08-30）［2020-12-30］. https://www.mext.go.jp/en/unesco/mext_00002.html.

[20] France in the UK. The industry of the future［EB/OL］. 2016-11-02）［2020-12-30］. https://uk.ambafrance.org/The-Industry-of-the-Future.

[21] 张翼燕. 法国发布"未来工业"计划［EB/OL］.（2015-10-08）［2020-12-30］. http://152.136.34.60/html/2015-10/08/nw.D110000xxsb_20151008_2-A7.htm.

[22] Agence de la transition écologique. Programme d'investissements d'avenir［EB/OL］.（2020-12-28）［2020-12-30］. https://www.ademe.fr/recherche-innovation/programme-dinvestissementsdavenir.

[23] University of Lyon. The investments for the future program(pia)［EB/OL］.（2020-12-28）［2021-12-09］. https://www.universite-lyon.fr/research/the-investments-for-the-futureprogram-pia-/labex/celya-lyon-center-for-acoustics-7473.kjsp.

[24] France Gouvernement. Un programme pour investir l'avenir［EB/OL］.（2020-12-27）［2020-12-30］. https://www.gouvernement.fr/un-programme-pour-investir-l-avenir.

[25] Le portail de la Direction générale des Entreprises. 4ème programme d'investissement d'avenir(pia): dotation de 20 md €［EB/OL］.（2021-08-01）［2021-08-22］. https://www.entreprises.gouv.fr/fr/actualites/france-relance/4eme-programme-d-investissement-d-avenir-pia-dotationde-20-mdeu.

[26] Le portail de la Direction générale des Entreprises. les stratégies d'accélération［EB/OL］.（2021-08-04）［2021-08-22］. https://www.entreprises.gouv.fr/fr/strategies-d-acceleration.

[27] Actu IA en Français. French Tech: the French government unveils a 5-part plan to support innovation［EB/OL］.（2020-06-09）［2020-12-30］. https://www.actuia.com/english/french-tech-the-french-government-unveils-a-5-part-plan-to-support-innovation/.

[28] Lee Chi-dong. Moon declares 'renaissance vision' for Republic of Korea's manufacturing industry［EB/OL］.（2019-06-19）［2022-07-25］ https://en.yna.co.kr/view/AEN20190619007100315.

[29] 张丽娟. 韩国发布《制造业复兴发展战略蓝图》［J］. 科技中国, 2019（12）: 98-99.

[30] 宋微, 史琳, 杨婧. 2019—2020 年韩国政府研发投资方向及战略［J］. 全球科技经济瞭望, 2019, 34（10）: 14-19.

[31] 张静. 韩国要跻身"世界制造业四强"蓝图瞄准未来产业［EB/OL］.（2019-06-21）［2020-12-30］. https://www.sohu.com/a/322032127_100179065.

[32] 上海情报服务平台. 英国白皮书《产业战略: 建设适应未来的英国》解读［EB/OL］.（2018-10-30）［2020-12-30］. http://www.istis.sh.cn/list/list.aspx?id=11845.

[33] UK Research and Innovation. What is the Industrial Strategy Challenge Fund［EB/OL］.（2020-11-23）［2020-12-30］. https://www.ukri.org/our-work/our-main-funds/industrial-

strategychallenge-fund/what-is-the-industrial-strategy-challenge-fund/.

［34］俄罗斯政府官方网站. Об утверждении новой редакции государственной программы «Развитиепромышленности и повышение её конкурентоспособности»［EB/OL］.（2014-04-15）［2020-12-31］. http://government.ru/docs/11912/.

［35］俄罗斯技术网络协会. Фабрики будущего［EB/OL］.（2020-12-31）［2020-12-31］. https://technet-nti.ru/article/fabriki-buducshego.

［36］俄罗斯政府官网. Утверждена Стратегия развития электронной промышленности РоссийскойФедерации на период до 2030 года［EB/OL］.（2020-01-22）［2020-12-31］. http://government.ru/docs/38795/.

［37］俄罗斯政府官网. Михаил Мишустин утвердил Стратегию развития обрабатывающейпромышленности［EB/OL］.（2020-06-09）［2020-12-31］. http://government.ru/docs/39844/.

［38］李山. 德用科技"未来计划"刺激经济重生［N/OL］. 科技时报, 2020-06-22［2020-12-30］. http://digitalpaper.stdaily.com/http_www.kjrb.com/kjrb/html/2020-06/22/content_447379.htm?div=-1.

［39］周波, 冷伏海, 李宏, 等. 世界主要国家未来产业发展部署与启示［J/OL］. 中国科学院院刊, 2021, 36（11）［2020-12-30］. https://doi.org/10.16418/j.issn.1000-3045.20210507001.

［40］Government fund of funds Development institute of the Russian Federation. NTI and technological development［EB/OL］.（2020-12-31）［2020-12-31］. https://www.195.133.226.101/en/eco/.

［41］詹小洪. 韩国制造业复兴蓝图雄心勃勃［J］. 新民周刊, 2019（25）: 33.

［42］Technet. Об НТИ［EB/OL］.（2020-12-30）［2020-12-30］. https://technet-nti.ru/article/ob-nti.

［43］Tadviser. National technology initiative［EB/OL］.（2020-08-13）［2020-12-31］. https://tadviser.com/index.php/Article:National_Technology_Initiative_(NTI).

Chapter 14 第十四章
我国未来产业的发展思路：基础条件与任务布局

一、我国未来产业的现状与问题

党的十八届五中全会要求"构建产业新体系""培育一批战略性产业"。综合考虑我国科技发展趋势、发展基础和未来战略需求，《"十三五"国家战略性新兴产业发展规划》明确提出要坚持前瞻布局、系统谋划，选择空天海洋、信息网络、生命科学、核技术领域作为"十三五"时期我国未来产业的发展重点，为经济社会持续发展提供战略储备、拓展战略空间[一]。

"十三五"时期，我国未来产业发展迅速，技术创新加快，规模不断扩大，涌现出一大批发展潜力大的优质企业和产业集群，成为引领经济高质量发展的重要引擎。

在空天海洋领域，我国面向未来探索和开发利用外层空间需求，通过发展重型运载火箭保障未来重大航天任务的顺利实施；通过开发廉价、快速响应和可重复使用的天地往返运输系统，适应未来商业航天发展需求。在空间探测利用方面，发展了新型应用卫星、载人空间系统、小卫星、邻近空间飞行器等面向空间开发应用和未来探索任务的新型航天器。我国面向未来航空产业发展需求，部署了新型发动机关键技术、多用途无人机、总体气动技术、机电技术、航电系统、航空新材料等产品及装备研发，坚持通过自主创新提升未来航空产业发展。面向未来深海远海极地研究和开发利用需求，发展了相关领域探测和开发利用的技术、产品和装备。

在信息网络领域。针对互联网在安全性、可扩展性与可管理性等方面存在的固有问题，研发构建未来网络新体系。加强信息网络领域关键技术和产品研发，E级高性能计

[一] 国务院. 国务院关于印发"十三五"国家战略性新兴产业发展规划的通知[J]. 中华人民共和国国务院公报，2017（1）：24-56.

算、物联网搜索引擎、虚拟现实、人机交互等技术和产品次第开发。同时加强了光电子领域前沿技术、器件及产品研发。通过统筹布局量子芯片、类脑芯片、超导芯片、石墨烯存储等技术研发，将后摩尔时代微电子技术向前推进了一大步，为抢占信息网络产业发展制高点奠定了必要的技术基础。

在生命科学领域，基于干细胞与再生的医学新模式成为研究和投资热点，相关技术创新和产品有效提升了居民健康服务保障水平。建立了原创性的、具有我国自主知识产权的基因编辑技术，促进基因编辑研究的产业化发展。基因组化学合成、生物体系设计再造、人工生物调控等关键技术取得系列突破，合成生物产业链条正在培育构建中㊀。

在核技术领域，我国四代核能系统研发进展迅速，钍基熔盐实验堆工程取得系列重大里程碑进展㊁。全球首座20万千瓦高温气冷堆，在2021年正式发电[1]，同时积极参与国际热核聚变试验堆计划、完善托卡马克等国家重大科技基础设施，提升我国核电产业自主发展能力和国际竞争力，同时还积极发展非动力核技术产品和装备，显著拓展了非动力核技术在工业、农业、医疗健康、环境保护、资源勘探、公共安全等领域的应用[2]。

但是也必须看到，目前我国未来产业的发展存在诸多问题和不确定性因素。全球新一轮科技革命和产业变革将会带动我国相关未来产业从技术到应用的全面创新，是当今我国能够和国际创新基本保持同步的、为数不多的重大创新机会之一。虽然我国在未来产业的某些技术领域研发起步较早，发展也较快，但与国外各先进技术相比仍存在一定的差距。当前世界保护主义、单边主义抬头，全球治理体系和多边机制受到冲击，新冠肺炎疫情对全球产业链和供应链格局产生深远影响，对我国未来产业的发展也带来了显著冲击。但未来产业国际格局尚未完全形成，我国仍有机会。我国是全球最大单一市场和全球增长最快市场，应充分利用这一优势，加紧对未来产业进行战略布局。

二、我国发展未来产业的条件与机遇

（一）我国发展未来产业的基础条件

一是，我国基础研究已孕育一定的产出积累并进入产业化阶段。改革开放以来，尤其是党的十八大以来，我国在新计算、生物技术、新材料等基础研究领域取得了进展，光电子、合成生物学、人工智能、量子计算等部分科学技术已经具备了产业转化的基

㊀ 国务院关于印发"十三五"国家战略性新兴产业发展规划的通知［J］. 中华人民共和国国务院公报，2017（1）：24-56.

㊁ 中国科学院上海应用物理研究所. 钍基熔盐实验堆工程取得重大里程碑进展——2MWt液态燃料钍基熔盐实验堆场址落地［EB/OL］. （2018-12-13）［2021-01-27］. http://www.sinap.cas.cn/xwzx/kydt/201812/t20181213_5211693.html.

础。而这些科技成果的产业转化能力直接关系国家竞争力，如果不能及时转化，必将失去全球领先的机会。

二是，我国具有良好的制造业基础优势和未来产业应用场景。在联合国公布的500余种主要工业产品中，我国有220多种产量位居世界第一。基于广阔的本土市场及依然相对有优势的制造成本，在很多产业从产业链最上游到最下游都可以在国内实现，甚至集中在某一个区域、一个城市，这样的产业集群提供的采购、物流、研发响应等方面的优势，不是只具备单一生产环节可以比拟和抗衡的。同时，我国幅员辽阔，为未来基础的应用提供了差异化的场景。

三是，我国有超大的市场规模和人力资源优势。中国内需市场将是全球最大的内需市场，这不仅是传统经济的市场，也是未来产业以及流量模式、数字经济的基础。同时，我国每年新增近800万大学毕业生，加上硕士和博士毕业生，数量将超过1000万，并且还在增长。这为未来产业的发展提供了大量的高质量研发人员。追求卓越的传统文化也为我国企业突破技术障碍和储备技术奠定了基础。这一点已经被华为等企业在全球开拓的案例初步证明。

四是，我国战略性新兴产业发展积累了组织经验。过去十年战略性新兴产业的发展已经形成了一定的体系和规模，也积累了规划、政策、组织等方面的经验，为未来产业发展提供基础。应该在此基础上谋划未来产业的发展，认识清楚创新规律、组织规律等。

（二）我国发展未来产业的机遇

我国发展未来产业要把握好以下多方面机遇：

一是，科技革命和产业变革中的历史机遇。全球新一轮科技革命与产业变革正在孕育兴起，颠覆性技术层出不穷，将有可能从根本上改变技术路径、产品形态、产业模式，创造出新产品、新需求、新业态，推动产业生态和经济格局重大深刻调整。一方面，以信息技术、生物技术为主导的新一轮科技革命和产业变革正在积聚力量，颠覆性技术群爆发。另一方面，融合发展速度之快、范围之广、程度之深前所未有，不断开辟生产力发展新空间，创新生产方式和发展模式。例如，具有超强计算能力的量子计算机，彻底改变了计算的概念。经典计算机分解300位大数需15万年，量子计算机只需1秒。量子计算机一旦突破，将推动人工智能、大数据、药物设计等多个产业实现飞跃性发展。

二是，全球中产阶层的崛起带来未来产业的重大发展机遇。美国陆军副助理部长办公室（研究与技术）发布的报告指出，未来15年全球中产阶层的数量预计将从18亿增加到近50亿。随着收入提高，世界人口将拥有更多收入来消费新一代数字信息产业的相关产品与服务，并进一步促进大范围技术创新。例如，随着新兴中产阶层投资于智能家居产品，以及政府投资大数据基础设施，物联网产业将得到迅速增长；人类增强产业的需求也将提高，特别是低成本人类增强技术，如可穿戴设备等。

三是，我国产业向中高端迈进的战略机遇，产业高质量发展补短板的内在机遇。我国建立了全球最为完整的现代工业体系，拥有世界最多人口和最大中等收入群体，培育形成了优势明显的市场规模，具备了产业迈向中高端的基础和优势。当前我国产业高质量发展仍然面临一些困难掣肘，加快关键核心技术攻关、夯实产业基础能力、提升产业链现代化水平等，将为未来产业的孕育和发展奠定坚实基础。

四是，高质量"新基建"助推未来产业发展。与传统基建相比，我国新型基础设施建设的内涵更加丰富，涵盖范围更广，为我国培养新一代科技创新型领军企业提供了难得的重要机遇。一方面，以5G网络、数据中心、云计算平台、工业互联网以及融合和创新基础设施为代表的新基建，呈现出技术迭代快、全球化程度高、商业模式活跃、市场竞争激烈以及对行业赋能作用呈现乘数效应等突出特点，可以提供随时在线、突破时空限制的创业机会，以及跨产业、跨领域与跨平台的创业机会[3]。新基建带来的是平台效应和对各个行业产业的赋能，可以充分把握新一轮科技革命和产业变革的契机，是推动未来产业发展的重要动力，孕育着推动中国经济迈向高质量发展的新动能。

五是，应对新冠肺炎疫情客观上为未来产业带来加速发展的新机遇。新冠肺炎疫情期间流行的各大"云平台"便是未来产业对各行业带来的颠覆性改变[4]，通过将云计算、大数据、人工智能、物联网等先进技术及产业相互结合，实现对政务、金融、工业、教育、医疗等领域的全面升级[5]。一些与新冠肺炎疫情防控直接相关、与人民生命健康联系紧密的未来产业，如基因编辑、生物制造等未来生物科技产业等将持续受益。新一代数字信息产业、虚拟现实产业等无接触的未来产业，代表着智能社会、数字经济时代发展趋势，将得到催化、强化并长期受益。

未来产业是我国新旧动能接续转换的重要支撑，是抢占新一轮科技革命和产业变革制高点的有效途径，是深化供给侧结构性改革、落实创新驱动发展战略的重要抓手，是加快产业转型升级、推动经济高质量发展的迫切需要。培育和发展未来产业，重点是要抓好以下四方面工作：

第一，前瞻布局是引领。坚持新发展理念，紧紧把握新一轮科技革命和产业变革趋势，前瞻性谋划未来产业发展方向和路径，培育国际合作和竞争新优势。

第二，科技创新是基础。紧跟科技前沿，加大基础研究和科技研发投入，加强原始创新，加速成果转化，加快产业培育，让科技创新迸发强劲活力。

第三，市场主体是核心。突出领军企业的龙头带动作用，培育一批"专精特新"企业，坚持"抓大不放小"，形成大中小企业融通创新、协同发展的良好格局。

第四，政策环境是保障。加快市场化、法治化、国际化营商环境建设，推动要素配置市场化改革，规范市场竞争秩序，加大财税金融支持力度。

（三）各地未来产业布局典型做法

我国也已开展未来产业的顶层规划，从重点发展产业领域共性研究角度来看，未来产业布局主要集中于人工智能、机器人与智能制造装备、增材制造（3D打印）、新能源、物联网、大数据、云计算、新能源汽车、医药工业、智能机器人等领域。

各地也在积极发展未来产业。北京、上海、深圳、杭州等都在布局未来产业发展，制定产业规划，出台产业扶持政策。各地未来产业的选择和规划主要集中在装备制造服务产业、智能生产设施、互联网、物联网、虚拟现实技术、人工智能、增材制造技术（3D打印）、石墨烯、先进储能电池、纳米生物学和纳米药物学科技、干细胞与再生医学、生命健康、军工、航空航天、机器人、精准医疗、虚拟现实、传感控制等领域。

北京市未来产业发展主要集中在四个领域：一是人工智能，即制造出能够通过图灵测试的机器人；二是类脑芯片，即在智商上能够与人类匹敌的电脑；三是改造生命，基因技术、编辑技术以及大数据技术的进一步融合；四是深空，即迈向宇宙，北京拥有全国领先的民营卫星企业、火箭企业的核心团队。

浙江省通过打造"万亩千亿"新产业平台，为数字经济、智能装备、航空航天、高端生物医药、前沿材料五大高能级未来产业提供基础。通过"一园一院一基金"，即以全力打造特色产业园为牵引、以科研院所建设为支撑、以配套基金为"催化剂"，加快助力浙江省高能级未来产业发展壮大。2017年，杭州市发布了《加快推动杭州未来产业发展的指导意见精神》，将人工智能、虚拟现实、区块链、量子技术、增材制造、商用航空航天、生物技术和生命科学等定为未来产业七大行业领域，作为率先探索布局的行业领域，并布局专业人才、专项资金等工作。

深圳在打造产业成长梯队的过程中，强调链式思维和跨界融合，把前瞻技术的产业化发展作为重点。在持续推进传统优势产业改造升级的同时，集中力量做大高新技术产业、新兴产业，超前布局并坚定扶持未来产业。从2014年起，深圳市财政每年安排10亿元，设立未来产业发展专项资金，用于支持产业核心技术攻关、创新能力提升、产业链关键环节培育和引进、重点企业发展、产业化项目建设等，另外每年安排5亿元，设立机器人、可穿戴设备和智能装备产业发展专项资金。"十一五"以来，深圳市开始大力布局新兴产业集群式发展，2017年提出加快发展卫星制造与应用、机器人、可穿戴设备、新型健康技术等未来产业领域，推进现代服务业高端化发展。2018年1月，深圳市委六届九次全会明确提出，到2035年，将深圳建成可持续发展的全球创新之都，到21世纪中叶成为竞争力和影响力卓著的创新引领型全球城市，发展未来产业是创新发展最重要的推力。

广州市计划连续5年总投入100亿元建立新兴产业发展资金，采用引导基金投资、直接股权投资、补助和补贴四种方式，支持新一代信息技术、生物产业及新能源汽车、智能装备及机器人等新兴产业的发展；成都市今年推出了产业新政50条，从人才集聚培育、技术创新供给、优化土地资源保障、提升财政金融服务等多个角度加大力度促进创新链、产业链和资金链"三链结合"；南京市设立了规模为50亿元的智能制造产业投资基金以推动新兴产业发展[6]。

三、未来产业的发展目标、任务与措施

（一）发展目标

"十四五"时期，充分发挥我国集中力量办大事的体制优势，以国家实验室建设和国家重点实验室重组为契机，以综合性国家科学中心和区域性创新高地为依托①，在科研院所、高等学校、科技企业中，选择优势力量，发挥各自专长，布局核心任务，落实主体责任，强化产学研合作，在人工智能、光电子集成与量子信息、脑科学与脑机接口、生命健康与精准医疗、合成生物学与生物育种、未来能源、空天海洋等战略必争领域和产业形成独特优势，充分发挥企业的积极性，加快关键核心技术攻关、夯实产业基础能力、提升产业链水平，加快催生未来产业[7]。

为更好地培育未来产业，要充分发掘四大方面的引领促进作用[8,9]：

1. 进一步发挥数字经济的龙头牵引作用

数字经济成为不可阻挡的时代潮流和发展趋势，但我国数字经济仍然面临底层技术原创性不足，信息技术与实体经济融合不足，数据垄断和数据安全问题日益迫切等问题。在提升基础技术创新水平的同时，亟须促进新一代信息技术与实体经济融合健康发展，积极探索数字经济的治理和监管新模式[10]。

2. 进一步发挥龙头企业、核心企业的引领作用

我国各地区发展新兴产业、未来产业，要关注当地核心企业的发展需求，围绕发展需求进行部署，配置资源，在推动核心企业迅速做强做大的同时做强做实产业链和供应链，培育未来产业策源地。

3. 进一步发挥中国场景创新的巨大优势

发挥场景优势，是推动未来产业在中国发展的必由之路。在线移动支付、自动驾驶汽车等丰富的场景应用是中国成功的最大关键。企业要不停地去探索各种新生事物、新的场景。越是探索性的项目越有可能出现颠覆性创新。

4. 进一步夯实、提升先进制造业

对于正在发生的新科技革命和产业变革，我国应采取各种措施，以智能制造为重要载体，积极推动新一代信息技术与实体经济融合发展[10]。我国要保持战略定力，坚持发展先进制造业，不断促进制造业转型升级，最终带动制造业从大到强。

---

① 中共中央. 中共中央关于制定国民经济和社会发展第十四个五年规划和二〇三五年远景目标的建议[N]. 人民日报，2020-11-04（1）.

（二）主要任务

1. 抓住历史机遇打造人工智能技术和产业新生态

人工智能相关技术逐步成为"事关国家安全和发展全局的基础核心领域"，以人工智能为代表的新一代信息技术，将成为我国"十四五"期间推动经济高质量发展、建设创新型国家，实现新型工业化、信息化、城镇化和农业现代化的重要技术保障和核心驱动力之一[11]。

未来要抓住数据智能需要新模型的历史机遇，着眼下一代人工智能发展所需新的计算架构，实现脉冲学习算法、量子机器学习等基础理论与算法突破，加快建立新一代人工智能关键共性技术体系。抓住神经形态计算蓬勃发展的历史机遇，从脑科学角度来触发人工智能理论的根本性革命，推进类脑传感器、神经形态芯片等技术突破，解决感知智能适应性差，认知智能天花板低，强人工智能发展乏力[12]等问题。支持云端和终端人工智能芯片及人工智能开源平台，构建人工智能技术和产业健康发展的生态系统。鼓励我国人工智能龙头企业加强原创性系统研制，开发先进应用系统，继续保持在电子商务、城市安防、语音合成、语音交互、电子政务等产业应用领域的优势，在智能交通、智慧能源、智能制造、智慧农业、智慧医疗、智慧社区、智慧家居等领域形成一系列数字化、智能化应用场景[11]，提升我国人工智能领域的国际竞争力。

2. 推动光电子集成与量子信息技术研发和产业化

加强面向未来信息产业光电子器件的研发部署。加强以内存为中心的计算逻辑、超导芯片、非易失存储、忆阻器等新原理器件的研发，以及可重构芯片，经典芯片与量子计算混合，类脑芯片等的研发，推进后摩尔定律时代微电子技术开发与产业应用，实现产业跨越式发展○。着力推动低功耗高性能碳基器件、硅基器件、硅基光电子、混合光电子等领域前沿技术、集成芯片和器件研发，形成一批专用关键制造设备，开展光电子基础元器件研制及产业化工作，为将下一代光电子信息产业打造成"长板"奠定基础。

鼓励量子信息领域原始创新，推动应用示范。构建完整的天、地一体广域量子通信网络技术体系，率先推动量子通信技术在金融、政务和能源等领域广泛应用；在量子计算方面，有效解决大尺度量子系统的效率问题，实现数百个量子比特的相干操纵，研制专用量子模拟机以解决若干经典计算机难以解决的具有重大实用价值的问题，并为实现通用量子计算机奠定基础；在量子精密测量方面，突破与导航、医学检验、科学研究等领域密切相关的量子精密测量关键技术，研制一批重要量子精密测量设备○。

○ 企业观察报. 预知未来：即将引爆新经济的十大科技前沿趋势［EB/OL］.（2021-03-11）［2021-04-20］. https://baijiahao.baidu.com/s?id=1693908132529227548&wfr=spider&for=pc.

○ 人民网人民数据. 2021两会科技观点|量子计算如何发展？委员这样建议［EB/OL］.（2021-03-04）［2021-04-20］. https://baijiahao.baidu.com/s?id=1693267758253223171&wfr=spider&for=pc.

3. 推进脑科学与脑机接口领域关键技术突破和产品应用推广

在脑科学与类脑智能领域深度实施国家重点战略规划，坚持"一体两翼"的战略布局。"一体"是将脑认知功能神经环路的基础作为脑科学的核心来发展，力争发起由中国主导的国际大科学计划。"两翼"分别是基于脑研究的类脑智能新技术的研发和重大脑疾病的诊断及治疗技术的研发㊀。具体来讲就是要系统布局脑连接图谱绘制、神经网络活动实时记录和调控、神经元类型及其特异性神经环路结构及功能解析、认知功能障碍性脑疾病的病因筛查和分析、神经经济学等概念和技术研发[13]，积极开发推广认知功能障碍性脑疾病的预防、诊断和治疗产品，改变相关脑部疾病的诊断和治疗现状。开发基于脑工作原理的神经网络计算、处理和存储技术，以及神经网络芯片和神经元传感器等新一代微处理器及设备，研制类脑人工智能器件及机器人，促进产业化，发展智能化社会服务技术及平台体系㊁。突破神经接口器件、神经信号采集处理芯片、神经活动记录和调控集成系统、脑机接口算法和软件等脑机接口底层关键技术，推动其技术和产品在医疗、无人机控制等领域广泛应用。

4. 推进生命健康与精准医疗技术发展赋能新医疗

推进新一代生命组学技术研发，加强新一代基因测序技术、临床用测序设备及配套试剂的研发，加强精准医疗大数据分析技术研发，建立精准医疗大数据全产业链体系，加快精准治疗药物及医疗器械产品研制[14]。以我国常见高发、危害重大的疾病及若干流行率相对较高的罕见病为切入点，开展个性化生物治疗和重大疾病靶向药物及干细胞治疗药物产品研发[14]㊂。面向精准诊疗的需要，实现重大战略性器械和产品的突破，建设中国人群典型疾病精准医疗临床方案的示范、应用和推广体系，推动一批精准医疗药物和分子检测技术产品进入国家医保目录，为显著提升人口健康水平提供科技支撑，为减少无效和过度医疗，避免有害医疗，遏制医疗费用快速增长提供支持，使精准医疗成为经济社会发展新的增长点[15]。

推进生物安全体系建设、关键技术突破和产业应用推广。加大生物安全基础研究配套设施建设，根据不同地区病原体的特点，分别在东北、西北、中部、南方、沿海等地区建立国家级病毒研究中心和堡垒型分工合作的国家级病毒研究基地。根据区域人口密度、检测及科研需求合理增设高等级生物安全实验室。在疫苗、药物、检测、器械设备、流行病研究等相关领域，设立国家实验室和重大科学基础设施，为我国应对突发重大传染病、大规模急性中毒、大规模急性创伤和大规模辐射伤等的应急研究和防控产品研发提供开放共享服务，进一步提升生物安全高端装备的研制及产业应用

㊀ 发表于《世界科学》[2020（S2）]的"面向'十四五'科技发展需求，进一步提升上海基础研究水平"。
㊁ 科技部：《"十三五"生物技术创新专项规划》发布 | 附全文，http://www.sohu.com/a/231909792_465915。
㊂ 中国科学技术协会. 2019国际罕见病日高峰会暨《121种罕见病知识读本》发布会在京举行[EB/OL].（2019-03-06）[2021-04-20］. https://www.cast.org.cn/art/2019/3/6/art_179_92601.html.

能力。逐步实现生物安全信息系统、产品、试剂、耗材和仪器设备的国产替代，建立自循环自支撑体系。建立全国范围的生物安全监测、检测、分析、预警、会诊、救治系统。

5. 加强合成生物学与生物育种研发与应用

加强合成生物技术研发与产业应用。突破基因组设计合成、人工生命元器件、生物体系设计再造、人工多细胞体系设计构建等关键技术，推进人造生物及人工生物器件研究平台建设及临床和产业化应用。推动重大疾病诊疗、化学品生产、固氮或固碳、能源生产等领域颠覆性技术创新，构建基础原料供给、物质转化合成、民生服务新模式，抢占合成生物学战略制高点，引领以绿色生物制造、现代生物治疗、大宗化学品和精细化学品生产等为代表的新型生物经济发展。

推进动植物高效生物育种领域关键技术突破和产品应用推广。突出动植物高效生物育种源头创新，实现动植物基因编辑、家畜干细胞育种、动植物品种分子设计、体外肉类合成与培养等重大颠覆性技术突破和市场化应用推广。强化动植物基因设计重大新品种研制，建立全流程的新种质创新及新技术应用模式，注重原创性基因资源和新型亲本创制，加快设计与培育战略性新品种，为品种更新换代提供支撑。加快推进农业关键核心技术攻关，补齐突出技术短板，集中力量打好种业翻身仗，实现重要农产品种源自主可控[一]。

6. 推动未来能源技术革命，引领产业发展新生态

加快新一代核能发展与产业应用，推动技术创新，形成包括研发设计、先进核燃料与新材料制造、关键设备制造技术等在内的自主知识产权，为核能可持续发展奠定技术基础[二]。加快推动超高温气冷堆、熔盐堆等新一代核能系统示范堆建设。支持小型、微型、车载核动力研发设计和关键设备研制，开展实验堆建设和重点领域示范应用，加快推进核动力破冰船与海上浮动核电站建设。积极参与国际热核聚变实验堆计划，完善全超导托卡马克核聚变实验装置等国家重大科技基础设施，消化、吸收、掌握聚变堆关键技术，为中国聚变能的发展奠定基础。推动核能在非电产业的应用和推广，支持发展基于离子、中子等新型射线源的高分辨率辐射探测器和成像装置、精准医疗设备、中子探伤等新技术和新产品，持续推动核能应用向城市区域供热、海水淡化、偏远地区及孤网热电联供、海洋开发能源需求、医疗健康等多产业方向延伸。

推动能源互联网关键技术创新与应用。推动能源互联网的关键技术攻关，支持

[一] 中国生物技术网. 科技部部长：要补齐基因编辑、干细胞育种、合成生物学等技术短板［EB/OL］.（2021-02-09）［2021-04-20］. https://baijiahao.baidu.com/s?id=1691138495409391693&wfr=spider&for=pc.

[二] 中国能源报. 多国加速布局新一代核能技术［EB/OL］.（2020-08-17）［2021-04-20］. http://paper.people.com.cn/zgnyb/html/2020-08/17/content_2003957.htm.

复杂大电网智能调控技术、柔性直流输配电技术、新型大容量高压电力电子元器件以及储能技术和装备开发,开展直流电网技术等未来电网电力传输技术的研究和试验示范。突破电动汽车无线充电技术等关键技术并推广应用。突破高温超导材料等能源装备部件关键技术和工艺,掌握适合电网运行要求的通信安全工程应用技术,实现规模化应用㊀。

实施储能基础设施工程,形成较为完整的产业体系,成为能源领域经济新增长点;全面掌握具有国际领先水平的储能关键技术和核心装备,部分储能技术装备引领国际发展;形成较为完善的技术和标准体系并拥有国际话语权㊁。

7. 加强空、天、海洋领域关键能力建设

推进未来航天技术及产业发展。充分利用材料、制造、信息技术等领域的技术进步,发展重型运载火箭,保障载人登月、深空运输等未来重大航天任务实施。突破先进推进技术、热防护材料技术、高超声速再入返回控制技术,加快发展临近空间飞行器以及廉价、快速响应、可重复使用的小型天、地往返运输系统并提供市场化载荷发射服务。加快发展新型航天器,实现超高分辨率、新一代定位导航授时、超高速安全通信、先进推进系统、新型材料等关键技术突破,制造并运行新型空间应用卫星及星座,服务国民经济建设。建设先进载人空间科学实验平台。发展轻量化、小型化空间飞行器技术,推进应用型小卫星制造、应用产业规范有序发展,实现试验应用向业务服务转化。推进全球低轨移动通信及宽带通信(卫星互联网)、航空航海监视和北斗增强卫星等大规模卫星星座和空间基础设施建设。

加快航空领域关键技术突破和重大产品研发。前瞻部署全电、组合动力等新型及新原理发动机关键技术研究及产品开发,切实提高我国航空产业自主发展能力。加快发展多用途无人机、新构型飞机、高超声速飞机等战略性航空装备。推进超音速商务机、超高效亚声速运输机、新概念新构型总体气动技术、新型空管系统、新一代航空电子系统、航空新材料、新型复合材料加工技术等的研发及试验示范㊁。

发展新一代深海、远海技术装备及系统。建立深海区域研究基地,推进全海深潜水器、深远海核动力平台、海洋遥感与导航、深海传感器、深海空间站、"空-海-底"一体化通信定位、新型海洋观测卫星等关键技术和装备的研发和试验示范,建设中国深海探测网络。大力发展深远海油气、多金属结核、天然气水合物等矿产资源,波浪能、潮流能等海洋可再生能源,海水提锂等海洋化学资源,以及海洋生物资源等资源勘探开

㊀ 国家发改委、国家能源局下发《能源技术革命创新行动计划(2016—2030年)》和《能源技术革命重点创新行动路线图》[J]. 电力与能源, 2016, 37 (5): 609.

㊁ 同㊀。

㊂ 国务院关于印发"十三五"国家战略性新兴产业发展规划的通知(国发〔2016〕67号),http:www.gov.cn/zhengce/content/2016-12/19/Content_5150090.htm。

发装备和系统，推进海洋资源勘探及试开采进程，培育海洋经济新增长点。

（三）保障措施

"十四五"期间，需要把握世界科技发展趋势，瞄准产业发展的长期方向，通过未来产业的培育和发展推动我国产业朝着智能化、数字化、生态化、国际化方向转型升级。在明确未来产业发展方向的基础上，应用产业生态系统思维，加快提升产业基础技术水平、产业链现代化水平，充分发挥新型举国体制的制度优势和超大规模的市场优势，坚持应用牵引、问题导向，坚持政府引导和市场机制相结合，坚持独立自主和开放合作相促进。

1. 着力筑牢产业发展根基

一是加强产业公共基础设施建设。加快新型基础设施、共性技术平台、检验检测、质量认证等建设。二是加强核心技术攻关。形成以基础研究带动应用技术突破、以技术引领产业发展、以产业推动技术创新的良性循环。三是加强专业人才培养。深入推进产、教融合，建立一批专业人才培养基地。优化高校专业设置，加强未来产业领域学科建设。

2. 着力提升产业链水平

一是培育壮大一批产业生态主导型企业。推动产业集群化、生态化、融合化发展，在未来产业领域率先培育形成一批产业生态主导型企业。二是构建自主创新、安全高效的产业链体系。聚焦我国产业链供应链发展短板，扎实推进稳链、补链、强链工作，着力构建以国内大循环为主体、国内国际双循环相互促进的新发展格局[①]。三是深化国内外产业链的融合发展。破除深度融入全球产业链的体制性和机制性障碍，实现"走出去"和"引进来"有机结合。

3. 设立未来产业培育与发展基金，实施财政补贴与税收优惠政策

专门设立未来产业培育和发展引导基金，通过财政补贴和税收优惠整合各类资源，发挥财政资金对未来产业培育和发展的导向作用。在财政税收支持政策方面，遵循财税改革方向，强化税收引导、财政激励功能，支持企业加快技术创新和转型升级，加快新旧动能转换，培育和发展未来产业。

4. 支持未来产业示范园区建设，引导未来产业集聚发展

认定一批未来产业培育和发展的示范园区，结合未来产业园区的发展定位，加强规范引导、战略咨询和政策及资金扶持，加强官、产、学、研合作，实现科技转移和转化、资源信息、投资融资、人才培养、交流合作等服务能力建设，完善未来产业创新创

---

① 中共中央. 中共中央关于制定国民经济和社会发展第十四个五年规划和二〇三五年远景目标的建议[N]. 人民日报，2020-11-04（1）.

业服务体系，提高未来产业园区和基地效益、发挥产业集聚优势①。建立区域协调机制与合作平台，加强产业集群内部的有机联系，形成合理分工与协作，构建优势互补、相互促进的区域发展格局②。

5. 增强金融服务于实体经济发展的能力，保障未来产业发展的资金需求

创新企业融资方式和金融服务模式，引导金融资源配置向未来产业领域倾斜，增强金融服务于未来产业和实体经济的能力[16]。搭建多元化的融资平台，为未来产业重点领域提供长期、稳定、充足的资金来源③。增强对创新创业的金融支持，发挥政府股权投资引导基金的引导作用，健全从实验研究、中试到生产全过程的科技创新融资模式[17]。

（执笔人：王海名，沈华，中国科学院科技战略咨询研究院）
（审稿人：潘教峰）

参考文献

[1] 陈瑜. 全球首座20万千瓦高温气冷堆今年发电［N/OL］. 科技日报，2021-03-07［2021-04-20］. http://digitalpaper.stdaily.com/http_www.kjrb.com/kjrb/html/2021-03-07/content_463740.htm?div=-1.

[2] 吴志芳，刘锡明，王立强，等. 射线技术在工业领域的应用［J］. 同位素，2020，33（1）：1-13.

[3] 余江，陈凤. 把握新基建机遇培育未来科技创新领军企业［N/OL］. 科技日报，2020-06-19［2021-04-20］. http://digitalpaper.stdaily.com/http_www.kjrb.com/kjrb/html/2020-06/19/content_447187.htm?div=0.

[4] 盘和林. 新基建应警惕新风险［N］. 国际金融报，2020-05-25（3）.

[5] 张越，刘萱，温雅婷，等. 制造业数字化转型模式与创新生态发展机制研究［J］. 创新科技，2020，20（7）：17-24.

[6] 胡侠，汪亮. 杭州未来产业及产业集聚区发展的建议［J］. 杭州科技，2019（5）：51-53.

[7] 万钢. 构建有中国特色的产学研深度融合体系 推动经济高质量发展［J］. 中国科技产业，2020（1）：1-2.

[8] 《瞭望》新闻周刊. 十评我国"未来产业"［EB/OL］.（2020-12-28）［2021-04-20］. https://

---

① 国务院. 国务院关于推进文化创意和设计服务与相关产业融合发展的若干意见［N］. 中国文化报，2014-03-17（1）.

② 中共中央. 中共中央关于制定国民经济和社会发展第十四个五年规划和二〇三五年远景目标的建议［N］. 人民日报，2020-11-04（1）.

③ 工业和信息化部，等. 工业和信息化部 发展改革委 财政部 国资委关于印发《促进大中小企业融通发展三年行动计划》的通知［J/OL］. 中华人民共和国国务院公报，2019（06）［2021-04-20］. http://www.gov.cn/gongbao/content/2019/content_5368626.htm.

mp.weixin.qq.com/s/sFgMPF4pOR5JxHsQzBJn4w.

［9］ 新华社客户端. 瞭望丨为什么说一个国家的未来"决胜于未来产业"？［EB/OL］.（2020-12-24）［2021-04-20］. https://baijiahao.baidu.com/s?id=1686950119649423116&wfr=spider&for=pc.

［10］ 吴静，王晓明. 推动数字经济与实体经济融合健康发展［N］. 中国经济时报，2021-02-09（4）.

［11］ 中国信通院 CAICT. 中国信通院解读："十四五"规划人工智能三大布局［EB/OL］.（2021-03-16）［2021-04-20］. http://www.cechina.cn/m/article.aspx?ID=70338.

［12］ 盛朝迅. 当前新动能领域面临的突出问题及对策建议—以人工智能为例［J］. 中国发展观察，2019（5）：30-32，36.

［13］ 钱伯章. "十三五"生物技术创新专项规划：占 GDP 比重超 4%［J］. 生物产业技术，2017（4）：5.

［14］ 黄珍霞，廖晓东. 精准医疗产业监测与发展战略研究—以广东省为例［J］. 科技管理研究，2019，39（4）：108-112.

［15］ 刘阳. 基于多组学数据整合分析的癌症修正基因及药物挖掘［D］. 北京：中国人民解放军军事医学科学院，2016.

［16］ 刘勇. 增强金融服务实体经济能力的思路与对策［J］. 中国经贸导刊，2017（36）：54-57.

［17］ 余东华. "十四五"期间我国未来产业的培育与发展研究［J］天津社会科学，2020，232（3）：12-22.

［18］ 国家信息中心. 战略性新兴产业形势判断及"十四五"发展建议（上）［EB/OL］.（2021-01-04）［2021-12-30］. https://www.ndrc.gov.cn/xxgk/jd/wsdwhfz/202101/t20210104_1264124.html?code=&state=123.

［19］ 国家信息中心. 战略性新兴产业形势判断及"十四五"发展建议（下）［EB/OL］.（2021-01-04）［2021-12-30］. https://www.ndrc.gov.cn/xxgk/jd/wsdwhfz/202101/t20210112_1264810.html?code=&state=123.

模 式 篇

本篇共四章。

第十五章从区域创新体系的视角,分析战略性新兴产业集群化发展的国际经验,以及"十四五"及中长期我国战略性新兴产业实现高质量发展的"四梁八柱"。

第十六章从"四新"(新技术、新业态、新模式和新产业)经济发展的视角,分析我国战略性新兴产业生态化建设的现状、问题、思路、任务及政策保障。

第十七章从国际国内双循环视角分析我国战略性新兴产业国际化发展的现状问题、形势要求、主要任务及政策保障。

第十八章以政策支撑的协同化为主线,分析了"十四五"及中长期我国战略性新兴产业的发展模式、发展机制和政策支撑体系。

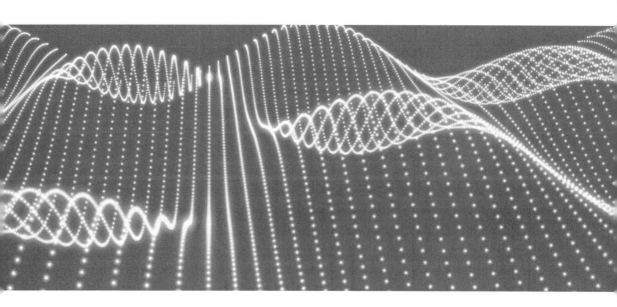

第十五章 Chapter 15
从区域创新体系看战略性新兴产业发展：集群化[一]

在一个更加不稳定、不确定的世界中谋求我国发展，必须通过加快战略性新兴产业发展以把握未来发展主动权，大力推进科技创新及其他各方面创新，加快推进数字经济、智能制造、生命健康、新材料等战略性新兴产业，形成更多新的增长点、增长极。战略性新兴产业是以重大技术突破和重大发展需求为基础，对经济社会全局和长远发展具有重大引领带动作用，且知识技术密集、物质资源消耗少、成长潜力大、综合效益好的产业，代表了新一轮科技革命和产业变革的方向，是落实供给侧结构性改革、培育发展新动能、获取未来竞争新优势的关键领域，正朝着科技与产业深度融合、数字与实体加快融合、制造与服务全面融合的态势发展，正加快由单一、线性的个体创新向跨主体、跨领域、跨区域的组织创新转变[1]。

经济全球化加速高端产业和创新要素在全球少数地区高度聚集，同时改变了各个国家经济发展和科技创新的组织方式。区域化创新集群为全球经济时代的创新提供了绝佳载体[2,3]，是提升国家竞争力和创新能力的区域根基[4,5]，也是建设国家创新体系的重要途径[6,7]，创新型集群成为一种新的区域治理模式[8]。区域是创新发生的场所而非主体，创新是一种依托不同行为主体实现的网络现象[9,10]。特别是随着当前科技革命和产业变革对全球创新版图和经济结构的重构，跨领域、跨区域的协同创新更加灵活，非地域集聚式集群化、跨行业交叉式融合化成为高新技术产业发展的重要趋势[11]，区域创新系统不断扩展为超越地域限制的空间创新系统，特别是系统集成创新模式和网络创新模式进一步促进传统的区域创新系统向全球范围扩展，形成包含一系列连续或离散的联系全球-地方的互动网络，形成"全球—全国—地方"之间的垂直立体化网络[12]，推进区域创新体系和区域产业集群的成长与持续性创新，以及区域发展路径的创造与演化[13,14]。

[一] 本章节部分内容来自于赵璐主笔发表的 6 篇文章[1,5,10,22,37,42]，并进行了必要的修改和补充。

"十四五"及中长期，国际产业格局和世界经济秩序调整重塑，全球化竞争转化为产业链与产业链、产业集群与产业集群的竞争，战略性新兴产业融合体系、集群创新网络、产业创新生态的综合竞争成为国际竞争的焦点。同时，以信息技术革命、知识经济和全球化市场为基础的新经济时代，加速了知识、技术、人才、资金等生产要素的时空交换，要素组织空间逐渐成为流动空间[15,16]，特别是党的十九届四中全会已将数据纳入生产要素，生产要素流动空间的支配性正在创造一种新的时区区位优势，创新空间的集聚和扩散也以全新的形式呈现，突破传统等级体系的跳跃性扩散显著增加。在以数字科技为代表的数字化创新的驱动下，基于传统地理空间集聚的区域产业集群正在加快向跨区域的虚拟产业集群演化[17-21]，形成新的产业组织形式。这些都给我国战略性新兴产业集群高质量发展带来新的要求和挑战。

本章通过系统梳理德国、美国、日本等发达国家创新发展战略及集群发展战略，从顶层战略多方式推进、多维网络化发展模式、集群组织的体制保障、重视创新网络的建设四个方面总结其构建集群创新网络支撑区域及国家创新体系建设的经验和启示，继而结合新时期我国战略性新兴产业集群化高质量发展的战略要求，提出构建新时期我国战略性新兴产业集群高质量发展"四梁八柱"的相关建议。

一、发达国家创新发展战略与集群发展战略

进入 21 世纪以来，产业和创新的集群化发展浪潮席卷全球，以德国、美国、日本等为代表的发达国家纷纷提出集群发展战略或计划，将产业和创新集群作为提升自身国际竞争力和创新能力的主要手段，以此推动政府跨部门以及中央政府和地方政府在经济发展中的高度合作，加强政府与企业、大学、研究机构和社会组织密切合作，以集群创新网络建设与发展来支撑区域和国家创新体系建设与发展。

（一）德国

20 世纪 90 年代中期开始，德国无论从联邦政府层级还是州政府层级都开始重视集群的发展。1995 年开始，德国联邦政府在国家层面连续启动生物区域计划（BioRegio）、创新区域计划（InnoRegio）、GA 网络计划（GA-networking）三次集群策动，通过集群发展逐步推进单一产业发展、多产业多区域协调发展以及合作网络构建[22]。

2006 年，德国联邦政府提出第一个全国范围内的高技术战略《德国高科技战略（2006—2009）》，创立了推动产业界和学术界融合发展的、第一项横跨联邦所有部门的综合性集群战略，强调德国是全球创新系统的一部分，将集群发展作为德国科技战略的核心内容，重点支持创新集群建设。

2007 年，德国联邦教育与研究部在《德国高技术战略（2006～2009）》的框架下发起"领先集群竞赛计划"（Leading Edge Cluster Competition），并将其作为联邦政府

科技战略的核心组成部分。该计划不限技术领域，侧重长期战略，共评选出 15 个领先集群（见表 15-1），每个集群可得到联邦教研部提供的 4000 万欧元资助及企业提供的 4000 万欧元资助。德国联邦政府希望通过支持由科学界和工业界组成的领先集群，使区域创新潜力得到发展和提升，并扩大国际竞争力和吸引力。目前，领先集群作为德国联邦政府全国集群布局的重要标杆，已成为德国工业 4.0 的重要支点以及创新发展的重要基石。

表 15-1　我国及主要发达国家的战略性新兴产业集群领域布局

战略性新兴产业分类	中国	德国	美国	日本
新一代信息技术产业	23	3	2	2
高端装备制造产业	9	2	6	0
生物产业	17	5	3	10
新材料产业	14	2	4	5
新能源汽车产业	0	1	0	0
新能源产业	0	0	9	0
节能环保产业	3	0	2	0
跨产业	0	1	3	0
其他产业	0	1	27	0
总计	66	15	56	17

注：战略性新兴产业分类依据《战略性新兴产业分类（2018）》(国家统计局令第 23 号）。其中，德国以 15 个领先集群进行统计，美国以 56 个区域创新集群进行统计，日本以 17 个全球性集群进行统计，中国以第一批 66 个国家级战略性新兴产业集群进行统计。

2012 年，德国联邦经济事务与能源部创立"走向集群计划"（Go-Cluster），正在推进的集群为 94 个，每个集群最多可获 4 万欧元资助，资助时间为 9 个月。

2014 年之后，德国联邦政府开始高度重视集群网络化及全球创新网络的建立，以领先集群为标杆进一步启动新的创新集群策动项目《新一轮高技术战略—创新德国》高技术创新战略，进一步强调集群网络化在国家创新体系建设中的重要性[23,24]。特别是，2015 年德国联邦教育与研究部在领先集群的基础上进一步启动了"集群·网络"（Clusters and networks）计划，强调在全球尺度构建协作创新网络[25]。

（二）美国

2008 年金融危机后，发展区域创新集群成为美国科技创新政策的重要内容之一。美国联邦政府 2009 年发布"美国创新战略"白皮书，要求促进区域创新集群发展，创立有竞争力的社区[26]。美国国会 2010 年通过《美国竞争力再授权法案》，2011 年据此修订《1980 年史蒂文森-怀勒技术创新法案》，要求美国商务部"启动一个区域创新计划以鼓励和支持发展区域创新战略，包括区域创新集群、科学和研究园"[23]。该计划为区域创新战略计划，其主要措施之一就是提供专项经费发展区域创新集群，规定经费主要用于支持区域创新集群的可行性、规划研究,加强区域创新集群各参与方间的沟通与协作,吸引新的参与方,通过示范、部署、技术转移和商业化活动来推动区域创新集群的产品和服务市场开发,建立区域创新集群间合作关系,与公共部门及州、地方政府互动以实现集群的建设和发展目标[27],同时要求坚持费用共享原则,建立部际协调机制,多部门协同组织推进区域创新集群的形成与发展。

2010 年,美国联邦政府建立了"区域创新集群计划"(Regional innovation clusters)、"能源区域创新集群计划"(Energy of regional innovation clusters)、"工作加速器合作集群计划"(Jobs accelerator collaboration clusters),分别由小企业管理局、能源部、商业部经济发展署负责[27]。

2011 年美国联邦政府更新"美国创新战略",公布了多个部门负责的区域创新集群计划。目前美国联邦政府投资 2.63 亿美元,支持了横跨大陆的 56 个创新集群,其中商务部经济发展署牵头负责 43 个集群项目(包括高端制造业集群 10 个、区域集群 20 个、农村集群 13 个),小企业管理局牵头负责 13 个(包括首批试点集群 3 个和面向中小企业的区域集群 10 个)。其中投资最多的是位于费城的资助时间为 5 年的建筑能源创新集群,总投资 1.3 亿美元,由能源部、商务部经济发展局、小企业管理局、国家标准技术研究院等多个部门联合分担[28]。

(三) 日本

2001 年日本政府发布第二个科学技术(五年)基本计划,要求改革科技系统和研发系统,宣布建立智能集群以推动全国每个地区的发展。2006 年日本政府发布第三个科学技术(五年)基本计划,要求建立区域创新系统,打造世界级的区域集群。2016 年日本政府宣布第六个科学技术(五年)基本计划,强调进一步开放日本的创新系统和研发系统。

2001 年以来,日本政府主要推进了"产业集群计划"(Industrial cluster project)、"知识集群计划"(Knowledge cluster project)和"城市区计划"(City area program)三个集群计划[27]。其中,"产业集群计划"主要支持网络化、集群促进组织、培训、营销合作,"知识集群计划"主要支持基于联合研究中心的研发合作、网络化、孵化服务,"城市区计划"重点支持产、学、政合作[29-31]。

"产业集群计划"由日本经济产业省 2001 年推行,建立了 18 个产业集群,运行时间至 2009 年;"知识集群计划"和"城市区计划"由日本文部科学省 2002 年启动,前者旨在打造世界级集群,后者旨在打造小规模集群[29]。日本经济产业省、文部科学省建立了部门间会商协调机制,两个部门都是日本科学技术理事会中区域科技集群合作组成员,在全国各地区共同组建区域集群促进联合会。

2010 年日本文部科学省将"知识集群计划"和"城市区计划"合并,面向 17 个全球性集群(见表 15-1)和 23 个城市区集群建立开发创新系统项目。2011 年日本经济产业省和文部科学省与农林渔业部联合建立"区域创新战略支撑计划",继续推动产业集群和知识集群的进一步发展[31]。

二、发达国家产业集群网络化发展的经验启示

根据前述德国、美国、日本集群发展历程和经验,各国均将产业和创新集群作为提升自身国际竞争力和创新能力的主要手段[32],网络化是发达国家产业集群发展的最显著特征[65],其主要经验与启示可总结为以下四个方面。

(一) 顶层战略多方式推进

1. 发达国家产业集群的快速发展得益于其制定了明确的以集群为核心推动创新的顶层战略与目标

2006年德国的第一项横跨联邦所有部门的综合性集群战略同时得到了联邦政府和各州政府的共识,并在两个层级政府部门的共同推动下得到了迅速高效的发展。美国区域创新集群的发展取决于联邦政府强有力的政策导向和跨部门协调,联邦各部门的支持和投资,以及各州政府的战略举措[33]。

2. 各级政府多种方式共同推进集群发展

美国每个集群计划基本采取一个联邦部门主导、多个部门参与的"1+N"组织推进机制,商务部经济发展局、能源部、国防部和小企业局等部门成立了"推进区域创新集群工作组"。日本的知识集群由中央政府从上往下推动,集群管理由地方政府和公立研究机构共同负责。德国联邦及州政府采取分类方式共同推进:对于发展较好的集群,运用市场机制让其充分竞争,促进其不断提高创新能力、管理能力和国际化水平;针对弱势技术与产业、落后区域,政府设立相关专项计划予以支持,扶持中小企业创新。前述德国联邦政府的集群计划主要可以分为三类[34]:第一类是只针对单一技术和产业的推进计划,如生物区域计划;第二类是只针对部分地区实施的集群推进计划,如创新区域计划的发起主要是为了提升德国东部地区的区域创新能力,缩小东德和西德地区经济差距;第三类是综合提升类计划,主要是对集群的产业、区域并没有限制,设置的目的是提高集群的创新能力、管理能力和国际化水平等的项目,如领先集群竞赛、走向集群计划等,继而带动区域创新体系及国家创新体系的建设与发展。

3. 各国注重集群内部及集群之间的交流合作

例如,德国联邦教育与研究部和经济事务与能源部共同打造了集群信息平台,为利益相关者了解集群政策、集群发展状况等提供了很好的渠道,同时也能促进集群间的交流与学习[34]。美国商务部同哈佛大学、麻省理工学院等高校合作开展"产业集群描绘计划",累计搜集美国集群发展、区域社会经济特征、商业环境质量等数据,对外发布

了美国集群地图和集群数据库[35]。

(二) 多维网络化发展模式

1. 多元化网络治理

目前主要国家形成了"政府—市场—集群"的多元化网络治理方式。这是一种包含网络治理、层级治理和市场治理的多元化、共生化的治理模式，能够整合和协调产业集群所涉及的类型各异、数量众多的组织及主体，促进空间集聚、创新网络、集群网络等共同协调地发挥作用。例如，德国生物区域计划实施中，政府自上而下的管理与区域自下而上的发展得到了协调和统一，联邦政府在前期对参选集群策动项目的选择进行了干预，在后期由各区域各集群自主发展。

2. 多主体网络协作

企业、大学、研究机构、社会组织等主体均参与到发达国家集群计划推进过程中，形成多主体协作网络。特别是，在这种合作治理网络体系中，政府主要充当网络化与知识交换的促动者及调和者，通过提供各种机制促进构建多元主体合作网络。政府部门之间、政府部门与非政府部门之间共同构成了相互依存、有机协作的网络体系，共同推动集群发展。例如，美国国会通过《美国竞争力再授权法案》，要求建立部际协调机制以推动区域创新集群的形成与发展；2010年美国能源部牵头的"能源区域创新集群计划"是美国首次实施的跨部门的区域创新集群计划。

3. 多层次网络布局

产业集群各主体集成自身创新资源，形成自组织区域网络，发挥多中心、网络化的空间结构优势。同时，区域之间多个中心之间的相互整合有利于形成或发掘彼此间的互补性，在更大空间尺度获取协同效应，促使集群发展从区域网络化到国际网络化，进一步提升集群整体的创新竞争力。德国集群策动的演化路径遵循了集群的一般客观发展规律，即从单个的集群内部主体间的合作到集群整体的创新，从单个的集群创新转型到集群之间的合作。例如，德国领先集群计划中的"It's OWL"集群位于德国经济实力最强的工业州北莱茵-威斯特法伦州，在东威斯特法伦-利珀地区，几个中小型城市组成的区域形成了包括了大中小企业、隐形冠军企业、研究机构、大学等中心节点的技术网络；同时，该集群参与了欧洲层面的知识与创新社区项目，也与芬兰、土耳其和中国开展了集群合作以加强国际网络化。目前"It's OWL"集群已是世界级智能制造产业高地、德国工业4.0技术应用的主引擎，直接影响北莱茵-威斯特法伦州及整个欧洲的制造业升级[36]。

(三) 集群组织的体制保障

发达国家集群快速发展的关键在于集群组织方式的创新，建立了集群网络化协作组织，继而为集群内部协作网络及"超越集群"的集群间合作网络提供了体制保障[2]。这是一种新型的、网络化的高端合作产业创新组织，是政府、市场、社会高度合作的创新促进机构，能够将集群内的企业、大学及研究机构、政府部门、金融机构、中介组织、非营利性组织等主体，依据专业化分工和协作关系，组成网络化集群发展命运共同体。

例如，"萨克森硅谷"集群组织在德国德累斯顿及萨克森州微电子产业集群化发展中展示了致力于促进智力共享和网络化协作的集群组织如何在地区层面、国家层面乃至跨国家层面发挥作用，为激发产生本地蜂鸣和建立全球通道及二者之间的互动提供有力的合作载体和枢纽机制[5,38]。德累斯顿是德国东部萨克森州首府和第一大城市，被认为是德国东部城市重建及经济结构转型的成功范例。该地区曾是采矿、炼钢重工业区及东德重要的工业中心。1989年萨克森州开始建立市场经济，因其传统的苏联和东欧出口市场崩溃，又面临西德企业强烈竞争，当地工业几乎完全停滞。在转型伊始，德累斯顿制定了发展半导体工业、制药工业、机械与汽车工业的经济促进计划。2000年"萨克森硅谷"（Silicon Saxony）集群组织成立，连接制造商、供应商、研究机构、大学和公共机构等主体全方位推动了萨克森集群网络的形成与发展，并在2009年推出了能源效率和有机电子这两个面向主题的创新计划，在集群内进一步衍生出Cool Silicon集群和Organic Electronics Saxony集群，其中Cool Silicon集群入选德国第一批领先集群。在组织形式上，"萨克森硅谷"是公司型组织，通过萨克森州硅谷管理有限责任公司使得集群内各主体之间及集群之间的智力分享更容易和高效，推进形成官产学密切合作的"三螺旋"结构，并在2012年获"欧洲集群卓越计划"的金标集群标签。如今"萨克森硅谷"已由最初的20个成员发展为一个拥有350多个成员、年预算80万欧元的私营实体，其大部分资金来自占组织成员80%的中小企业，并且集群成员不仅分布在萨克森州而且包括德国其他地区以及新加坡等国家。目前，"萨克森硅谷"已经发展成为涵盖电子和微电子领域的欧洲最大、全球第五的微电子和信息及通信技术集群，获得"欧洲集群卓越计划"金标。2012年"萨克森硅谷"与荷兰High Tech NL、比利时DSP Valley等欧洲领先智带联手，创建了跨国家合作、研究驱动的"欧洲硅谷"（Silicon Europe）集群，其成员目前已扩展到欧洲的12个国家级集群，并由萨克森州硅谷管理有限责任公司负责"欧洲硅谷"集群项目的协调工作。

（四）重视创新网络的建设

培育发展区域创新集群是创新型国家建设的重要抓手。发达国家重视构建集群创新网络，产业集群形成的协同创新网络不仅可以激发集群内在主体的创新潜力和活力，而且能够在更大范围吸引创新资源和人才，从而在更高水平上开展创新活动。1999年德国联邦教育与研究部实施的创新区域计划就旨在通过构建中小企业创新网络和集群，使得私人企业、科研机构、教育机构、管理部门等共同促进东部地区中小企业的创新能动性。至2002年，该计划促使23个创新网络的形成，其中包括4个服务网络、6个生产网络、4个研究网络和9个非正式交流网络。2012年德国联邦经济事务与能源部创立的"走向集群计划"将建立跨集群的伙伴关系作为财政支持的重要方面,共资助了18个集群间协作项目,包括8个地区性的跨学科的集群间协作、7个本国内跨地区的集群间协作、3个跨国家的集群间协作,共涉及44个集群[1]。2015年德国联邦教育与研究部基于15个领先集群的发展成效和进一步网络化的发展需求,专门启动了"集群·网络"计划,强调在全球尺度构建协作创新网络。

德国、美国、日本具有较完善的创新体系,政府部门、龙头企业、科研机构、风险投资、中介机构、产业联盟等创新主体基于明确合理的分工,形成高效稳定的创新网络。其中,政府是推动力和催化剂,龙头企业是创新活力所在,科研机构是主要创新源头,风险投资是资金支持,中介机构是桥梁纽带,产业联盟是组织保障。在区域创新集群发展初始,大学作为知识的主要汇聚之地[39],抑或生产相似产品并相互竞争的企业聚集在一起,通过正式及非正式的交流合作产生本地蜂鸣,其共享的知识基础使得区域内相关主体不断地组合及重组相似和不相似的资源,产生新的知识激发创新。随着区域集群经济专业化水平及本地能力的提升,集群与外部知识节点建立联系并嵌入更大的互动网络,集群参与者获取新知识的渠道由本地网络扩展到没有地理空间限制的多元地理区域间或国家间合作网络即形成全球通道,促进显性知识的生产和转移,为知识创新、集群更新与重组提供可能[40,41],同时,全球管道具有加强区域内主体互动潜力的作用,能够进一步提升集群参与者之间的凝聚力。

三、构建我国战略性新兴产业集群高质量发展的"四梁八柱"

2018年国家发展与改革委员会启动战略性新兴产业集群发展工程,于2019年部署了第一批66个国家战略性新兴产业集群(见表15-1),以强健产业链、优化价值链、提升创新链,加快形成产业链竞争的整体优势。但同时,我国战略性新兴产业集群仍处于以政府为主导、以园区为依托的初、中期发展阶段,缺乏体系化的顶层设计,难以适应和满足战略性新兴产业创新要素高度聚集、创新主体高度互动、创新网络高度复杂的发展要求[42],卓越提升工作亟待全面启动。建议从加快建立评选、认定、监测、评估的体系;建立精准长效机制,激发动态发展效能;政府和市场共同作用,分类施策引导;建立网络化合作机制,构建集群创新网络;激励形成集群文化,加强国际创新合作这5个维度,加强我国战略性新兴产业集群发展战略的顶层设计,构建制度群和政策群,从体系上构建新时期我国战略性新兴产业集群高质量发展的"四梁八柱"[4]。

(一)加快建立评选、认定、监测、评估的体系

科学构建集群评选与认定制度体系,建立健全集群统计监测与评估制度体系,实行

持续监测、定期评估、分级管理、动态调整。

1. 建立自上而下与自下而上相结合的遴选机制

建立供给导向的"自上而下"认定机制，围绕关键技术攻关及国家重大战略任务，通过国家顶层规划在全国范围内统筹区域性战略性新兴产业集群领域方向、空间布局与协同发展。建立需求导向的"自下而上"遴选机制，设立明确的遴选标准（包括地方产业技术全球竞争力与发展潜力、集群发展战略与管理体系、区域资源沿价值链整合水平等），组建由来自产业、大学、研究机构与国家咨询机构的技术专家和集群专家组成的评选委员会，通过预答辩、答辩等程序选择确定集群名单。

2. 搭建集群信息平台，实施年度报告制度

基于国家集群信息平台，整合国家、区域、地方以及集群层面的集群政策和促进活动信息，推动集群主体之间信息交流、学习与竞争。以被遴选的国家战略性新兴产业集群为对象，应用地理信息技术与大数据技术，持续监测其发展态势。实施集群年度报告制度，定期发布我国战略性新兴产业集群全景报告、集群地图及产业地图、集群政策及产业政策报告等。

3. 实施第三方评估机制，开展动态评估

借助专家、第三方研究机构和智库单位等"外脑"，立足问题导向和目标导向，强调战略性新兴产业集群能力建设，建立集群发展记分牌和指标体系，定期开展动态评估。对全国战略性新兴产业集群开展绩效评估与发展诊断，评估其发展现状与管理水平，诊断其发展前景与瓶颈障碍。根据评估诊断结果，实施集群分级管理制度和动态调整制度，持续优化完善我国战略性新兴产业集群发展指导能力。

（二）建立精准长效机制，激发动态发展效能

建立以"融合化—集群化—生态化"为主线的精准长效机制，在"国家—省区—地区"空间维度推进形成"策源体系—集群体系—生态体系"梯次接续、有机协同的"十百千"战略性新兴产业集群发展格局，保障集群发展动态效能持续释放。

1. 加快打造国家战略性新兴产业策源体系

面向国家战略全局，以区域融合机制为主线，在国家重大战略区域维度，自上而下统一布局十个左右战略性新兴产业基地。重点建立跨省份、跨城市、跨部门的协调机制，围绕关键共性技术、前瞻技术等强化重点领域基础研究和源头创新能力，协同国家产业创新中心、国家技术创新中心、国家制造业创新中心、国家实验室等打造战略性新兴产业策源体系，补短板、强长板，提升产业基础高级化水平、产业链现代化水平。

2. 深入实施国家战略性新兴产业集群发展工程

立足各省区产业基础优势，以产业集群机制为主线，自上而下和自下而上相结合开展评选与认定，在省区层面形成因地制宜、布局合理的百个左右战略性新兴产业集群。重点建立跨部门的协调机制，疏通应用基础研究和产业化连接的快车道。统筹集群发展与城市布局，推动现有国家高新技术产业开发区、自主创新示范区、经济技术开发区等战略性新兴产业集聚区由单一生产功能向城市综合功能转型，建立生产、生活、生态融合发展的产、城综合体。

3. 全面启动国家战略性新兴产业生态培育工程

重点围绕科技产业融合、数字实体融合、制造服务融合等，聚焦新兴产业、新业态、新模式，以创新生态机制为主线，以技术促产业和平台化发展为两翼，以龙头企业和应用场景为支撑，以金融、人才、科技服务、新型基础设施等为保障，在地区层面自下而上构建千个左右承载战略性新兴产业新业态新模式的新型园区。有效对接产业基地的关键核心技术供给和产业集群的技术需求与市场应用，实现产业带技术、技术促产业的良性循环，打造战略性新兴产业集群的新型苗圃。

（三）政府市场共同作用，分类施策支持引导

围绕集群的整个生命周期过程，充分发挥政府引导作用和市场决定作用，分阶段推进集群发展，分类型支持引导。其中，政府主要充当网络化与知识交换的促动者及调和者，提供有效的公共服务、良好的基础设施、合理的制度环境等以促进多主体协作、优化集群创新网络。

1. 政府与市场共同作用，分阶段推进集群发展

在集群发展初期，中央及地方政府发挥主导作用，制定集群发展战略，资助支持集群先进技术研发、产品市场开拓、集群组织机构发展等；在集群成长阶段，政产学研金介用等多主体协作成为主要发展模式，各主体共同研究制定协同创新的制度安排，形成组织共治、利益共享、风险共担的合作治理模式；在集群成熟发展阶段，通过充分市场竞争不断提高集群创新能力、管理能力和国际化水平，政府退出集群资助。

2. 分类型支持引导，因业布局、因群施策

针对新一代信息技术产业、生物产业等新技术主导型战略性新兴产业集群，高端装备制造、新一代汽车等传统产业转型发展型战略性新兴产业集群、新型高技术服务类等融合式发展型战略性新兴产业集群，建立差异化的支持引导方式，实现差异化的集群发展目标。强化对关键共性技术型、产业链型、联盟型、场景型、平台型、服务型等战略性新兴产业创新生态的分类指导和标准引领，有序推进其培育、成长和集群化突破。

（四）建立网络化合作机制，构建集群创新网络

以网络化合作机制作为连接政府和市场的纽带，构建多尺度、多维度、多形态的集群创新网络，纵向强健产业链、优化价值链、提升创新链，横向促进产业间链式发展、集群间联动协作、区域间相互合作，培育战略性新兴产业公地，提升根植性、竞争力和发展韧性。

1. 强化对集群网络化枢纽组织的制度安排

围绕每个战略性新兴产业集群，建立拥有决策机构、执行部门、咨询机构的创新枢纽型集群组织，同时重点打造 1～2 个产业联盟。采取集群组织与联盟组织相结合的产业组织方式，以构建集群创新网络为核心，以有为政府、有效市场、有序社会高度合作为主线，整合全产业链创新资源，实现政府部门、企业、大学、研究机构、非营利组织等同频共振、全面协作的集群创新共同体。其中，集群组织主要负责集群规划制定、合作平台组建、集群内合作项目策动和管理、集群品牌建设、集群外部合作等；联盟组织主要负责推进集群内的高端合作创新和研发等。

2. 搭建集群合作平台，建设国家集群创新网络

构建集群创新平台和合作机制，建立集群联盟，鼓励集群间以集群组织为枢纽开展跨区域、跨领域合作，共同构成突破行政区划限制的重点产业技术簇群。设立地区性的集群间合作项目、地区间的集群间合作项目、国家间的集群间合作项目，资助支持建立跨集群的伙伴关系。以集群合作平台为依托，以集群合作项目为抓手，促进集群创新要素流动与共享，点面结合、链群交融推进国家战略性新兴产业集群创新网络建设。

（五）激励形成集群创新文化，加强国际合作

激励形成各类主体利益共享、风险共担、追求卓越的集群创新文化，促进国家战略性新兴产业集群品牌化建设。鼓励集群开展国际合作，特别是国际研发合作，畅通国内国际双循环，拓宽要素配置空间。

1. 激励形成集群创新文化，促进品牌化建设

通过建立合作互信、兼容并蓄、敢为人先、宽容失败的价值创新文化，建立促进企业家精神发挥、鼓励创新创业、吸引高端创新人才、支持开放协作等的制度创新文化，建立重视和促进集群品牌化建设、鼓励正式和非正式交流的环境创新文化，促进战略性新兴产业集群与创新文化全面融合，实现政府引导、市场主导、社会共治的持续良性互动。

2. 对标世界一流，推进集群国际合作

主动布局新兴产业全球产业链，积极建设面向新兴产业治理的国际合作平台。鼓励各地方政府对标世界一流，制定中长期集群国际合作计划，与相关领域有国际影响力的集群组织、企业、大学、研究机构、地方政府建立合作关系。鼓励国内战略性新兴产业领军企业组团开拓国际市场，融入全球技术创新网络，促进国际产业循环。同时，鼓励集群融入"一带一路"建设，输出集群品牌和管理模式，提升集群国际影响力。

（执笔人：赵璐，中国科学院科技战略咨询研究院）
（审稿人：杨国梁）

参考文献

[1] 赵璐. 推动创新型产业集群发展的四个着力点[J]. 科技中国，2020（6）：4-7.

[2] PORTER M E. Clusters and competition: new agendas for companies, governments, and institutions [M]. On competition. Boston: Harvard Business School Press, 1998：197-287.

[3] WIPO. Global innovation index 2020 [R]. WIPO 所在地：WIPO，2020.

[4] Council on Competitiveness. Clusters of innovation: regional foundations of US competitiveness [Z]. Washington, DC: Council on Competitiveness, 2001.

[5] 赵璐，吕利娜. 从锈带到先进制造业集群：资源型经济转型及高质量发展的路径探析[J]. 世界地理研究，2021，30（4）：802-812.

[6] 刘琦岩. 产业集群与区域创新体系[J]. 中国科技产业，2003（5）：49-52.

[7] European Commission. Europe 2020：A strategy for smart, sustainable and inclusive growth [Z]. Brussels:[s.n.], 2010.

[8] 王缉慈. 创新的空间：产业集群与区域发展[M]. 北京：科学出版社，2019.

[9] JU L，CRISTINA C，BJORN A. The geography and structure of global innovation networks: a knowledge base perspective [J]. European planning studies, 2013, 21（9）：1456-1473.

[10] 赵璐，赵作权. 全球创新的主要趋势[J]. 中国发展，2016，16（2）：80-85.

[11] LU R, RUAN M, REVE T. Cluster and co-located cluster effects: an empirical study of six Chinese city regions [J]. Research policy, 2016（45）：1984-1995.

[12] 毛熙彦，贺灿飞. 区域发展的"全球－地方"互动机制研究[J]. 地理科学进展，2019，38（10）：1449-1461.

[13] OWEN-SMITH J, POWELL W W. Knowledge networks as channels and conduits: the effects of formal structure in the Boston biotechnology community [J]. Organization science, 2004, 15（1）：5-21.

[14] SWYNGEDOUW E. Globalization or 'glocalization'? Networks, territories and rescaling [J]. Cambridge review of international affairs, 2004, 17 (1): 25-48.

[15] CASTELLS M. The rise of the network society: The information age: economy, society, and culture [M]. [s.l.]: John Wiley & Sons, 2011.

[16] TURCAN V, GRIBINCEA A, BIRCA I. Digital economy—a premise for economic development in the 20th century [J]. Economy & sociology theoretical & scientific journal, 2014 (2): 109-115.

[17] VINCE I. Cities in a related world: limits and future perspective for planning through the network paradigm, international conference of city futures 2009, Madrid [C]. [s.l.]: [s.n.]. 2009.

[18] EISINGERICH A B, BELL S J, TRACEY P. How can clusters sustain performance? The role of network strength, network openness, and environmental uncertainty [J]. Research policy, 2010, 39: 239-253.

[19] TAYLOR P J, HOYLER M, VERBRUGGEN R. External urban relational process: introducing central flow theory to complement central place theory [J]. Urban studies, 2010, 47 (13): 2803-2818.

[20] TRIPPL M, GRILLITSCH M, ISAKSEN A. Exogenous sources of regional industrial change: attraction and absorption of non-local knowledge for new path development [J]. Progress in human geography, 2018, 42 (5): 687-705.

[21] PASSIANTE G, SECUNDO G. From geographical innovation clusters towards virtual innovation clusters: the innovation virtual system, 42th ERSA Congress, University of Dortmund (Germany) [C]. [s.l.]: [s.n.], 2002.

[22] 赵璐. 网络组织模式下中国产业集群发展路径研究—发达国家产业集群发展的经验启示 [J]. 科技进步与对策, 2019 (7): 56-60.

[23] Federal Government of Germany. The high-tech strategy for Germany [Z]. [s.l.]: [s.n.]. 2006.

[24] Federal Government of Germany. The new high-tech strategy innovations for Germany [Z]. [s.l.]: [s.n.], 2014.

[25] Federal Ministry for Education and Research. Enhancing global cooperation [Z]. [s.l.]: [s.n.]. 2016.

[26] National Economic Council and Office of Science and Technology Policy (NEC/OSTP). A strategy for american innovation: driving towards sustainable growth and quality jobs [Z]. [s.l.]: [s.n.], 2009.

[27] 吴昊. 浅析美国促进区域创新主体协同发展举措 [N]. 中国社会科学报, 2019-12-16.

[28] Economic Development Agency. Obama administration investments in regional innovation clusters [Z]. [s.l.]: [s.n.], 2013.

[29] OECD. Competitive regional clusters: national policy approaches［Z］.［s.l.］:［s.n.］, 2007.
[30] European Cluster Collaboration Platform. Clusters in Japan［EB/OL］.［2021-09-02］http://www.clustercollaboration.eu/documents/270937/0/Clusters_in_Japan_English.pdf.
[31] OKAMURO H, NISHIMURA J. Local management of national cluster policies: comparative case studies of Japanese, German, and French biotechnology clusters［J］. Administrative sciences, 2015, 5: 213-239.
[32]《创新集群建设的理论与实践》研究组. 创新集群建设的理论与实践［M］. 北京：科学出版社，2012.
[33] YU J B, JACKSON R. Regional innovation clusters: a critical review［J］. Growth and change, 2011, 42（2）：111-124.
[34] 邓元慧. 德国创新集群发展政策的特征与借鉴［J］. 未来与发展，2018，(6)：25-30.
[35] 黎文娟，李杨，张舰，等. 发达国家培育先进制造业集群的经验［J］. 中国中小企业，2018（10）：73-75.
[36] it's owl. Strategy 2018 to 2022［EB/OL］.［2021-09-02］https://www.its-owl.com/index.php?id=home&L=1.
[37] 赵璐，赵作权. 培育世界级先进制造业集群要以组织变革为核心［J］. 国家治理，2018（25）：20-24.
[38] 阿格塔米尔，巴克. 智能转型：从锈带到智带的经济奇迹［M］. 徐一洲，译. 北京：中信出版社，2017.
[39] BENNEWORTH P, HOSPERS G-J. The new economic geography of old industrial regional: university as global/local pipelines［J］. Environment and planning C: government and policy, 2007, 25（6）：779-802.
[40] SAXENIAN A. The origins and dynamics of production networks in Silicon Valley［J］. Research policy, 1999, 20（5）：423-438.
[41] LUCAS M, SANDS A, WOLFE D A. Regional clusters in a global industry: ICT clusters in Canada［J］. European planning studies, 2009, 17（2）：189-209.
[42] 赵璐，王晓明. 培育未来竞争新优势 推动战略性新兴产业集群高质量发展［N］. 科技日报，2020-10-16.

第十六章 Chapter 16
从新经济看战略性新兴产业发展：生态化

引导战略性新兴产业生态化发展，强化战略性新兴产业的创新生态链，助力我国构建贯穿科技和产业、制造和服务、数字和实体的战略性新兴产业体系，加快形成战略性新兴产业生态体系竞争的新优势[1]。战略性新兴产业上的竞争很大程度上就是生态系统的竞争，率先推进生态化发展、建立完整高效产业创新生态系统，将会占据产业发展的先机。

一、新经济是战略性新兴产业生态化发展的主要形态

战略性新兴产业发展阶段已从线性创新发展跨越到生态化发展，重点围绕科技产业融合、数字实体融合、制造服务融合、军民融合，聚焦新技术、新模式、新业态、新产业，以创新生态机制为主线，建立以创新发展为牵引，技术促产业和平台化发展为两翼，龙头企业和应用场景为支撑，金融、人才、科技服务、新型基础设施为保障的战略性新兴产业创新生态体系[2]。

(一) 从"四新"看战略性新兴产业生态建设的重点

"新技术、新模式、新业态、新产业"的四新经济是在第四次工业革命、数字科技革命及制造业和服务业深度融合发展的背景下，以新一代信息技术广泛嵌入和深化应用为基础，以市场需求为根本导向，以技术创新、应用创新、模式创新为内核并相互融合的新型经济形态㊀。"四新"经济的本质特点是创新，具有渗透性、融合性、高成长、动

㊀ 李萌等于2017年11月18日在"休闲与文化创意"国际学术研讨会上发表的"产业创新视野下创意经济人才发展研究"。

态性等特征，是战略性新兴产业创新生态的核心内容和培育重点。

1. 围绕新技术形成的战略性新兴产业创新生态，尤其是围绕关键共性技术

新技术主要包括新一代信息技术、智能制造技术、产业强基关键技术（基础材料、核心的基础零部件元器件、先进的基础工艺和产业技术基础等）等引领产业未来发展的基础型、支撑型和使能型技术。

2. 围绕新业态形成的战略性新兴产业创新生态，尤其是围绕重点应用场景和重点平台

新业态是指新技术驱动的产业间的跨界整合、企业内部价值链和外部产业链环节的分化融合所形成的新型产品或产业组织形态。在新一轮科技革命和产业变革推动下，经济发展的投入要素、组织形式、资源配置、生产工具、产业边界等发生重大变化，催生出了全新的经济形态，具有智能化、融合化的特征。

3. 围绕新模式形成的战略性新兴产业创新生态，尤其是围绕新型服务

新模式是产业的新服务模式与市场价值的实现方式，具有服务化、社会化的特征。服务化特征指基于个性化的解决方案满足不同用户的需求，将传统经济的生产制造和产品迭代过程向服务化过渡。社会化特征指，打破物理空间与企业边界推动形成社会化的生产与生活共享平台的建设与运营。

4. 围绕新产业形成的战略性新兴产业创新生态，尤其是围绕新的产业链以及通用、标准型的产业联盟组织

新产业主要指以新技术、新业态、新模式为基础，以新市场需求为依托，引发产业体系重大变革的产业。从实际产业发展路径来看，新产业的最初形态和内核驱动力仍离不开新技术、新业态、新模式，并随着发展的不同特点和路径逐渐形成新的创新生态类型。

结合现有战略性新兴产业体系来看，四新经济主要在新一代信息技术产业、高端装备制造产业和新材料产业、生物产业、绿色低碳产业（新能源汽车、新能源和节能环保产业）和数字创意产业等领域掀起了生态建设热潮。见表16-1。

（二）本轮新技术、新业态、新模式和新产业发展的主要特征

1. 生态化成为核心特征，战略性新兴产业生态成为发展四新经济的重要依托

新技术、新业态、新模式、新产业是以数字创新应用为牵引，以数据要素价值转化为核心，以多元化、多样化、个性化为方向，经产业要素重构融合而形成了商业新形态、

表 16-1 从"四新"看战略性新兴产业生态建设重点

产业核心要素 \ 生态类别		新一代信息技术产业	高端装备制造产业和新材料产业	生物产业	绿色低碳产业（新能源汽车、新能源和节能环保产业）	数字创意产业
新技术	关键共性技术	集成电路专用设备及材料技术；IC封装载板制造技术；柔性显示器技术；太阳能光伏技术；工业操作系统技术；工业应用软件技术；智能语音技术；大数据、云计算、网络关键技术	全数字高档伺服驱动技术；工程机械产品试验检测与可靠性技术；协同制造技术；关键部件制造技术；压力传感器设计及制备技术；航空发动机热端部件高温防护涂层技术……	绿色化、智能化制药生产技术；新型抗体和疫苗、基因治疗技术；动物细胞大规模高效培养和蛋白质纯化关键技术……	智能网联汽车技术；动力电池能量存储系统；汽车节能技术；节能节材技术；固体废弃物处理技术；资源综合利用共性技术……	超高清、虚拟现实核心技术；面向智慧家庭的智能无线局域网芯片关键技术……
新业态	应用场景	智能终端；智能电视、可穿戴设备、智能家居、服务机器人、"互联网/数字/服务+行业"（生产/生活/公共服务）；支付场景创新生态；AI医疗影像新生态；智慧农业生态；数据生态；智慧城市应用	离散型制造的智能工厂/车间应用生态；"卫星+"防灾减灾/应急海洋互联网+天基信息应用	智能诊疗；生物质能源清洁应用；多模态生物识别	分布式新能源与电动汽车联合应用；绿色低碳技术综合应用；碳捕集和富碳农业；智慧交通系统应用生态；集中式与分布式相协调的能源系统	VR/AR数字创意生态；数字创意+教育/电子商务/社交网络/农业/旅游……
平台		"互联网+服务业"平台；共享出行平台、智慧旅游平台、智能家居平台、金融服务、餐饮外卖平台；公有云和行业云平台……	工业互联网平台；智能服务平台	抗体筛选平台；医学影像信息平台；农作物分子育种平台；智慧医疗健康平台	能源互联网平台；智慧能源综合服务平台；能源数字交易平台……	非遗内容设计平台；工业设计平台；人居环境设计平台

（续）

核心要素\产业	生态类别	新一代信息技术产业	高端装备制造产业和新材料产业	生物产业	绿色低碳产业（新能源汽车、新能源和节能环保产业）	数字创意产业
服务	新模式	生活服务：在线教育、互联网医疗、线上办公、智慧金融、政务数字化治理 工业云服务的开发集成和开放共享：专业软件库、应用模型库、产品知识库、测试评估库、案例专家库等基础数据和工具的开放使用增量付费，按使用量收费，云计算商业模式：按使用人分成……	研发设计引领服务、服务外包、供应链管理专业化、网络化协同制造、定制化服务；服务型制造、生产力租赁、远程管理、全生命周期管理、精准供应链管理、大规模个性化定制制造……	生物服务新业态、基因检测、液体活检、基因诊断等新型技术诊疗服务 生物检测服务……	新能源电池全生命周期管理 综合能源服务 分布式能源利用	数字创意服务
产业链	新产业	计算产业链生态 5G产业链 ……	轨道交通装备制造产业链 增材制造产业链 机器人产业链 卫星及应用产业链 空间信息消费产业链……	智慧医疗产业链（在线、远程、移动） 生物基材料产业链（生物制造） ……	新能源汽车产业链 动力电池产业链 核电产业链 智慧能源产业链	数字内容产业链……
产业联盟（通用、标准）		大数据产业联盟（标准体系） 人工智能产业联盟（技术、应用标准）……	通用零部件制造联盟。 智能制造产业联盟（通用化）（标准体系） 增材制造产业联盟（标准体系）。 海洋工程标准联盟。 新材料产业联盟（标准体系）	中药产业联盟（标准化）……	汽车安全标准 充电设施标准（相关联盟）	虚拟现实（VR/AR技术装备关键标准、内容标准）

业务新环节、产业新组织、价值新链条，生态化成为典型特征，具有强大的成长潜力。战略性新兴产业发展与"四新"经济相互融合促进，尤其是战略性新兴产业创新生态是"四新"经济发展的重要依托。战略性新兴产业创新生态具有原始性、不确定性和复杂性等特点，整体上处于萌芽或起步阶段，产业创新生态各子系统与辅助因素不完善且相互之间缺少有机联系和支撑。聚焦新技术、新业态、新模式、新产业，推动新技术提质增效，加快新业态创新发展和产业深度融合，打造更多先进产业应用场景，对推动战略性新兴产业创新生态的建设具有重大作用。

2. 不断夯实移动化、智能化基础支撑架构；定制化、服务化成为生产方式变革的新趋势

随着移动智能终端在经济社会各领域的快速渗透，计算和服务平台实现集中统一，以移动智能终端为载体、云计算平台为支撑、智能服务为内容、线上线下深度融合的新业态新模式发展架构加速形成[3]，生态化进程加深。在制造业中应用5G，通过人、机、物的全面互联，全要素、全产业链、全价值链的连接和生态构建，助力形成全新的工业生产制造和服务体系。该体系作为战略性新兴产业生态的重要组成部分，成为战略性新兴产业生态的关键依托和重要途径。

制造业定制模式将从大规模定制向个性化定制演化，具有个性化需求、多品种、小批量、快速反应、平台化协作的特征，也是战略性新兴产业生态化发展的新理念与新突破口。制造业服务化发展的重要趋势是价值链中的服务环节得到延长和加强，即业务重心向"微笑曲线"的上下游两端发展，使得上下游企业之间的"需求—供应"关系变得越来越开放，这些企业或侧重制造、或侧重服务、或一体化、或专业化，研发、制造、营销等产业链环节有序衔接，业务相互交织，共同构成了产业创新生态系统。

3. 以平台化、共享化为特征的商业模式创新正在显著地改变相关产品的生产方式、销售方式和使用方式

平台化的商业模式创新需要打通信息流、业务流、资金流，实现创新链与产业链的融合。以"信息流"促进资源的协同共享。以工业互联网平台为依托，支持中小企业推动设备数字化改造，将业务系统向云端迁移，加强企业内部、上下游企业之间、跨领域生产设备与信息系统的互联互通，促进数据资源协同与共享，支持企业借助工业互联网平台转型升级[4]。

共享化商业模式主要体现为数据共享、生产资料共享与生产力共享。在数据共享方面，运用数字手段，通过打破内部壁垒、消除外部数据孤岛，实现提高数据供给能力、扩大数据资源利用价值的目的。我国已有82个地方政府推出数据开放平台，公共资源领域的数据开放在新冠肺炎疫情期间及时汇聚信息、协助部署。在生产资料共享方面，通过促进所有权和使用权分离，实现生产资料低成本无限制的共享，实现效应倍增。在

生产力共享方面，通过互联网平台，使企业闲置的生产能力与生产能力需求方实现对接与共享的新型生产模式。

4. 异地协同设计、生产力租赁、网络众包等精准供应链管理模式正加速重构产业价值链新体系

深度数字化背景驱动了生产与管理生态的重塑，促进资源配置优化和产业生态化发展，实现扁平化管理及社会化协同。通过边缘层的接入，基础设施层的支撑，汇聚生态中的数据采集商、数据开发商、算法开发商、解决方案商进行企业的设备管理、资源管理、运维管理与故障修复。通过云端开发环境，构建开发者社区，引入低代码开发技术，吸引大量专业技术服务商和第三方开发者基于平台进行工业 App 创新[4]，优化行业应用层的资源配置，进行协同设计、协同制造、集约采购。依托龙头企业进行生产管理专业知识的沉淀。

在生产制造价值链体系重构方面，以"虚拟工厂"平台打破了产业、企业之间的边界，重新定义工业生产关系与组织方式。制造企业数字化转型促进制造能力、技术、资金、人才的共享流动。"虚拟工厂"平台连接各类工厂企业，并将订单按照"虚拟工厂"内部各个主体的实际能力进行分配和管理，实现制造技术与生产能力的共享协同。以云制造切入，推动中小微企业实现产业链上下游的协同制造与智能制造[5]。这也是战略性新兴产业生态化发展的重要特征。

二、战略性新兴产业"四新"发展的现状和问题

（一）整体现状

1. "四新"不断提升经济新动能，推动经济高质量发展

以新技术、新业态、新模式、新产业为主的"四新"在促进战略性新兴产业生态化建设、推动国家经济高质量发展中显示出越来越明显的作用。一是在国家战略和政策的大力引导下，我国新技术、新业态、新模式、新产业对经济的贡献愈发突出，成为新时期下重要的经济增长点。按照国家统计局的统计口径，"四新"经济是经济中新产业、新业态、新商业模式生产活动的集合；2019 年，我国"四新"经济增加值为 161 927 亿元，国内"四新"经济占 GDP 比重已从 2017 年的 15.7% 增至 16.3%㊀。二是国内第二产业"四新"的增长动力领先，制造业工业领域的新技术、新业态、新模式层出不穷，潜力巨大。三是我国经济发展新动能不断壮大，新技术、新业态、新模式、新产业加快

㊀ 国内对"四新"范围界定和数据统计均尚有完善空间，暂以统计局的"四新"数据来反映趋势和特点，不做进一步数据筛选。

成长，经济活力进一步增强。国家统计局数据显示，2019年我国经济发展新动能指数[①]为332.0，且近五年均保持25%左右的高速增长率。"四新"经济促进经济发展新动能指数逐年攀升，成为新发展阶段下促进经济增长、推动结构调整、实现高质量发展的重要支撑。

2. 国家高度重视，各部门、各地区不断出台支持政策

"四新"的蓬勃发展离不开国家和政府相关部门的大力支持。一是支持"四新"与消费市场协同发展。《关于支持新业态新模式健康发展 激活消费市场带动扩大就业的意见》《关于以新业态新模式引领新型消费加快发展的意见》等培育壮大新业态、新模式，加快发展新型消费。二是推动互联网、大数据等与实体经济融合，推进传统产业数字化转型。围绕数字化技术、数字经济业态、数字业务模式等都是"四新"的核心内容之一。2020年，工业和信息化部发布《关于推动互联网加快发展的通知》，支持加快新基建发展；国家发改委、中央网信办印发《关于推进"上云用数赋智"行动 培育新经济发展实施方案》，大力培育数字经济新业态，打造数字化企业，构建数字化产业链，培育数字化生态。三是北京、深圳、河北等各地方政府纷纷出台相关举措，为四新经济发展营造良好环境。

3. 国内"四新"经济活力迸发，发展环境势头优于国外

2008年国际金融危机爆发后，尤其是新冠肺炎疫情以来，全球经济陷入了增速放缓的下行区间，国内经济增速也受到影响。在这种背景下，国家大力扶持四新经济的发展，支持战略性新兴产业创新生态建设，取得了良好成效。第一，从"四新"供给端看，5G、人工智能、云计算、大数据等新一代信息技术快速发展，国内数字经济发展势头迅猛，围绕数字应用、信息消费等的新业态和新模式层出不穷，线上经济活力迸发。同时国内出现了一大批数字科技龙头和独角兽企业，华为、腾讯、阿里、旷视科技等均在全球数字经济细分领域占据领先地位。第二，从"四新"需求端看，我国作为制造业大国，制造业和工业基础强大，服务业市场需求不断扩张，数字化、智能化等技术与制造业、服务业的深度融合，为新技术的应用、新业态的开发和新模式的培养都提供了丰富的市场和土壤。第三，"四新"经济迎来新契机，基于5G技术和数字经济的抗疫实践展现出新经济的巨大潜力。

4. 细分领域取得突破，国内"四新"经济已形成亮点实践

一是在新技术方面，云计算、大数据、物联网、移动互联、人工智能等领域都产生了重大突破，5G技术更是跃居世界前列。在新一轮的产业升级换代过程中，中国专利数量激增，引领了全球5G的建设进程，技术实力也全球领先。二是在新业态方面，我

---

① 经济发展新动能指数是指以新产业、新业态、新商业模式为主要内容的统计指标体系。

国在装备制造、汽车等领域都已形成特色实践。尤其在制造业，新一代信息技术对制造业渗透和赋能卓有成效，打通了生产过程与管理过程的全流程管理通道，智能制造与智能服务深度融合效应凸显。在新业态频频诞生的过程中，工业互联网、工业云平台等关键基础设施成为重点方向，在战略性新兴产业生态发展中起到关键作用。三是在新模式方面。以平台化、共享化为特征的商业模式创新正在显著地改变相关产品的生产方式、销售方式和使用方式，为战略性新兴产业生态化发展注入新活力。不同行业"四新"发展已形成了各具特色的实践，部分细分领域已走在国际前列。

（二）主要问题

1. 制度约束、管理体制创新不够制约"四新"发展

"四新"经济具有新的发展规律，与传统行业准则和规章可能存在不同程度的冲突，同时也对管理制度创新提出了更高的要求。过去的管理制度存在风险管控体系不够健全、执法监管不够包容审慎、财政税收制度支持缓慢等问题，无法满足"四新"与战略性新兴产业生态化发展的高要求。一方面，根据传统的监管制度，许多新业态的发展缺乏法律依据，甚至被传统法律法规规章所禁止或限制。另一方面，管理制度创新滞后，与战略性新兴产业创新要求和"四新"特点不匹配。某些行业已经产生了特定的管理创新需求，目前管理部门尚缺乏切实的应对来满足产业生态化发展要求，未能从管理上对新技术、新业态、新模式以及生态化发展需求做出及时响应。例如，一些制造企业搭建全流程管理平台和开展集成总包服务，在当前严格的产业准入和管制下，会受到工程资质、审批等的制约，不利于企业新业务、新业态的实现。面对战略性新兴产业生态化建设的迫切需要，面对新技术、新业态、新模式、新产业的发展，制度往往存在一定滞后性，使得产业在发展初期面临制度障碍，需要政府部门及时关注和调整。

2. 完全竞争市场下市场空间不足制约"四新"发展

新兴产业的发展依赖创新活动和市场培育，由于市场形成过程本身存在市场失灵现象，新产品或服务在逐步实现市场化的过程中面临新兴技术不稳定与市场需求不确定等一系列问题。节能环保、高端装备制造、新能源和新能源汽车等战略性新兴产业，在市场拓展时期会受到成本、融资渠道、市场需求和资源环境等各方面的制约。目前我国各地战略性新兴产业创新生态的建设仍偏重投入端，对于需求端的发展缺少必要的政策支持。实现市场需求与创新供给之间的良性循环迭代将会是发展战略性新兴产业创新生态的重点和难点。

3. 技术制约和产业链不完整是"四新"建设掣肘之一

技术成熟度较低和产业链不完整等问题也较大地制约"四新"经济发展。第一，新技术能否转化成现实生产力很大程度上取决于其技术成熟度的水平，包括其技术水平、

工艺流程、配套资源、技术生命周期等方面所具有的产业化实用程度。目前对很多新技术所处阶段和其应该得到的政策支持，缺乏一个明确的统筹和界定，导致很多已经有市场转化力的新技术没有得到很好的发展。第二，目前我国新兴产业集群式发展水平不高，要素及各类主体之间互动不够，产业链完整性、协同性有待提升。

4. 重点领域创新人才缺乏，知识产权保护不健全

当前，创新人才供需结构失衡，创新成果转化困难，知识产权保护制度不完善、力度不足，对新技术、新业态、新模式发展产生重要影响。第一，人才等高端要素的供需结构失衡，成为新产业生态发展的掣肘。战略性新兴产业生态化发展需要具备高端人才、创新人才，这类人才依旧缺口较大；创新型、专业性人才匮乏，"高精尖"人才、工程技术人才培养同生产脱节，教育体系同社会劳动力结构的适应性不足。第二，我国知识产权的保护机制不够完善，力度欠缺。一是现有知识产权顶层设计存在滞后性，知识产权保护不能对科技创新的新内容做出快速反应，同时对创新激励的落实不到位。二是重点领域知识产权保护力度欠缺。例如，在大数据行业，目前我国仍有大量数据不在知识产权保护的范围之内，围绕大数据的所有权不断出现数据隐私、数据安全及数据权属等问题。在生物技术领域，由于受伦理约束、相关法律规定不明确等原因，我国干细胞知识产权保护面临诸多困难和挑战，很多干细胞技术不能得到知识产权保护。

三、战略性新兴产业生态化发展的总体思路和主要任务

（一）总体思路

战略性新兴产业生态的发展，从发展内容来看，主要聚焦新技术、新业态、新模式和新产业，针对关键共性技术、产业链、应用场景、平台、产业联盟、服务这六类核心要素，培育核心竞争力，实现战略性新兴产业的生态化建设。培育"四新"经济，建设战略性新兴产业生态不是单一的技术路径或者业态创新路径，而是一项涵盖新型基础设施、空间载体布局、要素资源支撑、供给侧拉动、需求侧驱动、企业和平台等主体融合发展的体系化工程，需要分层次、体系化、系统化地进行统筹和推进。构建四新经济"2+2+3"的发展体系，新技术、新业态、新模式、新产业要实现引领未来产业发展、推动战略性新兴产业生态化建设，需要"基础底座—供需互动—主体发力"体系的有效支撑，其中3大基础底座包括新型基础设施、空间载体布局、要素资源支撑，2大供需互动包括供给侧拉动和需求侧驱动，2大主体发力包括企业和平台的"四新"主体建设和发展，如图16-1所示。

战略性新兴产业生态化建设不是一成不变的，需要通过不断的动态演化，不断创新生产和消费新模式，打通从技术、产业到消费市场的通道，完善基础底座的支撑，充分

发挥企业和平台主体在新时代下的创新力量，实现体系的不断进化和可持续发展，推动新技术催生新业态、新业态创造新模式、新模式带动新消费、新消费带动新技术、新需求催生新产业的良性循环，引领未来产业发展，助力经济转型升级。

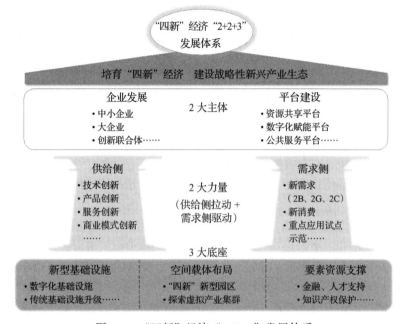

图 16-1 "四新"经济"2+2+3"发展体系

同时"四新"的发展不是孤立存在的，要重点做好与"十四五"战略性新兴产业规划，尤其是与生态建设的结合，同时也要做好与"十四五"规划和2035年远景目标、工信部服务型制造等战略和规划的衔接和有效结合，以及与现代产业体系的构建、现代服务业的发展、区域创新和空间布局体系等相关要点和内容等做好衔接和融合。

（二）主要任务

1. 主体培育工程

（1）企业发展工程

微观市场主体活力在战略性新兴产业生态发展体系中处于核心地位。强化企业创新主体地位，发挥大企业引领支撑作用，建设"开源平台＋领军企业＋行业应用"的生态架构，培育标杆平台和龙头企业；支持创新型中小微企业成长为产业创新重要发源地。

一是中小企业"四新"创新能力提升工程。全面提高中小企业新技术供给、新业态创新、新模式推广和新产业培育能力。提高企业供应链韧性、全市场流程把控和全产品周期服务能力。提升企业精准定义用户需求、更大范围动态配置资源、更高效率提供个性化服务的能力，鼓励发展远程诊断维护、全生命周期管理、总集成总承包、精准供应链管理等新服务模式[6]。支持生产智能制造所需零部件的中小企业，支持其专、精、特、新发展。对企业进行数字化改造，深挖工业数据资源价值，构建以数据资源为核心的生产体系，充分发挥数据资源的价值作用，助力中小企业实现提质、增效、降本。深入挖掘用户体验，不断拓展应用场景、丰富产品内容，深化生态体系中企业盈利模式改革。

二是支持企业牵头组建创新联合体，组团推进战略性新兴产业生态的发展。首先是新技术方面，支持高校、科研院所主动将先进适用技术引入企业研发机构并对其进行成熟化、工程化，深入推进企业院士工作站、企业研究生工作站等建设，加快新技术的市场化推进。其次是新业态和新模式方面，鼓励和支持企业创新联合体在创新组织模式和运行机制、新业态新模式推广等方面先试先行，及时总结经验并推广。激发创新主体活力，构建各类主体广泛参与、线上线下结合的开放创新网络。

（2）平台建设工程

积极推动生态化、平台化、共享化、供应链化的商业模式升级路径。通过改变企业单打独斗、单一"产业"思维，转向"体系"思维，促进平台建设和产业融合，构筑产业、资金、市场、人才、平台、技术等诸多要素协同的产业与市场高效对接的新模式[7]。

一是推动打造要素共享资源平台，为战略性新兴产业生态建设提供直接支持。鼓励企业开放平台资源，共享实验验证环境、仿真模拟等技术平台，充分挖掘闲置存量资源的应用潜力。推动业务商业模式的创新，解决跨领域资源灵活调配和协同协作问题，通过平台进行产业链、供应链、价值链各环节的实时连接和资源共享，实现不同主体间的高效协作和供需精准对接。推动基于平台的大数据汇聚和分析能力，实现设备、生产、管理等场景的深层次优化和服务增值。

二是推动面向企业的自主可控数字化赋能平台建设工程。打造基于大型制造企业数字化转型平台和面向中小企业的数字化赋能平台，通过大企业建平台和中小企业用平台的双轮驱动，推动数字化资源协同和对接，培育一批基于数字化平台的虚拟产业集群，进一步开放合作，促进产业链各环节良性互动发展，逐步形成大中小企业各具优势、竞相创新、梯次发展的数字化产业格局[8]。

三是完善战略性新兴产业公共服务平台。搭建数字化发展公共平台，建立公用的数据库和知识库，支持骨干企业研发适应数字化发展环境的安全技术和产品，组织开展应用示范，增强安全技术支撑和服务能力。实施"四新"创新化和标准化发展战略，加强计量测试、检验检测、认证认可、知识和数据中心等公共服务平台建设，完善标准体系，推动供应链标准化，支持关键领域新技术标准应用。推进以产业创新实验室为载体的新型科创成果转移转化/产业孵化平台建设，加速新技术示范应用和产业化。建立创新创业信息综合咨询服务网络化发展平台,发展联动式全链条科技企业孵化育成体系,实现新业态、新模式的优胜劣汰。

2. 供需良性互动工程

推动供给创造和引领需求,实现供需良性互动。有效对接产业基地的关键核心技术供给和产业集群的技术需求与市场应用,实现产业带技术、技术促产业的良性循环。

(1) 供给拉动工程

加快技术创新、产品创新、服务创新、商业模式创新等,推动战略性新兴产业生态培育和建设。要实现引领战略性新兴产业发展的"四新"经济必须要着力优化供给结构,改善供给质量,坚定不移建设制造强国、网络强国、数字中国,聚焦装备制造、汽车、电子信息、新材料、节能环保等重点领域,以新一代信息技术、生物技术、制造技术为引领,优先改造传统产业,发展服务型制造、平台经济、共享经济、产业互联网等新业态和新模式。

一是加快新技术供给工程。要加快新技术的突破,推动互联网、大数据、人工智能等数字科技与实体经济深度融合,形成引领未来产业发展的新动能。聚焦智能产业、数字科技、光电子信息、生物医药及医疗器械等战略性新兴产业的前沿领域和关键核心技术,支持企业自主实施或者联合外部优势创新资源开展前沿引领技术、颠覆性技术、关键核心技术攻关。同时引导新技术在中高端消费、创新引领、绿色低碳、共享经济等领域不断培育形成新增长点、形成新动能。

二是加快新业态和新产品供给工程。积极利用工业互联网等新一代信息技术赋能新制造、催生新服务,加快培育发展服务型制造新业态,促进制造业提质增效和转型升级。通过对产品嵌入新的功能来创造新业态,比如全生命周期管理、研发设计引领模式、系统解决方案和信息增值服务,以提升用户价值、创新业态,同时加快重点领域的新产品研发和创新。

三是加快新模式和新服务供给工程。积极推进传统业态服务化转型,通过对制造环节赋予新的模式,创造更多新模式,比如供应链管理专业化、网络化协同制造、推广定制化服务等,不断提升制造效能。通过创新服务供给,比如智能服务模式、服务外包模式等,加快制造业和服务业深度融合。重点扶持行业级、场景级系统解决方案供应商,不断优化解决方案,促进生态化发展[9]。重点推进云服务建设,加快服务模式创新。以新业态、新模式为重点,面向不同行业和应用需求,推动云服务与大数据、软件、物联网、人工智能等新一代信息技术的融合,不断丰富云服务产品供给,以云服务质量和效能双提升带动战略性新兴产业的生态化建设,推进产业相关服务水平。

(2) 需求驱动工程

发展"四新"要遵守需求导向和需求驱动原则。"四新"发展要紧紧围绕人民群众的需要,充分考虑企业用户、个人用户、政府用户等各类群体诉求。"四新"的体系、结构、布局要满足不同层次、不同维度的需求,使产业结构与需求结构相匹配,使产业发展与国内需求条件相适应。针对日益细分的市场,提供更加精细的新产品、新服务和新模式,以更多价值创造来适应、引导、释放需求。

一是引导战略性新兴产业与更多的消费领域融合,加快发展"信息+消费",培育新消费、新模式、新业态。比如对新冠肺炎疫情期间发展迅速的在线教育、网络医疗、直播电商等信息消费要进一步引导并使其有序发展,有效满足人民群众的需求,构建双循环发展的新格局。同时要优化信息消费环境,加强网络数据安全管理和个人信息的保护,对App侵害用户权益的行为开展专项整治行动。有效提升消费对经济发展的基础性作用,全面促进消费,培育新型消费,发展服务消费[10]。

二是积极开展重点领域的"四新"应用场景建设和拓展工程,开展新技术新业态新模式新产业试点示范,推动重大产品集成创新和实践应用。率先推动政府、交通、汽车、装备、电子信息制造、节能环保、金融等重点领域的新技术、新业态和新模式创新,并应用于战略性新兴产业生态建设。比如"云制造"新模式有效地促进企业生产效率提升与商业模式创新,可作为典型示范进行推广和验证。

3. 底座支撑工程

(1) 新型基础设施底座

通过新型基础设施建设和传统基础设施智能化改造来支撑新技术、新业态、新模式、新产业的孵化和发展。"四新"的培育和发展离不开新型基础设施的底座支撑。

一是积极推进新型基础设施,尤其是数字化基础设施的建设,为"四新"发展提供智能化、数字化的基础架构。突破信息传输、存储、交互等一批关键技术,制定企业数字化转型水平评级体系。同时实施基础设施普惠服务能力提升工程。提高大数据、5G、人工智能、智慧城市、工业互联网、区块链、北斗导航等应用型数字基础设施的普惠服务能力,推动无人化、协同化、公用化、智能化数字基础设施的统筹规划和共建共用[3]。加大对偏远城市及相对落后地区的网络基础设施的支持力度,为新业态扩展下沉市场铺就信息高速公路[6]。

二是加快推进传统基础设施智能化改造,推动融合基础设施和创新基础设施建设。推动传统基础设施行业与信息技术行业深度融合。综合利用5G、大数据、机器学习、云计算等技术收集分析日常运营和创新所需数据,通过打造自主可控的数字化赋能平台、塑造促进数字化、智能化升级的创新体系、构建开放的数字化生态体系等,实现数据深度共享和业务高度智能。运用新一代信息技术改造传统基础设施,形成运营全景图、客户全景图、产品全景图、市场变化及行业趋势全景图,从整体上提升基础设施建设的运营效率、服务水平和管理水平,创造新的业务模式和业态创新。

(2) 创新空间载体支撑

通过空间载体创新和相关资源集聚来支撑战略性新兴产业生态化发展速度和需求。

"四新"的高质量发展离不开空间载体的有效支撑。传统的园区、地方空间载体很大程度上与"四新"的发展诉求不能很好地匹配。而战略性新兴产业同"四新"的发展紧密相连，尤其是近期发改委在《关于扩大战略性新兴产业投资　培育壮大新增长点增长极的指导意见》（发改高技〔2020〕1409号）提出了深入推进国家战略性新兴产业集群发展工程，构建产业集群梯次发展体系，培育和打造10个具有全球影响力的战略性新兴产业基地、100个具备国际竞争力的战略性新兴产业集群，引导和储备1000个各具特色的战略性新兴产业生态，形成分工明确、相互衔接的发展格局[1]。因此对于战略性新兴产业生态化和"四新"的发展，要注意二者相结合，在空间布局上进行统筹考虑。

一是建设一批承载战略性新兴产业生态建设的新型园区。以深化供给侧结构性改革、加快培育新动能为主线，以龙头企业和实际应用场景为核心，建设一批产业特色鲜明、关键要素完备、协作配套紧密、创新活力迸发的战略性新兴产业新型生态园区。发挥龙头企业、平台企业的产业生态引领和辐射作用，吸引产业链上下游的高关联配套企业集聚，形成完整的产业上下游耦合关系，实现产业链的延伸和价值链的提升。建设一批产业创新中心、国家工程实验室、企业研发中心等创新平台，加速前沿技术、高端人才、资金等产业创新资源集聚。推动园区内创新主体、创新资源和创新环境的融合发展，建设产、城良性互动的产业社区，打造培育和发展战略性新兴产业集群的新型苗圃。

二是建立一批集群创新共同体，探索跨越地理边界的虚拟产业集群。推动高校、科研院所、行业协会、平台企业等独立或联合建设一批专业化的集群促进机构。构建"中央统筹、地方牵头、院校企业共同参与"的产业集群联盟。集群组织与联盟组织相结合，建立集群创新共同体，促进有为政府、有效市场、有序社会高度合作，纵向强健产业链、优化价值链、提升创新链，横向促进产业间链式发展、集群间联动协作、区域间协同合作。深入推进供给侧结构性改革和全面创新改革试验，探索建立促进集群创新要素自主有序跨区域、跨领域流动的体制和机制。创新集群建设模式，探索布局跨越地理边界的虚拟产业集群，形成点面结合、链群交融、协同发展的产业集群发展格局。

（3）要素资源集聚工程

通过要素供给升级和资源集聚保障来提高四新经济发展潜力。"四新"的高质量发展离不开相关要素支撑。包括：规模适度的多层次、多渠道资本体系；"四新"初期最需要的知识产权保护；符合"四新"技能要求与知识结构的丰富人力资源；富有效率的经济组织和科研组织；精准、灵活的政策；良好的体制和机制等。

一是加大金融对四新经济的支持力度和创新。采取政府出资引导、多元化筹资、市场化运作方式设立政府投资引导基金，加强战略性新兴产业生态化发展的资金保障能力。创新政府资金支持方式，强化对"四新"重大工程项目的投资牵引作用。例如在智能制造领域，可针对中小企业和系统集成商经营规模小、缺乏质押物、汇款困难等问题，推动各级政府就推进智能制造引入政策性担保公司，或设立专门性担保机构，为智能制造供需双方提供担保增信，解决企业融资难、融资贵的难题。

二是强化知识产权保护。要依法平等地进行产权保护，为企业家捕捉新需求、发展新技术、研发新产品、创造新模式提供良好环境。完善新技术、新业态、新领域保护制度，加强专利、商标等的保护。编制发布企业知识产权保护指南，制定合同范本、维权流程等操作指引，鼓励企业加强风险防范机制建设，持续优化大众创业、万众创新[1]。加大综合执法力度，全面引入侵权惩罚性赔偿制度，提高侵权法定赔偿额上限，完善商业秘密保护，充分发挥多元化解决机制的作用，建立健全知识产权"严保护""快保护"工作格局。持续探索具有引领示范意义的知识产权金融创新，在战略性新兴产业领域扩大知识产权质押融资、知识产权保护和知识产权证券化等工作的试点范围。研究形成服务于战略性新兴产业生态化发展的知识产权价值评估体系和知识产权风险评估体系，探索建立符合战略性新兴产业生态化发展特点的知识产权交易平台。

三是强化标准引领。针对关键共性技术型、产业链型、联盟型、场景型、平台型、服务型等新兴产业发展"四新"经济，实施分类支持，强化标准引领。实施战略性新兴产业标准化发展战略，加强计量测试、检验检测、认证认可、知识和数据中心等公共服务平台建设，完善标准体系，推动供应链标准化，支持关键领域新技术标准应用。充分发挥新型研发机构、创新联盟、产学研合作联盟等组织的枢纽作用。

四是健全"四新"经济所需人才的培养与引进机制。面向战略性新兴产业生态化发展需求和趋势，加快推动综合类高技能人才培养，创新人才培养的模式和方法，深化产教融合、校企合作，培养产业紧缺的新型复合型人才。全面、系统、科学地开展人才培养试点工作，围绕战略性新兴产业生态化需求来更新知识、提升技能，建立创新型、应用型、技能型的人才培养模式。建立"政府指导下多元主体参与"的人才培养模式，支持高水平研究型大学开展战略性新兴产业相关学科与专业建设，加强面向新技术、新业态、新模式需求的基础研究和应用研究人才培养，充分利用信息技术、数字化技术，发挥在线教育优势，深度开发国内外优质教学资源，构建开放的战略性新型人才培养格局。

四、保障措施

现阶段，全球新技术、新业态、新模式和新产业的领先国家和地区正积极开展战略规划并实施优势卡位，我国也在"四新"领域蓄力发轫。针对我国现有"四新"发展和战略性新兴产业生态培育所面临的制度约束、市场空间约束、技术约束、人才缺乏等系列问题，以及面向未来一段时期的我国战略性新兴产业生态发展的总体思路和主要任务，需要以战略框架和顶层设计为指引、以微观市场主体培育为重点，利用新基建契机，在供给侧和需求侧双向发力，优化要素流动和资源配置，优化创新环境，系统构建

---

[1] 中共中央办公厅和国务院办公厅印发的《关于强化知识产权保护的意见》。

一套服务于"四新"健康有序发展的政策体系，在战略规划、体系布局、区域布局、市场拓展、示范推广、核心技术攻关、政策法规、政策扶持、国际合作等方面加强政策保障。

（一）设立高层次统领性的"四新"发展战略规划，加强体系化设计

发布产业发展战略，加强一体化战略引导。建议行业主管部门设立专项工作组或发展领导小组，在《关于支持新业态新模式健康发展 激活消费市场带动扩大就业的意见》等相关政策的基础上，研究制定促进"四新"发展的相关战略，明确发展目标、重点任务和重大布局，加快推出支持"四新"健康快速发展的具体意见。

建立体系化发展思路，统筹相关领域进行推进。从"基础底座—供需互动—主体发力"进行体系性的有效布局和结合，与国家其他相关战略和规划进行统筹，包括新型基础设施、空间载体布局、要素资源支撑等基础支撑，企业和平台的"四新"主体建设以及供给侧和需求侧的互动等。

（二）完善供给侧政策，推进新技术、新业态、新模式的有效供给

跟踪研判全球"四新"发展趋势，及时调整"四新池"。鼓励并支持中介机构、高校科研院所、产业联盟协会、智库等机构开展支撑未来的新技术、新业态、新模式研究，重点分析新一代信息技术、智能制造技术、产业强基关键技术等典型新技术，以及新材料、装备制造业、汽车、节能环保、电子信息等领域的典型新业态和新模式的战略布局、发展路径和成功经验，长期持续跟踪，深入研究重点领域，比较差距、技术源头、技术支撑底座、科技研发模式、领先企业经验、发展路线图等，对已建立的"四新池"要进行及时调整和更新。

探索鼓励"四新"创新的竞赛机制和专家指导模式。一是依托相关部委和行业协会平台，开展各类新技术应用征集大赛、新业态和新模式专题赛等多元化竞赛评比活动，进一步推动政策、技术、市场、人才的全方位融合，推动跨企业合作，以及多行业创新解决方案和实践的涌现。二是整合汇聚新技术、新业态和新模式发展专家资源，建立专家库，依托专家资源对代表性应用、有潜力的解决方案和相关重点企业开展咨询和诊断服务，畅通创新成果的转化渠道和方式，加强对企业实践的指导。

前瞻评估"四新"发展对经济、社会、生活、伦理等各领域的潜在影响，加强系统风险干预机制的形成等。一是集合政产学研用研究人员、专家和咨询分析师等，前瞻评估新技术、新业态、新模式对传统产业和就业的挤出效应，前瞻制定重点领域就业人员的培训和转岗规划。同时，成立"四新"发展战略咨询委员会，前瞻关注对社会、生活、法律、伦理等方面带来的前沿热点问题以及新型治理模式挑战，特别关注新技术、新业态和新模式可能带来的科林格里奇困境（Collingridge's Dilemma），开展预研并形成多路径解决方案和危机应急预案。二是推动新业态、新模式成熟度评估工作，在放宽

"四新"产品、服务和解决方案市场准入限制的同时,加强"四新"发展情况动态监测和第三方评估机制,开展定期测评。

(三) 完善需求侧政策,加快新消费、新需求的导向和引导作用

建立重点领域新业务和新模式的典型方向试点示范。 遴选一批在新材料、装备制造、汽车、节能环保和电子信息各个领域中发展阶段较成熟、应用场景较明晰的典型方向,进行新技术相关科技创新成果的探索应用和新业态和新模式的试点示范。分行业类别开展案例总结和经验分享,发挥典型应用案例的引领带动和推广作用,建设行业应用示范工程,设立区域、产业、企业等各层次典型应用展示平台,强化试点应用成果和经验并同产业对接。

加大官方采购和风险共担,拓展新技术新业态新模式新产业的市场空间。 在金融、政务、电力、航空等紧系国家安全需求的政策主导场景,推动国企、央企和政府加大对新技术新业态和新模式解决方案和首台(套)、首批次的采购力度,促进"四新"产品、服务和解决方案的规模化应用。建立创新容错和风险共担与补偿机制,对重要应用场景中优先采纳和布局新技术、新业态和新模式解决方案的国有企业和民营企业出台相关免责条款,分散新技术推广的风险。

坚持在加大对外开放中拓展新空间。 将"四新"发展纳入鼓励外商投资产业目录,促进外资在新材料、新装备制造、汽车、节能环保、电子信息领域的投资。坚持开放合作,以更开放的理念、更包容的方式,搭建国际化创新合作平台,深度融入全球产业分工体系,探索新时代背景下国际合作新模式。大力推动我国在"四新"领域优势技术和标准的国际化应用,面向两个市场拓展发展新空间。

(四) 夯实"四新"主体力量,完善企业培育和平台建设政策

降低"四新"市场新进入壁垒,形成实时追踪的长效机制。 实施科学规范的行业和市场准入制度,在底层基础设施和数字技术平台较为完善的前提下,放宽创新创业企业的进入限制,扩大市场主体平等进入范围,简化认证,减少收费等一系列措施,消除新业态和新模式发展所存在的有形和无形的行政性垄断和区域壁垒。建立"四新"成长型企业名录,及时跟踪推动企业的政策堵点,抓好相关已出台政策的解读、宣传和精准传达工作。

加强"四新"发展过程中创新主体间的协同。 在关键核心技术突破环节,以政府引导基金和培育"四新"产品、服务和解决方案大规模应用市场需求为牵引,鼓励支持基础研发能力强、底层技术积累雄厚的龙头企业和领军企业引领构建"四新"发展中核心技术突破的创新闭环。依托核心企业合作伙伴大会、产业联盟等主体搭建合作平台,实施跨企业对点帮扶或伙伴行动计划。鼓励优势企业"裂变"专业优势,打造产业"数据中台",构建垂直应用领域专业知识池,面向行业提供社会化、专业化服务,降低中小

企业创新创业壁垒，推广大型制造设备、试验设备、生产线等融资租赁服务。

探索面向"四新"企业的包容审慎监管新模式。尝试对新业态、新模式、新产业企业给予包容期，在包容期内通过行政指导等柔性监管、触发式监管的方式，引导和督促企业依法经营。建立"容错"机制，对法律政策界限不清、没有造成严重社会不良后果的行为，采取约谈告诫等措施指导企业合法合规经营。

促进平台建设，完善促进"四新"经济发展的中介服务配套。整合政府或相关部委联合情报部门、"四新"领军企业等力量，搭建信息、研发、培训、咨询、知识产权等服务平台，解决通用标准制定、"四新"综合认定管理和知识产权保护等共性等问题。鼓励具有产业链、供应链带动能力的核心企业搭建"四新"市场需求汇聚平台，汇总各垂直应用领域数字化转型、新技术应用、新业态开发、新模式培育所面临的共性挑战。支持相关部委、行业联盟或互联网企业打造平台生态，提供信息撮合、交易服务和物流配送等综合服务。鼓励各类平台、机构对中小微企业实行一定的服务费用减免。

（五）统筹优化"四新"发展布局，提供空间载体支撑

统筹优化"四新"发展区域布局。依托区域现有技术储备、产业特征和人才结构等发展基础，部省联动统筹优化"四新"发展的区域布局，防止无效、低效和重复投资，聚拢区域产业力量。充分考虑支撑新材料、装备制造业、汽车、节能环保、电子信息等领域未来发展的新技术应用、新业态开发和新模式培育的难易程度，分重点领域遴选和建设一批新技术、新业态、新模式的示范项目、示范企业、示范园区、示范城市和先行示范区等，为行业提供可参考的标杆。

面向"十四五"及中长期，加强"四新"与相关集群工程、"十百千"工程建设的结合。有效结合工业和信息化部提出的集群工程以及发改委提出的"十百千"建设，推进"四新"的空间载体布局，比如可从1000个战略性新兴产业生态中开辟"四新"专区，构建面向"四新"的产业集群梯次发展体系，形成分工明确、相互衔接的发展格局。

依托全球市场，在更大空间和更高起点上促进市场开放。依托国际合作窗口城市、边境（跨境）经济合作区、重点开发开放试验区，培育一批"四新"对外开放产业集群，鼓励跨国经营提升本土企业的全球资源配置能力[11]。针对我国在新技术、新业态和新模式发展中的关键短板和战略需求，支持企业参与跨国并购，高效配置全球人才、技术、品牌等核心资源。

（六）利用新基建机遇，尽快完善"四新"发展的基础设施体系

在国家新基建体系下，明确"四新"基础设施建设重点。利用国家新基建机遇，明确"四新"需求和特征，建立"四新"发展的基础设施建设体系和重点。统筹信息基础设施的规划，加快推进大数据平台、云计算数据中心、工业互联网等应用型数据基础设施的建设，加快自动控制与感知、核心软硬件、工业云与智能服务平台等新型基础能力

和平台设施的建设，促进基础设施的共建共享。

提升基建普惠服务能力，有效推动新业态下沉市场。 提高大数据、5G、人工智能、智慧城市、工业互联网、区块链、北斗导航等应用型数字基础设施的普惠服务能力，推动无人化、协同化、公用化、智能化数字基础设施的统筹规划和共建共用。加大对偏远城市及相对落后地区的网络基础设施的支持力度，为新业态扩展下沉市场铺就信息高速公路[3]。

鼓励"新基建+民生"导向的新业态和新模式创新。 创新"互联网+"政务服务平台、互联网+医疗、5G+VR 在线问诊、在线招聘等民生服务模式，通过整合聚集跨部门、跨层级、跨业务、跨地域间的多种资源，促进多方主体协同联动合作，以信息流带动物资流、技术流、资金流，推动民生服务基础设施智能化升级，带动"四新"的民生导向和健康发展。

（七）完善"四新"的知识产权、人才、资金和服务支撑政策

营造公平的市场竞争环境，加强知识产权保护。 编制发布企业知识产权保护指南，健全知识产权创造、运用、管理和保护机制，对知识产权成果在政策上倾斜、资金上扶持、机制上保障，逐步提高专利使用费和技术转让费的市场份额，同时针对知识产权侵权问题全面引入惩罚性赔偿制度。深化"四新"市场准入制度改革和标准制定，加强事中和事后监管，全面清理和废止不利于新业态和新模式市场发展的政策措施。推进"四新"企业信用体系建设，建设相关企业信用数据库，建立健全企业信用动态评价、守信激励和失信惩戒机制。

面向新需求探索新型人才培养模式。 结合"四新"对数字技术人才、领域专业人才、复合型人才以及创业型人才的需求，探索面向"四新"的新型人力资源体系。加大对领军人才和紧缺人才的引智力度，开辟绿色通道。支持高校等开展"四新"相关学科体系和相关专业建设，鼓励有条件的高校、科研院所、职业院校、技工院校和企业合作，探索联合招生、联合培养、一体化培养新型人才培育机制。注重高层次创业人才和企业经营管理人才的培养和培训，提升创业和管理人员对新业态和新模式的适应和运用能力。建立人才数据库和大型专业人才服务平台，完善面向全球的人才供需对接机制。

拓宽融资渠道，创新融资方式，降低"四新"企业税负。 推动各级政府打通产业融资渠道，引入政策性担保公司或设立专门性担保机构，为供需双方提供担保增信，解决面向"四新"企业（特别是中小企业和初创的系统集成商等）融资难、融资贵等问题。拓宽融资渠道并创新融资方式，引导金融机构积极完善适应新产业和新模式特点的信贷管理和贷款评审制度。引导各类投资基金向"四新"领域倾斜，鼓励金融机构支持"四新"金融产品，探索开发数据资产等质押贷款业务。

加快推进监管创新和改革，提升有效监管能力。 针对一些产业发展已经相对成熟，

但行业监管和政策法规配套滞后且严重影响产业进一步发展的领域，集合政、产、学、研的专家成立专业协会，协助政府研究和实施本行业新技术、新业态和新模式的发展规划、产业政策、各类标准和法律法规。推进管理体制机制改革，加强政府职能部门的跨部门统筹协调，消除多头管理的体制机制障碍。逐步提升相关部门的监管能力，特别是加强同"四新"领军企业、成长型企业、从业人员和消费者等各类主体的协同治理能力。

（执笔人：侯云仙，中国科学院科技战略咨询研究院）
（审稿人：杨国梁）

参考文献

[1] 王晓明，沈华. 夯实"新型苗圃"推动战略性新兴产业集群建设［N］. 科技日报，2021-08-23（8）.

[2] 赵璐，王晓明. 培育未来竞争新优势 推动战略性新兴产业集群高质量发展［N］. 科技日报，2020-10-16.

[3] 王琼洁，高婴劢. 数字经济新业态新模式发展研判［J］. 软件和集成电路，2020（8）：82-86；88；90.

[4] 张越，刘萱，温雅婷，等. 制造业数字化转型模式与创新生态发展机制研究［J］. 创新科技，2020（7）：17-24.

[5] 李勃昕. 中国战略性新兴产业发展研究［D］. 西安：西北大学，2013.

[6] 王琼洁，高婴劢. 释放数字化创新效能 激活消费和就业市场［N］. 中国电子报，2020-07-17（4）.

[7] 李静宇. 大变局下 中国产业高质量发展战略与路径——专访中国国际发展知识中心副主任、国务院发展研究中心研究员魏际刚［J］. 中国储运，2021（4）：27-29；26. DOI:10.16301/j.cnki.cn12-1204/f.2021.04.002.

[8] 苏杨，王晓明，罗一飞. 传统产业数字化转型势在必行［N］. 中国经济时报，2018-04-12.

[9] 沈华，王晓明，潘教峰. 我国发展未来产业的机遇、挑战与对策建议［J］. 中国科学院院刊，2021，36（5）：565-572.

[10] 余江，张越. 加快关键核心技术攻关 增强产业链供应链自主可控能力［N］. 科技日报，2021-03-29（8）.

[11] 余江，陈凤. 创新驱动：以高起点大空间构建竞争新优势之路［J］. 经济管理，2021，43（1）：14-17.

第十七章 Chapter 17
从国内国外双循环看战略性新兴产业发展：国际化

一、战略性新兴产业国际化发展现状与问题

（一）战略性新兴产业国际化发展现状

我国商务部2011年印发了《关于促进战略性新兴产业国际化发展的指导意见》，强调了加快培育和发展战略性新兴产业的重要性，并明确提出国际化是战略性新兴产业的必然选择。"十三五"时期，我国战略性新兴产业深化开放合作，形成了发展新局面，主要表现在如下几个方面：

1. 构建全球创新发展网络

积极开展多边国际合作，在二十国集团（G20）、金砖国家、亚太经济合作组织等多边框架下，继续倡导"新工业革命"和"数字经济"等理念，初步建成合作创新国际框架。多部门推动区域技术协作网络建设，科技部、国家发改委、外交部、商务部等部门联合印发《推进"一带一路"建设科技创新合作专项规划》，围绕科技人文交流、共建联合实验室、科技园区合作、技术转移等4项行动制定具体实施方案[1]。积极参与制定和推广国际技术标准，手机等移动终端动漫标准成为中国科技、中国标准走向世界的重要标志；通过巴基斯坦数字电视援助项目和东帝汶项目地面数字电视广播传输标准（DTMB）逐步实现走向世界[2,3]。

2. 打造国际合作新平台

积极落实与发达国家政府间的新兴产业合作，打造一系列国际合作新平台。根据中英新兴产业合作协议，国家发改委建立了中英创新中心，旨在推动项目联合孵化。第八届中德经济技术论坛的举办，也推动了新兴产业领域96项相关合作的达成[1-3]。

积极与发展中国家开展创新合作,大力推动战略性新兴产业国际合作园区建设。根据《关于开展信息通信领域合作谅解备忘录》,发改委推进"中智电信合作及跨境海缆项目";原国家海洋局组织对发展中国家科技援助项目"适用热带海岛的高浓缩反渗透海水淡化技术研究与应用"立项实施,在海水淡化设备方面与佛得角、文莱等国展开合作交流[1-3]。

3. 积极引入全球要素资源

积极开展与跨国公司的国际合作,国家发改委与IBM公司签订合作谅解备忘录;深圳市政府与美国思科公司就研究开发、人才培养、信息交流、采购等内容签署合作谅解备忘录。积极引导外商对战略性新兴产业进行投资,一批外资战略性新兴产业企业落户中国,例如波音737完工和交付中心(浙江)、空客A330宽体机完成和交付中心(天津)。积极开展人才领域国际合作,注重通过人才开发相关体制和机制改革来促进人才引进,国务院办公厅印发《关于推广支持创新相关改革举措的通知》,提出要逐步形成高层次外籍人才申请永久居留的政策渠道,帮助外国留学生在华就业、创业。

(二) 战略性新兴产业国际化的主要问题

我国战略性新兴产业起步和进入国际市场的时间均较晚,总体上仍是国际市场上的"新兵",尚属于国际化探索阶段,自主创新能力不足,国际竞争力弱,在发展经验、自身能力、公共服务等方面均存在明显欠缺,国际化发展能力亟待增强。

1. 对国际标准和知识产权等准备不足

我国战略性新兴产业多是根据国内需求开展研发和生产的,对于国际标准参考不足,参与国际标准制定的企业更是稀少,这导致产品或服务难以符合国际标准认证,频繁遭遇国际技术壁垒。此外,知识产权运营体系不健全,核心专利积累不足,特别是国际专利布局不完善等问题日趋严重,在国际化过程中面临知识产权诉讼风险。

2. 产业创新能力不足

基于重大技术突破和重大发展需求的战略性新兴产业,是未来科技和产业发展新方向的代表。但我国部分战略性新兴企业自主创新能力低、创新意愿不足、知识产权能力差,从创新技术到商业生产能力的转化存在障碍,导致我国战略性新兴产业国际化发展受限[4]。

3. 国际化公共服务能力不足

一方面,境外商业环境适应难,不熟悉海外法律、税制、财务等制度环境已成为制约战略性新兴产业企业开拓海外市场的重要因素;另一方面,海外政治与政策信息获取难,特别是在发展中国家,政治和政策风险成为企业国际化发展的重要障碍。

4. 人才培育和引进问题突出

战略性新兴产业发展的核心是创新,而人才是创新发展的根本。当前战略性新兴产业在人才培育和引进方面存在较为突出的问题。人才引进方面,一是面向全球的人才吸纳体系尚未形成,现有科研与产业化机会对海外人才开放程度不高,人才招揽计划偏重华裔,国际化程度不足;二是海外人才回归便利性不足,在出入境、工作居留、医疗教育配套等方面存在障碍。

5. 产业结构和协同能力弱

我国战略性新兴产业中企业的研发资源产出水平不高,缺乏核心技术,产品的附加值和技术含量较低。这些企业处于产业国际化分工和全球产业链的中下游位置,因缺乏先进技术而在全球市场上竞争力不足。而且我国战略性新兴企业国际化的开始时间不长,缺乏跨国经营的基础。战略性新兴产业彼此之间及与其他产业之间,尚未形成强大的合力和协同发展效应[4]。

6. 企业国际化经营能力弱

我国战略性新兴企业在国际化过程中存在如下问题:一是资源整理能力弱。在国际化发展过程中,我国战略性新兴企业未能统筹内外部优势资源,尚不具备集群化、综合性竞争优势;未能充分利用信息网络技术,供应链管理、企业资源计划、政企关系及客户关系管理等方面的资源未被有效整合[5]。二是国际市场拓展能力不足。我国战略性新兴产业中企业的新技术、新产品缺乏市场规模优势,无法在短时间内具备持续创新能力;国际市场环境不确定和缺乏国际化经验等因素也限制了其国际市场拓展能力[4]。

二、新时期战略性新兴产业国际化面临的新形势与新要求

"十三五"时期我国战略性新兴产业发展迅速,产业发展呈现出重点领域发展壮大、新增长点涌现、创新能级跃升、竞争实力增强等诸多特点,形成了良好的发展局面,充分发挥了经济高质量发展的引擎作用。然而,世界处于百年未遇之大变局时代,我国战略性新兴产业将面临更加严峻的内外环境,需要在产业布局优化、创新能力提升、发展环境营造、国内需求释放以及深化开放合作等方面采取更加科学有效的针对性措施,从而推动产业进一步发展壮大[6]。

(一)复杂多变的国际环境形成新挑战

近年来,逆全球化思潮涌现,贸易保护主义抬头,中美两国间,包括新兴产业在

内的产业体系竞争性加剧。中美贸易争端为我国,战略性新兴产业国际化发展带来了变数。日本于 2016 年 11 月宣布了经调整的"特惠关税"标准和国家名单,其中,中国、墨西哥等五国将从 2019 财年开始失去相关关税减免。在关税将上涨的 1000-2000 个品目的产品中,部分属于新材料等新兴产业[1]。与此同时,2020 年暴发的全球新冠肺炎疫情,加剧了逆全球化的势头,战略性新兴产业发展的国际环境进一步恶化[7]。

一是全球产业合作格局与国际分工体系均处于全面调整的过程中。当前大多数行业的价值链体系都开始偏重于研发和创新,要素价格对于国际竞争的重要性不同于往日。传统成本型竞争优势消退,发达国家与新兴国家间的国际竞争也经历从错位竞争到正面竞争的转变过程。此后,我国战略性新兴产业将不会再像以往一样享受从全球化中产生的技术扩散红利[7],这将对我国战略性新兴产业领域自主创新能力的提升提出更高的要求。二是主要发达国家均极度重视战略性新兴产业发展,中国需直面国际竞争。在全球共同寻找经济增长新动能的过程中,目前所有发达国家和主要新兴经济体都在加紧布局战略性新兴产业,美国实施"再工业化"战略,推出"先进制造伙伴计划"等措施,德国推出"工业 4.0",日本推行"第四次工业革命"计划等。我国的战略性新兴产业随着技术水平的不断提高,也越来越开始形成与发达国家的正面竞争[3]。在此背景下,出于维护现存的产业链优势和保证未来竞争优势的考虑,发达国家将会重点调整技术转移、跨国投资等方面的规制性措施。三是战略性新兴产业国际治理体系尚不完善,未来发展的不确定性因素仍旧较多。战略性新兴产业的发展对于当下全球的治理体系提出了诸多挑战,例如对互联网平台企业的垄断认定、基因编辑等新型技术背后的伦理问题以及个人数据的隐私保护等。由于各国的规制规则具有滞后性,且彼此之间差异较大,缺乏统一的全球性认定规则。这些规制问题将成为下一步产业发展的重大不确定因素。四是预计突发的全球新冠肺炎疫情短期内难以结束,将给全球经济造成长期波动风险,直接给我国战略性新兴产业国际化发展带来不利影响,部分产业领域市场的国外需求将受到明显冲击,被迫转向拓宽国内市场空间[3]。

(二) 国内经济发展步入转型新阶段

我国经济由高速增长阶段转向高质量发展阶段,我国正处在转变发展方式、优化经济结构、转换增长动力的攻关期。战略性新兴产业在推动经济发展质量变革、效率变革、动力变革的过程中,主要面临三个方面的变化:一是创新阶段的变化。我国战略性新兴产业长期走引进、消化、吸收、再创新的道路,如我国的互联网产业大量是在国外成熟技术基础上的国内应用模式创新,生物医药产业中仿制药占到绝大多数等。但是随着我国产业技术水平的不断提高,我国产业与国际产业间的技术代差在快速缩小,这就要求我国战略性新兴产业的创新必须要向基础型创新、引领性创新转型,要加强前瞻性基础研究、应用基础研究,突出关键共性技术、前沿引领技术、现代工程技术和颠覆性技术创新。二是市场结构的变化。我国经济进入高质量发展阶段意味着:一方面内需对产品和服务的质量要求迅速提高,另一方面内需对产品和服务的质量要求相较于国际先进的距离在迅速缩小。以往,在光伏组件等战略性新兴产业中曾长期存在技术、市场"两头在外"的状况,但随着市场结构的变化,此种情况将不再存在。战略性新兴产业在"十四五"及中长期的发展必须要更加注重发挥好国内市场作用,发挥好我国工业体系完整、消费增长迅速、发展纵深空间巨大的独特优势。三是产业布局的变化。"十四五"及中长期战略性新兴产业的产业布局主要需要关注两方面的变化,一方面是国家区域协调发展战略对战略性新兴产业提出了新的要求,在粤港澳大湾区、长江经济带、长江三角洲区域一体化、京津冀协同发展等国家战略中均对战略性新兴产业发展提出了对应的布局要求。另一方面是战略性新兴产业本身布局政策着力点的变化。随着产业规模的快速扩大,也需提升产业布局政策关注的层次,将重点由具体的产业项目转向区域集群的建设。通过在重点领域推动重点集群的发展来实现整个产业竞争力的全面提升[3]。2019年国家发展改革委员会下发了《关于加快推进战略性新兴产业集群建设有关工作的通知》,在十二个重点领域公布了第一批国家级战略性新兴产业集群建设名单,共涉及22个省、自治区、直辖市的66个集群,说明我国已经开始布局相关工作(见表17-1)。

表17-1 首批国家级战略性新兴产业集群建设重点领域分布

领域	数量
人工智能	4
集成电路	5
新型显示器	3
下一代信息网络	3
信息技术服务	7
网络安全	1
生物医药	17
节能环保	3
先进结构材料	5
新型功能材料	9
智能制造	7
轨道交通装备	2
合计	66

资料来源:国家发展和改革委员会公开资料。

(三)新一轮科技革命带来发展新动力

当前新一轮科技革命和产业变革正处在蓄势待发到群体迸发的关键时期,全球科技创新进入空前密集活跃的时期,前沿技术呈现集中突破态势,基因组学及其关联技术迅猛发展,新制造技术与新兴材料研发持续取得突破,人工智能、量子计算、合成生物学、石墨烯等新兴技术正加速成长，新兴技术的发展呈现出数字化、智能化、绿色化和跨领域融合等新趋势，多个技术群相互支撑，全面涌现的链式发展局面正在形成，并给世界经济发展带来新希望和新契机。众多颠覆性创新呈现几何级渗透扩散，引领战略性新兴产业众多领域实现加速发展，并以革命性方式对传统产业产生全面冲击。

从具体产业发展的角度，以技术创新为主要驱动力的独角兽企业聚焦的技术群主要包括五大类，见表17-2。

表17-2　2019年全球以技术创新为主要驱动力的独角兽企业聚焦的技术群

技术群	数量	总估值（亿元）
新一代信息技术	106	15 710
生物技术	45	7 720
绿色技术	25	3 390
先进制造技术	7	1 970
新空间开拓技术	3	2 770

数据来源：《2019胡润全球独角兽榜》

一是新一代信息技术，人工智能、大数据、云计算、虚拟现实等领域仍旧是创新的热点。此外，量子信息、第五代移动通信、物联网、区块链等新兴技术的普及速度也在加快。新一代信息技术正在成为新一代的通用技术并催生数字经济新范式。信息化、网络化、数字化、智能化日益成为所有产业发展的基点。二是生物技术，合成生物学、基因编辑、脑科学、再生医学等技术正在深入探究生命的本质，并针对人类在健康、环境、能源、食物等方面面临的挑战提供以生物技术为基础的更高效、更低廉、更环保的解决方案，进而在生物产业内部形成若干不断加快发展的新增长点，例如新药创制、基因技术应用服务、新型医疗器械制造以及生物农业等。三是绿色技术，分布式发电、先进储能、能源互联网、高效燃料电池等技术正在推动一场能源革命，随着相关技术的不断成熟，无论是核能、太阳能、风能、氢能等新型能源不断提升的应用比例，还是汽车、轨道交通等领域不断深化的动力结构转型，均体现出一个低碳、清洁、高效的新型能源体系的快速发展过程。四是先进制造技术，机器人、增材制造、数字孪生、工业互联网等技术是智能化、服务化、绿色化制造业转型的动力来源，超材料、纳米材料、石墨烯等新材料又为制造创新提供了巨大的发展空间。新制造技术、新材料将成为新兴产业下一步创新发展的重要推动力[7]。五是新空间开拓技术，近年来深空、深海、深地探测技术取得快速进展，直接带来了太空、海洋等空间的开发利用成本大幅下降，在新兴产业领域将外空、深海开发成为人类生存发展的新疆域已经成为一股热潮[3]。

（四）对美好生活的向往催生发展新需求

中国特色社会主义进入新时代，我国社会主要矛盾已经转化为人民日益增长的美好生活需要和不平衡、不充分的发展之间的矛盾。新时代的美好生活新需求，重点体现在教育、医疗健康、养老、托育、家政、文化和旅游、体育等社会服务领域需求的新变化。需要利用新技术高效、高质地满足这些新兴需求。新兴需求是战略性新兴产业发展的重要拉动力，基于数字技术的数字文化、数字教育、数字医疗等战略性新兴服务业也在逐渐发展。通过实现创新发展与跨界融合，促进社会服务数字化、网络化、智能化、多元化、协同化[7]。

然而，我国战略性新兴产业面对严峻的国内外形势存在若干不足之处，主要表现在：

一是战略性新兴产业以重大前沿科技突破为基础，代表了未来科技和产业发展的新方向，且对经济社会具有全局带动和重大引领的作用。与钢铁、石化、工程机械、汽车制造等传统产业面临产能过剩的问题不同，战略性新兴产业发展对全球供应链的依赖度更高，更易受技术和供应链变化的冲击。我国支撑战略性新兴产业发展的源头性技术和关键技术能力不足，产业关键环节存在技术短板。例如，我国工业软件市场长期被欧美软件巨头严重垄断，市场占有率不足5%。在一些产业和领域，产业基础（包括高端装备、核心零部件等）还很薄弱，关键核心技术受制于人，尤其是光刻机、高端芯片、轴承和运行控制系统、设计和仿真软件等产业和领域的"卡脖子"问题表现得比较突出，产业风险不容忽视。

二是我国战略性新兴产业区域布局不合理，抵御外部技术、市场、产业链风险的能力较弱。我国区域间存在较大的资源禀赋差异，技术、人才、经济发展水平和自然资源等方面的区域差异影响着战略性新兴产业的空间布局。其中，部分产业的集聚依托于技术、人才和地域的经济发展水平，如新一代信息技术、新能源汽车、生物产业、高端装备制造业等；而部分产业则是依托资源环境形成集聚，如新能源产业、新材料产业等。表17-3系统梳理了我国战略性新兴产业的区域空间布局，可以看出，除少数资源环境依赖型的战略性新兴产业外，大部分战略性新兴产业集中在经济发达地区，并且欠发达地区战略性新兴产业的分布差异要大于经济发达地区。近年来，由于中西部地区成本和产业配套等劣势，东部地区企业倾向于将产业下游转移到东南亚等地，这对我国战略性新兴产业的产业链完整和安全造成了严重的威胁[8]。

表 17-3　我国战略性新兴产业的区域空间布局

产业	集聚地区
节能环保	环渤海地区、东部沿海经济区和南部沿海经济区
新一代信息技术	经济发达的北部沿海综合经济区、东部沿海综合经济区和南部沿海综合经济区，内陆的黄河中游地区、长江中游地区以及地处大西南的四川、重庆
生物制药	科技人才密集、经济发达的环渤海地区、长三角地区和珠三角地区
高端装备制造	分布比较广泛，主要集聚在东北老工业基地、北部沿海地区、东部沿海地区和大西南地区
新能源	大西北地区、大西南地区、东北地区和东部沿海地区
新材料	东北地区、大西北地区、大西南地区、东部沿海地区
新能源汽车	环渤海地区、长三角地区和西南地区

三是我国战略性新兴产业的创新链与产业链结构功能布局缺乏深度耦合机制,制约产业发展形成新动能。我国在以芯片等为代表的战略性新兴产业攻关体系中进行了相对完整的创新链布局,但由于关键环节研发水平的欠缺、创新链与产业链各环节技术耦合性较低等因素,难以支撑产业链整体跃升。例如,针对存储芯片领域的关键环节,尽管我国已经做出了相关的创新链部署,但由于国产核心设备与关键材料无法匹配高端产品的需求,难以实现进口替代。同时,科技研发与市场应用之间的联系不紧密,导致了创新链与产业链之间缺乏融合创新、协同攻关的合力。投资、研发、市场转化、产品应用等主体之间无法达成共识,也阻碍了创新成果的产出与转化,进而错失创新迭代良机[9]。

四是在高端芯片、工业软件、生物医药等战略性新兴产业重要领域的产业技术基础不完善,产业链存在明显短板,受到国外制约较大。虽然我国拥有较为齐全的工业品门类,但在部分门类的细分领域,一些关键产品目前仍无法生产,或者在良率、性能、稳定性等方面与国际先进水平差距较大。例如,高档数控机床与基础制造装备、高技术船舶与海洋工程装备、高性能医疗器械、航空发动机、农业装备等领域的产业基础薄弱、先进工艺应用程度不高,核心基础部件和材料严重依赖进口,产业链安全亟待加强。

五是我国战略性新兴产业的长板领域技术与产业基础能力不强,难以满足国际产业竞争与安全保障的迫切需求。我国在无线通信、计算、光电子、互联网协议框架等面向未来技术与产业安全的战略性新兴产业领域以单点专项突破为主,缺乏整体的顶层设计与布局。在下一代计算技术基础理论方面,对于面向未来竞争新计算架构的新介质、量子计算、类脑计算等领域的科技攻关项目布局力度不足。相比美国"国家战略计算计划"的前瞻性、系统性与融合性,我国计算产业在整体运筹、系统思考与全局把控方面尚有加强空间。亟须面向长板产业,优先培育由底层自主硬核技术体系支撑的、涵盖基础科学前沿问题、源头技术、关键系统、支撑平台和融合应用的完备产业链和高端产业群。特别是面向医疗和生命科学、未来交通、智能制造、智慧家庭和智慧城市等应用场景与需求,提升新兴技术应用空间,构筑新兴产业应用体系。

三、新时期战略性新兴产业国际化的发展目标、任务与措施

(一)发展目标

面对国际化发展的大局势,需要进一步优化战略性新兴产业的国际布局,提升产业竞争力。保障中国产业在国内和国际市场的平稳、全面、协调、健康、有序发展,保证中国在国际的经济地位和政治地位稳定不动摇。

贯彻国家双循环发展战略,深度融入全球创新发展网络,推动全球创新资源与我国战略性新兴产业双向流动,积极参与全球新兴产业分工合作,发展新型国际合作伙伴关

系，拓展战略性新兴产业开放发展新路径，对接新兴产业发展国际规则，营造公平竞争环境，形成战略性新兴产业开放合作发展的新格局。

（二）主要任务

提升国际化发展水平是提高战略性新兴产业发展质量的必由之路，需要主动作为，积极开拓，推动产业全球化发展。"十四五"及中长期战略性新兴产业发展国际化的主要任务包括：融入全球创新发展网络，构建创新合作平台；参与全球新兴产业分工合作，建设国际产业合作园区；发展新型国际合作伙伴关系，拓展开放合作新路径；对接新兴产业发展国际规则，营造开放公平的竞争环境。

（三）保障措施

针对战略性新兴产业的目标和主要任务，笔者提出如下保障措施。

1. 融入全球创新发展网络，构建创新合作平台

（1）深度融入、参与构建全球创新发展网络

依托"一带一路"倡议、二十国集团（G20）、夏季达沃斯、"中国—中东欧"国家科技创新伙伴计划、中国国际知识发展中心、全球数据安全倡议、"一带一路"国际科学组织联盟等平台，深度融入、参与构建全球创新发展网络。

（2）构建战略性新兴产业国际合作创新平台

参与国际生物技术创新联盟、5G国际合作联盟、国际智能制造产业联盟、国际数权经济合作联盟等国际科技创新联盟，构建战略性新兴产业国际合作创新平台，组建全球健康药物研发中心等战略性新兴产业新型研发组织。

（3）形成我国战略性新兴产业需求引导的要素资源双向流动

聚焦生物医药、新一代信息技术、新材料、新能源等领域，依托战略性新兴产业国际合作创新平台和新型研发组织，对接国外企业、大学和科研机构等单位，建设国家国际科技合作基地和国家引才引智示范基地，促进技术转移项目落地，推进知识、信息、技术、人才等要素资源的内外双向流动。

（4）重点推动自主知识产权国际布局

大力发展重点产业知识产权联盟，鼓励研发具有自主知识产权的技术和装备，鼓励布局和申报PCT（Patent Cooperation Treaty，专利合作协定）国际专利。建立关键技术评估遴选机制，确保高价值专利在海外充分布局。积极探索完善与国内产业和行业协会的信息沟通交流机制，利用多种信息渠道，及时掌握"走出去"过程中遇到的知识产权问题，鼓励知识产权联盟成立联合专利诉讼应对基金[3]。

（5）大力发展国际化服务机构

借鉴创新券模式，通过政府补贴服务费用等方式，发展一批高水平国际化中介服务

机构，推动国际化的金融、人力、知识产权、会计、管理和咨询等服务发展，为战略性新兴产业企业"走出去"提供高质量服务。

2. 参与全球新兴产业分工合作，建设国际产业合作园区

（1）支持新兴产业链"走出去"

主动布局新兴产业全球产业链，积极建设面向新兴产业治理的国际合作平台。发挥"一带一路"等优势，加快扩大开放的步伐，维护多边主义和自由贸易，与国际其他国家一同应对美国发起的贸易战争，推动形成更加全面开放的国际市场，进一步形成更加开放的国际新格局，与更多国家深入开展交流合作，促进经济全球化朝更加包容开放的方向共同发展。在"一带一路"沿线部署高铁、核电、高端装备、数字经济、新基建、5G等领域国际产业合作园区，鼓励国内战略性新兴产业中的领军企业组团共同开拓国际市场，支持中国企业在海外建立产业园区[10]。

（2）关键核心技术和创新模式"引进来"

积极推动在美国、欧洲等国家或地区建立生物医药、文化创意、科技产业、环保产业、高端制造、新材料等领域产业园区和海外孵化项目，对接国内高新区、开发区和产业聚集区，搭建将海外孵化项目落地国内。鼓励国外有先进经验的园区到国内建立生物医药、新材料、高端制造、新能源、现代服务业等领域的合作产业园区，引进国外科技园区的管理经验和先进技术，建设创新合作平台，推动园区内产业升级。

（3）打造国际分工合作新机制

利用中国国际进口博览会、中国进出口商品交易会（广交会）、中国国际工业博览会、国际健康产业大会等全球性和区域性产业论坛，拓展生物技术、新一代信息技术、高端制造、新能源、新材料、数字经济、文化创意等领域的国际合作项目。鼓励上海临港自贸区、海南自由贸易港等自由贸易区或自由港推进数字贸易、知识产权等新的服务贸易国际交流与合作。探索"两国双园"合作机制，打造新型国际合作产业园区，推动战略性新兴产业发展。鼓励各地政府、集群制定中长期集群国际合作计划，开展战略性新兴产业集群间的国际交流与合作。

专栏 17-1：新型国际合作产业园区

聚焦新一代信息技术、生物技术等领域，通过集群招商、产业链招商以及政策招商，提供"一站式"服务和税收优惠政策，形成新一代信息技术产业集群、生物医药产业集群、文化创意产业集群、新能源产业集群，提升产业集群的规模和外部性，建立依法治区的规划管理体制，落实"国际理念、国际标准、国际技术"，营造良好环境，吸引企业落户园区，形成现代化、国际化的高科技产业园区。

3. 发展新型国际合作伙伴关系，拓展开放合作新路径

（1）设立国际合作伙伴计划

加大产业开放力度，逐步缩减市场准入负面清单和外商投资负面清单，逐步增强吸引外资的能力。重点鼓励在新一代信息技术、生物技术、新能源、新材料、智能制造、绿色环保等领域制定国际产业合作伙伴计划，积极引导外资投向战略性新兴产业的关键领域和重点环节。

专栏 17-2：国际产业合作伙伴计划

依托政府间双边伙伴计划、"一带一路"倡议、二十国集团（G20）等平台，重点围绕生物医药、新能源、新材料等战略性新兴产业，构建以政府为主导、多元投入、国内外企业共同参与、致力于竞争前共性技术开发的国际产业合作伙伴计划。

（2）打通战略性新兴产业全链条开放合作新路径

鼓励在生物医药、新能源等战略性新兴产业创新全链条的开放合作。设立特殊科技研发监管区，依托开放式新型研发机构等方式，鼓励外资企业或非营利机构在华投资并开展研发活动，联动国内外科技发展；依托国际合作产业园区，鼓励新型高技术服务业和科研服务业的开放合作。

（3）探索战略性新兴产业开放合作新模式

探索外资参与战略性新兴产业开放合作新模式。鼓励外资以风险投资、建立新型研发机构、建立开放式政府社会资本合作（PPP）模式，参与战略性新兴产业投资、建设和运营等各个环节。

4. 对标新兴产业发展国际规则，营造开放公平的竞争环境

（1）对标国际规则，完善战略性新兴产业国际化发展的法治环境

对标国际数据治理规则、环境管制规则、知识产权保护规则、国际药典等国际规则，鼓励支持企业、高校、科研院所参与战略性新兴产业及其细分领域国际标准的制定，充分发挥企业在参与国际标准化活动中的作用，强化国际市场话语权和新兴产业发展引导力。广泛开展国际标准跟踪研究，加强国际和国内标准制定、修订工作的衔接，以及国际与国内标准之间的协调[3]。加强主要贸易国家和地区的标准信息收集与研究，深化技术性贸易措施研究和体系建设。依托自贸区等特区推进特殊科技研发监管区等示范区建设，推进综合性司法改革，构建具有国际公信力的司法体系，推进国家标准互认，为战略性新兴产业的国际化发展打造更为开放、更国际化的法治环境。加快推广我国优势产业标准，保持产业标准领域领先地位。

（2）完善规则下的战略性新兴产业发展合作机制

依照《外商投资准入特别管理措施（负面清单）》，通过新型法人机构等形式，鼓励外资通过直接投资建立研发机构，通过合资等多种渠道投入生物医药、新能源、新一代汽车等战略性新兴产业领域，拓展战略性新兴产业发展合作机制。

（3）营造开放公平的战略性新兴产业竞争环境

改善战略性新兴产业发展的市场竞争环境，全面放宽民间资本的市场准入，分领域逐步减少、放宽、放开对外资的限制，推进更深层次、更高水平的对外开放，积极参与国际竞争与合作，构建平等竞争、包容互鉴、共同发展、共生共赢的国际化产业竞争环境[11]。

（执笔人：裴瑞敏，中国科学院科技战略咨询研究院）
（审稿人：杨国梁）

参考文献

[1] 中国工程院. 中国战略性新兴产业发展报告 2019 [M]. 北京：科学出版社，2018
[2] 国家信息中心. 战略性新兴产业形势判断及"十四五"发展建议（上）[EB/OL]. (2021-01-04) [2021-12-30]. https://www.ndrc.gov.cn/xxgk/jd/wsdwhfz/202101/t20210104_1264124.html?code=&state=123.
[3] 国家信息中心. 战略性新兴产业形势判断及"十四五"发展建议（下）[EB/OL]. (2021-01-04) [2021-12-30]. https://www.ndrc.gov.cn/xxgk/jd/wsdwhfz/202101/t20210112_1264810.html?code=&state=123.
[4] 汪涛，雷志明，王繁荣. 我国战略性新兴产业的国际化发展：现状、问题及对策 [J]. 管理现代化，2017，37（3）：21-25.
[5] 陈伟. "后危机"时代我国战略性新兴产业国际化发展问题研究 [J]. 现代管理科学，2014（2）：48-50.
[6] 王立华. 纵观我国战略性新兴产业发展 [J]. 中国科技奖励，2021（2）：51-58.
[7] 张振翼，张立艺，武玙璠. 我国战略性新兴产业发展环境变化及策略研究 [J]. 中国工程科学，2020，22（2）：15-21.
[8] 李金华. 中国战略性新兴产业空间布局雏形分析 [J]. 中国地质大学学报（社会科学版），2014，14（3）：14-21；138.
[9] 张越，万劲波. 构建关键核心技术融合创新攻关体系 [N]. 学习时报，2020-09-02（6）.
[10] 余江，张越. 加快关键核心技术攻关 增强产业链供应链自主可控能力 [N]. 科技日报，2021-03-29（8）.
[11] 张于喆. 电子信息产业发展形势及政策建议 [J]. 宏观经济管理，2018，（3）：53-60.

第十八章 Chapter 18
从政策支撑看战略性新兴产业发展：协同化

《"十三五"国家战略性新兴产业发展规划》实施以来，各部门和地方按任务分工抓紧推进重大工程建设与重点任务的逐步落实，基本形成了较为完备的政策配套体系，各领域发展环境明显改善，创新发展体系日渐成型，国际合作迈入新阶段。"十四五"期间，中国人均GDP将由接近1万美元上升至近1.5万美元的水平，经济发展的新阶段对产业转型和升级提出了新要求，将驱动战略性新兴产业加快发展壮大。当前，世界经济增长动能减弱，下行压力增大，全球贸易投资低迷，保护主义愈演愈烈，外部环境不稳定和不确定因素明显增加。与此同时，以数字、生物、新能源、新材料等领域为标志的新一轮科技革命和产业变革蓬勃兴起，带来新的发展机遇。随着城乡居民收入水平持续增长，农业现代化、城镇化、工业化和信息化进程深入推进，将为新技术、新产品、新业态、新模式的加速发展提供持续动力和方向。"十四五"及中长期，战略性新兴产业发展必须在历史发展经验的基础上，审时度势、因时而变，根据新形势、新情况、新问题，及时进行产业政策调整，推动战略性新兴产业高质量、跨越式发展。

一、战略性新兴产业发展模式的理论分析与政策思路

战略性新兴产业是引导我国未来经济社会高质量发展的重要力量，是产业结构升级和经济发展方式转变的关键[1]。不少学者对国内外战略性新兴产业发展模式进行了深入研究，集聚式发展是我国当前战略性新兴产业发展的主要模式。下面首先分析战略性新兴产业集聚的形成机制，然后分析在战略性新兴产业集聚区内的协同创新，再推展到战略性新兴产业集聚的其他问题，最后提出了"十四五"及中长期战略性新兴产业发展的政策思路。

（一）战略性新兴产业集聚区的形成机制

产业集聚区是战略性新兴产业形成的重要标志，和发展的主要模式。涂文明认为战略性新兴产业是新战略、新产业和新技术三个层面结合的产业，而战略性新兴产业集聚区是在技术驱动下服务于国家战略、反映出全球竞争态势的产业发展模式[2]。而战略性新兴产业集聚区的形成机制大体有以下三种类型。

1. 自然而然地形成

我国不少战略性新兴产业的发展处于初级阶段，面临着技术基础不足、科技投入少、创新水平低等一系列问题，产业集聚区是战略性新兴产业发展的主要形式，产业集聚区所具有的技术创新密集、规模经济突出的优点能够有效地推动集聚区内战略性企业的发展，技术溢出效应、规模经济、网络经济是吸引此类企业自发集聚的主要原因。张耀辉、侯杰分析了珠海三灶生物医药产业集聚区自发形成的案例[3]。自发形成的战略性新兴产业集聚反映了Poter所说的从客户到供应商的垂直关系和从市场到营销网络的水平关系竞争的结果，因为产业集聚能够使企业获取这两类竞争的优势[4]。

2. 以科技园区为载体，发展产业集聚区

科技园区是战略性新兴产业集聚发展的主要载体和平台。针对某一科技园区对战略性新兴产业集聚区形成机制进行研究，有助于完善新兴产业集聚区研究框架，为我国战略性新兴产业集聚区的发展提供相应的建议。武汉的光谷是我国最大的光电子信息科技产业基地，张治河等以中国光谷为例对战略性新兴产业集聚区的发展模式进行了研究[5]。胡星认为：科技园区是战略性新兴产业集聚区衍生之地，具有形成产业集聚区的可能条件；促进新兴科技和新兴产业深度融合，是新兴产业发展的关键[6]。

3. 由政府主导形成

由于战略性新兴产业的特殊性，无论采取哪种模式，都离不开政府的主导和政策的支持。发展战略性新兴产业集聚区并非仅在发展初期由政府主导，政府实际上会根据新兴产业发展情况进行整体规划，这就加速了战略性新兴产业集聚区的形成。王欢芳等对我国15个国家级战略性新兴产业集聚区发展状况进行了分析，结果表明，一些试点取得了显著的成效，针对战略性新兴产业的发展，政府完善战略性新兴产业集聚试点的追踪考评机制，加大资金投入，优化高效的专业结构，为新兴产业的发展提供了专业的高级技术人员[7]。沈小平和李传福从内在动因、外部动力和环境三个视角分析了新兴产业集聚区形成的影响因素，进而从自组织和他组织两方面提出了动力要素的作用机制[8]。

（二）战略性新兴产业集聚区的协同创新

创新是产业集聚区的驱动力，协同创新是战略性新兴产业集聚区提高自主创新能力和发展的重要途径。国内不少学者从不同的角度对新兴产业集聚区进行了相关研究。

1. 基于演化博弈论研究战略性新兴产业集聚区的协同创新

由于战略性新兴产业集聚区存在创新的不确定性，集聚区主体的协同创新大多是一种缓慢演化的过程，产业集聚区中集聚主体会根据集聚区发展进行自选择和调整，创新利益主体通过不断的边际调整实现自身利益的最大化，最终达到产业集聚区的动态均衡。李煜华等运用演化博弈论理论对战略性新兴产业集聚区内部的创新主体和创新方式进行了研究，构建了创新演化博弈模型，结果发现，协同创新是产业集聚发展的主要动力[9]。张敬文等对战略性新兴产业集聚区创新主体进行了分析，运用演化博弈理论，构建相关的动态模型，对产业集聚区协同创新的发生机理进行了研究[10]。

2. 战略性新兴产业集聚区的协同创新研究的其他视角

除了演化博弈视角外，学界也从驱动力和发展模式的视角开展了战略性新兴产业集聚区的协同创新研究。吴志远等以江西省为例对产业集聚区协同创新问题进行了研究，提出了对区域经济发展有利的对策[11]。杨耀武和张开仁构建了产业、技术和区域三方面的产业集聚区协同创新框架模型，对创新驱动型产业集聚区的发展路线进行了探讨[12]。喻登科等对战略性新兴产业集聚区协同发展的可行性和必要性进行了分析，同时对产业集聚区的三种协同发展路径进行了探讨，进而提出了产业集聚区协同发展的模式[13]。张哲对产业集聚区的创新要素进行了分析，初步构建了产业集聚区协同创新的动力系统，并认为产业集聚区协同创新加快了创新速度[14]。

(三) 战略性新兴产业集聚区的其他问题分析

产业集聚区的形成源于企业内外部规模经济的共同作用，不是简单的产业集合，反映了产业之间以及产业与其他机构之间的联系，是一种共生机制。我国战略性新兴产业集聚区是某一战略性新兴产业或者相关产业在空间地理位置上的集中，能够带来规模经济，在产业间形成协同竞争关系。

1. 对战略性新兴产业集聚区效应的分析

针对产业集聚区所具有的产业集聚效应，李捷等对我国战略性新兴产业集聚效应进行了分析，他们认为集聚效应包含知识溢出效应、竞争创新效应以及后发优势效应，这些产业集聚区效应的产生有助于新兴产业集聚区的发展[15]。林敏等梳理了产业竞争力要素，结合西部地区新兴产业集聚的发展特征，提炼了新兴产业竞争的要素，以各地区产业竞争力水平和发展现状分析了产业集聚效果[16]。

2. 对战略性新兴产业集聚度的分析

一些学者尝试从定性或定量角度分析战略性新兴产业的集聚度。刘艳利用产业集聚度指数从时间、产业和地理三个方面对战略性新兴产业演进态势和特征进行了详细的研究,并采用定量分析的方法对我国战略性新兴产业的集聚水平进行了测度[17]。施卫东和卫晓星认为战略性新兴产业发展的主要模式是产业集聚区,从多个视角分析了新兴产业集聚度[18]。

(四) 战略性新兴产业的空间布局

产业的空间布局是两种作用力合力形成的结果,体现为产业空间扩散和产业空间集聚的过程。针对我国战略性新兴产业的空间分布状况,国内学者采用历史数据,构建了合适的指标体系或者采用了恰当的计量方法,对我国战略性新兴产业空间布局的状况进行了研究。相关理论研究体现在以下两个方面。

1. 关于战略性新兴产业布局的研究

战略性新兴产业空间布局的合理化决定了发展的可持续性。为阻止产业空间布局上的趋同化和恶性竞争,就需要对我国战略性新兴产业的空间布局进行研究,从全局角度对战略性新兴产业进行合理布局,实现资源优化配置。

(1) 基于全国战略性新兴产业布局特征的研究

战略性新兴产业在全国分布各有侧重,空间布局有趋同性。韦福雷和胡彩梅以我国30个省市和自治区战略性新兴产业发展规划为基础运用空间计量的方法对七大战略性新兴产业的空间布局进行了研究,结果发现,这些新兴产业的空间布局具有一定的趋同性,其中新能源和新材料产业的趋同化最为突出[19]。李金华根据领军企业对中国七大战略性新兴产业的空间布局进行了划分,结果发现由于新兴产业发展性质不同,战略性新兴产业分布的地区各有偏重;利用贝恩指数测度了新兴产业的集中度,发现集中度越高的企业竞争力越大;最后对新兴产业空间布局特征和发展路径进行了思考[20]。

(2) 区域层面的战略性新兴产业布局的研究

战略性新兴产业布局在区域上明显是不平衡的。周晶参照了战略性新兴产业统计指标的相关研究,利用2010年各地工业和服务业数据,对我国各地区战略性新兴产业增加值以及占GDP的比重进行了估算,认为我国战略性新兴产业的区域集中程度东部地区最高,中西部地区次之,东北地区集中度最弱[21]。李燕等利用我国2012年制造业和服务业的有关数据对战略性新兴产业的空间布局进行了研究,并发现中部、东部、西部新兴产业在空间分布上存在明显的差异,各地区新兴产业的空间相关性趋同[22]。

2. 战略性新兴产业空间相关性研究

产业空间自相关会导致产业发展的相似性和恶性竞争,对新兴产业的发展产生阻碍作用。国内不少学者分别从不同的角度对空间相关性进行了研究。

(1) 利用莫兰指数对产业空间相关性进行分析

莫兰指数可以用于分析空间相关性。徐鑫等归纳了各地区规划中战略性新兴产业的规模和重点,利用莫兰指数对产业的空间相关性进行了分析,结果发现,地区在培育新兴产业的过程中注重速度和产业规模,这引发了产业同质化严重、产业选择和区位优势结合不够紧密等问题[23]。刘建民等选用了我国1997～2010年28个省域高技术产业发展情况的面板数据,构建空间计量模型,利用莫兰指数对高技术产业间的相关性进行了测度,结果表明,我国高技术产业发展水平在空间效应上为趋同效应,省域新兴产业发展呈现正的空间相关性[24]。

(2) 利用空间集聚度测度对空间相关性进行分析

空间集聚度是对空间相关性进行分析的又一有力工具。张琳彦运用空间自相关的方法对我国31个省战略性新兴产业空间布局的现状进行了分析,战略性新兴产业集聚度测度的结果表明,中国战略性新兴产业在空间分布上呈现显著的集聚性,各省市新兴产业存在空间分布上的异质性,新兴产业的发展呈现出趋同性[25]。吕岩威和孙慧从国家统计局编制的《战略性新兴产业分类(试行)》中选取18个新兴产业大类行业,利用地理集中指数方法对各地区战略性新兴产业集聚程度和趋势进行了分析,根据结论对中国东、中、西部地区新兴产业布局模式进行了构想[26]。

(五) 体制和政策创新推进思路

综上分析所述,影响战略性新兴产业的因素包括金融支持和技术创新,两者对于战略性新兴产业都至关重要。战略性新兴产业发展模式以集聚发展为主要特征,具体又分为自发集聚、园区集聚和政府主导三种类型。战略性新兴产业空间布局的研究主要包括空间布局特征和空间相关性的研究。而战略性新兴发展战略从大的角度包括:依托科技园区,完善园区内外相应配套服务;鼓励自主创新;实现资金渠道多元化。

因此,战略性新兴产业发展要坚持全国一盘棋,调动各方面积极性,集中力量办大事的显著优势,强化深入实施创新驱动发展战略的顶层设计,厘清政府和市场、政府和社会在战略性新兴产业发展中的作用和关系,理顺中央和地方权责关系,协调好战略性新兴产业内部体系及与外部各类产业体系的关系,营造有利于创新、创业、创造的良好营商环境、市场环境和发展环境。向改革开放要动力,进一步深化科技创新体制和机制改革,最大限度释放全社会创新、创业、创造动能,不断增强我国在世界大变局中的影响力、竞争力。统筹推进体制创新和政策创新:体制创新主要包括组织领导和体制改革两个方面;政策创新重点包括配套政策、技术创新、基础设施、市场环境和人力资源五个方面。

二、发挥新型举国体制优势,创新发展机制

(一) 加强推进战略性新兴产业发展的组织领导

1. 加强改革发展顶层设计和决策咨询

充分发挥战略性新兴产业发展部际联席会议制度的作用,重点落实"科技与经济融

合、实体经济与数字经济融合、先进制造业与现代服务业融合",推动改革发展政策措施全面落地。完善相关法律和政策体系,避免改革和政策碎片化,促进各部门政策激励相容。持续开展战略性新兴产业发展状况评估和产业与技术结合的前瞻性课题研究,准确定位产业、体制和机制改革发展的方向。建立高层次"产学研用政金"对话咨询机制,研究制订产业政策和调控措施时积极听取部门、地方、企业及专家意见。加强科技创新长远战略谋划,针对"卡脖子"技术实施重点突破,防范化解科技领域可能存在的重大风险,强化事关全局的重大科技计划和工程的统筹,聚焦重点领域技术创新核心问题,加强基础研究和共性技术创新。统筹推进发展新经济、培育新动能、推进战略性新兴产业相关工作。

2. 发挥新型举国体制优势

健全以国家战略性新兴产业发展规划为战略导向,以财政政策、税收政策和金融货币政策为主要手段,产业、就业和投资、消费等政策协同发力的产业调控体系。以区域和地方战略性新兴产业发展规划为支撑,创新央地合作组织实施重大项目方式,实行决策、执行、评价、监督相对分开的项目组织模式和管理机制。支持建设关键核心技术研发的新型平台,构建关键核心技术攻关的新型举国体制,建立以企业为主体的技术创新体系。积极发展工业互联网,建设产业技术创新联盟,支持各类创新主体融通发展。不断完善科技成果转化机制,积极发展产业和经济的新动能。

(二)统筹推进战略性新兴产业改革与支持方式

1. 统筹推进科技体制改革

深入实施创新驱动发展战略,以科技创新支撑引领产业结构优化和升级,提升产业创新发展水平。深入推进供给侧结构性改革和全面创新改革试验,以制度创新激发市场主体和创新主体的积极性、主动性与创造性,纵深推进新一轮全面创新改革试验,深入推进科技领域"放管服"。发挥好"科技第一生产力""人才第一资源""创新第一动力"的支撑引领作用,提升知识、技术、资金、人才、信息、管理、土地等产业创新要素的质量和效益,提升创新链、供应链、产业链、价值链、资金链、人才链、政策链整合水平,以供给侧"提质、增效、升级"促进供需关系高度匹配,推进先进制造业、现代服务业和现代农业等战略性新兴产业"高端化、集群化、特色化、数字化、国际化"高质量协同发展。以健全国家实验室体系为基础,加快建设现代化的产业技术协同创新基础平台,充分调动国家战略科技力量。超前谋划战略性新兴产业发展方向、战略和路径,围绕产业链和创新链,通过布局产业投资基金、创业投资引导基金等方式,加强财政科技资金对社会资源投入的引导。

2. 保障各类市场主体平等地位

全力推动政务公开透明进程,实现政务服务事项全面无差别受理和同标准处理。严格执行减税降费等各项政策措施，积极探索和创新市场监管方式，最大限度减少事前准入限制。推行"互联网+监管"，对战略性新兴产业探索实行包容、审慎的监管制度，除直接涉及公共安全和群众生命健康等特殊行业、重点领域外，普遍实行"双随机、一公开"监管。利用新技术促进制造业企业升级改造，拓展新动能成长空间。修改和废止阻碍战略性新兴产业发展的政策法规，既要激发微观市场主体和创新主体活力，又要防范化解可能引发的风险。

3. 实施"十百千"工程

建设十大战略性新兴产业区域融合基地，融合国家重大攻关任务和区域战略性新兴产业发展任务，融合区域内的科技和产业发展，融合区域内资源禀赋、战略性新兴产业基础、创新资源优势等，融合各种新技术、新模式、新业态、新产业，融合科技服务和其他战略性新兴产业等。推进百个战略性新兴产业集群创新发展，以集群化机制为主线，以推动产业集群的科技创新、数字化转型、服务化转型为抓手，消除阻碍科技成果产业化的障碍，加强应用基础研究的产业化落地，完善有利于导出成果和科技成果转化的科研机构管理机制，完善有利于数据资源流动和应用的产业数字化转型机制，完善有利于新型高技术服务业充分发挥作用的服务化转型机制，更好地服务于产业集群的发展。加快培育千个战略性新兴产业生态园区，以创新生态机制为主线，构建以企业为主体、市场为导向、科研机构为支撑，以共性技术开发转化平台、产业互联网平台、新型数字化服务平台、产业链协同创新平台、双创基地和产业联盟等为主体的技术创新体系，尤其是发挥创新型企业的引领性作用，激发中小企业的创新活力，支持各类主体融合创新，改革完善促进科技成果转化的机制，强化技术上、中、下游的对接和耦合，积极发展培育新动能，强化标准引领，打造不同的创新生态。

三、完善战略性新兴产业发展政策体系

（一）完善知识产权制度

1. 强化知识产权创造、保护和管理

修订完善知识产权法律法规，制定实施面向2035年的知识产权强国战略纲要。依法保护创新者合法权益，赋予创新成果财产权，明确创新主体对创新成果拥有合法的支配权和使用权，以及通过成果转移转化获得收益的权利，激发创新热情和创新活力，促进知识产权创造由多到优、由大到强转变。完善互联网、电子商务、大数据等的领域知识产权保护规则，完善商业模式知识产权、商业秘密、实用艺术品外观设计专利等保护法规，促进知识产权保护从不断加强向全面从严转变。建立知识产权高效率快速维权机制，实现快速授权、快速确权、快速维权的协调联动。完善知识产权行政侵权查处机

制,严厉打击侵犯知识产权的行为,强化海关知识产权执法,促进知识产权管理由多头分散向更高效能转变。

2. 强化知识产权全球化布局和本土化集聚发展

高质量推行知识产权管理规范国家标准,提高企业和其他各类创新主体的知识产权制度运用能力。完善知识产权运用平台,在知识产权的转移转化、收购托管、交易流转、质押融资、分析评议等环节提供更高效的服务,构建专业化、品牌化、国际化的运营服务体系。围绕战略性新兴产业,设立知识产权运营基金,发展知识产权金融、保险等,提高资本化运营能力。建设国家知识产权大数据中心,提供综合信息服务,促进知识产权运用从单一效益向综合效益转变。设立知识产权布局设计中心,健全完善知识产权集群管理机制,建设知识产权优势集聚区。鼓励企业综合运用专利、版权、商标等各类知识产权打造和强化自有品牌。鼓励企业进行海外专利申请,强化"走出去"与品牌战略的全方位融合。完善企业知识产权海外维权援助机制,建设形成多方参与、协同联动的海外知识产权维权援助体系。积极实施国际化发展策略,在国外使领馆设立知识产权专员,共同建设创新之路,促进知识产权国际合作交流从积极参与向主动作为转变。

(二) 完善技术创新和产业创新政策

1. 强化新兴产业源头创新能力

战略性新兴产业的发展规模和质量依然存在明显短板,2018 年战略性新兴产业占 GDP 的比重仅为 9%,跟《"十三五"国家战略性新兴产业发展规划》中 15% 的目标差距较大,对经济转型升级的引领带动作用不够。大部分领域走的还是"引进、消化、吸收"的模仿式创新发展路径,而通过自主创新实现产业引领发展的能力不足、环境欠佳,对宏观经济整体的引领带动作用存在不足。随着科技投入持续增加,以量子计算、新一代移动通信、大数据、人工智能、物联网、智能机器人、无人机、生物技术、新能源技术等为代表的新兴技术步入加速成长期,数字化、网络化、智能化、无人化和跨领域协作等成为新兴技术发展新趋势。加快部署一批重大科技计划项目和重大科技工程,促进颠覆性技术的研发和成果产业化。推进以产业创新实验室(i2 Lab)为载体的新型科创成果转移转化/产业孵化平台建设,加速新技术示范应用和产业化。

2. 发挥创新联盟对科技资源的集聚作用

支持各类创新联盟先试先行,在组织模式、运行机制方面积极探索,在发挥行业作用、承担重大创新任务等方面发挥作用。充分发挥创新联盟各类主体的优势和积极性,形成合力攻克产业技术瓶颈,使创新联盟为更多产业技术联盟的建立积累经验。促进应用基础研究、前沿高技术研究与产业关键技术攻关的紧密衔接,针对产业集群的技术短板和创新需求,对标国际先进水平,聚焦重点、选准路径,集中力量推进重大技术突破。充分发挥企业创新主体作用，鼓励企业联合高校、科研院所建设高水平企业技术中心、工程技术研究中心。围绕产业创新需求，继续布局一批专业研究所，实施一批重大原创性技术攻关项目，联合地方打造若干研发产业园区。支持引进海外创新成果进行二次开发、引进海外顶级研发公司，加大对新型研发机构建设的支持力度，增强产业技术供给能力。

3. 强化"双创"基地和企业创新能力建设

充分发掘"双创"资源，依托区域、高校、科研院所和创新型企业等"双创"示范基地，打造双创"升级版"。聚焦市场需求，推动大中小企业协同开展"双创"。依托"互联网+""人工智能+"打造开放共享的创新创业平台，推动区域、企业、科研机构、高校、创客等创新主体协同创新。加快实施国家各类创新工程，加强建设企业创新能力，培育一批具有国际竞争力和影响力的独角兽企业、创新型领导企业和隐形冠军企业，引领带动产业上下游的企业提升创新能力，形成新的产业集群。加强对中小企业创新的扶持，落实研发费用加计扣除等优惠政策，鼓励企业加大研发投入。完善促进创新创业的法律法规，完善科技成果产权制度和转移转化制度，建设专业化、市场化的技术转移体系，营造全社会创新、创业、创造的良好氛围。

（三）完善新兴产业基础设施建设

1. 以5G建设为重点，加强信息基础设施建设

以新一代信息基础设施为代表的新型基础设施正成为支撑产业转型、拓展发展空间、推动经济高质量发展的重要驱动力。加强对5G、人工智能平台、物联网、工业互联网、大数据平台、云计算平台等信息基础设施的投资力度，加速推动新一代信息技术和实体经济深度融合，加快数字产业发展与传统产业数字化、智能化转型，做大做强数字经济。强化数据基础设施建设，加快高性能计算机研发应用，合理布局一体化大数据中心，提升对科学研究和产业发展的支撑能力。

2. 完善重大科技基础设施建设布局

在新一轮科技革命与产业变革背景下，为了抢占未来科技发展制高点，发达国家和新兴国家纷纷加强重大科技基础设施建设，推动战略性新兴产业发展。我国重大科技基础设施建设机遇和挑战并存，需要进一步加强在事关国家安全的战略必争领域的前瞻布局，优先支持对攻克关键核心技术、支撑经济社会发展、保障国家安全有重大影响的平台型设施建设。统筹优化科研基地布局，完善国家重点实验室、国家技术创新中心、产业创新中心和制造业创新中心体系，支撑引领战略性新兴产业集群发展。实施战略性新兴产业标准化发展战略，加强计量检测、认证认可和数据中心等平台建设，完善标准体系，加快升级制造业高端化标准体系，健全和推广智能制造标准，推动供应链标准化、

支持关键领域新技术标准应用。

（四）完善市场环境建设

1. 打造市场化、法治化、国际化营商环境

巩固"放管服"改革和全面创新改革试验及各类试点示范改革成果，为各类市场主体投资经营提供完善的法治保障。对标国际先进水平，确立平等对待内外资等各类企业市场主体的营商环境和制度规范。持续放宽市场准入，实行全国统一的市场准入负面清单制度。深入实施公平竞争审查制度，加大反垄断和反不正当竞争执法力度，严肃查处新兴领域企业违法行为，打破地区封锁和行业垄断。建立健全知识产权侵权惩罚性赔偿制度和维权援助等机制。若无法律法规等依据，行政规范性文件不得减损市场主体合法权益或增加其义务。

2. 创新税收优惠方式

落实好已经出台的减税降费政策，完善政策细节、加强操作管理、提高纳税服务，确保战略性新兴产业企业应享尽享减税降费政策。同时，在顺应税制优化方向的原则下，对标战略性新兴产业与企业的创新发展实际，探索新的税收优惠方式。比如，在战略性新兴产业全面实施进项税额留抵退税政策，降低企业税收负担；探索研发费用税收抵免优惠方式，避免税率优惠或税率降低对战略性新兴产业企业研发税收优惠享受额度的影响，降低企业研发成本；探索战略性新兴产业企业高端研发人才的个人所得税减免政策，降低企业引才、用才成本；完善未上市企业股权激励税收优惠，探索优惠对象扩大至持股平台等其他股权激励的主要方式。

3. 创新财政支持方式

明确中央和地方科技事权划分，战略性新兴产业发展规划的制定、重大关键核心技术的研发、重大工程项目的研发与建设、全国性研发基础设施的建设与维护等由中央政府负责，战略性新兴产业的孵化、服务、科技成果转化、一般性产业共性技术的研发等由地方政府负责。政府财政资金在科技事权划分范围内，在遵守WTO补贴原则等国际规则的前提下，应更多采用基金式、政府采购、公私合作、创新券等市场化方式支持战略性新兴产业与企业，引导社会资源投资、服务战略性新兴产业，提高资源配置效率。比如，充分发挥政府战略性新兴产业创投基金的作用，完善基金运营管理规则，带动社会资本设立更多战略性新兴产业创投基金；运用政府和社会资本合作（PPP）等模式，引导社会资本设立战略性新兴产业创投基金和国际基金；引导社会资本参与新型研发机构、重大研发项目、重大工程项目；健全政府采购的政策法规，加大对"双创"以及云计算、大数据、人工智能、健康养老、低碳循环经济等支持力度，推进智慧城市、信息惠民、智能装备等新产品的示范推广；扩大创新券适用区域与范围，支持战略性新兴产

业企业对研发和科技服务的个性化需求。

4. 拓宽企业直接融资渠道，提高企业直接融资规模

进一步完善多层次资本市场：支持银行、保险、社会保险基金和其他机构投资者在新资管规则下合法合规地参与新兴产业创投基金和私募股权投资基金；在新三板探索做市商制度、终身保荐人制度等新制度，盘活新三板融资功能；加快科创板注册制度的实施，鼓励和支持符合条件的战略性新兴产业企业上市融资。大力发展创业投资和天使投资，降低备案条件，丰富回购、并购与资本市场退出方式，结合个人所得税改革探索完善投资初创科技型企业的税收激励制度。扩大投贷联动试点范围，结合金融改革方向来完善试点政策操作细节，推动直接融资与间接融资的良性互动。积极支持符合条件的战略性新兴产业企业在债券市场的融资，支持扩大中小企业增信集合债券和集合票据的发行规模，积极探索高收益债券和可转换债券等多元化金融产品，推进非金融企业利用各种债务融资工具。

5. 加强金融产品和服务创新

鼓励金融机构建立适应新兴产业特点的信贷管理制度，建立完善新兴产业金融信息服务平台，促进金融和产业融合。探索完善数字创意、软件等无形资产确权、评估、质押、流转体系，推进知识产权相关金融产品创新，鼓励政策性金融机构对战略性新兴产业加大支持力度。推动发展一批为新兴产业服务的金融租赁公司，设立国家融资担保基金以支持战略性新兴产业项目的融资担保。

（五）保障人力资源供给

1. 培养、引进符合未来产业发展需求的紧缺人才

完善创新人才发现、培养、激励机制。依托重点城市群、国家中心城市、重点行业、重点企业，聚焦重点领域，以重大项目和重大工程建设为载体，加强科教融合、产教融合，建设一批创新人才培养、引进、培训示范基地，为人才要素与其他创新要素深度融合提供载体，为推进人才政策组合创新开展试验。重点培养、引进一批"高精尖缺"科技创新、创业人才。分行业制定战略性新兴产业"高精尖缺"人才目录，在国家相关人才计划中予以重点支持。根据新兴产业需求，动态调整高校和各类职业院校教学课程设置，扩大新兴产业相关专业招生规模。弘扬"工匠精神"，加强战略性新兴产业技术技能人才培养、培训。

2. 建立健全新兴产业人才使用、流动、评价、激励体系

拓宽产、学、研深度融合通道，鼓励科技人才向企业流动，创业投资人才向高校院所流动。落实事业单位科研人员创业政策，引导和支持科研人员到企业开展创新工作或

创办企业。在战略性新兴产业企业设立一批中央研究院和博士后科研工作站,鼓励产学研合作开展产业关键核心技术研发攻关。调动科研人员创新积极性,落实对科研人员的各项激励政策,鼓励企业完善股权、分红等激励制度。推动收入分配制度改革,促进新时期产业人才队伍建设。

3. 营造聚天下英才而用之的良好人才环境

制定普惠人才政策,充分发挥国内现有各类人才的作用。弘扬科学精神和工匠精神,营造有国际竞争力的人才发展环境,更大规模引进、培养、集聚、使用全球高端人才。优化外籍人才永久居留制度,简化外籍人才永久居留资格申请程序,为其家庭成员提供居留与出入境便利。对外籍人才实施"居民化"管理,在医疗、购房、子女入学、出入境等方面提供便利。

(执笔人:周城雄,中国科学院科技战略咨询研究院;王志标,长江师范学院;薛薇,中国科学院科技战略咨询研究院)

(审稿人:杨国梁)

参考文献

[1] 李勃昕. 中国战略性新兴产业发展研究 [D]. 西安:西北大学,2013.

[2] 涂文明. 战略性新兴产业集聚区建设的理论视域与现实构想 [J]. 科技与经济,2011,24(6):106-110.

[3] 张耀辉,侯杰. 战略性新兴产业集群形成研究——以珠海三灶生物医药产业集群为例 [J]. 现代管理科技,2012(7):93-95.

[4] PORTER ME. Location, competition development: local clusters in a global economy [J]. Economic development quarterly,2000(14):15-35.

[5] 张治河,黄海霞,谢忠泉,等. 战略性产业集群的形成机制研究——以武汉中国光谷为例 [J]. 科学学研究,2014,32(1):24-28.

[6] 胡星. 依托科技园区推动战略性新兴产业集群发展 [J]. 经济研究导刊,2011(31):192-193.

[7] 王欢芳,陈建设,宾厚. 促进战略性新兴产业集聚区发展的对策研究 [J]. 经济纵横,2015(6):27-30.

[8] 沈小平,李传福. 创新型产业集群形成的影响因素与作用机制 [J]. 科技管理研究,2014,34(14):144-148.

[9] 李煜华,武晓峰,胡瑶瑛. 基于演化博弈的战略性新兴产业集群协同创新策略研究 [J]. 科技进步与对策,2013,30(2):70-73.

[10] 张敬文,李晓园,徐莉. 战略性新兴产业集群协同创新发生机理及提升策略研究 [J]. 宏

观经济研究, 2016 (11): 106-113.

[11] 吴志远, 曹文志. 战略性新兴产业集群的协同创新问题研究—以江西省为例 [J]. 经济论坛, 2015 (7): 72-74.

[12] 杨耀武, 张开仁. 长三角产业集群协同创新战略研究 [J]. 中国软科学, 2009 (s2): 136-139.

[13] 喻登科, 涂国平, 陈华. 战略性新兴产业集群协同发展的路径与模式研究 [J]. 科学学与科技技术管理, 2012, 33 (4): 114-120.

[14] 张哲. 基于技术扩散的产业集群创新动力研究 [J]. 山东社会科学, 2009 (2): 111-113.

[15] 李捷, 霍国庆, 孙皓. 我国战略性新兴产业集聚群效应决定因素分析 [J]. 科技进步与对策, 2014 (17): 55-60.

[16] 林敏, 王毅, 吴贵生. 西部地区战略性新兴产业发展模式研究 [J]. 科技进步与对策, 2013, 30 (17): 66-70.

[17] 刘艳. 中国战略性新兴产业集聚度变动的实证研究 [J]. 上海经济研究, 2013 (2): 40-51.

[18] 施卫东, 卫晓星. 战略性新兴产业集群研究综述—基于演化视角的分析框架 [J]. 经济问题探索, 2013 (5): 185-189.

[19] 韦福雷, 胡彩梅. 中国战略性新兴产业空间布局研究 [J]. 经济问题探索, 2012 (9): 112-115.

[20] 李金华. 中国战略性新兴产业空间布局雏形分析 [J]. 中国地质大学学报 (社会科学版), 2014, 14 (3): 14-21; 138.

[21] 周晶. 战略性新兴产业发展现状及地区分布 [J]. 统计研究, 2012, 29 (9): 24-30.

[22] 李燕, 李应博. 战略性新兴产业的空间分布特征及集聚动力机制研究 [J]. 统计与决策, 2015 (20): 130-133.

[23] 徐鑫, 姜斯韵, 成卓, 等. 我国战略性新兴产业空间布局的理论探讨 [J]. 工业经济论坛, 2015, 2 (2): 9-22.

[24] 刘建民, 胡小梅, 王蓓. 空间效应与战略性新兴产业发展的财税政策运用—基于省域1997-2010年高技术产业数据 [J]. 财政研究, 2013 (1): 62-66.

[25] 张琳彦. 基于空间自相关的中国战略性新兴产业布局分析 [J]. 统计与决策, 2015 (13): 139-142.

[26] 吕岩威, 孙慧. 中国战略性新兴产业集聚度演变与空间布局构想 [J]. 地域研究与开发, 2013, 32 (4): 15-21.

地 方 篇

全国各地积极促进战略性新兴产业发展，31个省、市、自治区提出了有关战略性新兴产业发展的规划。战略性新兴产业的发展，需要与国家的总体发展战略和区域发展战略相互协同。本篇综合考虑了国家的发展战略，例如京津冀协同发展战略、长三角一体化发展战略、粤港澳大湾区建设、中部崛起战略、成渝地区双城经济圈建设战略等，调研地区主要是以上战略中的典型省市，包括北京、上海、广东（广州、深圳）、湖北（武汉）、四川（成都）。

全篇共六章，通过实地调研和文献分析，主要总结了北京、上海、四川以及广州、深圳、武汉等省市"十四五"及中长期战略性新兴产业的发展现状、发展形势、机遇和挑战、主要任务及政策保障。

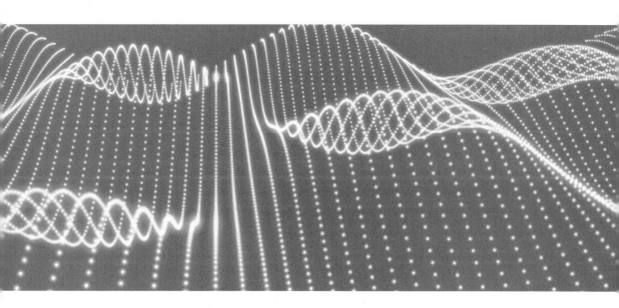

第十九章 Chapter 19
北京市战略性新兴产业发展现状与思路

加快培育和发展战略性新兴产业,是加快转变经济发展方式的必然要求,对于北京市率先实现创新驱动发展,成为全国加快转变经济发展方式的标杆和火炬手,推动经济社会可持续发展,具有重大战略意义。北京不断夯实战略性新兴产业的发展基础,着力提升优势产业的发展水平和国际竞争力。"十三五"期间,北京市战略性新兴产业已经形成了高端引领、创新驱动、绿色低碳的产业发展模式,在带动产业升级、实现产业高质量发展中发挥了重要作用。

一、北京市战略性新兴产业发展现状

"十三五"时期,北京市深入贯彻落实习近平总书记视察北京系列重要讲话精神,加快培育"高精尖"产业,持续增强首都发展的创新力和竞争力,取得了显著成绩。

(一)注重与时俱进,以"高精尖"产业牵引战略性新兴产业发展

2011年,北京市发布《北京市关于加快培育和发展战略性新兴产业的实施意见》,随后发布《北京市战略性新兴产业科技成果转化基地认定管理办法》等一系列文件,推动和规范战略性新兴产业的发展。

2017年北京市根据党的十九大发展要求,以有序疏解北京非首都功能、提升发展水平为根本要求,以创新驱动为导向,落实京津冀协同发展战略,选取十个代表新经济增长的产业作为重点发展的"高精尖"产业。其中,"高精尖"产业是以产业分类作为定义维度,选取十个代表新经济增长的产业共同构成,包括新一代信息技术、集成电路、医药健康、智能装备、节能环保、新能源智能汽车、新材料、人工智能、软件和信

息服务以及科技服务业十个产业，基本涵盖了战略性新兴产业的范围[1]。

同年，北京市发布《加快科技创新发展新一代信息技术等十个高精尖产业的指导意见》，提出了"高精尖"产业的发展目标，即掌握一批达到世界先进水平的关键核心技术与知识产权，培育一批国际知名品牌和具有较强国际竞争力的跨国企业，形成一批拥有技术主导权的产业集群，在更高层次上参与全球产业竞争[2]。同时，发布了财政、土地、人才等一揽子支持政策，相关部门制定了5G、人工智能、医药健康、智能网联汽车、工业互联网、"智造100"工程、绿色制造等细分产业发展行动计划和方案，全面清晰回答了北京发展什么和如何发展的问题，向社会释放了北京要高质量发展的强烈信号，形成了共谋发展的强大合力[3,4]。

在大力发展"高精尖"产业的同时，北京市注重发展新基建，即以基础设施作为定义维度，聚焦"新型网络基础设施、数据智能基础设施、生态系统基础设施、科创平台基础设施、智慧应用基础设施、可信安全基础设施"共6类项目，开展新一代基础设施建设。同时，北京市以经济发展作为定义维度，围绕"五新"，即"新基建、新场景、新消费、新开放、新服务"提出了新业态、新模式的各项政策举措，并且以"高精尖"产业的各项技术作为支撑，带动大量"高精尖"领域的企业参与新一代基础设施建设。

（二）发挥牵引作用，战略性新兴产业增加值增速显著高于工业增加值增速

2019年北京市实现地区生产总值35 371.3亿元人民币，经济发展聚焦"高精尖"产业，全年新经济增加值达到12 765.8亿元，比上年增长7.5%，占全市GDP的36.1%。2019年"高精尖"产业中制造业实现营收7200亿元，软件信息服务业实现营收1.48万亿元、科技服务业实现营收1.13万亿元㊀。2016～2018年，工业、软件信息服务业和科技服务业GDP增长贡献率由"十二五"时期的37.9%提高到46.0%。2018年全市规模以上工业、软件信息服务业和科技服务业劳动生产率分别为49.8万元/人、45.2万元/人和51.2万元/人，分别比2015年提高43.4%、37.1%和36.1%，且分别高出全国水平42.0%、41.0%和101%。

2020年，北京市全年实现地区生产总值36 102.6亿元，其中，战略性新兴产业实现增加值8965.4亿元，按现价计算，增长6.2%；占地区生产总值的比重为24.8%，比上年提高1%㊁。

（三）加大研发投入，战略性新兴产业技术基础不断夯实

2019年，北京市研究与试验发展经费支出2233.6亿元，比上年增长19.39%，投

㊀ http://www.bjrd.gov.cn/rdzl/rdllysjhk/202003q/202003ztgz/202101/t20210111_2211224.html。
㊁ 《北京市2020年国民经济和社会发展统计公报》。

入强度位列全国第一。2019年，北京市"高精尖"产业研发经费投入占收入的比重为7.8%，比规模以上单位平均水平高出4个百分点。

"十三五"期间，北京市涌现出一批新平台、新载体，成功创建国家级制造业创新中心3家、国家级企业技术中心92家、国家级工业设计中心8家；支持行业优势企业、科研院所联合共建新型研究机构，加速自研攻克的关键共性技术转化，成为产业发展的"加速器"[3]。涌现出一批新产品、新技术，多项位列全国乃至全球第一，如，2019年京东方液晶显示屏在智能手机、平板电脑、笔记本电脑、显示器、电视五大领域市场占有率均位列全球第一；建设全球首个网联云控式L4高级别自动驾驶示范区，道路测试安全里程、开放测试道路服务规模以及自动驾驶技术水平均居全国首位；北斗导航应用项目成为全国北斗示范的标杆工程。

无论是在基础科学投入还是科技成果转化效率上，北京市都持续处于全国领先位置，这也为"高精尖"产业GDP占比提高到30%以上打下坚实基础[5]。

（四）培养创新精神，战略性新兴产业集群初具规模

北京市涌现出一批新企业、新主体。根据2020年胡润全球独角兽榜，在全球586家独角兽企业中，北京市拥有93家，数量高居榜首（第二名旧金山68家）。全球十大独角兽中有6个来自中国，其中3个在北京（字节跳动、滴滴出行、快手）；入选2020年中国互联网综合实力百强企业数量居全国首位；还创建国家级制造业单项冠军企业19家、绿色工厂64家、技术创新示范企业30家以及北京市"专精特新"小巨人105家[3,4]。

在互联网信息科技领域，包括寒武纪、商汤科技、地平线等一批知名创新企业已然扎根北京，产业集群初具规模。在生物医药领域，截至目前，全国有5支新冠疫苗进入Ⅲ期临床试验，其中北京研发的占4支；全国有5个团队的中和抗体药物获批临床试验，研发均来自北京；北京9个诊断试剂产品获批上市，数量也居全国第一[5]。

相比上一轮以互联网平台化为代表的商业模式创新，当前以人工智能、数字化为代表的技术创新的重要性进一步凸显。从机器视觉、无人驾驶、医药研发乃至产业的数字化改造，北京市都已占据先发优势。这些都是北京市建设国际科技创新中心的强大基础，也是新的发展机遇。

（五）全面规划布局，围绕"三城一区"制定"高精尖"产业发展规划

北京市以"三城一区"为重点开展"高精尖"产业布局规划。中关村科学城聚焦全球高端创新成果，打造科技型领军企业；怀柔科学城着力建设综合性科研人才培养体系，促进科技成果转化；未来科学城整合聚集在京中央企业的科技资源建设新能源、新材料等领域的重大共性技术研发创新平台，以亦庄、顺义为重点区域构建创新型产业集群，打造"中国制造2025"创新引领示范区，以大工程大项目为牵引，实现三大科学

城科技创新成果产业化。

专栏 19-1：中关村科学城战略性新兴产业发展概况

中关村科学城坚持聚焦功能定位、聚焦创新主体、聚焦创新要素、聚焦先行先试，结合全国科技创新中心核心区、北京自贸区科技创新片区、中关村科学城北区、国家治理体系和治理能力现代化示范区的建设，瞄准建成链接全球创新网络的关键节点，形成高端高效、融合发展的现代化产业体系的总目标，强化创新链组织、强化产业融合升级、强化体制机制改革、强化开放协同，全面提升中关村科学城创新能级，加快打造世界一流"高精尖"产业体系。在《中关村科学城规划（2017～2035）》基础上，中关村科学城正在编制《中关村科学城北区规划》《中关村科学城南区规划》《高精尖产业规划》等四个专项规划。同时，围绕重大项目、重大布局，开展了一系列工作。

目前，中关村科学城战略性新兴产业发展短板体现在六个方面：一是原始创新能力有待提升；二是科技成果转化率偏低、成果转化落地难依然突出；三是提升"高精尖"产业主导力需进一步破题；四是持续升级具有中关村科学城特色的创新促进体系需要有新思路；五是构建全面开放创新格局还需谋划新抓手；六是巩固制度示范优势需要大手笔。

专栏 19-2：北京生物医药产业集群概况

北京生物医药产业集群形成了"北研发、南制造"的格局。北京生物医药的研发主要集中在北部的中关村生命科学园，该园于 2019 年纳入未来科技城范围，旨在建设成为全球领先水平的生命谷。2020 年初生命园管委会建立，希望成为医药产业的源头创新"核爆点"。生物医药的生产主要集中在大兴生物医药基地，并引入了中检院、药物所等机构。

围绕巩固提升优势产业领先地位，支持奔驰、北汽布局新能源调整升级项目，支持百度进军无人驾驶领域，支持千方科技等车联网项目，培育全球领先的智能网联汽车领军企业；加快建设中芯北方、燕东等企业的先进集成电路生产线，提高设计、装备与材料的自主配套能力；支持小米在海淀区建设移动互联网科技园、在亦庄开发区建设互联网电子产业园,小米亦庄"黑灯工厂"实现全程自动化无人生产,效率比传统工厂提升60%以上。以新一代信息技术与医药健康为引领塑造发展新动能,加快5G商用步伐,开展5G+8K系列应用示范,打造全国领先的超高清视频应用与产业发展基地;率先启动建设了国家网络安全产业园,聚集了全国半数以上网安信创企业;工业互联网标识解析国家顶级节点、国家工业互联网大数据中心、国家级工业互联网安全态势感知平台等一批国家重点基础设施先后落地;顺义区、海淀区、朝阳区、石景山区联合创建工业互联网领域国家新型工业化产业示范基地;5个一类新药实现产业化落地,基因治疗药物率先在全国进入III期临床,进入优先和特别审批程序的医疗器械居全国第一[3]。

(六)夯实政策支撑,设立"高精尖"基金等以扶植战略性新兴产业发展

设立"高精尖"产业基金、科创基金。其中"高精尖"产业基金计划总规模为200亿元,其中母基金50亿元,全部为市级财政资金。截至2020年8月31日,"高精尖"产业基金确认合作子基金21支,认缴总规模合计196.18亿元,累计投资决策项目115个,累计投资决策金额67.17亿元,项目累计融资额约224亿元,项目层面放大倍数超过13倍,切实发挥了财政资金杠杆作用。

二、北京市战略性新兴产业发展存在的问题与面临的挑战

北京市正在探索和构建与首都城市战略定位相适应的现代化经济体系,发展十大"高精尖"产业既是提升国际竞争力的战略举措,更是以产业升级带动高质量发展的必然途径。发展十大"高精尖"产业需要领先的技术基础和雄厚的企业基础作为支撑,但是从现阶段来看,这两方面均存在一些不足以及薄弱环节,导致"高精尖"产业的发展呈现出"头重脚轻"局面。

(一)解决"高精尖"产业体系分布不均衡问题的政策支撑力度不够

2017年以来,北京市有关部门陆续发布了《加快科技创新发展新一代信息技术等十个高精尖产业的指导意见》《赋予科研人员职务科技成果所有权或长期使用权试点实施方案》《关于征集2020年北京高精尖产业发展基金合作机构的通知》等文件,北京市的"五新一保"政策更是进一步明确了"高精尖"产业新技术发展的必要性。但总体来看,虽然各项政策举措在区域布局及产业领域划分方面做出了清晰的指导,但在解决"高精尖"产业体系分布不均衡的问题上尚缺乏具体措施。

首先,从国际视角来看,我国在人工智能、集成电路、节能环保等多个领域均呈现出各层级企业数量不足、分布不均的状况,企业梯次和孵化培养机制尚未形成。目前阶段,十项产业指导意见对北京各区及重点产业园区如何选择性布局提出了规划,但是在"高精尖"企业创业环境打造、各层级企业均衡发展方面尚未提出更进一步的指导和举措。

其次，科研成果转化政策明确提出了鼓励科研人员参与企业经营并可长期持有股权，但仍未涉及应用型技术项目立项改革、"高精尖"创业人才资金保障等关键环节，大量"高精尖"技术成果不能转化为行业应用的局面仍然难以改善。

最后，万亿级别的"高精尖"产业发展需要构建以社会资本为主体的多层次资本体系，但从目前"高精尖"产业基金合作机构要求来看，仍然有参与基金累计投资规模不低于 10 亿元、并购子基金规模不低于 5 亿元、股权子基金规模不低于 2 亿元、单个出资人出资额不低于 1000 万元、"高精尖"产业领域主导完成投资并成功退出的投资案例不少于 5 个（年平均收益率不低于 20%）以及一票否决制等多项限制措施。目前的政策举措对社会资本的进入设置了高门槛，同时对单个"高精尖"技术项目的资金引入有过多限制，不利于多层次、多样化的资本体系构建。

（二）战略性新兴产业关键性技术突破仍存在难度

2018 年，北京市高技术制造业主营业务收入占制造业的比重为 31.6%，高于上海的 20.9%，但低于深圳的 66.6%，2017 年美国的 47.0%、日本的 56.8%、德国的 61.7%。2018 年，北京市制造业 R&D 经费占主营业务收入比重为 1.7%，低于国际 2%～3% 的平均占比，部分产业链存在"卡脖子"问题。

麦肯锡全球研究院曾对中国与美国在 33 个工业领域的科技实力进行了对比，中国在客户中心和效率驱动方面具备一定的优势，但在科学研究和工程技术创新上相对落后，"高精尖"产业的发展亟须在关键领域、核心技术方面取得突破。33 个领域中，我国目前在家用电器、建材、铁路和高铁技术、风力涡轮机和电力设备、太阳能电池板和石油天然气设备等十余个领域领先于美国，但在其他二十多个技术领域都落后于美国，尤其在商业航空器、半导体、生物机器、特种化工和系统软件等方面和美国差距较大。

（三）科研成果转化存在政策法规和制度创新两方面的问题

"高精尖"产业的发展需要以高效的、源源不断的科研成果转化作为支撑，虽然科研成果转化率目前尚无明确的统计标准，但是如以专利转化率进行计算，我国的科研成果转化率仅为 6%，比起发达国家科研成果转化率 50% 左右的水平尚有很大差距，大量政府基金和科研经费未能得到有效分配，对产品应用型课题的关注及科研经费投入比例远远不足。

首先，科研成果转化的前提是产学研一体化的充分结合，鼓励一线科研人员参与企业科技创新的全过程更是整个体系建设的重中之重。我国目前仍处在制定政策法规、保障科研人员各项权益、调动科研人员积极性的尝试阶段，与促进科研成果高效转化、实现规模化经济效益还有很大距离。

其次，长期以来各科研院所及高等院校一线科研人员以提交研究论文为指导思想，"抽屉论文""评奖论文"很多，与高等院校、科研院所的课题数量、论文数量、所投入的科研经费相比，仅有很少量的科研成果能够转化为应用技术和产品。不在技术应用立项制度方面进行改革创新，科研成果转化不力的局面就会长期存在。

（四）企业创新创业生存环境有待完善

我国数十万家科技创业企业是"高精尖"产业体系中最具活力及成长性的创新群体，是"高精尖"产业的基础力量和生力军，是技术创新、产品创新的绝对数量拥有者，同时也是创新型人才的聚集地，这个群体完成了65%以上的专利发明、80%以上的新产品创作、80%以上的新技术开发，但是很多地方对这个群体的重视程度与"高精尖"产业的发展战略并不匹配。

长期以来，不少地方以"企业收入高、研发投入高、产出效率高、技术水平高"等为标准筛选入围企业，将资金、设备等资源过多地配置给大型企业集团，使得从事"高精尖"领域创新创业的广大科技型中小企业未能得到包括资金、设备、市场资源等的有效支持。"抓大放小"思想的存在是"高精尖"产业至今未能形成企业梯次、未能形成集群优势的重要原因。

同时，目前的科技服务业尚不能支撑"高精尖"产业的国际化定位。北京市对科技服务业的发展尚未提供足够的支撑，孵化投资等功能仅局限在个别产业园区及部分大型企业的范围内，部分"高精尖"创业型企业无人问津、大量民间孵化器的陆续关停成为制约"高精尖"产业发展的主要瓶颈之一。

三、新时期北京市战略性新兴产业发展的主要思路与任务

（一）北京市战略性新兴产业发展的主要思路

北京市将坚持智能制造、高端制造方向，推动先进制造业和现代服务业深度融合，打造新一代信息技术、医药健康两大发展引擎，发展壮大智能制造与装备、智能网联汽车、航空航天等先进智造业，培育发展产业互联网、信息内容消费、区块链与先进计算、网络安全和信创等融合创新服务业，前瞻布局前沿新材料、卫星互联网、绿色能源等未来产业，力争到2025年"高精尖"产业增加值占GDP比重由25.8%提高到30%以上，保持一定制造业比重，支撑北京市现代化产业体系建设，推动首都经济高质量发展[3]。

在空间布局方面，北京市将推进构建"一区两带专业组团"的产业布局。深入推进北京经济技术开发区和顺义创新产业集群示范区建设，承接好三大科学城创新效应外溢，打造技术创新和成果转化示范区。北部依托三大科学城，推动海淀、昌平、顺义、朝阳等区域打造研发创新与信息产业带，南部依托亦庄新城、房山、大兴、丰台等区域，打造先进智造产业带。在高端仪器仪表、机器人、医疗器械等领域打造若干个具有

国际竞争力的特色先进智造业园区。

在推进措施方面,北京市初步计划实施八大工程。一是实施智能生产力提升工程,以智能化方式生产智能化产品并延伸智能化服务,打造"北京智造"的产业群体,重点采取"优势产品+标杆工厂"模式建设10家左右"优品智造"标杆工厂,培育高端仪器仪表、工业机器人两个特色化产业集群;二是实施万亿级产业集群培育工程,力争再造3~4个万亿级产业集群,形成以智能制造、产业互联网、医药健康等为新支柱的现代产业体系,将集成电路、智能网联汽车、区块链、创新药等创新性、引领性强的产业打造成为"北京智造"的新名片;三是实施产业基础再造工程,以头部企业带动加快关键核心技术产品攻关和国产化替代,加大信创投入力度,加快数字新基建建设;四是实施产业链现代化提升工程,"一链一策"定制重点产业链配套政策,做强产业链、供应链关键环节,促进产业链安全稳定和整体升级;五是推进服务型制造示范工程,支持制造企业发展产业链高价值的服务环节,提升制造效率,做制造的制造,赋能整个北京制造业;六是开展企业梯度培育工程,加快构建以龙头企业带动、单项冠军企业跟进、专精特新"小巨人"企业集聚梯次有序、融通发展的产业生态,促进"小升规""规升强";七是实施高水平对外开放合作工程,借助"两区"建设开展更大范围、更宽领域、更深层次的国际产业合作,加快建设中德、中日等国际合作产业园,集聚一批全球创新型企业;八是京津冀产业协同发展示范工程,推动三地进一步明确主导产业,共谋产业链,主动布局新兴产业,共同做大增量⊖。

(二)北京市战略性新兴产业发展的主要任务

加快建设国际科创中心,加快"高精尖"产业发展,培育智能制造、医疗健康等一批大产业集群。打造形成新一代信息技术、医药健康两大发展引擎,力争到2025年"高精尖"产业增加值占GDP比重达到30%以上。此外,还将着力实施八大工程,包括培育万亿级产业集群,力争再造3~4个万亿级产业集群、2~3家万亿级市值企业[5]。

1.建立完善的政策法规,实现高精尖技术突破及科研成果转化

组织产业链整体力量开展全球领先的"高精尖"技术攻关,以及建设完善的科研成果转化体系,均需要推出更有力的政策法规予以保障和推动。

第一,解决技术"卡脖子"问题需要组织全产业链的整体力量进行核心技术攻关及产业化。比如在集成电路的发展历史上,美国的"联合攻关计划"以及日本的"超大规模集成电路计划"都是在政府的组织和倡导下,集中包括材料、设备、备件、化学气体、制造、工艺、封装测试等全产业链上的各个机构协同合作进行研发攻关。北京市发

⊖ "'十四五'时期,北京将坚持智能制造、高端制造方向,实施'八大工程'",网址为https://mini.eastday.com/a/201224180310487.html。

展"高精尖"产业，需要有效调动全产业链的资源，推出配套政策开展持续的联合攻关，以此掌握关键核心技术及自主知识产权。

第二，北京市先进制造业的发展实质上是工业制造4.0体系的整体打造，而工业制造4.0的本质即是智能制造的产业化，同样需要政府组织出台整体性的政策体系，组织全产业链的力量对大数据、人工智能、集成电路、新材料、节能环保等各个领域的"高精尖"技术进行产业链级别的融合应用。

第三，积极推动科研院所及高等院校立项制度改革，将科研经费的一定比例（比如20%~30%）用于产品应用型项目的研发立项，在研发过程中逐步形成与市场的互动机制，以市场反馈信息调整改进产品应用，以销售资金回哺"高精尖"技术研发，在与市场需求的良性循环过程中探索并完善科研成果转化机制。

第四，借鉴国际先进模式，比如微软、谷歌、Facebook、Twitter等从校园创业进而发展成为国际企业巨头的经验，可优选几所掌握"高精尖"技术并具有代表性的高校，创办校内"高精尖"技术领域创业孵化器，成立以高校科研经费、校友捐款、企业专项资金为一体的种子基金，为创业小组和项目提供产品研发、DEMO打造、市场测试的资金支持，逐步形成校园创业文化，推动"高精尖"产业基础力量的构建。

2. 以政策推动构建"高精尖"产业所需的多层次资本平台

围绕"高精尖"产业布局，需要构建社会资本和银行资金共同参与的多层次资本体系，既需要以灵活、宽松的政策环境鼓励"高精尖"领域专业投资基金的设立，更需要推动银行资金使用模式的创新。

首先，进一步发挥市场资本的自身动能，设立由政府引导基金参与、社会资本为主体的多支"高精尖"产业专项基金。同时，进一步定义母基金与子基金的关系及功能，放宽例如一票否决制、资金使用方式、风险考核指标等一系列限制措施，逐步形成投资机构充分发挥自身专业能力、政府加强监督管理的良好格局。

其次，借鉴发达国家经验，鼓励银行设立"高精尖"创新型企业贷款，不以企业的收入规模及抵押物作为评估依据，组织包括各个领域的专家团队对"高精尖"申报项目进行审核，以此作为依据对企业发放一定额度的信用贷款。同时，要注意形成一套有效的容错转化机制，采取项目合并、企业收并购、上市公司联合孵化等机制积极降低投入风险。

最后，鼓励银行积极开展"高精尖"技术产品"供应链融资"项目，以企业的发展前景以及待生产销售的产品作为融资评估依据，为企业发放一定额度的产品生产制造资金，在企业回款困难的时候可用产品拍卖等方式进行资金的回收。在此基础之上，未来可更进一步考虑成立中小企业银行或中小企业资金库等机构，更有力地支持"高精尖"产业持续发展。

3. 全力打造支撑"高精尖"产业发展的北京市科技服务业

围绕"高精尖"产业的规模化布局及国际领先的战略定位，北京市科技服务业需要更进一步扩大服务范围、提升服务质量。

首先，需要以市场为导向搭建企业与研究机构之间的沟通平台，围绕市场需求开展项目合作及资本合作，在产学研一体化的推进过程中促进科研单位技术成果与企业市场能力的充分结合。

其次，组织务实且高效的资本对接交流平台，为"高精尖"技术项目提供创业辅导、资本知识普及、项目路演活动等服务。同时，联合民间孵化器及公共传媒，共同设立"高精尖"领域创业创新奖项，为具备国际领先性、市场前瞻性的优质创业项目提供宣传展示的舞台。

最后，可筛选一批海外华人科研工作者及"高精尖"领域创业学子的优质项目回国发展，为此类项目提供包括资金支持、人才引入等的一系列创新政策保障，以此在海外华人创业群体中形成良好的示范效应。

4. 构建"三链融合"的"高精尖"产业孵化运营平台

"产业链、创新链、价值链"三链融合是"高精尖"产业带动城市高质量发展的宏观路径，发展具备国际领先水平的"高精尖"产业集群，是一项打造"三链融合"产业共生系统的综合工程，需要政府充分发挥产业政策引导作用，鼓励以市场为导向的各个民间孵化组织积极参与，共建以"政产学研"一体化为标志的"高精尖"产业孵化平台。

政策体系需要为这一类具备孵化功能的平台企业提供登记公示、宣传推广、资金支持等一系列服务，促使以市场为导向的民间孵化组织蓬勃发展，进而形成服务于高精尖领域中小企业的支持力量。

5. "三城一区"的"高精尖"产业布局需要着力构建"高精尖"企业梯次

借鉴发达国家的经验，60%以上的科技进步和应用型产品出口是由科技创新型中小企业所取得，尤其是在"高精尖"产业比如大数据、人工智能、新材料等领域，科技创新型中小企业的优势更为明显。

建议在"三城一区"的范围内设立"高精尖"领域中小企业孵化区域，区别于以往审核企业年度收入、研发投入比例、创造经济效益指标等做法，组织专家团队对项目的国际领先性及发展前景进行评估，以此作为入驻标准为企业提供减免办公房租、技术人才工资补贴、产品测试平台使用、投融资服务等全方位的创业孵化服务。

同时，在"三城一区"范围内成立多支"高精尖"创新企业扶持基金，避免以往"抓大放小"的思想，以市场为导向引入专业投资机构和基金经理人进行管理和运营，为"高精尖"领域创业项目提供评估、投资、运营、上市、收并购等一系列的专业服务。

6. 促进产业创新融合发展，发挥传统大中型企业作用

产业融合发展是不同产业或同一产业内的不同行业在技术融合的基础之上相互交

叉、相互渗透、逐渐融为一体的过程，同时也是以打破原有产业或企业间壁垒，提高产业附加值，形成新的经济增长点为目标的资源再分配的过程。

在大型国企和央企内部搭建"高精尖"产业技术孵化平台，与科研机构、"高精尖"技术企业开展广泛而深入的合作，是促进产业创新融合发展的关键举措。

同时，应当灵活开展企业收并购业务，逐步向市场开放国企和央企拥有的资本平台，形成良好的资本投入和产出机制，这样既能有效发挥国有大中型企业的行业引领作用，又能够为"高精尖"产业的发展提供长期有力的资金保障。

7. 合理布局带动京津冀协同发展，引领全国科技创新

将更多的资源、资金、人才投入"高精尖"技术应用领域而非"高精尖"产品制造领域，更强调"高精尖"技术企业的孵化而非"高精尖"产品制造体系的建设，"三城一区"的发展建设更需要着力打造以软实力为主的国际竞争力。

在确立北京市科技示范效应的同时，需要有计划地将各个产业发展所必需的生产制造、网络营销、工程实施等功能向京津冀进行梯次布局，以及与全国其他区域开展大范围合作，此举措既能够带动周边经济发展，同时又可引领全国的科技创新。

（执笔人：本书调研组）

（审稿人：薛薇）

参考文献

［1］ 吴爱芝. 北京"高精尖"产业发展的现状与对策研究［J］. 北京教育（高教），2019（5）：81-83.

［2］ 秦禾. 开发"生物医药产业"强化北京科技创新中心建设［C］// 北京生产力学会. 北京：北京生产力学会，2015.

［3］ 宋龙艳. 做好"白菜心"产业［J］. 投资北京，2021（6）：36-38.

［4］ 王漪. 北京科创发展"新"担当［J］. 投资北京，2021（2）：65-67.

［5］ 何睿. 以高精尖产业领航北京未来创新发展［N］. 新京报，2020-12-25（A02）.

［6］ 国务院. 国务院关于印发"十三五"国家战略性新兴产业发展规划的通知［EB/OL］.（2016-11-29）［2021-12-30］. http://www.gov.cn/zhengce/content/2016-12/19/content_5150090.htm.

［7］ 国家信息中心. 战略性新兴产业形势判断及"十四五"发展建议（上）［EB/OL］.（2021-01-04）［2021-12-30］. https://www.ndrc.gov.cn/xxgk/jd/wsdwhfz/202101/t20210104_1264124.html?code=&state=123.

［8］ 国家信息中心. 战略性新兴产业形势判断及"十四五"发展建议（下）［EB/OL］.（2021-01-04）［2021-12-30］. https://www.ndrc.gov.cn/xxgk/jd/wsdwhfz/202101/t20210112_1264810.html?code=&state=123.

Chapter 20 第二十章
上海市战略性新兴产业发展现状与思路

近年来,上海市围绕全球科技创新中心建设的总体部署,聚焦战略性新兴产业和先导产业发展,创新工作机制,推动实施了一大批支撑产业发展的重大科技项目,取得了显著成效,推动了上海市战略性新兴产业的高质量发展。

一、上海市战略性新兴产业发展现状

(一)多措并举,战略性新兴产业发展速度不断加快

"十三五"期间,上海市加快建设集成电路、智能网联汽车、大飞机等引领性强、成长性好、带动性大的产业[一]。2016年8月31日,《上海市制造业转型升级"十三五"规划》正式发布,提出上海力争到2020年,制造业增加值占GDP比重保持在25%左右,其中,战略性新兴产业增加值占GDP比重达到20%左右。上海把人工智能、量子通信、虚拟现实、精准医疗等新兴技术及产业体系的发展作为重点,提出新一代信息技术、智能制造装备、生物医药与高端医疗器械、高端能源装备、节能环保等九大战略性新兴产业。2017年,上海市发布《关于创新驱动发展巩固提升实体经济能级的若干意见》,提出上海要落实"中国制造2025"战略,实施产业创新工程,推进工业强基,发展高端制造、智能制造,改造提升传统优势制造业,弘扬工匠精神,基本形成"以现代服务业为主体、战略性新兴产业为引领、先进制造业为支撑的新型产业体系"。2020年,上海市加大对先进制造业、现代服务业筹资支持力度。战略性新兴产业低息贷款政策从集成电路扩大至人工智能、生物医药领域,资金规模和项目支持比例不断提升[二]。

[一] http://d.drcnet.com.cn/eDRCnet.common.web/DocDetail.aspx?chnid=5424&leafid=21218&docid=4724150&uid=271410&version=emerging。

[二] https://www.yicai.com/brief/100587546.html。

上海市聚焦战略性新兴产业关键环节，培育一批新增长引擎，做好提高产业链、供应链自主可控能力的重要基础性工作。2020年，上海市战略性新兴产业虽受到各种不利因素冲击，但产值同比增长8.9%，超过规模以上工业7%，完成投资同比增长27.8%，比全市工业投资增速高11.9%，在整个经济中发挥了中流砥柱的作用[1]。数字经济蓬勃发展，软件和信息服务业营业收入增长12%以上，新一代信息技术产值增长6.2%。日均新设企业1665户，增长12.8%。2020年全市工业战略性新兴产业总产值13 930.66亿元，比上年增长8.9%，增速比前三季度提高1.0%。其中，新能源汽车增长1.7倍，新材料增长10.8%，新能源增长8.5%。

专栏20-1：临港新片区战略性新兴产业发展概况

2019年11月，习近平总书记在上海考察时指出，中国（上海）贸易试验区临港新片区要进行更深层次、更宽领域、更大力度的全方位高水平开放，努力成为聚集海内外人才开展国际创新协同的重要基地、统筹发展在岸业务和离岸业务的重要枢纽、企业走出去发展壮大的重要跳板、更好利用两个市场两种资源的重要通道、参与国际经济治理的重要试验田[2]。在这一要求下，上海市正打造世界级未来产业集群，推动产业规模能级跨越发展，同时打造特色品牌园区。

在推动产业规模能级跨越发展方面，上海市对临港新片区内符合条件的从事集成电路、人工智能、生物医药、民用航空等关键领域核心环节生产研发的企业，落实自设立之日起5年内减按15%税率征收企业所得税政策。上海市对洋山特殊综合保税区外重点企业积极开展电子监管，精准招引能够填补空白、解决痛点且产业生态带动能力强、具有国际竞争力的项目和企业。加快推动特斯拉、积塔半导体等项目建成投产；加快推动格科微电子、进平新能源、商汤科技、闻泰科技等项目开工建设；加快推动三一重工、君实生物医药等项目产能释放。推动建立重大项目资源储备和实施机制，助力主导、支柱、新兴产业投资，形成良好产业生态。到2022年，上海市新增产业招商签约投资总额不低于4000亿元，完成产业投资不低于1500亿元。

在打造特色品牌园区方面，上海市加快集成电路、生物医药、智能汽车、民用航空专业园区规划建设。重点围绕芯片设计、制造、封测、装备、材料等关键环节，加快12平方公里"东方芯港"建设。打造"生命蓝湾"全新品牌，培育上海生物医药产业集聚发展的新动能、新高地。围绕发展大型客机、航空发动机、卫星制造等重点领域，聚焦总装试飞、装机配套、航空材料等关键环节，加速民用航空产业集聚区"大飞机园"建设。加强资源要素集聚，推动产业链、创新链融合，打造产业高地和具有全球影响力的产业集群。

专栏 20-2：张江科学城战略性新兴产业发展概况

张江科学城共有高新技术企业 939 家，高技术产业产值为 2011.68 亿元（2020 年 1～7 月，高技术产业产值为 1262.52 亿元，同比增长 42%）。

在集成电路产业领域，上海市是国内产业最集中、综合技术水平最高、产业链最为完整的产业集聚区，集聚相关产业 200 余家，其中涉及企业超 100 家。企业主要集聚在张江集电港、创新院等张江西北片区。

在生物医药产业领域，上海市综合实力居全国第一，企业总数、医药工业百强企业数量、独角兽企业数量、A 股及新三板企业数量、发明专利申请数量、药物临床试验数量、CDE 药品受理总数、上市二类和三类医疗器械数量这 8 项指标全国领先。截至 2019 年，上海市张江园区在研药物品种超过 400 个，处于临床试验阶段的项目超过 135 个，其中处于 II、III 期临床阶段的一类新药 39 个。

在人工智能产业/软件和信息服务业，上海市已聚集 IBM、微软 AI Lab、ADA Health、阿里、移动大数据等国际国内知名企业。张江人工智能岛入选并成为上海市首批人工智能应用场景，是唯一的 "AI+ 园区" 的实施载体，成为上海人工智能企业最集聚、类型最丰富、人才最密集地之一。

"十四五" 及中长期，上海市张江科学城要强化自主创新能力，着力构建 "3+3+X" 产业体系，加快建立集成电路、生物医药、人工智能 "3" 大核心产业的尖端环节，创新发展数字产业、软件及信息服务、新材料 "3" 大融合支撑产业，前瞻布局一批面向未来的 "X" 硬核科技产业，为核心产业发展提供有力支撑，围绕重点产业领域，打造一批高端产业园区，创新产业发展举措，优化产业发展环境，全力推动引领未来的高端产业创新突破。

（二）聚焦三大核心产业，以战略眼光推进战略性新兴产业发展

以人工智能（AI）、集成电路、生物医药等为代表的上海三大战略性产业，呈现出蓬勃发展势头，推动上海实体经济内涵的深刻变化。

一是聚焦集成电路、下一代网络、高端软件与信息服务、增材制造装备、新能源与智能网联汽车、新材料等领域，培育新的增长点。

二是积极承担国家战略，大力发展航空航天、海洋工程装备、核电装备等战略重点，积极参与国际产业合作与竞争。

三是加强科技前瞻性布局与产业化联动，积极培育量子通信、工业互联网、先进传感器与物联网等新兴领域，实施一批产业创新专项，力争在关键核心技术领域和产业化方面取得重大突破[3]。

(三) 聚焦关键核心技术，突破产业发展瓶颈

上海市在关键战略领域主动作为，瞄准集成电路、民用航空等产业，全面梳理225项亟待攻克的关键核心技术领域，开展重点领域研发创新"补短板"。

一是集成电路加快追赶。在集成电器设计领域，部分企业研发能力已达7纳米水平，与世界领先水平差距不断缩小；在制造领域，已可量产28纳米先进工艺，14纳米工艺研发基本完成；在装备领域，中微刻蚀机等战略产品达到或接近国际先进水平。

二是人工智能全面突进。扩大数据资源开放与应用、深化人工智能产业协同创新、推动产业布局和集聚。加快突破关键核心技术，推动GPGPU芯片、RISC-V处理器、高精度传感器、人工智能操作系统等重大科技攻关项目。在全国率先引导开放和社会应用场景，聚焦AI+医疗、教育、城市管理和产业发展，加快建设国家人工智能发展高地。

三是生物医药领域引领创新。上海Ⅰ类创新药物的研发数量居全国前列，在干细胞技术和治疗、免疫细胞治疗、基因技术等前沿领域与全球同步。涌现出甘露寡糖二酸(GV-971)、尼拉帕利胶囊、可利霉素片、全景PET/CT等一批重大创新产品。到2018年为止，上海市已有32个品种获批成为药品上市许可持有人试点品种。首台国产一体化PET/MR、首个国产心脏起搏器、首个国产血流导向装置等问世，16年来全球首个治疗阿尔茨海默病的新药甘露寡糖二酸递交新药上市申请，并已进入优先审评通道[4]。

(四) 加大企业研发投入，培育参与全球竞争的创新型企业

2018年，上海市研发经费投入总额超过1300亿元，是2010年的2.7倍，占全市生产总值(GDP)的比重从2.87%提升到4%以上。上海以制造业重大项目为抓手，搭建全市"1+16+X"工作网络，引进国内外总部机构、龙头企业、旗舰项目、功能平台、隐形冠军……特斯拉汽车、华为研发中心、商汤人工智能超算中心等一批50亿元和10亿元以上重大项目落地。以龙头企业为牵引，上海市推动产业链上下游协同创新，在实施打响"上海制造"品牌三年行动计划中，已累计布局200个产业链创新攻关项目①。

二、上海市战略性新兴产业发展存在的问题与面临的挑战

(一) 科技创新能力有待提升

科技投入引发的科技创新是促进产业结构转型升级的关键因素。在持续的研发投入带动下，上海产业结构调整取得较大突破。从总量看，上海R&D投入总量与投入强度稳步增长，全社会R&D投入强度从2019年的4%增至2020年的4.17%，该强度已经超过创新型国家3%的投入水平，远高于国内2.2%的平均水平，但仍落后于北京、深圳。从结构

---

① http://www.shanghai.gov.cn/nw4411/20201027/c7607bae03b44797b18ddbce854ed594.html。

看，R&D 经费主要投入试验发展领域，基础领域投入比重偏低。近 10 年来，基础研究占比仅上升 0.61 个百分点。从主体看，企业已发展成为研发投入的主要主体，企业资金比重已从 2000 年的 44% 上升至 59.53%。其中规模以上工业企业已成为研发经费投入的最大主体[5]。

另外，上海产业结构转型升级的时间短于美国、日本、韩国，研发投入对产业结构的贡献小于美国、日本，与北京、深圳、天津、广州、重庆五个国内城市相比，也仅高于广州和重庆。总体来说，上海研发投入对人均 GDP、全员劳动生产率的贡献也不如美、日及国内一些城市。

（二）产业链受制于人的情况仍然存在，部分关键技术缺乏应用市场

部分战略性新兴产业的产业链仍然存在两头在外的情况。以生物制药产业为例，上海市作为代表我国参与生物医药国际产业竞争的核心城市，一直把创新药作为培育产业链的核心，原料药生产业务一度大量向外转移。但是近年来，随着原料药保供矛盾日益凸显，创新药的核心原料、关键设备面临被"卡脖子"的问题[1]。

在产业链薄弱环节，往往存在技术供给不被市场接受的问题，导致产业链、创新链无法形成闭环。如在我国一些具备全球领先优势的行业，许多重大装备的关键材料仍依赖进口。尽管国内一些材料企业已具备开发和生产能力，却很难敲开用户的大门①。

（三）与制造业相配套的高端生产性服务业发展滞后

上海市从国际大都市逐步成为卓越的全球城市的过程中，产业体系与结构也在发生巨大的变化，服务业对上海市经济的贡献在 2019 年已经超过 70%，制造业则不到 30%。但占上海服务业增加值 60% 的生产性服务业，虽然比重已经不小，接近发达国家服务业增加值两个"70%"的比例状况，但其结构仍有待完善[6]。目前上海市金融业在生产性服务业中占绝对主导地位，但具有高技术含量、直接嵌入到生产过程中的服务，如信息技术服务、科技研发服务、高端商务服务等占比相对较小，层次也比较低端，与先进制造业的需求相比，上海的这些高端生产服务业仍有很大的市场发展空间②。

（四）新兴企业跨区域、跨国经营能力不足

从整体上看，上海市从事跨国经营的企业创新能力不强，缺乏开拓海外市场的技术优势，这在很大程度上制约了国际竞争力的提高。同时，相较于全球成熟跨国企业人才管理，上海市战略性新兴企业的国际化人才配置与发展能力还处于发展和快速提升阶段，企业普遍缺乏能胜任跨国经营的专门人才，海外投资人员的总体素质跟跨国经营的要求相比还有差距，缺乏一批优秀的、熟悉国际市场、通晓国际惯例和有关专业知识的企业家和管理人员，法律和财务方面的人才尤其缺乏，需进一步形成系统化、专业化的

---

① http://dzb.whb.cn/imgPath/2021-01-28/60128.pdf。
② https://www.yicai.com/news/100635679.html。

人才配置和发展体系。跨国企业的竞争最终是人才的竞争，一支文化协同、能力胜任、运营卓越的国际化人才队伍才是中国企业"走出去"的真正软实力[1]。

三、新时期上海市战略性新兴产业发展的主要思路与任务

(一) 上海市战略性新兴产业发展的主要思路

2021年1月30日，《上海市国民经济和社会发展第十四个五年规划和二〇三五年远景目标纲要》公布，其中第五部分"强化高端产业引领功能，加快释放发展新动能"，为上海接下来的产业发展划定了路线图。"十四五"及中长期，上海市将深入推进以现代服务业为主体、战略性新兴产业为引领、先进制造业为支撑的现代产业体系建设，率先实现产业基础再造工程，打好产业基础高级化、产业链现代化的攻坚战，提升产业链水平，为全国产业链、供应链稳定多做新贡献。

(二) 上海市战略性新兴产业发展的主要任务

1. 发挥三大产业引领作用

聚焦集成电路、生物医药、人工智能等关键领域，以国家战略为引领，推动创新链、产业链融合布局，培育壮大骨干企业，努力实现产业规模倍增，着力打造具有国际竞争力的三大产业创新发展高地。

在集成电路产业方面，努力打造完备产业生态，加快建设张江实验室，加强前瞻性、颠覆性技术研发布局，构建以上海集成电路研发中心等为主要支撑的创新平台体系。围绕国家重大生产力布局，加快先进工艺、特色工艺产线等重大项目建设，尽早达产，加快攻关高端芯片设计、关键器件、核心装备材料、EDA设计工具等产业链关键环节，加强长三角产业链协作，逐步形成综合性集成电路产业集群，带动全国集成电路产业加快发展[2]。

在生物医药产业方面，聚焦产业链、价值链高端，积极推动研发产业化、技术商品化，着力打造具有国际影响力、特色优势鲜明的生物医药产业集群。持续优化产业空间布局，根据上海市产业地图，高起点规划打造"1+5"生物医药集聚区。争创国家药物实验室、生物医学大数据设施等基础研究和转化平台，支持医用电气设备、药品微生物检测等行业重点实验室建设，推动建设市级生物医药高端制剂和绿色制造创新中心。

在人工智能产业方面，加快推动基础AI芯片研发，以类脑芯片等研发为引领，重

---

[1] http://www.sh.chinanews.com/shms/2019-05-15/56597.shtml。
[2] 上海市国民经济和社会发展第十四个五年规划和二〇三五年远景目标纲要．https://www.shanghai.gov.cn/2035nyjmbgy/index.html。

点聚焦高端中央处理器（CPU）、图像处理器（GPU）、可编程逻辑门列阵、神经网络处理器等领域研发。依托人工智能岛 AI 龙头企业研发中心和实验室，加快感知识别、知识计算、认知推理、运动执行等共性核心技术创新。加快推进工业机器人智能化升级，促进智能服务机器人研发和产业化。加快推动人工智能产业与其他产业融合发展，重点聚焦智慧医疗、智能制造、智慧驾驶等领域。

2. 布局一批面向未来的先导产业

先导产业是指在经济体系中具有重要战略地位，未来能带动其他产业发展，代表技术发展和产业升级方向的产业，更强调未来对产业体系的引领作用。"十四五"及中长期，上海市将在第六代通信、下一代光电子器件、脑机融合、氢能源、干细胞与再生医学、合成生物学、新型海洋经济等方面，加强科技攻关与前瞻谋划，为未来产业发展奠定基础。在第六代通信领域，重点突破新一代信道编码及调制技术、天线与射频技术、空、天、海、地一体化通信技术等关键技术。深度参与国家 6G 技术专项，积极参与 6G 标准化竞争，在芯片、测试设备、移动终端和网络架构等领域保持先发优势。在氢能源领域，加强工业制氢提纯、电解氢、光解氢等技术的研发应用，增强氢能供应能力；加强固态储氢、运氢相关技术、材料和设备研究，形成小规模示范应用；适度超前布局，加快推进加氢站规划和建设。

3. 围绕重点领域打造高端产业园区

加快推动产业集聚，提升主导产业的集聚度和显示度。在集成电路领域，重点建设张江集成电路设计园，依托张江集成电路装备材料园，加快推动基础装备和半导体材料关键核心技术突破。

4. 促进六大重点产业集群发展

瞄准产业发展前沿，突出集群发展理念，打响"上海制造"品牌，在传承、创新和提升既有优势产业中，重点打造具备产业比较优势、制造服务交互融合、未来发展潜力巨大的六大重点产业集群。进一步优化集成电路产业、人工智能产业、生物医药产业和数字经济产业的空间布局。支持各区结合自身优势，围绕集成电路、人工智能、生物医药、数字经济、新能源及智能网联汽车、航空航天、高端装备、新材料、节能环保、卫星互联网、北斗导航等领域，建设一批战略性新兴产业特色基地。到 2025 年，上海市战略性新兴产业增加值占全市生产总值比重达到 20% 左右。

四、上海市战略性新兴产业的政策保障

重点围绕民营科技企业、产学研体系、产业生态、产业基础设施与应用场景等领域，创新发展举措，优化发展环境。

（一）加强体制机制创新突破

制定新一轮全面创新改革试验方案，优化基础研究支持方式，进一步明确科技成果权属和转化权益，持续突破制约战略性新兴产业发展的瓶颈问题。以自由贸易试验区临港片区、科创板设立和长三角一体化战略为契机，聚焦重点领域，构建关键核心技术攻关的新型举国体制，推动重大政策创新突破。修订新一轮集成电路产业政策，支持关键核心技术研发、重大项目投融资、战略产品市场推广和核心人才发展。完善人工智能顶层新产业、新业态、新模式发展的制度规则，打造自动驾驶示范应用特区。制定新一轮生物医药产业政策，推进生物医药产业创新发展。

（二）强化科技创新策源能力

瞄准世界科技前沿领域，以张江综合性国家科学中心为核心载体，积极推进国家实验室等建设任务，加快集聚建设一批世界级创新单元、研究机构和研发平台。健全协同创新与集中攻关机制，构建以企业为主体、政产学研用结合的新兴产业技术创新体系，在前沿科技、重大关键核心技术、产业共性技术等方面开展联合攻关。加快建设长三角科技创新共同体，统筹配置长三角战略性新兴产业创新资源。

（三）完善科技成果转化渠道

围绕支撑产业链创新和重大产品研发，按照政府引导与市场化运作相结合的原则，建设一批研发与转化功能型平台。探索开展赋予科研人员职务科技成果所有权或长期使用权的改革试点，落实科技成果转化税收支持政策。加强高校、科研院所技术转移专业服务机构建设，加快技术转移服务机构组织化、专业化、市场化发展。大力发展技术市场，发挥国家技术转移东部中心的平台功能，整合集聚技术资源，完善技术交易制度。

（四）实施人才引领战略

通过重点高校、产教融合创新平台等，推进集成电路一级学科建设，加强战略性新兴产业相关专业和学科建设，培育一批战略性新兴产业基础人才、紧缺人才。研究对战略性新兴产业重点领域给予一定的直接落户名额。加大海外创新科研团队和高层次领军人才的引进力度，对于重点企业引进的海外人才，在出入境、停居留方面提供便利并提供精准支持；对于重点企业引进的高端人才，经认定后推荐直接纳入"国际人才蓄水池"等人才计划。完善人才激励制度，下放职称评审自主权，鼓励用人单位完善知识价值导向的收入分配机制，支持科技创新人才在科研事业单位与企业间的合理流动。

（五）构建一流创新生态体系

强化天使投资引导基金、创业投资引导基金的作用，优化基金运作模式，加快推进全面市场化改革，加大对战略性新兴产业种子期、初创期企业的支持力度。加快推进"浦江之光"行动，推动更多战略性新兴产业企业在科创版上市。持续推进优惠利率长期信贷政策，进一步降低战略性新兴产业融资成本。进一步推动银行业设立科技支行，完善战略性新兴产业企业成长发展全流程的金融服务链。加强专业服务机构建设，强化知识产权保护和运用。

（六）全面激发企业创新活力

增强民营企业创新能力，鼓励支持民营科技企业承担政府科研项目和创新平台建设。完善国有企业创新考核激励制度，扩大国有科技型企业股权和分红激励政策实施范围。深化国有企业混合所有制改革，支持国有优势龙头企业吸纳民营资本，优化存量资源，建立创新联合体。支持外商投资企业设立实验室、研发中心、创新中心、企业技术中心和博士后科研工作站。支持各类企业设立高水平协同创新平台，推进战略性新兴产业领域原创性、支撑性、关键性技术开发。

（执笔人：本书调研组）

（审稿人：薛薇）

参考文献

[1] 张懿. 补链强链，上海为"双链"畅通注入韧性［N］. 文汇报，2021-01-28（6）.

[2] 顾煜，薛美根，许俊康，等. 高标准谋划上海自贸区临港新片区综合交通体系［C］// 交通治理与空间重塑——2020年中国城市交通规划年会论文集. 北京：中国建筑工业出版社，2020:612-619.DOI:10.26914/c.cnkihy.2020.032115.

[3] 苏玥玥. 可交换债券对国有资本优化配置的影响研究［D］. 北京：北京交通大学，2018.

[4] 张懿，汤蕴懿，蒋程虹，等. 战略性新兴产业，从跟跑向并跑领跑加速［N］. 文汇报，2019-08-15（10-11）.

[5] 杨莲秀. 上海构建更高层次现代化经济体系研究［J］. 科学发展，2019（2）：5-15.

[6] 芮明杰. 高端服务与先进制造融合发展 推动上海经济新增长［N］. 第一财经日报，2020-05-20（A11）.

[7] 国务院. 国务院关于印发"十三五"国家战略性新兴产业发展规划的通知［EB/OL］.（2016-11-29）[2021-12-30］. http://www.gov.cn/zhengce/content/2016-12/19/content_5150090.htm.

[8] 国家信息中心. 战略性新兴产业形势判断及"十四五"发展建议（上）［EB/OL］.（2021-01-04）[2021-12-30］. https://www.ndrc.gov.cn/xxgk/jd/wsdwhfz/202101/t20210104_1264124.html?code=&state=123.

[9] 国家信息中心. 战略性新兴产业形势判断及"十四五"发展建议（下）［EB/OL］.（2021-01-04）[2021-12-30］. https://www.ndrc.gov.cn/xxgk/jd/wsdwhfz/202101/t20210112_1264810.html?code=&state=123.

第二十一章 Chapter 21
深圳市战略性新兴产业发展现状与思路

"十五"规划以来,深圳市经济保持快速增长,产业实力、创新层次、城市能级获得大幅跃升,一线城市的地位得到巩固和加强,并成为享誉世界的明星城市。深圳市作为粤港澳大湾区的核心城市和经济特区,在区域经济中发挥着重要作用。无论是粤港澳大湾区东岸以战略性新兴产业高科技为代表的知识密集型产业带,还是沿海以先进制造业、现代服务业为代表的生态保护型产业带,深圳市都扮演着重要角色。深圳市设立战略性新兴产业发展专项资金,支持新一代信息技术、高端装备制造、绿色低碳、生物医药、数字经济、新材料、海洋经济等战略性新兴产业发展。深圳互联网产业发展环境较为优越,创新能力显著提高,综合实力不断增强,已成为我国乃至东南亚地区互联网产业发展的领先城市,培育了一批知名品牌和龙头骨干企业。深圳市实现了全产业链企业集群的生态演进,通过产业政策与营商环境优化实现了有效的制度创新,协调实体经济与虚拟经济共促发展,并通过独特的本土创新文化推高了创新效能,通过技术创新与产业关联发展实现后发赶超。

2020年,深圳市地区生产总值27 670.24亿元,同比增速从一季度的–6.6%、上半年的0.1%、前三季度的2.6%,提高到全年的3.1%,呈现稳步回升态势。其中,深圳市战略性新兴产业增加值进一步增至10 272.72亿元,占地区生产总值的比重达37.1%,成为深圳市经济2020年保持正增长的主要引擎。深圳市几个重要产业的关系见表21-1。

表21-1 深圳市支柱产业、战略性新兴产业和未来产业

支柱产业	战略性新兴产业	未来产业
文化创意产业 高新科技产业 现代物流业 金融业	生物产业 新能源产业 互联网产业 文化创意产业 新材料产业 新一代信息技术产业 节能环保产业	生命健康产业 海洋产业 航空航天产业 机器人产业 可穿戴设备产业 智能装备产业

深圳市在推进战略性新兴产业发展方面，一是持续落实对战略性新兴产业的扶持。从组织领导、扶持领域、支持资金等方面加大对战略性新兴产业的扶持。对战略性新兴产业在财政专项资金上给予大力扶持，企业可向科技研究开发计划申请资金资助。例如在生物产业领域，大力发展生物医疗、生物医药、生物农业、生物环保、生物制造和生物能源等。在互联网产业领域，同步发展互联网产业和与互联网有较高关联度的产业，如数字医疗、智能电网、智能交通等。二是加大政府引导力度，组建各类支持战略性新兴产业的中心，加大财政资金扶持力度，合理设定战略性新兴产业的资助额度，对战略性新兴产业企业的房租提供补贴。按年度持续提供资金支持，振兴互联网、生物和新能源等战略性新兴产业发展。开展深圳市重点实验室建设计划，组建互联网、新能源和生物等领域重点实验室，支持前沿、交叉领域的应用基础研究和产业关键技术、共性技术的研发。三是在人才队伍方面，组建学术水平高、年龄与知识结构合理、学风严谨、开拓创新精神强、组织管理和协调能力强的研究开发队伍，鼓励企业、高等院校和科研机构积极承担国家级和省级重大项目，并予以配套资助。四是营造适合产业发展的优良环境，建立战略性新兴产业园区，搭建公共技术服务平台。对入区企业给予相应的扶持政策，提供相应的公共服务，扶持中小企业发展，从制度和政策上对园区的建设和发展提供保障。着力构建支撑体系，完善公共服务体系，健全投融资服务体系。知识产权、标准战略、文化产业发展等相关专项资金也向战略性新兴产业倾斜，共同促进战略性新兴产业发展。五是持续提升创新能力。促进模式创新，培育新的商业形态和服务，打造移动互联网产业链，鼓励技术创新，加大关键技术攻关力度，提高核心竞争力。不断拓展战略性新兴产业应用领域，促进与实体经济渗透融合。六是进一步提升科技创新市场转化优势和效率，盘活丰富的技术转移机构，运用灵活的运营方式，强化专业化的服务能力，打造国际科技创新中心。

一、深圳市战略性新兴产业发展现状

（一）战略性新兴产业蓬勃发展，逐步形成产业集群

《粤港澳大湾区规划纲要》分别对深圳市等四个核心引擎城市进行差异化定位。深圳市要"发挥作为经济特区、全国性经济中心城市和国家创新型城市的引领作用，加快建成现代化国际化城市，成为具有世界影响力的创新创意之都"。《关于支持深圳建设中国特色社会主义先行示范区的意见》提出加快创建深圳综合性国家科学中心、加快建设深圳和香港科技创新合作区、实施综合授权改革试点、用足用好经济特区立法权、开展国际人才管理改革、创造条件推动注册制改革等多项重大牵引性工作和举措[1]。在全球贸易战爆发和国内结构性去杠杆背景下，深圳市布局战略性新兴产业是"双区驱动"战略的必要手段。

（二）推进传统产业转型，集中力量扶持战略性新兴产业

深圳市在持续推进传统优势产业改造升级的同时，集中力量做大高新技术产业、战

略性新兴产业，超前布局并坚定扶持未来产业。深圳市制定了符合深圳经济结构的战略性新兴产业目录，战略性新兴产业分类清晰明确。在产业结构方面，深圳的经济增量以战略性新兴产业为主，战略性新兴产业对GDP增长贡献率达40.9%；工业以先进制造业为主，先进制造业占工业比重超过70%；三产以现代服务业为主，服务业占GDP比重60.5%，现代服务业占服务业比重提高至70%以上。2020年上半年，深圳七大战略性新兴产业实现增加值4498.16亿元，增速较一季度回升8.7%。

深圳市GDP从1979年的1.96亿元增长到2019年的2.7万亿元，翻了13 775倍，位居全国城市第三。《财富》世界500强榜中有7家企业的总部位于深圳市，包括中国平安、华为、正威国际、中国恒大、招商银行、腾讯和万科。深圳市在5G、移动通信、人工智能等领域，拥有一批国内外知名的科技创新型企业。众多深圳市企业成为全球知名企业，成为深圳市自主创新和高质量发展的标杆。深圳市已经形成以软件开发、互联网信息服务为主导的产业格局。腾讯成为国内排名第二的互联网企业，微信月活跃账户数为11.648亿，QQ月活跃账户数为6.47亿，拥有全国最多的社交用户，基于微信的微信支付成为仅次于支付宝的移动支付平台。

2019年，深圳市先进制造业税收占第二产业税收比重过半，现代服务业税收占第三产业税收比重超八成，战略性新兴产业税收占17.3%。2019年，深圳市战略性新兴产业增加值10 155.51亿元，增长8.8%，其中新一代信息技术业5086.15亿元，增长6.6%；数字经济1596.59亿元，增长18.0%；高端装备制造1145.07亿元，增长1.5%；绿色低碳业1084.61亿元，增长5.3%；海洋经济489.09亿元，增长13.9%；新材料416.19亿元，增长27.6%；生物医药业337.81亿元，增长13.3%。智能手机、无人机和机器人等众多深圳市品牌产品走俏全球[2]。

传统制造业的迁出为深圳战略性新兴产业发展留出了空间。巨型企业每进入一个新技术领域，一段时间后都会在其新业务板块周边区域形成一个产业集群。深圳市战略性新兴产业在发展上采用了"技术引进、消化吸收、技术创新"的思路。以华为为例，2G时代学习欧洲的GSM技术标准，3G时代跟踪CDMA技术，4G时代与欧美在LTE技术上并驾齐驱，5G时代，实现技术反超，成为全球5G技术的市场领导者。深圳市华为系、中兴系、苹果系、联想集团、华星光电、融捷集团这六大企业集团的增加值占深圳市制造企业（年产值超20亿元）增加值比重的82%。苹果系的无线充电技术、华为系的石墨烯和车联网、富士康系的园区物联网和服务机器人、比亚迪系的轻型轨道交通设备、华星光电半导体的柔性有机发光显示器件等战略性新兴产业群为深圳市的战略性新兴技术发展播种下大量的资源。"互联网+"、人工智能、云计算等产业发展，为深圳市打造国际科技创新中心奠定坚实基础[1]。

凭借四大支柱产业（高新技术、物流、金融和文化创意）、七大战略性新兴产业（生物、互联网、新能源、新材料、文化创意、新一代信息技术、节能环保）、五大未来产业（航空航天、生命健康、机器人、可穿戴设备和智能装备）和十类文化创意产业，以及服装、家具、钟表、黄金珠宝等优势传统产业,深圳市在全国形成最具高端引领、持续发展的"最优产业结构"和"结构优于规模"的竞争性优势。

(三) 集聚全球创新资源,营造良好创新生态

作为科技创新的前沿,深圳加速集聚全球创新资源,组建格拉布斯研究院、中光工业技术研究院等10所诺奖科学家科研机构。深圳市在创新环境、政策支持、市场开拓和资本助力等多个优化营销环境方面重点投入,带来巨大"磁吸效应",吸引了苹果、微软、高通、英特尔等跨国型公司在深设立研发、技术转移和科技服务机构。至2019年底,深圳拥有国家、省、市级重点实验室、工程实验室、工程技术研究中心和企业技术中心等各类创新载体累计达2260家,其中国家级118家,省部级605家,这些平台为深圳市持续集聚国内外创新人才并产生创新成果。

作为国内供应链金融的发源地和集聚地,深圳成为国内供应链金融最发达地区之一。深圳市实体经济发达、金融创新活跃,拥有一大批积极开展供应链金融的机构,拥有全国80%以上的供应链管理服务企业总部,以及数量众多、类型丰富的供应链实体企业。平安银行、招商银行等知名金融机构逐步建立的供应链金融产品和服务体系,为中小企业保驾护航。深圳金融科技发展在数字货币研究、监管科技、量化投资平台、网络安全、区块链和人工智能等领域已经表现出了极大的领先优势。

二、新时期深圳市战略性新兴产业发展形势、机遇和挑战

(一) 贸易摩擦给产业高端发展带来巨大压力

深圳市作为我国新一代信息技术产业重镇,自2018年7月6日中美贸易摩擦升级以来,华为、中兴、大疆等深圳市龙头创新企业一直就是美国高度关注的打压对象,"市场禁入+结盟打压+技术管制+出口管制+人才限流+长臂管辖"等组合拳式政策工具层出不穷。目前,深圳市多数高新技术企业规模偏小、研发投入不足,大量技术为引进后二次开发或直接引进生产,自主研发的关键技术、创新产品比例与发达国家比相对偏低,核心技术积累不足、关键原材料和核心零部件依赖进口等问题暴露无遗,尤其是"缺芯少魂"问题严重,未来技术创新与产业转型面临巨大压力。

(二) 新冠肺炎疫情带来发展形势变化

2020年,新冠肺炎疫情肆虐世界各地,给全球战略性新兴产业发展形势带来改变,也对深圳市产业发展影响深重。一是经济停滞带来产业发展受阻,2020年深圳市固定资产投资、企业商业订单下降较多,深圳市战略性新兴产业企业面临营收下降、资金链紧张等方面的问题;二是新冠肺炎疫情引发了全球经济的持续萎缩,未来经济将呈现以国内大循环引领国际循环的特色,而深圳市经济发展长期呈现出口导向型特色,这对深

圳市实现战略性新兴产业持续发展提出了新的挑战。

(三) 高端人才集聚明显不足

尽管深圳市在"十三五"期间大力发展高等教育与技术创新，集聚了一批创新人才，但与北京、上海等领先地区相比，深圳市人才储备仍处于落后地位。整体来看，深圳市教育、医疗等公共服务配套设施质量不高，轨道交通、环保水务、商务休闲等基础设施和公共服务设施也有较大欠缺，无法满足各类人才的丰富需求。由此导致无论是招商引资对中高端人才的吸引力，还是对现有人才的培育能力，都存在明显不足，导致人才流失现象比较严重，高端领军人才缺乏。

(四) 政府扶持计划存在缺陷

当前，深圳市对战略性新兴产业专项资金扶持项目的支持方式较为有限，股权资助、贷款贴息等多元化扶持方式被取消，在扶持方式上应当探索引入多种项目遴选方式与支持方式，更好地发挥政府的引导和调节作用。深圳市科技产业扶持计划"碎片化"较为严重，现行扶持计划共64项，科技产业专项扶持计划实施以来，共支持项目超过12 000个，均以单行项目形式开展，看似多点开花，实则相互割裂、零散低效，难以形成有效合力，未能聚焦提升产业整体生态和竞争力，无法有效推动产业集群形成、产业链水平整体提升和高端发展。从针对重大项目的扶持力度方面分析，现行扶持计划体系中鼓励开展重大项目方面的扶持计划，仅工信局企业技术改造专项中的重大项目奖1项，自2019年开始实施，资助金额最高不超过5000万元，相比国内其他城市，深圳市重大项目扶持计划吸引力明显不足。

(五) 生产要素成本快速上升

"十三五"期间受经济形势、环境变化等方面影响，深圳市土地、租金、人员等生产要素成本呈现全面上涨态势，目前深圳市最低工资标准、工业用地价格、厂房租金价格等成本位居全国前列，要素成本较毗邻的东莞、惠州高出一截。要素成本的急剧上升，也在一定程度上导致深圳市对高端创新人才的吸引力严重下降，越来越多的高新技术企业通过异地建立研发机构、生产机构等方式逐步将企业发展重点向内地城市转移，深圳市面临的产业空心化威胁日益严重。

(六) 产业土地空间制约明显

土地是产业发展的重要基本载体和关键生产要素，战略性新兴产业往往对于土地空间具有较大需求。"十三五"期间，深圳市工业用地面积维持在270平方公里左右，新增用地即将耗尽，工业用地规模在国内主要工业城市中处于较为落后位置，显著制约战略性新兴企业在深圳市扩大生产规模，也对全球重大战略性新兴产业项目的落地造成一定影响。在土地价格方面，目前深圳市工业用地价格、厂房租金价格等成本居高不下，随着周边城市和内陆城市招商引资力度不断加大,深圳企业外溢扩张和整体搬迁情况都陆续增多,越来越多的高新技术企业通过异地建立研发机构、生产机构等方式逐步将企业发展重点向内地城市转移,深圳市面临的产业空心化威胁日益严重。

三、新时期深圳市战略性新兴产业发展的主要任务

深入落实中国特色社会主义先行示范区和粤港澳大湾区等重大国家战略的工作部署,在技术、资金、人才、监管等方面系统谋划,围绕产业发展面临的新形势与新特点多措并举、不断改革、持续创新,全面营造一流的战略性新兴产业创新发展生态系统,促进战略性新兴产业发展壮大。

(一)建设数字经济先行示范区

深入落实《中共中央、国务院发布关于支持深圳建设中国特色社会主义先行示范区的意见》中关于"打造数字经济创新发展试验区"的工作部署,探索在全市推进建设数字经济先行示范区,培育数字应用新业态。加快推进数字经济技术研发和产业化,集中突破一批高性能网络、智能模块、智能联网装备、工业软件等关键软硬件产品与解决方案[3]。把握《全面深化服务贸易创新发展试点总体方案》将深圳市列为试点地区的机遇,推进数字技术对产业链、价值链的协同与整合,推动产业数字化转型,促进制造业服务业深度融合,推动生产性服务业通过服务外包等方式融入全球价值链。推动互联网、大数据、人工智能和实体经济深度融合,发展先进制造业,支持数字经济赋能传统产业,全面推进深圳市产业跨越式转型。

(二)定制"重大技术清单"攻关计划

面向科技前沿领域、战略性领域及掣肘产业转型升级的关键节点,精准化研究制定深圳市未来十五年的"重大技术清单"攻关计划,将深圳市建设成为世界尖端科技创新发源地。明确各阶段深圳市关键技术攻关路线图、时间表和相应的技术经济支持措施,重点关注欧美国家对我国进行管制的技术领域,支持龙头企业联合高等院校、研究机构攻克一批能够大幅提升我国整体产业竞争力的重大技术。遴选一批具有代表性的核心技术与关键零部件,支持以企业为主体开展自主研发与技术攻关,实施主动布局技术攻关项目,支持关键零部件研发以替代进口,切实支持我国解决核心技术及零部件受制于人的问题。

(三)精准化定制补链行动

深入开展全市战略性新兴产业大体检,摸清产业链的"薄弱缺"环节,做好"体检方案"、谋划"治疗方案"、准备"急救方案"。有效应对"后疫情"时代产业发展环境的变化,从降低经营成本、优化政务服务等方面加大支持力度,全力稳定产业主体的正

常生产经营。针对华为、OPPO、VIVO 等龙头企业构建完备的产业链与供应链，围绕产业链"做精上游、做强中游、做高下游"，打造形成若干具有全产业链协同发展水平和集聚化的产业链集群，破解龙头企业正面临的围堵封锁。围绕人工智能、新型显示、高端装备等领域检验检测及中试转化平台，生物医药领域 CRO/CDMO 平台，新材料领域高性能电力电子器件等，布局建设前沿科技发展所短缺的各类公共技术服务平台，促进形成完善健全的战略性新兴产业链结构。

（四）实施新技术梯次化发展策略

把握新技术发展规律，围绕新技术构建梯次化发展策略，缩短科学发现与技术发明、科技成果转化与产生经济效益的周期。在基础研究与应用基础研究方面采用"长线投资"方式，长期规划布局医药研发、新材料开发等科研项目，鼎力提升原始创新能力，形成研发投入稳定性机制；在产业化应用方面采用"短平快"支持方式，大力扶持人工智能、5G 移动通信等领域的融合创新应用，针对限制整体产业发展的产业链薄弱环节，重点支持提高基础材料、基础元器件国产化能力，支撑产业闭环发展。

（五）培育谋划新产业、新业态发展

瞄准世界科技产业前沿，围绕七大战略性新兴产业领域，率先前瞻布局新一轮科技产业发展重点，着力培育新的增长点。针对深圳市产业结构单一、缺乏抗风险能力等特点，聚焦人工智能、生物医药等重点领域，及时破除体制机制政策障碍，通过"靶向"精准政策扶持引导，培育一批自主创新能力强、成长周期短、产业带动能力强的行业领军企业。全面准确把握战略性新兴产业政策需求，适时修订战略性新兴产业支持政策和服务体系，建立新兴经济监测联动机制，及时将新业态、新产业纳入统计调查目录。

（六）积极争取重大产业项目布局

发扬迎难图新的深圳特性与深圳优势、凝聚全球创新资源，持续完善新型基础设施配套支持环境，突破体制和机制中与新经济不适配条规，革除阻碍要素组合"堵点"。依托深圳市在创新能力、灵活体制、充足财政等方面优势，主动出击，积极承接国家重大产业项目布局，依托生物医药、高端装备等领域国家级重大项目，不断完善战略性新兴产业结构，提升产业抗风险能力。把握当前陆资、港资快速涌入深圳市的发展形势，瞄准产业高端，发展深圳金融科技优势及深港金融人才培养合作基础，推动国际金融科技交流合作，增强深圳市战略性新兴产业引擎作用和"纽扣"作用。

（七）引导企业专、精发展

加强优质成长型企业孵化扶持力度，鼓励企业围绕特定航道的专注化发展，培育形成行业带动力，打造一批顶尖的技术创新决策、研发投入、科研攻关组织和科技成果转化主体。在新一代信息技术各细分市场领域培育一批独角兽企业、"隐形冠军"企业，增强产业发展后劲，稳固深圳市新一代信息技术产业优势。构建政府与企业风险共担机制，采取资金注入、损失补偿和税收优惠等方式加大对担保机构的支持力度，切实解决中小微企业融资难题，引导企业持续发展信息技术、先进材料、生物技术等关键性技术，降低企业转型概率，不断提升产业竞争力。

（八）加强公共技术服务平台体系建设

以盘活存量平台与布局增量平台为重点，推动战略性新兴产业创新平台成为创新要素的集散、开放与共享平台，打开从"科学"到"技术"再到"产业"的重要通道。围绕产业链创新技术研发、共性技术开发、检验检测服务等共性关键环节，着重在人工智能、智能网联汽车、生物医药 CRO/CDM 平台、8K 超高清视频等领域搭建高水平公共技术服务平台，补齐深圳市公共技术服务短板，攻克一批前沿引领技术、关键共性技术与现代工程技术。优化机构设置，合理布局平台，推进检验检测机构整合重组、资源共享、开放合作。

（九）加速建立多元化资金支持体系

实施创新验证资助计划，进一步创新财政科技投入方式，扩大资金惠及面，加快建立市场化、精准化、多元化相结合的专项资金扶持体系。坚持市场主导与政府扶持相结合、科技创新与产业化相结合、整体推进与重点突破相结合，更多运用市场化工具财政间接投入等方式，逐渐形成无偿与有偿并行、事前与事后结合的多元投入机制，通过设立创业投资引导基金等多元化扶持方式，扩大专项资金规模及受惠主体范围，更全面地推进创新型企业和机构发展，激发各类创新主体的活力和动力。充分发挥深圳市政府投资引导基金、天使投资母基金等引导基金作用，坚持市场化运作，撬动社会资本设立子基金，加快中试子基金投资运作，加大对重点领域中试环节的精准扶持，探索设立跨境人民币投贷基金，为产业资本搭建"出海平台"。

（十）实施精准有效的人才引进政策

适应科技发展规律、高技术产业化规律和国际人才流动新形势，确立人才引进与就地培养相结合、专业技术人才与市场经营管理人才相结合、精心安排落户人才与支持流动性人才灵活服务相结合、政府主导人才培养与市场化优胜劣汰人才相结合的新时期人才资本开发指导方针。重点引进掌握核心技术的海内外顶尖人才，着重跟踪全球掌握核心技术的科技领军人才、行业领军人才和顶尖科学家。紧密把握中美贸易摩擦背景下华裔人才回国趋势，主动出击吸纳全球中高端人才来深圳市就业创业。面向国际国内争夺创新型人才日趋激烈的竞争态势，以诺奖实验室、重大科技基础设施等创新机构为载体,柔性集聚全球人才资源,促进全球创新科技在深圳市落地转化。

(十一)加快打造专业化园区

优化完善专业园区产业扶持政策,加大对专业园区、创新企业、产业发展、科研机构的支持力度,为战略性新兴产业发展提供大量低成本空间。以科研和产业为支撑,构建"智库+园区+联盟+政策"发展模式,推动建设一批小型化、专业化、特色化产业园区,推动产业互补、互动发展,鼓励组建产业创新联盟,促进企业资源整合与关联发展。重点发展集成电路、新材料等专业化园区,加速产业链关键核心环节发展,支持园区内企业融入国家相关产业发展整体布局,建立符合特色园区发展规律的考核评价机制,实施园区阶段性目标考核与评估审查,提升园区的专业性与竞争力,实现产业高质量发展。

(十二)促进形成各区产业差异化发展格局

形成市级层面统筹、各区特色发展的全域战略性新兴产业空间格局,综合考虑各区产业基础、功能定位和资源禀赋,推动各区产业的差异化布局与协同发展。各区应加快推进工业区升级改造,加快整备成片产业用地,加大创新型产业用房对战略性新兴产业的供给比例,优先保障战略性新兴产业发展需要。结合深圳市对各区的发展定位与发展要求,各区应加快编制相应的战略性新兴产业发展政策,以错位布局、协同发展为原则,明确发展重点、空间布局、发展时序等,促进战略性新兴产业集聚发展和特色化、差异化发展。各区应对现有园区进行优化整合,建设一批空间规划合理、产业链完整的专业化园区,提升战略性新兴产业创新发展空间供给质量,以优质空间供给提升战略性新兴产业创新效率。

(十三)加强大湾区产业分工与合作

大力发挥深圳市战略性新兴产业引领作用,把握粤港澳大湾区建设的重大机遇,全面加强与大湾区其他城市的技术交流与成果产业化合作,加快构建大湾区"基础研究+技术攻关+成果产业化+科技金融"全过程创新生态链,助力粤港澳大湾区战略性新兴产业创新能力水平整体跃升。全面对标长三角、京津冀地区,推动形成地区间产业错位配套发展态势,共同推动产业集聚化发展。探索加强制度创新,逐步消除影响粤港澳大湾区地区间产业合作的壁垒,积极推动人才、资金、技术等科技生产要素在三地间的自由流动。鼓励与香港特别行政区、澳门特别行政区、广州等在创业孵化、成果转化、技术转让等领域开展深度合作。在产业布局、土地利用、资源共享方面加强合作,推动粤港澳科技创新资源向产业链高端集聚,形成对区域产业升级和创新发展的强大带动作用。

(十四) 促进全球战略性新兴产业交流

以港澳为桥梁,以前海自贸区、深港科技创新特别合作区等为支点,促进全球科技创新资源集聚,形成虹吸效应与辐射效应,提升深圳战略性新兴产业发展辐射带动能级,加速粤港澳大湾区产业经济一体化发展进程。建立面向全球的科技成果转移和转化体系,加快建设国际科技成果转移和转化示范区,推动深圳市成为全球科技成果转移转化枢纽。推进国际合作创新中心与海外研发中心建设,支持符合条件的企业通过自建、并购、合资、合作、参股等多种方式在海外设立研发中心,重点支持人工智能、5G、生物医药等领域同海外建立战略合作关系。

(执笔人:本书调研组)

(审稿人:薛薇)

参考文献

[1] 裴茜,刘红燕.深圳产业结构优化与区域协同[J].现代营销,2020(9):69-70.

[2] 裴茜,魏达志.深圳40年核心经济动能的培育路径研究[J].深圳社会科学,2020(5):60-68;104.

[3] 国务院.国务院关于深化"互联网+先进制造业"发展工业互联网的指导意见[EB/OL].(2017-11-27)[2021-12-30].http://www.gov.cn/zhengce/content/2017-11/27/content_5242582.htm.

[4] 国务院.国务院关于印发"十三五"国家战略性新兴产业发展规划的通知[EB/OL].(2016-11-29)[2021-12-30].http://www.gov.cn/zhengce/content/2016-12/19/content_5150090.htm.

[5] 国家信息中心.战略性新兴产业形势判断及"十四五"发展建议(上)[EB/OL].(2021-01-04)[2021-12-30].https://www.ndrc.gov.cn/xxgk/jd/wsdwhfz/202101/t20210104_1264124.html?code=&state=123.

[6] 国家信息中心.战略性新兴产业形势判断及"十四五"发展建议(下)[EB/OL].(2021-01-04)[2021-12-30].https://www.ndrc.gov.cn/xxgk/jd/wsdwhfz/202101/t20210112_1264810.html?code=&state=123.

第二十二章 Chapter 22
广州市战略性新兴产业发展现状与思路

"十三五"期间,广州全面落实国家战略部署,大力培育发展战略性新兴产业,推进经济结构战略性调整取得实质性突破,为实现有质量的稳定增长和可持续的全面发展提供了强劲动力,成为我国战略性新兴产业规模最大、集聚性最强的城市之一[1]。

为推动供给侧结构性改革和更高质量发展,"十四五"及中长期广州必须积极抢占新一轮科技革命和产业变革制高点,着力培育新经济新动能,努力实现战略性新兴产业跨越攀升,加快建设国际科技创新中心,打造全球创新城市。

一、广州市战略性新兴产业发展现状

(一)经济增长引擎作用突出

"十三五"时期,广州市战略性新兴产业规模持续扩大,2020年战略性新兴产业增加值占地区生产总值比重30%,远高于全国20%的平均水平。其中新一代信息技术产业实现跨越式发展,已处于全国领先水平;生物产业规模不断扩大,成功跻身国内第一梯队;新材料与高端装备产业突破一批关键技术和核心部件,引领广州制造转型升级;新能源汽车、新能源与节能环保产业实现高速增长,产业竞争力明显增强;时尚创意产业品牌影响力逐渐提升,广州"文化创意之都"地位进一步增强;未来产业发展蹄疾步稳,新技术、新产业、新业态、新模式不断涌现。同时在基础设施与平台建设、细分领域优势培育、龙头企业壮大、空间布局优化和国际创新合作等方面取得了明显进展。战略性新兴产业的蓬勃发展有效支撑广州市新旧动能接续转换,成为广州市深化供给侧结构性改革、完善现代产业体系建设、厚植发展新优势的有力抓手。

(二) 创新引领能力不断提高

广州市深入实施创新驱动战略,创新能级不断攀升,在创新平台布局、关键技术攻关与创新成果转移、转化等方面取得一系列重大突破。科技创新策源功能明显增强,"1+1+4+4+N"战略创新平台体系不断完善:呼吸领域国家实验室挂牌建设稳步推进;粤港澳大湾区国家技术创新中心建设不断加速;人类细胞谱系大科学研究设施、冷泉生态系统研究装置、动态宽域高超声速风洞、极端海洋动态过程多尺度自主观测科考设施这4个重大科技基础设施的前沿研究战略支撑显现;生物岛实验室、南方海洋科学与工程实验室、人工智能与数字经济实验室、岭南现代农业科学与技术实验室这4个省实验室的原始创新主力军作用凸显;广州纳米科技、空天科技等多个高水平创新研究院的技术供给主平台搭建不断完善。汇聚国家战略科技力量,拥有国家级新区、高新区、开发区、自贸试验区、粤港澳全面合作示范区、广州科学城、中新广州知识城等国家级创新平台。广州市基础研究和关键技术攻关能力突出,2020年,国家、省重点实验室达到21家和241家,分别占全省的70%和61%;全市研发投入年均增长15.6%,占地区生产总值比重由2.1%提高到3%;专利、发明专利授权量比2015年分别增长2.9倍和1.3倍。共获国家级科技奖励104项。技术合同成交额突破2000亿元,是2015年的8倍。

(三) 产业集聚发展成效显著

"十三五"时期,广州市围绕战略性新兴产业重点领域,加快推动一批"高精尖"项目建设,聚焦新一代信息技术、人工智能、生物医药、新能源汽车、新能源、新材料等重点领域,出台产业专项政策,初步形成了一批具有竞争优势的战略性新兴产业集群。其中生物医药与健康产业表现突出,构建起上游技术研发、临床试验,中游转化中试、生产制造,下游上市应用、流通销售的完整产业链。2020年,生物医药集聚上下游企业5500多家,增加值超千亿,占地区生产总值比重超5%,成为地区新的支柱产业[一]。在国家发展改革委公布的首批66个战略性新兴产业集群名单中,广州市智能制造和生物医药2个产业集群项目入选。广州市先后获批国家生物产业基地、"全球定制之都"、服务型制造示范城市等。广州科学城、中新广州知识城、广州国际创新城、琶洲互联网创新集聚区、天河智慧城、广州国际生物岛等广深港澳科技创新走廊重要核心节点的产业集聚能力不断提升,逐渐发展成为战略性新兴产业的主要集聚区。

(四) 产业主体创新实力不断增强

2020年,广州市高新技术企业增至1.2万家,总量位居全国第四。全市科技创新企业库在录企业已突破20万家,其中2020年广州市国家科技型中小企业备案入库数达12 430家,同比增长33.90%,连续三年居全国主要城市第一。创新平台引领作用凸显,

---

[一] "千年商都"吸金体质"如何炼成",网址为 https://new.qq.com/omn/20210330/20210330A04SFJ00.html。

获批建设全国在新材料领域首个国家先进高分子材料产业创新中心、华南第一家生物材料出入境公共服务平台、全省首个区域细胞制备中心、全省首个印刷及柔性显示国家级制造业创新中心等重大创新平台，平台赋能和主体创新能力不断增强。在新一代信息技术领域，广州市集聚昂宝电子总部、广芯微电子等30余家集成电路产业链企业，相关产值近300亿元，粤芯12英寸晶圆项目顺利投产，有效填补制造业"缺芯"空白；超视堺、乐金、创维、视源、聚华等为代表的新型显示产业规模突破千亿级；以区块链为特色的中国软件名城示范区加快建设，已汇集300多家区块链企业。截至2020年，全市共有科技企业孵化器405家，其中国家级科技企业孵化器达41家，全市众创空间294家，其中国家级众创空间达54家，产业生态不断完善，形成全产业链协同发展的良好环境。企业、平台及相关联盟组织的主体创新能力不断增强。

（五）产业要素和环境持续优化

广州市全面推进科技强市战略和国家创新型城市建设，发布了科技创新"1+9"和集聚产业领军人才"1+4"政策文件，形成了精准支持科技创新发展的政策体系。广州聚集了全省80%的高校、97%的国家级重点学科、69%的国家重点实验室以及31%的独立研究机构。创新人才加速集聚，2019年广州全市R&D人员全时当量为15.06万人年，占全省18.75%；每万就业人员中R&D人员全时当量为133.76人年，是全省的1.19倍。在高层次人才方面，截至2020年广州市拥有高级职称专业技术人才20.8万人；在广州工作的诺贝尔奖获得者8人、两院院士115人。同时，广州市狠抓营商环境改革创新，开放型经济新环境持续优化。广州市深入推进营商环境3.0改革，出台《广州市进一步优化营商环境的若干措施》《广州市深化商事制度改革实施方案》等配套文件，开办企业等业务实现全国领先，公共资源交易信用体系建设被国家发改委作为示范推广；出台降低制造业成本59条修订版等政策措施，推进"一带一路"枢纽城市建设，设立中国企业"走出去"综合服务基地，机场综保区中区（二期）建设顺利通过国家验收，口岸整体通关时间压缩三分之一，各种外贸新业态发展居全国城市前列。

二、新时期广州市战略性新兴产业发展形势、机遇和挑战

（一）国内外形势变化

1. 国际环境日趋复杂，新一轮科技革命和产业变革深入发展，挑战机遇发生新变化

全球科技竞争加速，世界经济秩序和产业格局面临调整重塑。全球经济面临重大下行风险，发展战略性新兴产业成为各国推动经济增长的重要举措，主要大国之间的纷争和摩擦越来越多地集中在科技领域。美、日、德等主要国家纷纷出台针对性创新

战略、政策、发展规划和布局，在人工智能、生物、量子计算等战略必争领域加紧高端创新要素争夺，塑造全新的产业链分工和贸易格局，抢占未来发展先机，构建国际竞争新优势，这些对广州市稳定产业链和供应链、突破战略性短板、培育新的增长亮点提出了新要求。新一轮科技革命和产业变革深入发展，正在推动世界经济结构、产业结构、国际分工发生深刻变革，全球产业链、供应链、创新链、价值链发生深刻重组，为广州市超前布局有基础、有特色的战略性科技研发，培育未来产业发展新优势，提供了历史契机。

2. 新发展阶段、新发展理念、新发展格局为广州市推动经济高质量发展提供新思路

我国将进入新发展阶段，国内发展环境也经历着深刻变化。我国已进入高质量发展阶段，社会主要矛盾发生了关系全局的历史性变化，持续发展具有多方面优势和条件，同时发展不平衡、不充分问题仍然突出。进入新发展阶段既带来一系列新机遇，也带来一系列新挑战，是危机并存、危中有机、危可转机。党的十九届五中全会提出，坚持把新发展理念贯穿发展全过程和各领域，推动和引领高质量发展。新时代抓发展必须坚定不移贯彻创新、协调、绿色、开放、共享的新发展理念，破解我国发展中的突出矛盾和问题，不断释放增长潜力，促进新旧动能转换，推动经济发展实现质量变革、效率变革、动力变革，这些对广州市深化创新驱动发展战略，统筹推进"五位一体"、协调推进"四个全面"战略布局，加快低碳绿色转型，发挥开放型经济发展重地作用，参与更高层次国际产业合作，以及推动民生共享发展等，提出了更高的要求。广州市必须找准自身在国内大循环和国内国际双循环中的位置和比较优势，聚焦打造国内大循环中心节点城市和国内国际双循环战略链接城市，沿着供给侧结构性改革这一主线，注重需求侧管理，深化改革、扩大开放、推动科技创新和产业结构升级、以创新驱动、高质量供给引领和创造更多新需求，为打造新发展格局战略支点发挥重要支撑作用。

（二）数字经济、生物经济和绿色经济迈入新阶段，广州市科创和战略性新兴产业发展迎来更多机遇

我国经济社会已转向高质量发展阶段，推进战略性新兴产业开放发展、创新发展、绿色发展、融合发展，支撑数字经济、生物经济、绿色经济和未来产业迈向新阶段。广州市拥有坚实的数字、生物和绿色低碳产业和科技创新的基础，在新一轮科技革命中，要充分发挥优势，抢抓未来发展新的竞争高点。

广州市在科技创新方面拥有无可比拟的战略和平台机遇，抢抓数字经济、生物经济、绿色经济新机遇，为战略性新兴产业发展注入源源不断的活力。广州市黄埔区以中新广州知识城、广州科学城、广州人工智能与数字经济试验区为主阵地，着力打造粤港

澳大湾区国际科技创新核心引擎，形成科技创新轴，加快建设形成以国家实验室、国家综合性技术创新中心、重大科技基础设施为引领，以高水平创新研究院为支撑的战略创新集群；广州南沙作为粤港澳大湾区科技创新建设的重大合作平台之一，瞄准世界科技和产业发展前沿，推动建设国际水平的"广州—深圳—香港—澳门"科技创新走廊，将大湾区打造成为全球科技创新高地和新兴产业重要策源地[2]；不断强化广州市科技创新的优势，优化提升科技创新布局，打造全球人才创新高地。同时广州市提出高标准建设南沙科学城，推进冷泉生态系统等重大科学装置建设，全力推进中科院明珠科学园、香港科技大学（广州）等重大项目建设，把南沙科学城打造成为综合性国家科学中心主要承载区。这为广州市塑造科技创新新优势、推动战略性新兴产业发展上一个新台阶提供了有力保障。

（三）粤港澳大湾区、广东省发展新格局和"四新"建设为广州市协同发展带来更多空间

粤港澳大湾区驱动效应正在充分释放，为广州市在国家战略中抓住区域发展新机遇，在区域战略中抓住地方发展新机遇，加快实现老城市新活力和"四个出新出彩"提供了历史性战略机遇。推进粤港澳大湾区建设，是新时代推动形成全面开放新格局的国家战略。粤港澳大湾区以香港、澳门、广州、深圳四大中心城市作为区域发展的核心引擎，在产业发展上，粤港澳大湾区要构建具有国际竞争力的现代产业体系，培育壮大战略性新兴产业，在新型显示、5G、移动互联网、基因检测、智能机器人、3D打印、北斗导航等领域培育一批重大产业项目[3]。广州市要紧紧围绕粤港澳大湾区建设，着力增强区域发展核心引擎功能，携手港澳和周边城市打造国际一流湾区和世界级城市群，完善营商环境，扩大开放，高水平建设国际数字信息枢纽、国际现代物流中心等，提升综合门户枢纽功能，主动对接国家区域发展战略，加强与日本、英国等国家的国际合作。广州市在战略性新兴产业的布局上，充分协同联动周边，形成一批产业链条完善、辐射带动力强、具有国际竞争力的战略性新兴产业集群。

广东省"一核一带一区"区域发展定位为广州市战略性新兴产业区域布局带来更多机遇。广东省贯彻落实"1+1+9"工作部署，提出构建以珠三角地区为一核、沿海经济带为一带、北部生态发展区为一区的"一核一带一区"区域发展新格局，促进全省区域协调发展。广州市作为珠三角地区的"双核"之一，要进一步强化核心引领带动作用，推动珠三角地区实现产业协同化。同时大大推进广州市的新旧动能转换，以新产业、新业态、新模式为引领，推动互联网、大数据、人工智能和实体经济深度融合，推进产业疏解与产业共建，加快广州市战略性新兴产业的培育发展。

广州市"四个出新出彩"建设为战略性新兴产业发展提供框架参考和新要求。2019年，广州市出台"四个出新出彩"系列文件，提出要抢占全球价值链高端环节，重点发展新一代信息技术、人工智能、生物医药（IAB）和新能源、新材料（NEM）等战略性

新兴产业，谋划发展量子、区块链等未来产业；加快建设现代化产业体系，着力建设先进制造业强市、现代服务业强市和科技创新强市。在这样的政策导向下，加快谋划推动"四新"经济发展，对于促进广州市产业转型升级和新旧动能转换、提升新兴产业国际竞争力、增强产业创新活力、加快迈向全球产业价值链的高端均具有重大的战略意义。广州市作为国家中心城市，应依据"四个出新出彩"的发展理念，以战略性新兴产业发展为重要抓手，成为国家建设现代化经济体系的排头兵。

三、新时期广州市战略性新兴产业发展的主要任务

（一）构建"3+5+5"战略性新兴产业新体系

把发展壮大战略性新兴产业作为经济工作的"首要工程"，推动战略性新兴产业跨越式发展，成为经济高质量发展的重要支撑。

1. 稳步发展三大新兴支柱产业，支撑国家中心城市建设

广州市将新一代信息技术、智能与新能源汽车、生物医药与健康产业打造成为新兴支柱产业，促进新一代信息技术产业赋能智能与新能源汽车、生物医药与健康产业[4]。广州市着力实施"强芯""亮屏""融网"工程，构建集成电路"设计—制造—封装—测试"全产业链集群和超高清视频及新型显示"设备制造—内容创作—应用服务"全产业链集群，打造"显示之都""软件名城""5G高地"[5]。智能与新能源汽车产业着力实施电动化、智能化、网联化战略，构建"研发设计—关键零部件生产—整车制造—测试评价—共享出行"全产业链集群，规划建设智能网联汽车电子集成系统产业综合基地，争创国家级车联网先导区，开展自动驾驶商业化运营试点，打造全国领先的智能汽车平台和生态圈，建成全球知名"智车之城"。生物医药与健康产业着力推动医学、医药、医疗"三医融合"，提升"研发—临床—中试—制造"全产业链集群协同创新水平和综合竞争力，建设创新药物临床试验服务中心，发展壮大生物药、现代中药、化学创新药、高端医疗器械、高端康养产业，打造全球生物产业新高地。"十四五"及中长期，广州市三大新兴支柱产业的发展重点见表22-1。

表 22-1　广州市三大新兴支柱产业发展重点

三大新兴支柱产业	重点领域	重点平台
新一代信息技术产业	半导体与集成电路、超高清视频及新型显示、智能终端、软件、5G、北斗通信导航、工业互联网等	广州人工智能与数字经济试验区、中新广州知识城集成电路产业园、中新广州知识城新一代信息技术产业园、增城新型显示价值创新园、花果山超高清视频产业特色小镇、黄花岗科技园、天河智慧城、天河高新技术产业开发区、广州北斗产业园区、从化明珠智慧产业园等

(续)

三大新兴支柱产业	重点领域	重点平台
智能与新能源汽车产业	智能汽车、纯电动汽车、混合动力汽车、氢燃料电池汽车整车研发制造，支持智能驾驶决策、智能传感、人机交互、三电系统（电池、电机、电控）、高精度地图、车规级芯片、新一代电子电气架构等关键零部件及技术	广州番禺智能网联新能源汽车产业园、广州花都（国际）汽车产业基地、南沙国际汽车产业基地、黄埔汽车产业基地、从化明珠工业园、广州国际汽车零部件产业基地（番禺、增城、花都、南沙、从化）、广州西岸产业园等
生物产业	生物药、现代中药、化学创新药、高端医疗器械、干细胞与再生医学、精准医疗、基因检测、高端医疗、高端康养等	广州国际生物岛、广州科学城、中新广州知识城国际生物医药价值创新园、白云美丽健康产业园、大坦沙国际健康生态岛、粤港澳大湾区生命健康产业创新区、中山大学国际药谷、从化粤港澳大湾区生物医药产业创新平台等

2. 加快发展五大新兴优势产业，有效促进广州市高质量发展

推动智能装备与机器人、轨道交通、新能源与节能环保、新材料与精细化工、数字创意等新兴优势产业加快发展。在智能装备与机器人产业着力构建"关键基础零部件—整机及成套装备—系统集成应用—公共支撑服务"产业链集群，加快突破自动控制系统、减速器、伺服电机等关键零部件和集成应用技术，开拓智能工厂、数字化车间等场景应用，建设全国智能装备关键设备研发创新中心。在轨道交通产业着力构建"规划设计—装备制造—建设施工—运营与增值服务"全产业链集群，组建轨道交通产业投资集团，建设轨道交通国家技术创新中心，加快"走出去"步伐，打造世界级轨道交通品牌。在新能源与节能环保产业着力构建氢能源全产业链集群和发展节能环保装备产业，协同推进太阳能、核能、智能电网及装备产业发展，加快关键技术研发和产业化，重点打造南方氢能枢纽。在新材料与精细化工产业以规模化、绿色化、高端化为主攻方向，推动先进基础材料产业转型升级和前沿新材料研发应用，发展高端日化家化产品，打造国内一流"新材高地""美妆之都"。在数字创意产业着力推进5G、人工智能、虚拟现实（VR）/增强现实（AR）等新技术深度应用，构建游戏、电竞、动漫、网络、影音产业生态圈，培育一批具有全球竞争力的数字创意头部企业和精品IP，打造"动漫游戏产业之都""全国电竞产业中心"。"十四五"及中长期广州市五大新兴优势产业的发展重点见表22-2。

表22-2 "十四五"及中长期广州市五大新兴优势产业发展重点

五大新兴优势产业	重点领域	重点平台
智能装备与机器人	智能软硬件、智能机器人、智能运载工具、智能终端等智能产业，以及智能工厂、"人工智能+制造"等应用服务领域	黄埔智能装备价值创新园、南沙庆盛人工智能价值创新园等

（续）

五大新兴优势产业	重点领域	重点平台
轨道交通	轨道交通关键技术研发、设计咨询、工程施工、零部件及配套设备、新制式整车、智慧轨交、检验检测、运营服务、以公共交通为导向的综合开发（TOD）、维保服务、教育培训等领域	广州轨道交通装备产业园、番禺轨道交通装备修造基地、白云新城轨道交通总部基地、广州和谐型大功率机车修造基地、南沙轨道交通建设施工类企业总部基地等
新能源与节能环保	氢能、太阳能、核能装备制造、储能、智能电网等领域，以及促进生物质能综合开发利用、支持资源循环利用相关行业	南沙东方重机核电装备制造基地、黄埔氢能产业创新核心区、南沙氢能产业枢纽、从化氢能产业创新示范园区、番禺节能科技园等
新材料与精细化工	先进高分子材料、新能源材料、精细化工、绿色石化、金属与粉末冶金等领域	华南新材料创新园、黄埔新材料产业园等
数字创意	游戏、电竞、动漫、创意设计、网络影音、公共文化数字服务、时尚文化等领域	天河高新技术产业开发区、天河软件园、白云湖数字科技城、广州设计之都等

3. 培育发展五大未来产业，打造大湾区新兴产业策源地

实施未来产业培育行动，大力发展量子科技、区块链、太赫兹、天然气水合物、纳米科技等未来产业。开展量子科技领域关键核心工程装备和量子精密测量等研发，谋划建设量子互联网和量子通信产业园，推动量子科技在商用、民用领域的普及应用。推动区块链技术和产业创新发展，加快区块链底层平台研发，加强区块链技术在智能制造、电子商务、物联网、能源电力等领域推广应用，高水平建设国家级区块链发展先行示范区。依托华南理工大学、中国科学院空天信息研究院粤港澳大湾区研究院等高校和院所，强化太赫兹通信领域基础研究和关键技术攻关，加快太赫兹技术在工业控制、安防设备、无线通信等领域的产品开发和商业应用。稳步推进天然气水合物开发和产业化，支持建设天然气水合物勘查开发国家工程研究中心、广州深海科技创新中心，打造全国天然气水合物研发和商业开发总部基地。依托广东粤港澳大湾区纳米科技创新研究院，加快建设纳米智能技术园、纳米生命与健康技术科技园等，建成中国纳米谷。

（二）构筑"123+N"战略性新兴产业空间新格局

以集聚战略性新兴产业集群发展为要点，以产业链协同发展为方向，围绕实现老城市新活力、"四个出新出彩"，把城市发展战略布局和生产力布局结合起来，依托重大交通枢纽、重大科技基础设施和重大产业园区，对接广州市城市空间战略布局和"广深港澳"科技创新走廊，构建"一核策源、双区转化、三港辐射、多点支撑"的战略性新兴产业空间新格局，培育壮大战略性新兴产业发展的动力源、增长极和载体平台。

1. 一核：广州科创核心区

吸引集聚顶尖高端专业服务机构，重点发展研究开发、技术转移、检验检测认证、

创业孵化、知识产权、科技咨询、科技金融、会计、法律等专业科技服务业和综合科技服务业，推进科技"硅楼"、创新街区、创新园区建设，连点成线、聚片为面，全域创新创业，将中心城区打造成引领时代发展的创新城区、粤港澳大湾区"科创之芯"和广深科技走廊的最强大脑。

2. 两区：东部和南部科技产业主引擎

（1）东部战略性新兴产业发展区

依托黄埔、联动增城打造东部创新经济发展引擎。2019年，黄埔、增城两区工业总产值合计9692.4亿元，占全市的45.2%，黄埔区新一代信息技术、生物医药、人工智能、新材料等战略性新兴产业产值超2000亿元。黄埔、增城两区拥有广州开发区、东部战略性新兴产业发展区、广州科学城、中新广州知识城、增城开发区、广州黄埔综合保税区、国家区块链发展先行示范区、国家综合类北斗产业示范园区等国家级平台，以及人类细胞谱系大科学研究设施和纳米国家科学中心、太赫兹国家科学中心、生物岛实验室、广州科技教育城等科技创新资源。"十四五"及中长期要以中新广州知识城、广州科学城为主要平台，推动广州开发区、增城开发区联动发展，加强与深圳、东莞等城市合作，深度融入广深科技创新走廊，对接辐射珠江东岸电子信息产业带，发展壮大新一代信息技术、生物医药、智能装备、新材料等战略性新兴产业，建设承载广州未来发展新动能的东部创新经济主引擎。

（2）南部战略性新兴产业发展区

依托南沙、联动番禺打造南部创新经济发展引擎。2019年，南沙、番禺两区工业总产值合计4873.9亿元，占全市的23.2%，南沙、番禺两区拥有南沙国家级新区、开发区、自贸试验区、粤港澳全面合作示范区等国家级平台，以及冷泉生态系统研究装置、动态宽域高超声速风洞、极端海洋动态过程多尺度自主观测科考设施等重大科技基础设施和中科院明珠科学园、南方海洋科学与工程广东省实验室（广州）、广州大学城等科技创新资源。"十四五"及中长期，要加快南沙国家级新区、自贸试验区、粤港澳全面合作示范区和广州城市副中心建设，以南沙科学城、番禺莲花湾等为主要平台，加快建设广州国际创新城、明珠科学园等科技创新园区，深化与深圳西部、东莞、珠海、中山联动发展，将南沙打造成为广深"双城联动"先行示范区，大力发展智能汽车、人工智能、高端装备、海洋工程等战略性新兴产业和未来产业，建设承载广州市经济发展增量的南部创新主引擎。

3. 三港：产业资源配置枢纽

发挥空港、海港、铁路等重大枢纽型基础设施的辐射带动作用，引导周边区域打造枢纽经济承载平台，进一步强化广州"流量大市"的地位，全面增强广州高端要素集聚和配置能力。

（1）空港类产业枢纽

白云国际机场三期扩建工程预计2025年建成，届时它将成为拥有三座航站楼五条跑道的国际枢纽机场，预计 2025 年旅客吞吐量超 1 亿人次，远期达 1.4 亿人次，将成为全球最大单体枢纽机场。"十四五"及中长期，依托国际航空枢纽建设，有机整合白云机场、广州北站、大田（大朗）站，形成高效一体的空铁枢纽，加快发展航空制造维修、航空物流、生物医药、高端会展、数字经济等产业，推动建设面向全球的高质量空铁融合经济示范区。

（2）海港类产业枢纽

"十四五"及中长期要依托国际航运枢纽建设，加快推进南沙港区四期、五期建设以及广州港 20 万吨航道工程建设，大力发展海铁联运、公海联运、江海联运，打造区域综合交通枢纽、国际航运枢纽、贸易枢纽，全面增强航运综合服务功能，重点发展船舶制造、航运物流、航运科技、航运金融、航运经纪等产业，打造开放门户枢纽。

（3）铁路港类产业枢纽

"十四五"及中长期，依托世界级铁路枢纽建设，实施广州铁路枢纽能级提升工程，全力谋划现代物流等新兴产业发展的产业枢纽布局。努力实现广州南站与珠三角城际轨道交通网、广州站连接，打造全球最大的"高铁+城轨交通"枢纽，加快广州南站地区开发建设，带动周边万博－长隆片区、大型专业足球场联动发展。大力发展总部经济、商务商贸、科技创新、休闲旅游等产业，提升区域综合服务功能；建成白云站、改造广州站和广州东站，构建"三站一体"中心组合枢纽，依托高铁进城优势，培育发展科技创新产业和现代服务业。依托大田铁路集装箱中心站、大朗高铁货运站等培育壮大智能装备制造、发展现代物流和现代商贸服务等相关产业。充分发挥南沙枢纽的要素汇聚和辐射带动作用以及深中通道带来的区位优势和综合保税区政策优势，抓住新一轮科技和产业增长点，培育壮大新兴未来产业，在万顷沙片区打造连片产业园区和总部经济集聚区。

4."多节点"：特色集聚区

立足区域资源禀赋、功能特色、产业优势、实施"繁星工程"，打造一批"百花齐放""群星争辉"的特色发展平台，高位推进国家级平台创新发展，做优做强省级平台，加快市级平台能级提升，加快形成多点支撑、错位协同的增长极动力源体系。高规格建设增城新型显示价值创新园、广州国际生物岛价值创新园、花都智能电子绿色价值创新园等，推动"产业龙头+主导产业链+产业创新中心+产业资金+产业服务平台+产业社区"的融合发展。推动中大国际创新谷、白鹅潭商务区、黄花岗科技园等平台的转型升级；加快建设万博长隆片区、白云湖数字科技城、海珠广场文化金融商务区等新兴平台；加快产业导入，做大总体量；谋划总部集聚区等平台，形成新增量。

（三）集群生态梯次发展，区域、国际协同发展

1. 集群化生态化发展：支撑形成竞争新优势

面向新一代信息技术、智能与新能源汽车、生物产业三大新兴支柱产业，智能装备

与机器人、轨道交通、新能源与节能环保、新材料与精细化工、数字创意五大新兴优势产业,量子科技、区块链、太赫兹、天然气水合物、纳米科技五大未来产业,围绕"一核策源、双区转化、三港辐射、多点支撑"的战略性新兴产业空间新格局,抓创新、强主体、拓开放、促融合,壮大一批战略性新兴产业集群,培育一批战略性新兴产业生态,形成分工明确、布局合理、有序联动的战略性新兴产业多层次、体系化发展格局。

(1)壮大一批战略性新兴产业集群,形成区域新增长极和新增长点

立足区域优势,充分发挥现有产业集聚区作用,因地制宜、因业布局,培育壮大形成一批产业链条完善、辐射带动力强的世界级战略性新兴产业集群。提高产业集群公共服务能力,推进建设集标准认证、研究开发、检验检测、成果推广、创业孵化、科技金融等功能为一体的产业集群创新和公共服务综合体。支持集群聚焦新兴应用并开展5G、人工智能、工业互联网等新型基础设施建设,营造产业集群应用场景,壮大国内产业循环。推动集群智能化,重点支持各大先进制造业集群企业实施智能化改造,建立智能制造新模式推广示范平台。

着力提升集群企业竞争力,培育一批战略性新兴产业领域的集群领军企业、"隐形冠军"企业。推动集群企业与信息服务、数字创意、智慧物流、现代供应链、会展经济等生产性服务业融合发展,提升集群产业价值链。

统筹推进集群发展与城市建设,推动广州科学城、中新广州知识城、广州国际创新城、琶洲互联网创新集聚区、天河智慧城、广州国际生物岛等现有战略性新兴产业集聚区向城市综合功能转型,建立生产、生活、生态融合发展的产、城综合体,以产促城、以城兴产[6]。

优化战略性新兴产业组织结构,建立产业链上中下游互融共生、分工合作、利益共享的一体化组织模式。通过产业链、价值链、供应链的互联互接,激发关联企业、研究机构等集群主体的创新行为。推动建立一批以高校、科研院所、行业协会、平台企业为主体的集群促进中心,构建集群创新平台和合作机制,建立集群联盟。深化"放管服"、要素市场化配置改革,探索建立促进集群创新要素自主有序地跨区域、跨领域流动的体制机制。

加强横向跨界协同合作,强化重点行业领域跨地区政产学研合作,加强粤港澳大湾区产业合作和技术交流,与深圳、佛山、东莞、惠州、清远等地联合打造若干国家级、省级先进制造业集群。积极开展全球合作,推进产业链国际合作,融入全球创新网络,深度参与全球分工,提高战略性新兴产业集群在全球产业分工体系中的配置权和话语权。

(2)培育一批战略性新兴产业生态,形成产业生态竞争的新优势

依托广州国际生物岛价值创新园、增城新型显示价值创新园等价值创新园区及广州国际医药港、广州花都(国际)汽车产业基地等特色集聚区,以深化供给侧结构性改革、加快培育新动能为主线,以龙头企业和实际应用场景为核心,建设一批产业特色鲜明、关键要素完备、协作配套紧密、创新活力迸发的战略性新兴产业新型生态园区。重点围绕科技与产业融合、数字与实体融合、制造与服务融合，培育发展战略性新兴产业的新业态、新模式，引导和储备一批各具特色的战略性新兴产业生态。

建设"开源平台+领军企业+行业应用"的生态架构，培育标杆平台和龙头企业。发挥龙头企业、平台企业的产业生态引领和带动辐射作用，吸引产业链上下游的高关联配套企业集聚，促进线上线下相结合的大中小企业创新协同、产能共享、产业链和供应链互通，形成完整的产业上下游耦合关系，实现产业链的延伸和价值链的提升。

建设产业创新中心、国家工程实验室、国家产业计量测试中心、企业研发中心等创新平台，加速前沿技术、高端人才、资金等产业创新资源集聚。充分发挥新型研发机构、创新联盟、产学研合作联盟等组织的枢纽作用。推动园区内创新主体、创新资源和创新环境的融合发展，建设产、城良性互动的产业社区。

加快推进传统基础设施智能化改造，补齐基础设施短板，支撑新产业、新业态的孵化和发展。实施新兴产业应用场景建设和拓展工程，开展新业态、新模式试点示范，推动重大产品集成创新和实践应用。推进以产业创新实验室为载体的新型科创成果转移转化/产业孵化平台建设，加速新技术示范应用和产业化。

2. 区域：辐射带动区域创新发展

发挥广州科技产业创新发展综合优势，强化战略性新兴产业引领带动作用，增强产业外溢辐射功能，促进环广州都市圈层创新发展，支撑形成国内创新循环圈、国际国内双循环圈。

（1）广、佛、肇、清创新圈

向西加强向佛山、肇庆，向北加强对清远、韶关，向东加强对东莞、河源等地区的创新辐射，推进"3+2"经济圈创新发展。尤其是围绕广州与佛山一体化建设，强化广州与佛山的科技–产业协同创新合作。向南对接香港、澳门，共同构建粤港澳大湾区创新共同体，合作共建珠三角国家大科学中心，构建开放型珠三角区域创新体系，推动珠三角地区在全球产业价值链的地位的提升。

（2）国内创新循环圈

着力提升对泛珠三角乃至全国的辐射能力，以省外工业园建设为载体，支持开展深层次技术、生产、投资合作，推进工业园转型升级发展，有序引导产业梯度转移。推动珠三角区域与京津冀、长江经济带等战略区域的科技产业创新合作，构建更广范围的功能互补、梯度发展、协调共进的产业布局体系。

（3）国际国内双循环圈

以粤港澳大湾区作为双循环新发展格局的先行探索区，加强广深"双核联动、比翼双飞"，共建广、深、港、澳科技创新走廊，加强与香港、澳门、深圳的产业发展协同，探索同一科研机构在香港、广州两地设立"双中心"的创新合作模式，推动三地逐步互相开放科技计划，促进科研仪器设备通关便利、共用共享，推动港、澳科研成果在广州落地转化。

3.国际：深化国际产业交流合作

主动服务对外开放，推动创新资源和产业链全球布局，实现与国际先进产业链、创新链、价值链的深度融合。

（1）开辟对外开放新空间

依托中新知识城、国际科技创新城、南沙自贸区等重大平台，建设双边特色产业合作园区，创新合作方式，先行先试产业开放和体制机制改革举措，提升重点产业领域开放合作水平。贯彻国家"一带一路"倡议，把沿线国家和地区作为对外开放的新空间，支持战略性新兴产业企业"走出去"，到境外建设研发基地和生产基地，开拓国际市场。搭建市级企业"出海"公共服务平台，制定海外投资扶持政策，加强与各类驻外机构、海外企业商会、国际行业协会等组织的合作，建立海外市场投资信息搜集及人力资源、金融、法律、会计等专业服务体系，鼓励和支持企业开展境外投资与市场开拓活动。

（2）构建外经外贸新格局

抢抓自由贸易区建设机遇，加快对外贸易优化和升级，巩固传统优势产品出口，着力扩大高端装备、新一代信息技术、节能环保等高新技术产品的出口比重。推动高端装备、新一代信息技术等领域的龙头企业与国际有影响力的大企业开展合作，支持其在更大范围、更高层次上参与国际分工与合作。大力发展跨境电子商务，提升对外经贸效率，拓展国际经贸合作空间。提高利用外资水平，把战略性新兴产业利用外资作为工作重点，制定招商计划，开展定向招商、产业链招商和园区招商，创新招商模式，推动新兴产业发展。

（3）拓展国际交流新渠道

以国家实验室、国家工程实验室为平台，在生物、信息、高端装备制造等领域，广泛开展国际技术交流与项目合作，组织技术联合开发。支持和鼓励科研机构、高校院所等积极承担和参与国际重大科技合作项目。支持企业制定或参与制定行业国际标准、产品标准、技术规范等，支持在境外申请专利和注册商标。高水平举办国内外知名的各类新兴产业博览会、展会、论坛，及时掌握国际产业发展和创新动态。鼓励高校、科研院所、企业高层次人才参与国际行业协会、产业创新联盟等跨国组织活动及担任管理职务，提升合作交流的广度和深度。

四、广州市战略性新兴产业发展的保障措施

加快产业发展向创新驱动和生态驱动转变，以产业发展牵引科技创新，以科技创新

支撑产业发展，建立覆盖"科技创新、成果转化、产业发展"全链条的生态支撑体系，保障广州市战略性新兴产业发展。

（一）搭建科技创新平台体系

1. 部署重大科学装置

着眼国家战略需求，争取更多国家重点实验室落户广州。开展具有重大引领作用的跨学科创新攻关。瞄准科技创新前沿，规划建设未来网络、新一代应用能力型国产超算系统等重大科技基础设施。围绕金属－无机化学、RNA医学布局国家重点实验室，围绕眼科诊疗技术、器官医疗技术、混合集成芯片等领域布局建设国家技术创新中心（工程研究中心），围绕恶性肿瘤、眼部疾病、急危重症、神经系统疾病、泌尿系统疾病、新发突发传染病等领域布局建设国家临床医学研究中心，聚焦产业重点，围绕关键核心技术领域布局建设一批工程（技术）研究中心、产业计量测试中心、企业技术中心的创新载体，争取更多国家级创新载体落户广州。

2. 推动建设一流大学和一流学科

构建国际化开放式创新型高等教育体系，加快建设香港科技大学（广州），着力引进国际优质高等教育资源，促进高校高水平建设，重点推动建设一流大学和一流学科。按照"教育＋科技＋产业"模式，加快建设一批特色学院，提高战略性新兴产业急需的创新型、应用型人才供给质量。

3. 建设全球顶级科研机构

立足补短板强基础，加强基础研究平台建设，在数字、生命、材料等领域加快提升原始创新能力。加快建设一批科学发现、技术发明、产业发展"三发联动"的新型应用技术研发机构，开展先进适用技术研究和科研攻关，为产业创新发展提供技术创新支撑。吸引海内外顶尖实验室、研究所、高校、跨国公司来广州设立科学实验室和研发中心。

（二）优化科技服务支撑体系

1. 加强知识产权运营和保护

大力推行知识产权标准化管理，提升创新主体知识产权管理能力。实施知识产权行业布局和区域布局工程，在战略性新兴产业集聚区和龙头企业引导设立知识产权布局设计中心。构建知识产权运营服务体系，推进全国知识产权运营公共服务平台建设，培育一批专业化、品牌化的知识产权服务机构，鼓励高端检索分析工具等开发应用。聚焦战略性新兴产业，鼓励创新知识产权金融产品，开发知识产权投贷、投保、投债联动等新产品，探索知识产权股权化、证券化。鼓励企业综合运用专利、版权、商标等知识产权手段打造自有品牌。围绕战略性新兴产业集聚区部署知识产权服务链，建立知识产权集群管理制度，推动形成一批知识产权优势集聚区[一]。

2. 完善科技成果转移转化机制

完善高校和科研院所的科技成果转移转化管理机制，拓展科技成果转移转化渠道，支持在环华工、环中大、环大学城等区域分别建设开放式的科技成果转化基地。完善科研收入分配和激励政策，将科技成果的使用权、处置权和收益权赋予科技成果完成单位，并逐步开展赋予科研人员职务科技成果所有权或长期使用权试点，激发科研人员知识创造和创新创业活力，加快科技成果转化为现实生产力。建设国际协同创新平台，加强与国际技术转移机构的深度合作，吸引全球高水平科技成果在广州落地转化。支持组建多领域多形式的产业联盟，共同开展研究开发、成果应用与推广、标准研究与制定。

3. 提升全链条科技服务能力

支持组建跨部门、跨层级的检验检测认证集团，争取国际、国家检验检测机构在广州设立分支机构，加快建设新能源汽车检测公共技术服务平台、医疗器械检测和生物医药安全评价中心等一批公共服务平台。建立促进科技资源开放共享的激励引导机制，通过创新券等形式推动重大科研基础设施和大型科研仪器设备向中小微企业开放。促进科技服务业发展，壮大科技服务市场主体，培育一批拥有知名品牌的科技服务机构和龙头企业。

（三）完善产业人才供给体系

1. 增强高层次人才支撑

坚持引进和培养相结合、用才与留才相衔接，抢占人才高地。推广"人才+技术+项目+社会资本"战略合作方式，培育战略性新兴产业发展的中高端人才。依托示范应用项目，鼓励校企合作，引导职业学校培养产业发展急需的技能型人才，构建不同层次的人才体系。对引进的高层次人才，给予股权激励和项目资金等优惠支持，提供优质高效的生活服务，妥善帮助解决住房、医疗、子女教育等方面的问题。

2. 培育具有国际视野的创新型企业家群体

实施创新型企业家培育计划，打造一支具备国际视野、引领产业创新变革的战略性新兴产业企业家队伍。建立高层次、常态化企业技术创新对话、咨询制度，提升企业家话语权，建立有利于企业家参与创新决策、凝聚创新人才、整合创新资源的新机制。大力倡导企业家精神，建立健全激发和保护企业家精神的体制机制，依法保障企业家的财

[一] 国务院关于印发"十三五"国家战略性新兴产业发展规划的通知，http://www.gov.cn/zhengce/content/2016-12/19/Content_5150090.htm。

产权和创新收益[7]。

3. 创新人才激励和评级机制

探索科研项目全球悬赏制度，赋予创新领军人才更大的人、财、物支配权和技术路线决定权，加大对战略性新兴产业发展有突出贡献人员的奖励。探索建立符合新技术与新产业发展规律的多要素评价体系，以高质量就业岗位为主导，以创新质量、创新贡献、创新效率为标准，开展高层次、急需人才职称直聘试点，完善青年人才"举荐制"[7]。

（四）创新科技金融支持体系

1. 加大科技财税与金融政策的支持力度

持续加大财政投入力度，推动《广州市新兴产业发展资金管理办法》等政策落实，围绕战略性新兴产业发展的资金需求构建股权投资、财政补助等多种支持体系。继续设立战略性新兴产业发展专项资金，更好地发挥市场配置资源的决定性作用，综合运用股权投资、贷款贴息、直接补助等方式，建立健全无偿与有偿并行、事前与事后结合的多元化扶持方式。发挥财政专项资金的撬动、引导作用，着力激活市场主体活力，积极引导金融资金和民间资本投向战略性新兴产业，逐步形成多元化、多渠道的战略性新兴产业投入体系。大力发展创业投资和天使投资，完善鼓励创业投资企业和天使投资人投资种子期、初创期科技型企业的税收支持政策，丰富并购融资和创业投资方式。引导银行在战略性新兴产业聚集区域设立专门的科技支行、科技信贷中心或科技信贷业务部等科技金融专营机构，适当提高科技信贷风险容忍度，建立相适应的准入标准和授信审批机制。加强探索投贷联动、知识产权证券化等新型融资模式和政、银合作信用贷款，为战略性新兴产业企业拓宽科技信贷通道。

2. 拓展科技企业融资渠道

积极支持符合条件的战略性新兴产业企业发行债券融资，扩大小微企业增信集合债券和中小企业集合票据的发行规模，鼓励开发高收益债券和可转换债券等金融产品。鼓励有条件的战略性新兴产业企业到主板、创业板和科创板上市融资，加大对拟上市企业的储备、改制、辅导和培训支持力度。支持中小企业到新三板或本市区域性股权交易所注册挂牌。支持企业到银行间市场、交易所市场通过发行短期融资券、中期票据、企业债、公司债等方式开展债务融资。

3. 大力发展战略性新兴产业股权投资

鼓励保险公司、社会保险基金和其他机构投资者合法、合规地参与战略性新兴产业创业投资和产业投资。推动组建一批战略性新兴产业发展基金和中小微企业发展基金，推动国有资本参与设立战略性新兴产业创业投资基金，投向创新能力强、高成长性的中小微企业。鼓励本土优质股权投资机构和企业设立海外战略性新兴产业并购基金,对拥有关键核心技术的海外企业进行投资、并购。鼓励建设数字创意、软件等领域无形资产确权、评估、质押、流转体系,积极推进知识产权质押融资、股权质押融资、供应链融资、科技保险等金融产品创新。

(五)建立创新创业生态体系

1. 积极推动协同创新

加强构建产业链与创新链、资金链、人才链协同发展的产业生态,构建企业主导、政产学研用相结合的产业技术创新联盟,支持建设关键技术研发平台,在重点产业领域采取新机制,建立一批产业创新中心。成立战略性新兴产业计量科技创新联盟,加强认证、认可创新。落实和完善战略性新兴产业标准化发展规划,完善标准体系,支持关键领域新技术标准应用。引导有条件的高校和科研院所建立专业化、市场化的技术转移机构。

2. 促进军民技术融合

促进军民科技创新体系相互兼容、协同发展,推进军民融合产业发展。创建国家军民融合创新示范区,促进军民两用技术产业化发展。建设一批军民融合创新平台。利用广州军工单位集中、产业基础较好的优势,推进军民技术双向转移和转化应用。加强军民融合重大项目建设。统筹规划民用卫星研发和使用,加强地面站网整合建设与信息共享,积极发展军民通用化程度高的动力系统、关键部件和基础材料。适应空域改革进程,加强空域管制系统技术和装备研发,推进航空产业军民深度融合发展。面向建设网络强国,加强新一代信息基础设施和系统军民合建共用,组织实施安全可靠信息网络产品和服务的相关应用示范工程。开展军民通用标准化工程,促进军民技术双向转移。

3. 营造开放包容的创新创业氛围

完善激励创新创业的政策体系,以创新带动创业,以创业促进创新,强化创新、创业、创投、创客"四创联动"。强化创新创业基因,增强敢为人先、勇于开拓、大胆质疑的创新自信,形成更加浓郁的创新气氛和广为共识的创新文化。积极拓展创客发展空间,支持各类机构建设低成本开放式的创客创业基地、应用孵化平台等创客载体。培育壮大创客群体,实施创客培养项目资助计划,鼓励创客团队在广州发展。搭建多层次创客服务平台,壮大创客导师队伍,开发创客教育培训课程,鼓励开展创客辅导、融资、软硬件开源共享、产品推广等全过程服务。

(六)完善产业环境支撑体系

1. 提升政府管理和服务水平

在战略性新兴产业领域,进一步完善审批方式,最大限度减少事前准入限制,修改和废止有碍发展的行政法规和规范性文件，激发市场主体活力。坚持放管结合，区分不同情况，积极探索和创新适合新技术、新产品、新业态、新模式发展的监管方式，既要激发创新创造活力，也要防范可能引发的风险。严格执行降低实体经济企业成本各项政策措施，落实中央财政科研项目资金管理相关政策措施。全面落实深化国有企业改革各项部署，在战略性新兴产业领域的国有企业中率先进行混合所有制改革试点示范，开展混合所有制企业员工持股试点[9]。发布战略性新兴产业重点产品和服务指导目录。建立高层次政企对话咨询机制，在研究制订相关政策措施时积极听取企业意见。定期发布发展新经济培育新动能、壮大战略性新兴产业的重点工作安排，统筹推进相关改革发展工作。

2. 提升产业集群内部治理水平

加强对广州市战略性新兴产业集群的统筹规划，形成相互支援、相互依存的专业化分工协作的产业网络，使集群内企业间上下游联系更为紧密，并鼓励发展为大企业提供专业化供应配套的中小企业。建立广州市准独角兽、潜在独角兽企业数据库，对已遴选入库的准独角兽、潜在独角兽企业的生产经营、融资估值等信息数据，实行动态更新和跟踪管理，及时准确掌握准独角兽和潜在独角兽企业的发展动态，提供精准政策扶持。加大在超大规模集成电路、新材料、新能源、石墨烯、微纳米、机器人、5G移动通信、金融科技、VR/AR等领域的支持力度。

3. 放宽产业市场准入

采取底线监管思路，切实完善以负面清单为主的战略性新兴产业准入管理制度，按照"非禁即入""非禁即准"原则，取消不必要的行业门槛限制。建立适合细胞治疗、基因检测、组织工程等新兴技术和业态发展需要的新管理机制。争取国家药品监督管理局等在广州设立分支机构，探索试行国际通行的药品、医疗器械的监管审批制度，缩短重大创新药品的评审和审批时间。建立适应新经济技术更迭和产业变革要求的标准动态调整和快速响应机制，对处于研发阶段、缺乏成熟标准或完全不适应既有监管体系的产业，探索事前备案并同步研究科学有效的监管方法。推进全市社会信用体系建设，加强信用记录、风险预警、违法失信行为等信息资源在线披露和共享。

（执笔人：本书调研组）
（审稿人：薛薇）

参考文献

[1] 黄文辉. 深圳市新材料产业政策研究[D]. 南昌：南昌大学，2017.
[2] 张俊. 创新导向下高科技园区的规划管控研究[D]. 华南理工大学，广州：2019.
[3] 陶凤，肖涌刚，常蕾. 大湾区港澳广深城市定位落定[J]. 中国房地产，2019（6）：22-24.

［4］周权雄.粤港澳大湾区制造业高质量发展的对策思考［J］.探求，2022（2）：42-50；69.

［5］周甫琦，吴雨伦，谭超.广州GDP破2.5万亿背后的发展密码［N］.南方日报，2021-01-30（GC02）.

［6］赵璐，王晓明.培育未来竞争新优势推动战略性新兴产业集群高质量发展［N］.科技日报，2020-10-16.

［7］广州市人民政府办公厅.广州市人民政府办公厅关于印发广州市战略性新兴产业发展"十四五"规划的通知［EB/OL］.（2022-04-12）［2022-9-26］.http://gxj.gz.gov.cn/gkmlpt/content/8/8179/post_8179719.html#108.

［8］白金亚.国有企业竞争中立制度中国化研究［D］.上海：上海师范大学，2017.

［9］国务院.国务院关于印发"十三五"国家战略性新兴产业发展规划的通知［EB/OL］.（2016-11-29）［2021-12-30］.http://www.gov.cn/zhengce/content/2016-12/19/content_5150090.htm.

［10］国家信息中心.战略性新兴产业形势判断及"十四五"发展建议（上）［EB/OL］.（2021-01-04）［2021-12-30］.https://www.ndrc.gov.cn/xxgk/jd/wsdwhfz/202101/t20210104_1264124.html?code=&state=123.

［11］国家信息中心.战略性新兴产业形势判断及"十四五"发展建议（下）［EB/OL］.（2021-01-04）［2021-12-30］.https://www.ndrc.gov.cn/xxgk/jd/wsdwhfz/202101/t20210112_1264810.html?code=&state=123.

Chapter 23 第二十三章
武汉市战略性新兴产业发展现状与思路

武汉市作为长江经济带核心城市，承东启西、连南接北，是全国重要的粮食生产基地、能源原材料基地、现代装备制造及高技术产业基地。武汉市工业基础较为雄厚，聚焦信息技术、生命健康、智能制造等优势领域，建设国家存储器基地、国家航天产业基地、国家网络安全人才与创新基地和国家新能源及智能网联汽车基地等一批支撑性大平台、大项目，正在形成一批规模大、实力强、体系全的产业集群。

一、武汉市战略性新兴产业发展现状

（一）产业整体态势发展良好，创新引领能力持续增强

武汉市围绕"一芯驱动、两带支撑、三区协同"发展战略，聚焦新一代信息技术、生命健康、智能制造三大战略性新兴产业，突出国家存储器、商业航天、新能源和智能网联汽车、网络安全人才与创新，以及大健康五大基地建设。"十三五"期间，在经济下行压力加大的情况下，武汉市战略性新兴产业年均增长10%以上。2019年武汉市新一代信息技术产业、生命健康、智能制造三大战略性新兴产业营业收入（产值）分别增长了12.2%、18.3%和16.9%，"光芯屏端网"产业规模不断壮大，五大产业基地建设全面提速。

以东湖国家自主创新示范区带动全市创新发展的格局基本形成。创新投入不断增加，2019年研发经费投入增长10%。创新支撑能力增强，2019年武汉市有效发明专利4.61万件，每万人发明专利拥有量41.6件，荣获国家科技进步奖21项，国家技术发明奖4项，处于"全国十大创新城市"的前列。截至2020年6月，东湖高新区科技型企

业总数达到 8 万家，企业总收入突破 1.3 万亿元，其中国家高新技术企业 2886 家，占湖北省的 33%，武汉市的 60%。培育了中信科集团、长飞光纤、人福医药等一批新领军企业，集聚了小米科技、今日头条、尚德机构等 70 余家知名互联网企业总部。企业税收占该区财政收入的 95% 以上，企业发展活力十足。

（二）产业集群不断发展壮大，高端创新平台加快建设

武汉市集成电路、新型显示器件、下一代信息网络和生物医药四大产业集群已获批为国家级战略性新兴产业集群。高端装备制造产业获批"中国制造 2025"试点示范城市核心区域，"光芯屏端网"万亿产业集群正在形成。在集成电路领域，长江存储 64 层 3D NAND 实现量产，中小型面板产量达到全国第一，中国信科完成了国内首次 P 比特（10^{15} bit）级光传输，国家级、省级创新平台创建成效显著，先进存储产业创新中心获批 3 个国家级创新中心。在生物领域，武汉华大基因研发的靶向新生抗原自体免疫 T 细胞注射液获得国家 I 类新药临床许可。

国家制造业创新中心增至 2 个。新增诺贝尔奖工作站 2 个、院士专家工作站 28 个、知名企业研发机构 47 个、省级以上创新平台 41 个、省级众创孵化机构 51 个[1]。实施高校科研成果转化对接工程，促进科技成果转移转化。2019 年技术合同登记成交额 841.27 亿元，增长 16.4%。截至 2019 年底，武汉拥有科技"小巨人"企业 1251 家，净增高新技术企业 900 家左右，3 家企业登陆科创板，小米科技、科大讯飞、迈瑞医疗等科技型企业聚集形成"第二总部"现象。

（三）创新能力持续增强，"卡脖子"技术取得突破

围绕创建国家科创中心，武汉市全面重塑了科技创新体系，以国家科技创新中心、东湖综合性国家科学中心为两大中长期目标，以东湖科学城、光谷科创大走廊为两大支撑，以七大湖北实验室、大科学装置为两大抓手。七大湖北实验室，旨在提高湖北和武汉的技术创新能级，推动科技成果转化，产生一批基础性、颠覆性、原创性成果，并聚集一批顶尖人才。武汉市建成、在建和谋划中的重大科技基础设施共 11 个。其中，大科学装置中的脉冲强磁场实验装置、国家大科学工程中的 P4 实验室（国家生物安全实验室）均已建成，精密重力测量研究设施正在建设中。磁阱型氘氘聚变中子源等 8 个大装置，已谋划就绪，整装待发。加快建设光谷科技创新大走廊，持续深入抓好"创谷"建设[2]。

当前，产业龙头企业不断集聚，产业链延伸壮大，长江存储、武汉新芯、京东方、华星光电、武汉联影等龙头企业带动相关产业集聚发展。高端人才不断汇聚，四大集群相关领域两院院士超过 50 人，光电等国家 A+ 学科进入国家"双一流"学科，在校大学生 130 万人，数量全国第一。

二、武汉市战略性新兴产业发展存在的问题与面临的挑战

(一) 关键产业环节亟须向高端升级

中美贸易摩擦持续升级，烽火科技、华为、海康威视、科大讯飞等多家企业进入美国实体清单；受全球新冠肺炎疫情持续扩散影响，海外市场订单锐减，关键原材料和设备采购难度加大，海外人才返岗困难，外资投资放缓，外向型企业受到严重冲击；部分小微企业出现生产经营成本增加、资金周转困难、用工缺口扩大、订单流失等问题。当前战略性新兴产业仍然面临着开放水平不够、产业链环节不完整、多数产业处于中低端、缺乏后续竞争力等诸多问题。在国际国内双循环的政策背景下，面临着沿海地区产品出口转内销冲击的风险。

(二) 经济增长方式亟须转型

产业结构优化和融合创新发展有待提升，整体带动产业链发展的重大产业项目还需加强。战略性新兴产的整体创新能力不强，2019年规模以上工业企业研发投入强度1.15%。重点领域自主研发的核心技术及关键器件缺乏，电子终端产业核心零部件、IC芯片等仍依赖进口。"互联网+"新产业、新业态培育不够，制造型企业信息化、数字化、智能化程度不够。对风投资本、高端人才等要素的吸引力还有待加强，聚集全球创新资源配置的机制和环境亟待加强，开放平台和载体建设及其功能发挥不够。

以液晶面板产业为例，我国大陆地区显示面板投资主体已经超过16家且有不断增加的势头，远超过日韩两国及我国台湾地区平均每个国家/地区2家的均衡布局。无序投资和低水平重复建设使得有限资源无序流动，不但限制了龙头骨干企业未来进一步壮大的空间，也增加了供给的结构型过剩风险。

(三) 产业集群规模亟须提升

2019年，武汉市四个国家级战略性新兴产业集群中，集成电路产业营业收入为233亿元，新型显示器件产业营业收入为773亿元，下一代信息网络产业营业收入为1033亿元，生物医药产业营业收入为485亿元。对比发达地区，目前四大产业集群总体规模偏小，龙头企业产值规模仍有待提升，且龙头企业在国际分工和全球产业链中处于中下游，关键材料、关键设备和零部件仍依赖进口。

例如，2019年大陆显示面板龙头企业的本地化率在50%以下，离日韩两国及我国台湾地区70%以上的本地化率差距明显。高端产品占比不足，结构型产能过剩，与三星的OLED中小尺寸面板、LG的OLED大尺寸面板相比，我国在技术积累以及产能方面差距较大，高阶产品比重有待提升。上游原材料企业缺乏核心竞争优势，产业链配套能力弱。目前玻璃基板、滤光片、偏光片、靶材、液晶材料等上游关键材料以及曝光机、蒸镀机等核心设备，大多数都被欧美及日本企业垄断。国内大部分显示材料自给率

都在 30% 以下，且集中于中低端面板，国内绝大部分需求必须依赖进口。关键材料和核心设备受制于人，已成为制约我国新型显示产业发展的主要瓶颈。技术迭代的跟随策略明显滞后，创新能力依然不足。我国高端面板制备工艺尚未完全掌握，造成生产线的良品率爬坡难度大、周期长。比如目前我国 6 代柔性 AMOLED 生产线的量产良品率仅为 70% 左右。基于未来新型显示技术的微型化、柔性化、多元化发展趋势，仍需积极开展核心技术攻关及前沿技术布局，重点攻克 AMOLED 和高性能 TFT-LCD 核心关键技术及配套核心技术，主要方向为 LCD 与 OLED 技术形态的变革与显示品质的提升。同时引导对 QD Display、Micro LED、mini-LED 显示等前沿显示技术布局。

（四）创新能力建设亟须深化

高新技术企业占比低，研发中心数量少，以企业为主体的创新能力不强。引领型原创成果和国际标准少，企业大量的创新仍然是跟踪创新、改进创新或集成创新，缺乏具有完全自主知识产权的原始创新成果，许多产业核心技术及产品受制于国外知识产权，缺乏极具国际国内竞争力的自主创新产品。科技成果转化机制还不健全，知识链、技术链、产业链之间存在严重脱节，制约了创新驱动发展。

（五）国产化关键材料与设备缺乏试验验证平台

湖北省出现了一批新型显示材料及设备企业，研发出了试验样品，如柔显、依麦德的 PI 材料，尚赛的有机发光材料，精测电子的检测设备，等等。然而，目前阶段研发的试验品在下游企业量产前的验证与应用评估进程和进展缓慢。显示面板企业核心技术攻关试验均在量产线上进行，一方面存在成本高、灵活性差、时程长、产能低、无法匹配快速的开发验证需求等问题，另一方面国内材料验证存在挤压显示面板企业新产品排产规划、排队时间长等问题，且存在污染量产线的风险。

三、新时期武汉市战略性新兴产业发展的主要思路与任务

"十四五"时期及中长期内，武汉市着力构建以战略性新兴产业为先导、以先进制造业为支撑、以现代服务业为主体的现代化产业体系，以培育打造"151"（万亿级、五千亿级、千亿级）产业集群为中长期发展目标，重点发展"光芯屏端网"、汽车制造和服务、生命健康等万亿级产业集群。加快发展智能制造、科技金融、精细化工、节能环保、设计服务、商务和会展、智慧旅游等五千亿级产业集群。培育发展航空航天、人工智能、量子科技和超级计算、氢能和电磁能、动漫游戏等千亿级产业集群。

围绕"两链融合，三圈支撑"发展体系，推动创新链与产业链"两链"融合，推动营商环境生态圈、现代金融服务圈、高端人才集聚圈"三圈"支撑，推动湖北省战略性新兴产业高质量发展。

（一）围绕产业链部署创新链，全面提升创新链

一是提升原始创新能力。 重新梳理谋划重大科技基础设施、国家实验室、国家重点实验室等建设思路。创建武汉国家技术创新中心。加快推进光谷科技创新大走廊建设，以光谷科学岛为核心，整合高端科技资源。按照"成熟一个、启动一个"的原则，有序推进生物医学成像、武汉光源等中南大科技基础设施建设，构建重大科技基础设施群。

二是建设创新服务平台。 加快国家先进存储产业创新中心、国家光电子创新中心、国家数字化设计与制造创新中心建设。争取国家病毒性疾病防治产业创新中心等更多平台落户湖北，在新一代信息技术、人工智能、通用航空等领域再谋划建设一批产业创新中心，大力推进工程研究中心、企业技术中心等创新平台建设。围绕重大战略性产业集群，建设一批集研究开发、检验检测、成果推广、创业孵化、金融服务等功能于一体的综合服务平台。

三是推动核心技术攻关。 技术攻关既要补短板，避免被人卡脖子，又要建长板，主导产业链循环的规则，以融入国内循环、国际循环。充分发挥政府引导作用，加大项目策划和落地实施力度，重点突破超高层3D闪存量产工艺技术，加快研发5G芯片、400G/600G硅光芯片，前瞻布局三维相变存储器，实现中高端"芯"技术突破。以人工智能、半导体、生物与生命健康、量子科学、区块链等未来产业为重点，瞄准未来发展潜力巨大、产业爆发能力强的前沿技术，率先布局新一轮科技产业发展重点，培育若干科学研究领域的"领跑者"和未来产业变革核心技术的"贡献者"。

（二）围绕创新链布局产业链，全面补强产业链

一是促进产业集聚发展。 聚焦信息经济、绿色经济、空天地经济、生物经济、绿色经济五大领域，围绕"中国芯""蓝天梦""大健康"等，谋划和推进长江存储二期、中信科5G芯片、华星光电T5等一批重大产业项目。在产业集群内部，搭建共享、共用服务平台，提供有效信息，打通集群企业发生关联的最后一公里。谋划推进产业链循环化发展试点，推动国内国际双循环。

二是推进科技成果转化。 针对高校院所本地转化科技成果不高的"老大难"问题，从考核激励、成果所有人收益激励、本省企业承接转化激励、携成果创业激励、金融配套激励等方面建立全链条的激励机制。将线上资源与线下实践有机结合，构建科技成果转移转化公共服务平台。大力发展技术中介机构，完善技术转移中介服务体系。

三是畅通应用示范渠道。 加强中试平台建设，通过在科技平台建设、科技项目分配等方面制定倾斜政策，重点支持行业中的龙头企业牵头建设设施齐全、水平一流的中试平台。加强场景建设谋划，依托智能城市基础设施，建设人工智能、无人技术的专业化技术基础设施，打造技术训练应用的专业化试验场，打造新型业态展示中心、体验中

心。加强国产产品替代，针对那些接近国外同类产品水平、具备可持续创新能力的产品，加大政府采购力度和技术标准引导，以政策合力助推产业生态体系建设。探索建立国产化新材料、新设备首批次应用质量保险，分担下游厂商试用的市场风险。完善新兴行业监管政策，简化创新产品认定程序，对单一来源的颠覆性创新技术及产品，支持纳入政府采购范围。

四、武汉市发展战略性新兴产业的保障措施

受中美贸易摩擦、新冠肺炎疫情等重大不利因素的长期影响，全国生产力布局面临大调整，区域竞争格局进入洗牌期，机遇与挑战并存。为应对快速变化的外部环境，建议从如下几个方面推动战略性新兴产业发展。

（一）加强国家在重大产业布局中的顶层设计与整体统筹

加大战略布局统筹规划。统筹考虑集成电路、新型显示等领域，充分发挥举国体制优势，快速做大做强相关产业并参与国际竞争。企业分工要更加明确，形成几家大型企业带头的局面，避免各地一哄而上地重复建设，最终造成产能过剩、资源浪费的局面。

加快推进全域自主创新。建设综合性国家科学中心。加快东湖实验室等国家重点实验室的布局和建设，争取在光电光源、北斗导航等领域落户更多大科学装置；加快重大科技基础设施建设，在商业航天、激光应用、高速轨道交通、智能船舶制造、电磁制造、生物医学成像等领域，统筹建设一批高水平创新平台。实施科技项目揭榜制，聚焦集成电路、北斗导航等新一代信息技术、地球空间信息技术等重点产业领域，加快"卡脖子"技术攻关，打造"国之重器"。建设综合性国家产业创新中心。加快建设国家制造业创新中心、国家产业创新中心等国家级创新平台。加快建设光谷科技创新大走廊，持续深入抓好"创谷"建设。加强机制体制创新，激发市场活力。要在人才、政策、技术等方面予以创新，建设人才、资金、技术自由港，减少体制规则和人为干预，让人才、资金、技术等创新要素流动更灵活并在产学研体系中自由流动，激发创新活力，使创新成为经济发展的主要推手。

（二）建立面向集成电路与液晶面板等关键材料和设备的公共服务与验证平台，加速关键"卡脖子"环节的国产替代

亟须建设材料及装备的验证平台，提高国产化的推进速度。应进一步支持建设"卡脖子"材料和设备国产化导入的验证平台，形成创新驱动引擎。为了应对快速的市场变化，急需建设可承载OLED新技术开发和国产化材料验证的，适合小量、多样产品试验的，灵活高效的平台，特别是迫切需要建设OLED折叠产品和上游关键材料试验线。光

电子正处于并驾赶超国际先进水平的关键时期，迫切需要发展下一代的光电集成技术，突破国际领先企业在工艺技术上的代际差，扭转跟跑的不利局面。芯片产业投入巨大，一款核心芯片动辄需要上亿元或数亿元开发资金及近百人的开发团队，投资风险极高。因此，建议加大光通信和 5G 领域关键技术攻关、成果转化、产业升级的政策引导，把我国的光通信和 5G 产业建设成全球的优势和引领产业。

建设光电半导体材料产业园（微电子材料产业园），促进电子化工材料产业化项目落地。光电半导体材料属于电子化工材料，如光刻胶、CMP 抛光材料、清洗液、湿电子化学品、封装材料、PI、PSP 等，均用到危化品或者需要化学反应过程。然而，面对国内环保、安全等高压态势，地方政府很多谈"化"色变，电子化工材料项目审批手续严格，产业化项目难以落地。建议建设光电半导体材料产业园区，便于项目落地。

加大对生物医药产业领域重大科技基础设施和重大科技创新平台的系统谋划和布局。谋划一批国家重大科技基础设施，搭建国家级创新研发大平台及 CDMO 平台，提高创新源头供给能力。支持鼓励国家病毒性疾病防治产业创新中心的推进工作，建设健康医疗大数据中心、国家中部医疗中心、国家生物样本库等产业发展重大科研支撑平台，创建一批新的国家企业技术中心和重点实验室。创建国家级重大科技创新平台。加大对生物医药产业重大科技基础设施和重大科技创新平台的系统谋划和布局，谋划一批国家重大科技基础设施，搭建国家级创新研发大平台及 CDMO 平台。

（三）统筹推进战略性新兴产业集群建设，建设产业集群公共服务综合体

制定配套政策。发挥技术创新和金融资本"双轮驱动"作用，对产业集群发展给予资金、用地和人才等方面的支持。开展试点示范，探索"产业园区 + 创新孵化器 + 产业基金 + 产业联盟"一体化推进模式，建设产业集群公共服务综合体；建立龙头企业项目、产业链配套项目和公共支撑项目等重大项目储备库；探索设立产业投资基金、贷款风险补偿资金池，鼓励社会资本投入；建设培育一批产业集群领军企业、重点创新孵化机构和产业高技能人才；探索组建产学研用联合体和产业链协同创新中心；做好产业集群发展的跟踪分析、监督检查和量化评估。强化"一把手"领导和组织保障，制定促进产业集群发展的财税、金融、用地、人才等方面的保障措施，健全协调机制，明确机构职能。

建议"十四五"时期实施"战略性新兴产业倍增计划"，围绕新一代信息技术、绿色经济、空天地经济、生物经济、数字经济，重点培育 16 条由龙头企业牵引的，有较强产业基础能力的产业链。一方面，不断追"光"逐"芯"，寻"端"觅"屏"，揽"网"找"药"，推动"光芯屏端网"及生物医药等产业集群快速壮大，力争在"十四五"末形成集成电路"芯"、信息网络（光端网）、生物医药、新型显示（屏）4 个具有世界影响力的战略性新兴产业基地。另一方面，加快发展湖北省追赶型和未来型战略性新兴产业，打造航空航天、新能源汽车、人工智能、数字创意、新材料、高端医疗器械这 6

个在全国有重要影响力的战略性新兴产业集群，发展再制造产业、北斗、云计算和大数据、现代中药、生命健康、节能环保这 6 个在中部地区有影响力的战略性新兴产业业态。

（四）加强产学研融合相关政策的规划和投入，培养适应和引领区域高质量发展的新型工程科技人才

进一步制定"新基建"人才战略，做强"新工科"专业，提前布局，精准发力。 瞄准人工智能、大数据、工业互联网、区块链、高端装备制造等国家战略性新兴产业的发展，积极改造升级传统工科专业，发展新兴工科专业，加大对产业人才的培养，加强微电子学科建设，推动湖北省微电子专业一级学科、产教融合创新平台、长江芯片产业学院的建设，从源头上解决人才不足的问题。加强人才的"本土化"建设。目前，光电半导体材料行业的高端人才多数来自欧美日韩等国家或地区以及我国台湾地区。在光电半导体制造中应用的材料有 400～500 种，需要大量的专业人才团队进行逐步攻克，亟须加强"本土"人才的培养建设。

鼓励并支持产业链联合与合作。 鼓励并专项支持新型显示产业链上下游企业、高校、科研院所等的联合与合作，共同推进前沿技术攻关、材料和设备国产化，支持新型显示国家产业创新中心、制造业创新中心等平台的建设。加强产业政策的规划和投入，促进产学研融合。当前各行业数字化转型处于创新试错阶段，需要政府组织跨行业的协作平台，激励跨企业的协同创新。以税收、财政等支持政策分摊企业的创新和试错成本，促进新数字化技术与实际企业场景融合。

（五）加强在生物、集成电路及未来产业等领域的重大支撑性平台建设

加快建设病毒性疾病防治产业创新中心、高端医疗设备工程研究中心等重大支撑性平台，开展关键试剂、核心技术和部件、重点产品的研发和产业化，降低产业链风险，提升国产化和未来应对重大不确定性传染病的能力；加快建设武汉国家人类遗传资源样本库，围绕生物医药产业链和创新链，积极推动湖北省医疗器械质量监督检验研究院国际化全剂型 CDMO 平台、高端生物大分子药物 CDM 平台、细胞产业技术研究院、类人灵长类模式动物中心等产业支撑平台建设。

加强集成电路产业的顶层设计与谋划布局，将武汉市建设成为全球领先的以存储器为特色的集成电路产业集群。针对核心材料和设备"卡脖子"问题，发挥龙头企业的带动作用，瞄准关键器件、设备和材料，推进实施一批产业关键节点配套项目；同时，支持显示面板企业与上游企业的联合开发，倒推产业链国产化进程，健全和完善配套产业链。

引领数字经济核心产业。 一是，推动 5G 产业发展：打造全国领先的 5G 网络，在湖北省建成领先的、高质量的 5G 网络，为数字经济爆发式增长提供大带宽、高密度、

低时延的连接基础。二是，推动 F5G 产业发展：一方面，持续升级骨干网络，满足双千兆高带宽业务的承载；另一方面，加速实施光纤到房间、光纤到机器、光纤到桌面，推进全光园区建设，打通光纤网络"最后一米"瓶颈。三是，发展新计算产业：加快鲲鹏计算产业在武汉的规划、布局和建设，加速武汉鲲鹏计算产业应用推广，打造鲲鹏计算产业生态，发展武汉优秀的高新技术企业加入华为鲲鹏生态体系；提速武汉市新基建的发展，推动武汉市"光芯屏云端网智"产业集群迈向新高度。四是，发展新一代人工智能产业：以创建国家新一代人工智能创新发展试验区为契机，以新冠肺炎疫情防控催生的新技术、新业态、新模式为引领，坚持人工智能产业培育、开放创新、环境支撑、全面融合的"四位一体"统筹推进。通过人工智能计算中心建设，打造人工智能软硬件平台、人工智能行业应用创新孵化平台、人工智能产业聚集平台、人工智能人才发展平台，率先打造全国性创新发展示范区标杆，通过人工智能"一中心四平台"，实现政产学研用融合。

发展未来高端产业。 充分利用武汉市院士优势，以市场化运作为导向，以产业发展需求为牵引，以产学研合作为纽带，以创新平台建设为载体，以科技成果转化为抓手，大力发展院士专家引领的电磁能、量子技术、人工智能等十大高端产业，为武汉市创建综合性国家产业创新中心、综合性国家科学中心和高水平科技创新中心提供强大支撑。

（执笔人：本书调研组）

（审稿人：薛薇）

参考文献

［1］ 武汉市人民政府．武汉市政府工作报告（2019）［R/OL］．（2019-1-10）［2021-12-30］．http://www.wuhan.gov.cn/zwgk/xxgk/ghjh/zfgzbg/202003/t20200316_970157.shtml.

［2］ 李墨．武汉逐梦国家科技创新中心［N］．湖北日报，2021-03-03（2）.

［3］ 国务院．国务院关于印发"十三五"国家战略性新兴产业发展规划的通知［EB/OL］．（2016-11-29）［2020-12-30］．http://www.gov.cn/zhengce/content/2016-12/19/content_5150090.htm.

［4］ 国家信息中心．战略性新兴产业形势判断及"十四五"发展建议（上）［EB/OL］．（2021-01-04）［2021-12-30］．https://www.ndrc.gov.cn/xxgk/jd/wsdwhfz/202101/t20210104_1264124.html?code=&state=123.

［5］ 国家信息中心．战略性新兴产业形势判断及"十四五"发展建议（下）［EB/OL］．（2021-01-04）［2021-12-30］．https://www.ndrc.gov.cn/xxgk/jd/wsdwhfz/202101/t20210112_1264810.html?code=&state=123.

第二十四章 | Chapter 24
四川省战略性新兴产业发展现状与思路

四川省发展水平迈上新台阶,"一带一路"建设、长江经济带发展、新时代推进西部大开发形成新格局、成渝地区双城经济圈建设等国家战略深入实施,将进一步提升四川省在全国大局中的战略位势。面临国内外发展环境和条件的深刻变化,四川省立足新发展阶段、贯彻新发展理念、融入新发展格局,进一步推动高质量发展,加快培育创新驱动新优势,发展壮大现代产业体系,建设具有全国影响力的重要经济中心。《四川省国民经济和社会发展第十四个五年规划和二〇三五年远景目标纲要》提出发展壮大战略性新兴产业。四川省战略性新兴产业作为现代产业体系的重要组成部分,对于培育四川省经济发展的新增长点、推动四川省高质量发展,将发挥重要作用。

一、四川省战略性新兴产业发展基本情况

四川省紧紧围绕构建"一干多支、五区协同"区域发展的新格局,持续培育发展新一代信息技术、新能源、高端装备制造、新材料、节能环保、生物这六大战略性新兴产业,通过多年持续努力,全省战略性新兴产业实力显著增强。近年来四川省战略性新兴产业发展整体呈现蓬勃发展的态势,不断优化优势产业的产业链,快速扶持重点企业发展,初步形成了产业集聚集约发展态势,拥有全国重要的新一代信息技术、高端装备制造、新材料、节能环保装备基地。2021年,工业和信息化部组织开展先进制造业集群竞赛,四川省成都市软件和信息服务集群,四川省成都市、德阳市高端能源装备集群入围决赛优胜者。2019年全省战略性新兴产业增加值同比增长15.5%,高于全国战略性新兴产业工业增加值增速7.1个百分点,高于全省规模以上工业增加值增速7.5个百分点。

(一) 新一代信息技术产业迅猛发展,新兴领域迅速成长

四川省通过引进发展扩增量,技改升级优存量,吸纳聚集了英特尔、微软、联想、华为等知名企业,发展和培育全产业链。目前四川省集成电路(制造、封测)产业规模居全国第5位、产量占全国的13%。信息安全产业总量居全国第2位,微型计算机产量占全国的21.7%,IC设计收入居全国第6位,大数据发展综合排名全国第6位,大数据应用指数居全国第4位。

(二) 高端装备制造产业创新发展,部分领域形成龙头企业

四川省发挥重点企业和科研院所的整体优势,进一步加大力度发展航空装备、航天与卫星应用装备、高速轨道交通装备、智能装备、海洋工程装备等关键核心技术和新产品,研制水平和系统集成能力大幅提升。四川省二重大型轧钢设备产量国内第一,具备百万千瓦级核电、火电和70万千瓦级水电机组大型铸锻件及大型航空模锻件成套批量生产能力,其自主设计、制造、安装、调试投用的8万吨大型模锻压机,使我国成为拥有世界最高等级模锻装备的国家。东方电气发电设备产量连续多年居世界首位,其中水电设备份额全国第一,火电份额占全国份额三分之一强。

(三) 新材料产业加速发展,一批技术达到国际或国内领先水平

四川省依托资源和科研优势,打造了一批国内知名企业,培育了一批技术含量高、市场应用广、发展前景广阔的新材料技术和产品。比如,成都航宇公司攻破了航空发动机金属铼单晶叶片制造难题,攀钢钒业成功突破宇航级钒铝合金产业化关键技术研究,成都方大炭素公司已具备生产核石墨材料的能力。碳纳米管生产技术、石墨烯材料规模化制备技术、碳纤维环氧树脂预浸料制备技术、催化活化同步法制备高表面活性炭材料生产工艺等一批技术达到国际或国内领先水平。

(四) 新能源产业蓄势发展,核电发展成优势

清洁高效发电设备产品链"水、火、核、气、风、光"六电并举,核电和气电装备成为转型升级突破口和核心优势。在核电领域,以中国核动力研究院、中国工程物理研究院为龙头,形成引领行业发展的核能和核技术研发基础;以东方电气集团、二重集团、四川华都核设备公司、四川三洲川化机核能设备公司等企业为龙头,具备了国内领先的核电设备制造能力;以中核建中核燃料元件公司为代表,具备了国内规模最大、技术最先进的核燃料生产供给能力。

(五) 生物产业创新能力不断提升,培育新的增长点

大力发展多门类化学药品制剂、生物技术药物与疫苗、新型高科技医疗器械设备等产品,着力建设国家(成都)生物医药产业孵化基地。通过引进干细胞靶向药物、中美

前沿生物医药创新研究院等重大项目和平台，重点发展生物医药、生物医学工程、智慧健康等未来产业，积极抢占战略性新兴产业制高点。围绕生物类似药、中药现代化、医疗器械、精品专科医疗、第三方专业服务、新兴医疗健康服务、精准医疗、移动医疗等细分领域，以临床需求为牵引，通过转化医学平台，实现生物医学产品和服务创新，加快转型药品研发、生产、销售、使用的传统链式模式，实现医学、医疗、医药"三医融合"，并与生物医学技术和电子信息技术实现"跨界融合"。

（六）节能环保产业亮点频现，装备领域表现突出

围绕高效清洁节能锅炉、大气污染防治装备等八大重点领域，突出技术创新和推广应用，推动节能环保装备产业加快发展。初步形成以成都、自贡为重点的节能环保装备产业集群，拥有东方锅炉、华西能源、川润股份等龙头企业，在节能技术设备、大气治理设备、固体废弃物处理装备等六大领域具有明显领先优势。在节能装备领域，高效燃煤锅炉、工业余热回收锅炉等优势特色产品国内市场占有率超过30%，形成一批具有较强竞争优势的骨干企业。在环保装备领域，脱硫脱硝成套设备、尾气净化催化剂等产品在国内市场占有率超过20%，培育了一批创新型企业。

二、四川省战略性新兴产业的发展形势

自《国务院关于加快培育和发展战略性新兴产业的决定》发布以来，四川省各级政府积极响应，给予战略性新兴产业发展一系列政策、税收、金融及人才等方面的支持，为战略性新兴产业提供较为完善的发展环境。现已形成丰富的政策与规划体系。2017年以来四川省人民政府、省委及相关部门发布的主要战略性新兴产业政策如表24-1所示。

表24-1　2017年以来四川省主要战略性新兴产业政策

时间	发布部门	文件名称	主要内容
2017年2月	四川省人民政府办公室	《四川省"十三五"战略性新兴产业发展规划》	明确发展壮大新一代信息技术、高端装备、新材料、生物、新能源、新能源汽车、节能环保、数字创意等战略性新兴产业的发展方向、重点工程和空间布局
2018年11月	中共四川省委四川省人民政府	《关于加快构建"5+1"现代产业体系　推动工业高质量发展的意见》	明确将战略性新兴产业作为主攻方向，将新兴产业作为产业转型升级和高质量发展的重要抓手，通过一系列重大工程、行动计划和保障措施，优先保证新兴产业发展所需的要素。电子信息、装备制造、先进材料等战略性新兴产业被确立为万亿支柱产业，集成电路与新型显示、新一代网络技术、大数据、软件与信息服务、航空与燃机、智能装备、轨道交通、新能源与智能汽车、医药健康、新材料、清洁能源、绿色化工、节能环保等纳入16个重点领域进行重点培育

（续）

时间	发布部门	文件名称	主要内容
2019年3月	指导节能环保产业机制办公室	《四川省节能环保产业培育方案》	明确要优化和升级成都、自贡和德阳节能环保装备制造基地，促进集聚区内产业链关联企业的协同发展，通过深化分工降低生产和交易成本，发挥集聚效应和带动作用，提升整体竞争优势；要抓好自贡高新区等专业化特色产业园区建设，在充分考虑各地资源特点和产业发展的基础上，着力打造一批规模经济效益显著、专业特色鲜明、综合竞争力较强的节能环保产业基地，逐步形成一批节能环保产业集群；要以节能环保企业为重点，以产业园区为依托，打造一批综合实力强、管理水平先进、市场带动能力显著的龙头骨干企业和产业集团
2019年4月	四川省医药健康产业机制办公室	《医药健康产业培育方案》	明确到2022年医药产业（中医药、化学药、生物药、医疗器械等医药产业）的发展目标、重点及主要任务
2019年10月	四川省发展改革委、经济和信息化厅、科学技术厅、财政厅、自然资源厅、生态环境厅、省经济合作局、人民银行成都分行（联合印发）	《四川省支持节能环保产业发展政策措施》	提出要加快引进重大项目，对属于产业链缺失薄弱环节且符合招商引资重点项目扶持范围的重点节能环保产业化项目，可由省级财政招商引资重大项目激励奖补资金给予支持；要搭建招商推介平台，支持符合省重点项目申报条件的节能环保产业项目列为省重点项目
2020年	四川省经济和信息化厅	《四川省战略性新兴产业发展指导目录（2020年）》	每隔1~2年出台《战略性新兴产业（产品）发展指导目录》，引导全省战略性新兴产业健康有序发展；联合省发展改革委，印发年度工作推进计划，将推进战略性新兴产业发展的工作任务落实到相关部门
2021年2月	四川省第十三届人民代表大会第四次会议	《四川省"十四五"规划和2035年远景目标纲要》	纲要中第四篇"加快发展现代产业体系，建设具有全国影响力的重要经济中心"，提出发展壮大战略性新兴产业，做强战略性新兴产业集群，推进"产业园区+创新孵化器+产业基金+产业联盟"一体化发展。加快建设国家战略性新兴产业集群等；同时培育战略性新兴产业新增长点，以"高精尖"技术为主

资料来源：根据四川省公开资料整理。

（一）推进体制机制改革，加强宏观协调和服务能力

进一步强化政府的宏观调控和服务功能，引导和鼓励各地根据地域资源特色和产业基础选择培育具有区域特色和区位优势的战略性新兴产业。发挥政府在技术开发、人

员需求、产业用地及其他市场失灵方面的服务作用，支持第三方服务机构和行业协会发展。为实现四川省战略性新兴产业的统筹发展、重点推进，在重点领域实现突破，四川省委、省政府陆续确定了信息安全、节能环保、新能源汽车、航空与燃机、页岩气、石墨烯、玄武岩纤维、轨道交通、中医药等高端成长型产业，并设立了相关的推进办公室；《关于加快构建"5+1"现代产业体系 推动工业高质量发展的意见》对新兴行业的16个重点领域建立了省领导联系指导工作机制。

（二）重点领域改革全面深化

加快制定出台推动要素市场化配置改革实施意见。深化电力、油气体制改革，率先在全国建立实施页岩气开发利益共享机制。全面深化"放管服"改革，持续优化营商环境，进一步简政放权，改革行政审批管理制度，行政审批平均提速50%。加快推进社会信用体系建设，发放"信易贷"30.28亿元，惠及企业1743户。稳步推进国资国企改革，省属一级企业公司制改造全部完成。支持民营企业发展，持续推进财税金融、生态文明等领域改革[1]。

（三）加大金融财政支持力度

在"十三五"规划和《关于加快构建"5+1"现代产业体系 推动工业高质量发展的意见》等文件明确了财政、金融等政策保障措施[2]。

1. 创新多层次多元化的金融支撑环境

支持有条件的战略性新兴产业企业到境内主板、创业板和科创板上市融资，到"新三板"和成都（川藏）股权交易中心挂牌融资交易。支持企业到银行间市场、交易所市场发债融资，支持发行双创专项企业债券、中小企业集合债、区域集优票据。规范和发展服务小微企业的区域性股权市场，鼓励发展天使投资和创业投资，开展互联网股权众筹融资试点，为科技型初创企业拓展股权融资渠道。鼓励银行设立新兴产业金融服务专营机构，创新金融产品和服务，支持知识产权质押等新型信贷方式。

2. 加大财政资金支持力度

建立政府引导、企业主体、金融支持、社会资本参与的多元化投入稳定增长机制，整合工业发展引导资金，大力支持五大万亿级支柱产业和数字经济发展，集中资金支持重大项目和区域示范试点，着力培育建设重大产业、优化调整重大布局、升级改造重大技术、重点打造创新研发平台。用足用好应急转贷资金、贷款风险补偿资金等支持方式，缓解企业融资困难。扩大"园保贷"试点。

3. 积极发展产业金融

制定推进产业金融体系建设的指导意见。支持有条件的市县统筹财政存量资金和适度新增预算发起设立产业发展投资引导基金,探索省级基金间、省市基金间协同运作方式。发挥好省集成电路和信息安全产业投资基金、中小企业发展基金、战略性新兴产业和高端成长型产业投资基金的作用。

四川省陆续出台《关于金融支持四川省战略性新兴产业发展的指导意见》《四川省银行业支持五大高端成长型产业和五大新兴先导型服务业的实施意见》,引导金融资本投向战略性新兴产业。近些年来,省级财政共安排超过110亿元专项资金,支持战略性新兴产业1600余个重点项目建设。

(四) 创新创业活力持续迸发

2015年四川省政府印发了《关于全面推进大众创业、万众创新的意见》。设立了四川省创新创业投资引导基金,发挥财政资金杠杆作用,通过市场机制引导社会资金和金融资本支持创新创业,重点支持初创期、种子期及成长期的科技型中小微企业。通过各类孵化器、创业园建设,使创新创业政策体系更加健全、服务体系更加完善,对各类科技型、成长型中小微企业予以全方位支持,切实帮助解决发展中遇到的困难和问题。出台《深入推进全面创新改革试验实施方案》,加快复制推广第一轮创新改革举措,新增4项经验成果并纳入国务院第三批创新举措进行推广。开展创新驱动发展两院院士四川行活动,出台支持两院院士在四川创新创业"10条"政策措施。加强高层次创新人才培育引进,注重培养职业技能人才。深入推进大众创业万众创新,新增成都高新区、自贡高新区、宜宾临港经开区3个国家双创示范基地,布局建设首批15个省级双创示范基地,着力构建"众创空间+创业苗圃+孵化器+加速器+产业园"的阶梯型孵化体系,加快建设29个国家级科技企业孵化器,孵化企业和创新团队超过3万家(个)。

(五) 加快产业高端人才引进、培育和集聚

培养和引进产业高端人才。围绕战略性新兴产业重点领域,实施高端人才集聚计划,加快实施高端人才、国际性人才、领军型人才和创新创业团队、高素质管理人才和高技能人才的引进及培育工程,探索建立"柔性引才"机制,引进更多新兴产业发展急需的各类高素质人才。开展技术移民制度试点、海外人才离岸创新创业基地试点和在川外国留学生毕业后直接留川就业试点,争取国家授权四川省审批技术移民中国绿卡,降低外籍高层次人才及家属永久居留证申办条件。改进高校和科研机构岗位管理模式,建立动态调整机制,加大引进高层次人才力度,探索建立适应人才特点和市场规律的工资机制和用人机制。坚持引一个核心团队、做强一个企业、带好一个产业,推进"千人计划"等引智工程,吸引了一批海内外高端人才及高温铼合金、先导药业、蓝光3D生物打印等创新创业团队落地发展,夯实产业高端发展的人才基础。

（六）加强开放合作，促进成果转化

加强对内对外开放合作，着力加强与中国科学院、中国工程物理研究院、清华大学、同济大学、浙江大学、四川大学、电子科技大学、西南交通大学等高水平院所合作，积极推动与发达国家先进制造业领域企业合作，构建全方位、多层次产业开放合作发展格局。四川省瞄准重大技术攻关、创新成果产业化和产业（产品）链构建，着力引进了中电熊猫、晟达化工、信利科技等一大批投资规模大、产业链条长、集聚效应强、外向度高的重点项目，重点突破产业发展技术瓶颈。

三、四川省战略性新兴产业发展存在的问题

从现有发展情况来看，四川省未来战略性新兴产业的发展仍然存在总量规模不大、区域协同不够、产业结构单一等问题。

（一）产业总体规模较小

近年来，四川省战略性新兴产业基本以新一代信息技术为主，高端装备制造、新材料为辅。生物、节能环保、新能源装备产业虽然发展态势良好，但产业规模仍然偏小，优势企业数量少，产业基础相对薄弱。2017 年，四川省战略性新兴产业总产值为 6800 亿元，全国占比 16%，但浙江省全国占比 26.5%，上海市全国占比 30.88%，广东省、江苏省、山东省战略性新兴产业总产值前几年均已突破万亿元大关。2017 年全国 A 股上市企业营业收入百强中仅有四川长虹 1 家（排名 98 位），且部分龙头骨干企业具有明显的传统企业特征，部分优势产业领军企业多为央企、省属企业，企业"大"而不"强"，应对外部冲击的能力亟待提升。

（二）区域协同不够，产业空间布局有待进一步优化

四川省战略性新兴产业集聚地主要分布于成都、绵阳、德阳等中心城市，其中成都 2017 年战略性新兴产业总产值为 3934 亿元（占全省 58%），绵阳为 1145 亿元（占全省 17%），德阳为 710 亿元（占全省 10%）。2018 年四川大企业大集团百强名单显示，成都独占七成（72 家）。从产业发展层次看，成都、绵阳、德阳地区新一代信息技术、生物医药、新材料、节能环保、新能源、航空航天等产业均处于绝对领先地位，而其余市（州）布局主要是具有传统特征的装备制造、新材料、医药制造等产业，导致城市间交流互动和分工合作困难，核心发展区辐射带动作用不明显。

（三）集聚程度不高，特色产业集群有待强化培育

目前尽管全省战略性新兴产业主要集聚在各类产业园区，但生物医药、新材料、新

能源等战略性新兴产业分散布局于各市（州），而多数产业园区往往选择发展多种重点产业，从而园区专业优势不明显，具有全国影响力或显著比较优势的战略性新兴产业园区、产业基地相对缺乏，辐射带动全省战略性新兴产业发展能力不足。国际化、高端化、专业化发展视野缺乏，高端专业人才等创新资源集聚不足以及追求短期经济效益，大多数产业园区功能定位仍局限在生产制造方面，对创新能力、创新环境、特色优势等培育不足，制约了打造具有竞争优势的战略性新兴产业基地，影响了战略性新兴产业集聚发展。

（四）财政资金对社会资金的撬动作用不足，对中小企业投资支持不够

2015年底，四川省政府发起募集了多个产业发展投资引导基金及创新创业投资引导基金，首期募集资金规模达30多亿元，四川省产业振兴发展投资基金有限公司受托管理；2019年底，四川省成立了四川区域协同发展投资引导基金，首期募集24亿元，四川省产业振兴基金集团受托管理。但财政出资对社会资金的撬动率仅在2倍左右，远低于发达地区的5倍平均水平。同时，四川省政府、成都市政府发起的政府基金主要是产业基金，以投资大项目为主，追求短期效益。虽然四川省也发起创新创业股权投资基金，成都交子产业基金近期参股国家中小企业发展基金，但规模不大。

（五）中小企业发展存在一定障碍

鉴于战略性新兴产业的新兴性，产业链条上大部分企业仍是中小企业，中小企业发展困境直接影响整个战略性新兴产业的培育。当前，中小企业发展存在融资难、创新弱、市场小等问题。虽然目前投融资政策和自主替代等向中小企业倾斜，但往往是有国有企业背景的中小企业更容易获得融资。部分中小企业为了解决这一问题，与国有企业混改，由此产生国有资产流失的问题，使得引进国有资产的民营资本在经营上受到约束，影响开拓性和创新性。

四、新时期四川省战略性新兴产业发展的保障措施

《四川省"十四五"规划和2035年远景目标纲要》从做强战略性新兴产业集群和培育产业新增长点两个方面提出发展壮大战略性新兴产业，面向产业技术前沿和新兴市场需求，加快建设生物医药、轨道交通装备、节能环保等国家战略性新兴产业集群，积极创建网络安全、集成电路、新型显示等国家战略性新兴产业集群。培育打造核能与核技术、高端装备制造、新材料等特色优势产业集群。重点培育人工智能、精准医疗、前沿新材料、核技术应用、高性能机器人、高端航空航天装备、氢能及燃料电池等产业，打造一批新兴产业未来增长引擎。

四川省战略性新兴产业的发展应紧跟新一轮技术变革和产业革命发展趋势，有机衔

接国家战略性新兴产业发展重点，密切结合省"十四五"规划与发展长远目标以及经济结构调整、转型升级发展的实际情况，着力弥补战略性新兴产业发展短板。在重点产业领域组织实施重点工程，培育壮大高端成长型产业、新兴先导型服务业。同时，促进战略性新兴产业规模化、集聚化、高端化发展，进一步增强新一代信息技术、高端装备制造、新材料和生物等支柱产业，打造一批特色优势产业集群。

（一）加强区域协同发展，优化产业空间布局

建议将成都、绵阳、德阳整体纳入成渝都市圈和西部科创中心发展建设规划。四川省可根据自身自然资源条件、产业发展基础和创新资源优势，把成都、绵阳、德阳作为四川省战略性新兴产业核心区，着力培育生物产业、三医产业、电子信息产业、电力高端装备等具有绝对领先地位的战略性新兴产业；其余市（州）则可立足自身优势，围绕该核心区主导产业的需求，着力发展装备制造、新材料、节能环保、医养服务等某一细分领域的配套产业，形成四川区域内不同产业错位发展，互为关联、互为配套的区域布局新蓝图。

（二）聚焦产业集群特色，提升产业发展水平

根据现有基础，重点聚焦战略性新兴产业核心区若干特色产业集群的培育和发展，如围绕生物产业、三医产业、检验检测高技术服务、电子信息产业、电力高端装备等领域，以培育成全国乃至全球有影响力的特色产业集群为重要目标。一是紧抓国内新冠肺炎疫情缓和的窗口期，从国外大力引进所聚焦特色领域的高端产能、顶尖人才和团队、前沿技术、投资机构等落户战略性新兴产业核心区；二是提升核心区在共性技术研发、人才培养、新型基础设施、社会保障、基础教育、医疗资源等公共服务的供给水平，营造核心区的创新氛围，打破营商环境痼疾；三是在核心区乃至四川省内培育特色产业领域的消费需求，以社会重大需求和持续规模应用牵引产业发展，如在自贡建立氢能示范区；四是发挥战略性新兴产业核心区的辐射作用，对于核心区重点战略性新兴产业的关键零部件和生产环节，主动布局于四川省内其他具有相应基础优势的市（州）。

（三）发挥基础优势，打造产业创新生态

围绕战略性新兴产业集群，优化布局若干产业创新生态。产业创新生态一般由龙头企业、平台型企业、关键配套产业、省级以下地区级技术研发中心、产业联盟、新型研发机构、产学研合作机制等构成。创新生态一方面对接区域中心的关键核心技术供给，另一方面对接产业集群的生产技术需求和市场应用。充分利用四川省曾经作为三线地区的重工业基础，遴选部分具有一定基础优势的企业进一步培育为龙头企业或区域型平台企业；充分发挥四川省军工产业的技术优势和院校优势，向集群内战略性新兴产业中小企业开放科技资源，围绕战略性新兴产业集群的发展需求，打造若干关键共性技术的新

型研发机构；充分发挥四川省劳动力优势和土地优势，围绕战略性新兴产业集群的发展需求，主动从东部地区承接关联产业，承接引进的同时确保高质量发展水平。比如对于一些材料、磨具、注塑等关联传统产业，保持和东部地区乃至国际顶尖企业的供应关系，并根据其下游企业的特征列入战略性新兴产业支持范畴，向新材料、精密磨具和精密机械等方向培育，保障战略性新兴产业创新生态的建设。

（四）探索四川省国有投资基金混改，建立市场投资机制、投资人激励机制和中小企业技术创新基金

在现有国有投资基金体制下，投资难以保障独立性、国有资产管理障碍、人才激励缺乏等都不利于扩大财政资金对社会资金的撬动作用，也不利于提高投资效率。建议借鉴江浙、深圳等地国有投资基金混改的经验，探索四川省国有投资基金混改。设立专门支持中小企业技术创新的政府基金，对中小企业科技创新项目提供有条件的无偿资助；同时增加创业投资引导基金的财政资金注资或社会募集规模。

（执笔人：本书调研组）

（审稿人：薛薇）

参考文献

［1］ 四川省发展和改革委员会. 关于四川省2020年国民经济和社会发展计划执行情况及2021年计划草案的报告［N］. 四川日报，2021-02-09（10）.

［2］ 中共四川省委，四川省人民政府. 关于加快构建"5+1"现代产业体系推动工业高质量发展的意见［N］. 四川日报，2018-11-29（1）.

［3］ 国务院. 国务院关于印发"十三五"国家战略性新兴产业发展规划的通知［EB/OL］.（2016-11-29）［2021-12-30］. http://www.gov.cn/zhengce/content/2016-12/19/content_5150090.htm.

［4］ 国家信息中心. 战略性新兴产业形势判断及"十四五"发展建议（上）［EB/OL］.（2021-01-04）［2021-12-30］. https://www.ndrc.gov.cn/xxgk/jd/wsdwhfz/202101/t20210104_1264124.html?code=&state=123.

［5］ 国家信息中心. 战略性新兴产业形势判断及"十四五"发展建议（下）［EB/OL］.（2021-01-04）［2021-12-30］. https://www.ndrc.gov.cn/xxgk/jd/wsdwhfz/202101/t20210112_1264810.html?code=&state=123.